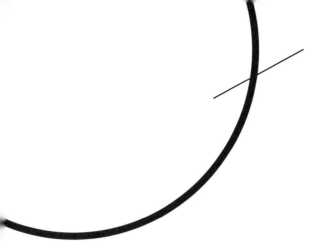

서울대학교 법학연구소 **10**
Medvlla Iurisprudentiae

전환기의 노사관계와 노동법

이철수

박영사

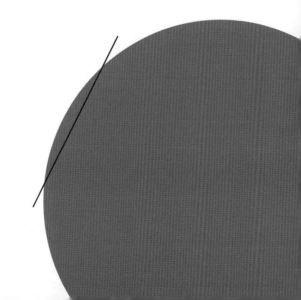

서   문

노동법은 형성되어 가는 법이다. 노사관계의 주체, 기술의 발전, 경제적 상황, 사회적 맥락, 이데올로기를 반영하기 때문이다. 특히 우리의 노동법은 그간의 헌정사만큼이나 파란만장한 경로를 거쳐 오늘에 이르렀다. 정치적 불안, 산업화와 민주화, 노동체제의 변화, 진영논리 등의 요인들이 복합적으로 작용하며 우여곡절을 겪으면서 진화해 왔다. 필자는 우리 노동법제의 발전단계를 4단계로 나누어 살펴본 바 있다. 여기에다 최근 디지털 시대의 급격한 노동시장 변화는 노동 4.0과 같은 노동법제의 또 다른 변화와 발전을 예고한다. 필자는 우리 노동법제를 평소 K-노동법이라 칭할 정도로 우리 노동법제의 동태성과 독창성에 자부심을 느낀다. 돌이켜 보면 전환기가 아닌 시대가 없었던 듯하다. 책 제목을 전환기의 노사관계와 노동법으로 잡은 이유도 이런 연유에서다.

노동법학에 입문한 지 어언 40년이 지났다. 그간 노동법 학자로서 사회적 대화를 통해 임금채권보증기금의 도입, 노동조합 조직형태 관련 조항의 신설, 공무원 노동단체의 이원적 구도 정립 등의 영역에서 학자로서 연구한 결과를 현실에 직접 관철해 보기도 하였다. 그러나 정년을 맞이하면서, 이 전환기에 학문적 연구를 통해 내가 무엇을 해 왔는지를 정리해 보고 싶었다. 때마침 서울대학교 법학연구소에서 이 작업을 지원해 주어 이렇게 책을 발간하게 되었다. 법학연구소의 송옥렬 소장에게 심심한 감사의 말씀을 표하고 싶다.

본서는 3부로 구성되어 있고, 각 논문을 선정한 이유를 약술하면 다음과 같다.

제1부인 우리 노동법제의 발자취와 미래적 과제에서는 주로 법사회학적 방법론을 통해 우리 노동법제를 분석하고, 일정 부분 미래담론을 개척해 보고자 하였

다. 특히 신자유주의가 기승을 부리던 시절에 주창되었던 근로계약법제 및 경영권 신화에 대해 방법론적으로 저항하던 흔적을 읽을 수 있다. 한국형 노동 4.0에 대한 고민은 학문후속세대에게 남기는 화두와도 같다.

제2부인 개별적 노동보호 영역에서는 그간 필자가 주로 법해석론적인 방법을 통해 법제도의 발전과 판례법리의 형성에 기여한 부분을 선정하여 수록하였다. 통상임금과 관련하여서는 필자의 주장이 전원합의체 판결에 상당 부분 반영되었으나, 여전히 입법적·해석적 해결이 필요한 쟁점이 남아 있다. 또한 해고법제와 관련된 비교법적 검토, 사내하도급을 둘러싸고 제기되는 새로운 법적 쟁점에 대한 연구는 향후 입법적 대응을 모색하는 데 도움이 될 것으로 보인다.

제3부인 집단적 노사관계 영역에서는 필자가 해석론과 비교법학적 방법론으로써 법제도와 노사관계의 발전에 기여한 부분을 선정하여 수록하였다. 필자는 산별체제로의 전환과 교섭창구 단일화 제도 도입을 둘러싼 사회적 대화에 전문가로서 활발하게 참여하였는데, 당시 예측하였던 다양한 법적 분쟁이 현실화되고 있는 현 시점에 필자의 연구가 노사관계를 안정화하는 데 도움이 될 수 있기를 희망한다. 새로운 종업원대표제에 대한 논문은 미래 담론으로서 조만간 법제화될 수 있기를 소망한다.

본서의 발간에 부쳐 한양대 법학전문대학원의 강성태 교수가 발문(跋文)을 보내주었다. 본서에 수록된 논문의 내용과 의미를 객관적으로 평가할 필요가 있었기 때문이다. 강 교수는 영원한 나의 학문적 동지이자 존경하는 후배이다. 실로 감사할 따름이다.

본서는 과거 필자가 작성한 논문에 그 이후의 법 개정 내용을 보완하고 일정 부분 내용을 수정하여 집대성한 책이다. 이 지난한 작업을 손향미 박사와 한동대학교의 이다혜 교수와 나의 제자 문준혁 박사가 상당기간에 걸쳐 도와주었다. 스승으로서 그들의 학문적 발전과 성취를 간절히 바란다. 책을 출간하는 데 도움을 준 박영사 관계자에게도 감사를 표한다.

2023년 9월

이 철 수

이철수 노동법학의 출간에 부쳐

강 성 태(한양대 법학전문대학원 교수)

1.

이철수 노동법학의 정수가 한 권의 선집(選集)으로 묶여 출간된다. '이철수 노동법학'이라는 명명(命名)은 40년 가까이 노동법학에 기여한 학자 이철수를 기리는 동시대 연구자들의 헌사이자, 이론과 현실을 오가며 한국 노동법을 발전시킨 실천적 지식인 이철수에 대한 우리 사회의 존칭이다. 이철수 교수는 우리 노동법제의 역사를 네 시기 곧 제1기 명목적 생성의 시기(미군정기와 1953. 3. 8. 노동법 제정 이후), 제2기 경제적 효율화 강조의 시기(1961 – 1987), 제3기 사회적 형평화 모색의 시기(1987 – 1997), 제4기 사회적 형평화와 경제적 효율화 조화의 시기(1998년 노동법 대개정 이후)로 구분한다. 이 구분에 따를 때, 그는 제2기에 큰 뜻을 세우고 제3기에 치열하게 공부하여 제4기에 헌신적으로 활동했다.

선집에 실린 글은 이철수 교수가 직접 고른 것으로서, 그간 작성한 것들 중 본인의 주장이 잘 드러나 있을 뿐만 아니라 현재에도 유의미하다고 생각한 논문들이라고 한다. 통상임금, 해고, 사내하도급, 산별노조 체제, 교섭창구단일화제도, 종업원대표제 등 주요 현안에 대한 그의 제언들과 함께 우리 노동법제에 대한 역사적 조망, 판례와 지배적 담론에 대한 심층 분석과 예리한 비판, 노동법 기초에 대한 탐구, 신화(이데올로기)에 대한 통렬한 비판 등 그의 학문 방법론과 자세를 잘 알 수 있는 글들이다.

수록된 논문들은, 안톤 멩거의 글을 번역한 것을 제외하면, 크게 두 가지로 구분할 수 있다. 하나는 노동법의 개별 주제들에 관한 논문들이고, 다른 하나는 우리 노동법제에 대한 역사적 조망과 함께 다양한 현안에 대한 진단과 처방을 제시한 종합 논문들이다. 종합 논문에는 개별 주제에 관한 논문들의 핵심 주장이 요약되어 있어, 이철수 노동법학을 얼른 개관하고 싶은 분들은 종합 논문부터 읽어도 좋을 것이다. 굳이 하나를 꼽는다면 개인적으로는 2014년 "IMF 구제금융 이후의 한국의 노동법제 발전"을 추천한다. 상당히 긴 편이지만, 긴 글에 흔한 단점은 없다. 문장이 간결하고 정확하여 가독성이 높다. 종종 나오는 수사(修辭)도 참뜻(眞意)을 흐리지 않는다. 그의 연구실에 걸려 있던 '진광불휘(眞光不輝)'는 기실 그의 글들에 적절한 문구이다. 오직 2021년 "경영권이라는 신화를 넘어"는 예외이다. 그의 문학적 재능을 확인할 수 있다. 예리한 질문을 통해 경영권의 허상을 보여주는 대목에서는 학문적 카타르시스까지 느끼게 한다.

이철수 교수의 관점과 지향은 그간 발간한 저서들의 제목에서 가장 확연하게 드러난다. 그는 「전환기의 노동과제」(이철수 편저, 도서출판 오래, 2017)나 「노동의 미래 ─ 전환의 시대, 일과 삶의 새로운 미래를 구상하다」(유경준·이상엽·이종훈·이철수 공저, 현암사, 2020)에서 우리 시대를 '전환기' 또는 '전환의 시대'로 규정한다. 그리고 「영혼 있는 노동 ─ 한국 노동법과 일의 미래」(이철수·이다혜 공저, 스리체어스, 2019)에서는 미래 세대에 필요한 노동은 자유와 해방의 '영혼 있는 노동'이라고 역설한다. "많은 경우 사회의 변화가 법의 변화로 이어지곤 한다. 그러나 반대로 전환과 혼란의 시기에 먼저 방향을 제시하는 것도 법의 중요하면서도 본질적인 역할이다. '영혼 있는 노동'이 가능한 사회를 위해 노동법은 고민을 시작해야 한다."라는 대목에서 이철수 노동법학의 지향을 알 수 있다. 이 책에 실린 글들에도 전환기의 실천적 지식인으로서 그리고 영혼 있는 노동을 지향하는 연구자로서 그의 고민이 켜켜이 녹아 있다.

이철수 교수의 글은 대립과 상생의 변증법적 발전 또는 균형과 상생의 철학을 초석으로 한다. 그의 글에서 느껴지는 이론과 실무의 소통, 규범과 현실의 조화, 노사의 이익균형 등은 자유민주적 기본질서를 바탕으로 사회국가 원리를 함께 수용하고 있는 우리 헌법, 특히 자유 시장경제질서를 사회적 시장경제질서로써 보완하는 제119조의 균형적 구조를 떠올리게 한다.

2.

2─1. "근로계약법제와 관련한 방법론적 검토"(『노동법의 존재와 당위 ─ 김유성

교수 정년기념 논문집』, 박영사, 2006)는 노동유연화 논의가 한창이던 시절, 주로 근로계약법제 논의에 대한 이철수 교수의 응답이다.

20세기가 끝나고 21세기가 시작하던 무렵 노동법(학)의 정체성, 독자성, 혹은 전통적 인식에 대한 회의와 비판이 많았지만, 이철수 교수는 당시 근로계약법제의 필요성을 역설한 김형배 교수, 하경효 교수, 이승길 교수의 글에 맞서 노동보호법의 가치를 옹호했다. 그의 논지를 가장 잘 보여주는 대목은 "근로계약의 체결 및 내용형성에 있어 근로자의 자기결정요구를 최대한 반영하고 보호법제의 경직성을 완화시키고자 하는 기본 논지에는 찬성한다. (중략) 그러나 근로계약법제 또는 노동법의 유연화가 근로기준법의 보호법적 기능을 등한시하거나 노동보호법의 반대개념으로 논의되는 것은 경계하여야 한다."는 부분이다. 또한 그는 "근로계약법제가 근로자보호법의 반대 개념으로서가 아니라 노사관계의 새로운 모델을 설정함에 있어 기존의 인식의 지평을 확대시키는 계기로 활용되어야 할 것"이라고 요약했다.

2-2. "IMF 구제금융 이후의 한국의 노동법제 발전"(「서울대학교 법학」 제55권 제1호, 2014)은 역사적 조망에 기초한 현실 진단과 관련 제언을 담은 글이다. 개인적으로는 이철수 교수의 평소 관심사와 지론을 개괄하기에 가장 좋은 글이라고 생각한다.

전반부 곧 한국 노동법제의 역사에 관한 구분 및 본인이 직접 입법 과정에서 주도적으로 참여했던 IMF 구제금융 이후 주요 노동법제의 내용에 관한 서술은 한국 노동법의 사료적 가치가 있는 부분이다. 후반부는 당시 현안에 대한 이 교수의 분석과 주장이 선명하게 드러난 부분으로 노동조합의 지부나 분회의 법적 지위 특히 단체교섭의 당사자성, 조직형태 변경에서 노동조합 지부나 분회의 주체성, 2013년 통상임금 전원합의체 판결의 의의, 사내하도급관계의 올바른 규율 방법, 종업원대표제의 개편 방향 등을 제시하고 있다.[1]

2-3. "경영권이라는 신화를 넘어"(「서울대학교 법학」 제62권 제4호, 2021)는 이

---

[1] 다만 후반부의 개별 주제에 관한 이철수 교수의 주장이나 제안은 이후 소개하는 개별 논문과 다르지 않으므로 해당 논문을 소개할 때 같이 다룬다.

철수 교수의 학문적 통찰력과 화려한 문체를 동시에 볼 수 있는 대표작이다.

이철수 교수는 IMF 구제금융 이후 우리 노동법을 짓눌러온 경영권이라는 이데올로기에 대해 오랫동안 고민해 왔고, 그 일단을 2017년 서울대 노동법연구회의 추계학술대회에서 발표했다. 이 글은 그 발표를 기초로 해서 작성된 논문이다. 이 글은 정리해고의 정당성, 단체교섭의 의무적 교섭사항, 쟁의행위 목적의 정당성 등 노동법의 주요 현안마다 등장하는 경영권이라는 이데올로기의 비판을 목적으로 한다.

이 교수는 "이른바 '경영권'은 2003년 대법원 판결[2]을 계기로 헌법상의 지위를 획득한 후 정리해고나 구조조정 관련 판결에서 근로자의 노동3권 행사를 제한하는 수단으로서 사납게 맹위를 떨쳐왔고, 비단 쟁의행위의 정당성을 판단하는 법원만이 아니라 공권력을 행사하는 행정부에서도 만병통치약으로 남용되어 왔다." 고 진단하면서, 경영권이 법적 용어로서 자리잡을 수 있는지, 경영권의 대상과 내용에 관한 통일적 인식이 없는 상황에서 실정법적 의미를 찾을 수 있는 것인지, 경영권을 인정하더라도 노동3권과의 규범조화적 해석 대신에 경영권의 선험적 불가침성을 강조하는 것이 타당한 태도인지 등을 비판적으로 검토한다.

이 글의 형식도 파격적이고 신선하다. 판결문의 주장과 그 대척점의 (가상적) 주장을 비교·검토해 보라는 중간고사 시험 문제와 2013년 철도파업의 경과를 보여주는 것으로 논문을 시작한다. 그는 앞의 중간고사 문제를 통해 "법관은 경제전문가가 아닐진대, 경제현실과 경제이론을 이렇게 과감하게 법해석의 논거로 삼는 것을 본 적이 있는가?"라고 반문한다. 후자를 통해서는 현실에서 경영권 이데올로기가 실제로 어떻게 사용되고 있는지를 보여주면서, "경영권은 도대체 어떤 주술을 가졌길래 이렇게 '존엄'한 지존의 반열에 올랐을까?"라고 질문한다.

이 교수는 경영권을 인간을 미혹하는 신화(mythos)로 보면서, 그것을 상대하기 위해 로고스(logos)로 대항할 것을 주장한다. "신화가 미혹의 언어이자 권력의 언어라면 로고스는 지극히 인간적인 언어로서, 상호 논의와 설득을 반복함을 통해 진리를 구현하고자 하는 이성적 실천이다. 노동법은 시장의 '야수적 권력관계'를 치밀하고 체계적인 설득의 역학을 통해 법적 판단의 영역으로 '끌어들여 길들일' 수 있는 용사이어야 한다."는 것이다.

---

2) 대법원 2003. 7. 22. 선고 2002도7225 판결을 말한다.

2-4. 이다혜 교수와 함께 쓴 "한국의 산업구조변화와 노동법의 새로운 역할"(「서울대학교 법학」 제58권 제1호, 2017)은 이전 글들을 정리·발전시키는 한편, 노동의 미래에서 중요하게 다루어야 할 주제들을 살펴보고 있다.

논문의 전반부는 이전 글을 요약정리 및 보완(up-date)하였고, 후반부에서는 "21세기 글로벌 경제의 맥락에서 새롭게 등장한 노동법의 새로운 문제를 이해하기 위해 노동법의 존재 의의와 역할에 대한 세계적 담론의 흐름을 추적하고, 돌봄노동, 공유경제, 이주노동, 대안적 종업원대표제 모색 등 종래의 노동법학에서는 정면으로 다루어지지 못했으나 최근 중요한 현안으로 부상하고 있는 주제들"을 살펴보고 있다.

이 글에서 이 교수는 "노동법의 근본적 존재 의의는 헌법에서 천명하듯이 노동하는 인격의 존엄성 보호에 있으며, 장기적으로 개별적 노동보호의 강화, 집단적 민주성의 제고, 근로시간 단축, 일·가정 양립의 적극 지원 등을 통해 근로자의 생활조건 보장은 물론 사회적 양극화와 세대갈등 해소에 적극 기여하는 방향으로의 개혁을 도모하는 것이 한국 노동법의 21세기적 과제"라고 밝혔다. 그리고 현재 우리 노동법이 직면한 가장 큰 도전을 우리 사회의 지속가능성에 대한 것이라고 진단하면서, 일부 판례가 기초하고 있는 경제발전의 낙수효과(trickle down effect)에 관해 강하게 비판한다. 글의 말미에 제기한 세대간 정의(intergenerational justice)는 기실 우리 노동법과 사회의 최대 과제 중 하나이다.

2-4. "통상임금 관련 2013년 전원합의체 판결의 의미와 평가"(「노동법학」 제49호, 2014)는 제목 그대로 2013년에 선고된 전원합의체 판결, 즉 대법원 2013. 12. 18. 선고 2012다89399·2012다94643 전원합의체 판결의 의의와 한계 및 향후 과제를 밝힌 글이다. 기실 이 교수는 통상임금에 관한 판례법리의 형성과 발전에 가장 큰 영향을 미친 학자라고 할 수 있다. 그는 임금이나 통상임금에 관한 다양한 글[3]을 통해 통상임금은 연장근로수당 등 법정수당을 계산하기 위한 사전적·평가적 개념이라는 점과 그러한 기능의 수행을 위해서는 사전확정성과 근로가치

---

[3] 가장 대표적인 것은 "통상임금에 관한 판례법리의 변화", 노동법연구 제17호, 2004 및 "통상임금에 관한 최근 판결의 동향과 쟁점 — 고정성의 딜레마", 서울대학교 법학 제54권 제3호(통권 제168호), 2013이다.

의 적정한 반영이 필수적임을 강조했다.

"전원합의체 판결은 그동안 논란이 되어 왔던 통상임금의 판단기준을 구체적으로 제시하고 근로자의 추가수당청구가 신의칙에 위배되어 제한되는 요건을 설시"한 점에 큰 특징이 있고, "판결문 곳곳에 법리와 현실, 미래와 과거의 조화를 모색하기 위한 고민"이 드러나는 판결이라고 평가한다. 통상임금의 요건인 고정성과 정기성에 관한 부분에 관한 논란의 여지를 없앤 것은 진일보한 점이지만, 반면에 "기왕의 추가수당청구에 관련한 과거사 정리를 신의칙에 문의한 점"은 오히려 논란을 증폭시킬 가능성을 잉태하고 있다고 진단했다.

전원합의체 판결에 대한 가장 큰 비판은 정기상여금에 관해 재직요건을 도입한 점에 관한 것이다. 이철수 교수는 이렇게 반문한다. "전원합의체 판결이 왜 종전의 견해를 바꾸었는지 이해하기 힘들다. 기존의 대법원 판결 등을 통해 복리후생비의 문제는 일단락되었고 이 점과 관련하여 노사 공히 별 이의를 제기하지 않아 분쟁의 여지가 사라진 사안에서, 전합판결과 같이 재직요건의 구체적 내용과 당사자의 명시적, 묵시적 합의나 관행의 존재 등을 들어 달리 해석할 여지를 남기는 것은 통상임금의 사전확정성이나 법적 안정성의 견지에서 바람직하지 않기 때문이다. 더구나 이러한 재직요건이 존재하면 정기상여금의 경우에도 통상임금성이 부정된다는 주장이 나와 노사갈등의 새로운 불씨가 되고 있는 사정을 고려하면, 이 점은 비판적으로 검토되어야 할 것"이라고 말했다. 이철수 교수의 우려는 전원합의체 판결이 나온 지 얼마 되지 않아 현실이 되었다.

한편, 통상임금 문제에 관해 이 교수는 "통상임금의 문제는 기본적으로 우리의 임금체계가 복잡하고 기형화되어 있는 현실에서 기인한 문제이고, 근로시간 단축과 내적 연관성을 지니는 문제이니만큼, 법원의 판결과 상관없이 임금제도개선 논의는 여전히 필요하다 할 것"이라고 충고한다.

2-5. "개정 해고법제의 주요 내용과 그 평가"(「노동법연구」 제22호, 2007)는 2006년 근로기준법 개정(법률 제8293호, 2007. 7. 1. 시행)의 경과와 주요 내용을 소개하고 보완점을 제안한다.

이 교수는 2003년에 구성된 「노사관계법·제도 선진화위원회」에서 헌신적으로 활동했고, 이후 노동법제의 개선에서도 큰 역할을 했다. 2006년 개정 근로기준법도 「노사관계법·제도 선진화위원회」의 제안을 수용한 입법 중 하나인데, 특히 부당해고 구제시스템을 현대화한 중요한 개정이었다.

　이 교수는 이행강제금 제도와 해고(금전)보상금제도의 도입을 개정 근로기준법의 가장 큰 특징이라고 긍정적으로 평가한다. 그에 덧붙여 이행강제금제도가 형사벌칙보다는 실효성에서는 더 긍정적이지만 사회적 반가치성이 큰 해고, 예를 들어 부당노동행위 해고나 성차별적 해고 등에 대해서는 형사벌칙의 존치가 필요할 것이라고 지적한다. 해고보상금제도의 도입과 관련해서는, 예측 가능성을 높이기 위해 보상의 기준과 절차 및 수준 등에 관해 구체적인 규정을 마련해야 한다고 조언한다. 한편, 해고 사유와 시기의 서면통지제도 도입은 긍정하면서도 영세사업장과 관련하여 경직적인 법운영을 우려한다.

　이 교수는 2006년 법 개정에 반영되지 않은 몇 가지 제도에 관해서도 제언을 추가한다. 부당노동행위나 성차별적인 해고와 같은 상황에서 사직을 해고로 파악하는 의제해고 개념에 관한 검토, 노동법원이나 대안적 분쟁해결제도(ADR) 등 해고구제시스템의 개선방안 모색, 해고의 절차적 요건 명문화, 근속년수에 따른 해고예고기간의 조정, 사직의 철회기간 법정화 등을 역설하는 한편, 변경해지제도와 해고제소기간 제한 등의 검토를 제안한다.

　2-6. "판례를 통해 본 사내하도급의 법적 쟁점"(『노동법실무연구 ― 김지형대법관퇴임기념논문집』, 사법발전재단, 2011)은 사내하도급 관련 네 개의 판결, 곧 현대미포조선사건(대법원 2008. 7. 10. 선고 2005다75088 판결), 예스코 사건(대법원 2008. 9. 18. 선고 2007두22320 전원합의체 판결), 현대중공업사건(대법원 2010. 3. 25. 선고 2007두8881 판결), 현대자동차 사건(대법원 2010. 7. 22. 선고 2008두4367 판결)을 소재로 하여 사내하도급 분쟁에 관한 판례와 다수설을 비판적으로 검토한 글이다.

　이 교수는 사내하도급에 관해 근로계약적 요소와 도급계약적 요소가 비정형적으로 혼합되어 있고 기업, 업종, 산업마다 매우 유동적인 형태를 취하고 있다고 전제하면서, "근로장소를 지배하는 원청회사의 지시를 완전히 배제하는 것은 현실적으로 불가능하고 하청근로자들의 근로조건은 원청회사라는 매개변수를 거치지 않을 수 없다고 보는 것이 보다 현실적인 진단"이라고 주장한다.

　묵시적 근로계약관계론과 법인격 무시론에 관해서는 "법률의 규정에 의하지 않은 채 해석으로서 당사자의 의사에 반해 계약관계 당사자가 되도록 강제하여 각종 책임을 부담하도록 하여야 하는 것이 해석재량을 일탈한 것이 아닌지에 관한 방법론상의 고민"과 함께, "수급사업자와 근로자간의 근로계약관계의 효력이 어떻게 되는지, 원사업자와 수급사업자의 책임 귀속 내지 배분 문제를 어떻게 해결할 것인지에 관한 이론적 해명이 필요하고, 기존의 수급사업자와 근로자간에 형성된 각종 법률관계(대표적으로 임금)을 어떻게 재해석하여야 하는지가 해석론적 과제로 남"는다고 한다.

실질적 파견관계론(파견법제를 통한 규제방식)에 관해서는 고용간주나 고용의무 규정이 "계약자유의 원칙을 침해할 소지가 있어 위헌성 여부가 논란될 여지"가 있고, 현행법은 "고용이 강제된 경우의 구체적 근로조건, 당사자 간에 근로조건에 관한 합의를 이루지 못한 경우에 대비한 해결방법"을 제시하지 못하고 있다고 비판한다.

해석론을 통한 해결의 문제점과 한계로 인해 사내하도급과 관련한 입법론적 대응이 필요하다면서, 그 출발점은 2006년 ILO '계약노동'(contract labor) 권고와 유사하게 법현상에 대한 해석론상의 조작 대신에 '있는 사실 그대로(as it is)'에 즉응하는 해법을 찾아야 할 것이라고 주장한다. 그 방안의 한 예로서 "원청회사의 장소적 공간에서 발생하는 근로조건 예컨대 근로시간, 산업안전, 성희롱 방지 등의 배려의무, 산업재해 등에 대해서는 원청회사에 사용자 책임을 지우고 이러한 사항과 관련하여 하청근로자에게 집단목소리(collective voice) ―그것이 단체교섭이든 경영참가의 방법이든― 를 보장하는 방법"을 제안한다.

2-7. "산별체제로의 전환과 법률적 쟁점의 재조명"(「노동법연구」 제30호, 2011)은 2010년의 "산업별노조의 실태에 관한 비교법적 분석"(법원행정처 연구용역 과제) 중 이 교수가 정리한 부분을 학술 논문으로 수정, 편집한 논문이다.

먼저 이 교수는 산별화의 정도와 방식·산별교섭의 진행 정도·사용자단체의 결성 여부·쟁의행위의 결정단위·조합비 배분방식 등에서 산업마다 편차가 있어, 산별체제로의 전환은 진화과정에 있다고 전제한다.

다음으로 노동조합 산하 기구인 지부나 분회의 지위에 관해서는 지부 등의 단체교섭 당사자성 및 단체협약 체결능력을 적극적으로 인정한다. 다수의 학설이 지부가 단위노조의 실질을 가진 경우에만 교섭·협약능력을 인정함에 비해, 이철수 교수는 지부가 단위노조의 실질을 가진 경우는 물론이고 그에 미치지 못하더라도 사단의 실체만 가지고 있더라도 교섭·협약능력을 인정해야 한다는 입장이다. 그는 다수설이 "실질적으로 지부가 교섭당사자로서 활동하고 있을 뿐만 아니라 단위노조와의 관계상 교섭권(한)의 배분 내지 조정이 이루어지고 있는 현실태를 적절히 반영하지 못하고 있다는 점, 향후 창구단일화의 결과 과반수 지위를 획득한 대표노조에 대해서는 지부의 조직형태를 취하고 있다 하더라도 단체교섭당사자성을 부여할 것을 예정하고 있는 현행법제도를 설명할 수 없다는 점에서 법리상 수긍하기 힘들다."고 하면서, "조합민주주의의 요청상 하부조직이라도 사단적 실체를 가지는 단체에 대해서는 그에 상응하는 법률적 지위를 부여하는 것이 오히려 바람직"하다고 주장한다.

위 주장은 조직형태 변경, 특히 산별 단위노조의 하부조직으로 조직형태를 변경하였던 단위노조가 독립하여 다시 기업별 단위노조로 조직형태를 변경하거나 다른 산별 단위노조의 하부조직으로 편입하는 경우에도 그 주체성을 원칙적으로 긍정해야 한다는 주장으로 이어진다. "편입할 때에 조직형태의 변경에 해당한다고 하는 말은 편입된 후에도 독자적 의사결정능력을 가진다는 점을 전제해야만 가능하다. 그렇지 않으면 조직형태의 변경에 부여되는 법적 효과 즉 '재산관계 및 단체협약의 주체로서의 지위 부여'를 기대할 수 없기 때문"이라는 것이다.

노동조합 지부, 분회의 법적 지위와 조직형태 변경에 있어서의 주체성과 관련한 이 교수의 주장은 2016년 대법원 전원합의체 판결(발레오만도 사건; 2016. 2. 19. 선고 2012다96120 전원합의체 판결)에 큰 영향을 준 것으로 평가된다.

2-8. "미국의 배타적 교섭대표제와 한국적 함의"(「산업관계연구」 제15권 제2호, 2005)는 교섭창구 단일화 제도와 관련한 이철수 교수의 본래 생각을 읽을 수 있는 좋은 자료이다.

이 교수는 1990년대부터 10여 년간 진행된 기존의 교섭창구 단일화 논의들이 제도의 합헌성 여부와 원칙적 방향 등 총론에만 치중하고 있음을 비판하면서, 미국 관련 제도의 소개와 연구를 통해 창구단일화 제도의 입법에 대비한 각론 준비를 강조했다. 본문에서는 미국의 교섭대표 선출절차와 공정대표의무제도를 자세히 소개하는 한편, 창구단일화제도의 시행에 수반하여 발생할 소지가 있는 쟁점들을 정리하고 있다. 이를 바탕으로 이철수 교수가 제안한 내용은 매우 현실적이고 구체적이다.

먼저 노동위원회의 기능 강화이다. 창구단일화제도의 시행은 지배개입의 부당노동행위와 교섭단위의 결정이나 공정대표의무의 이행 여부 등 노노간 분쟁이 증가할 것이고 이를 공정하고 효율적으로 판정하기 위한 '노동위원회의 환골탈태는 시대적 과제'라고 충고한다.

다음으로 교섭대표노동조합의 공정대표의무를 강조한다. "공정대표의무의 성실한 이행은 창구단일화제도의 성패를 가름하는 관건"이라면서, 미국과 한국에서 교섭대표노동조합의 대표성 차이(미국은 전체 근로자 대표, 한국은 전체 조합원 대표) 등을 감안하여 단체협약의 내용을 비롯하여 고충처리 등 단체협약의 해석 적용이나 이행과정, 쟁의행위 결정 또는 근로기준법상 종업원대표 기능의 수행 과정에서도 공정대표의무의 법리를 원용할 필요가 있다고 주장한다.

2-9. "새로운 종업원대표시스템의 정립"(「노동법연구」 제45호, 2018)은 이철수 노동법학의 중심축 중 하나인 종업원대표제를 총정리한 글이다.

종업원대표제는 단일 주제 중에서, 통상임금과 함께, 이철수 교수가 가장 천착한 주제일 것이다. 박사학위논문 곧 「단체교섭의 근로자 측 주체에 관한 비교법적 연구」(서울대학교 법학박사 학위논문, 1992)에서 시작하여, "「복수노조체제하에서의 근로자대표제도 개선방안 연구」"(노동부 용역보고서, 2010), "통일적인 종업원대표시스템 정립을 위한 소고"(「산업관계연구」 제21권 제1호, 한국노사관계학회, 2011), "새로운 종업원대표시스템의 정립"(「노동조합의 경제적 효과와 근로자대표권 연구」(유경준 외, 2013) 등에서 일관되게 종업원대표 시스템의 개편을 주장하였고, 그것을 총정리한 것이 이 글이다.

이 교수는 사업장 차원에서 상시적인 법정 종업원대표시스템의 도입이 필요한 이유를 아래의 세 가지로 요약한다. ① 노동조합은 임의 가입한 조합원만을 대표하는 것이 기본 원리이고, 비조합원을 대표하는 것은 원리적으로 적합하지 않다. ② 노동조합은 임의 단체이므로 기업 내에 상시 존재하지 않아 무노조 사업장이 오히려 다수이고, 향후 복수 노조와 산별화가 진행될 경우 사업장 내 대표 노조의 기반도 약화될 것으로 예상된다. ③ 대다수 기업에서는 종업원의 지위와 관련된 제반 사항에 관해 사용자가 일방적으로 작성하는 취업규칙에 의존하고 있어 계약당사자의 의사가 적절히 반영되지 못하며, 또한 판례법리에 따라 권리분쟁이나 경영사항은 단체교섭 대상에서 제외되고 있어 단체협약의 규제력이 약해지고 있다.

이 교수는 노사동수의 회의체 방식인 노사협의회보다는 독일식의 종업원위원회 방식을 제안하면서, 이때 종업원위원회의 권한은 노동3권을 침해하지 않도록 설정되어야 함을 강조한다. 이와 함께 상설적인 종업원위원회가 설치될 경우 현행의 유니온 숍 제도와 사업장 차원의 일반적 구속력 제도는 재검토가 요구되고 취업규칙 제도는 근원적인 개선이 필요하다고 주장한다.

2-10. 이다혜 교수와 함께 번역한 "안톤 멩거의 '노동수익권' —사회주의 이론의 법적 정립과 19세기 사회적 기본권의 태동—"(「서울대학교 법학」 제53호 제1호, 2012)은 제목 그대로 오스트리아 법학자인 안톤 멩거(Anton Menger, 1841-1906)의 「노동수익권」(Das Recht auf den vollen Arbeitsertrag in geschichtlicher Darstellung; The Right to the Whole Produce of Labour) 영문판의 제1장(Introduction)을 번역한 글이다.

안톤 멩거는 사회주의의 3대 기본권으로서 노동수익권, 생존권, 근로권을 구상하였다. 두 사람이 번역한 제1장은 각 권리의 개념과 의의를 설명한 글로서, 이 중 생존권과 근로권은 우리 헌법 제32조 제1항(근로의 권리)과 제34조 제1항(인간다운 생활을 할 권리)에 현대적인 모습으로 수정 계승되어 있고, 노동수익권은 제헌헌법 제18조의 이익균점권의 형태로 등장한 적이 있었다.

이 번역은 이철수 교수의 학문적 관심과 신념을 보여준다. 이 교수는 현실에 대한 관심만큼 노동법의 기초이론에 대한 관심이 컸다. 대학원 시절에 여러 노동법 고전들을 같이 읽었던 기억은 지금도 생생하다. 그중 누마타(沼田) 교수의 [노동법 사전]은 번역하여 출간하기도 했다. 또한 이 번역은 대립과 균형을 통해 사회가 변증법적으로 발전할 것이라는 이철수 교수의 지론에 기초한 것으로 생각된다.

3.

이철수 교수와 나의 인연은 길다. 1987년에 처음 뵈었으니 햇수로 36년이 된다. 그 시절 나는 그를 선배로 만났지만, 그의 역할은 선배를 넘어 스승에 가까웠다. 서울대 노동법연구회의 창립과 활동을 평생 같이했다. 그의 정년에 나의 감회가 남다른 것도 어찌 보면 당연한 일인지도 모르겠다.

'87노동체제'라 명명하는 1980년대 후반부터 지금까지의 시절은 확실히 한국 사회의 대전환기였고 한국 노동법의 급변기였다. 노동법에 답을 요구하는 국가적 수요도 많았고 문제마다 노사의 대립도 컸다. 힘든 시절이었으나, 좋은 사람들과 동행할 수 있어 참 고마운 시절이기도 했다. 35년이 넘는 그 길에서 이철수 교수는 항상 정면에서 문제를 직면했고, 앞장서 해결책을 제시했다. 감히 평가하거니와, 그는 제4기 노동법 발전에서 중추의 역할을 했다. '이철수 노동법학'이라는 이름에 마땅한 기여였다.

이철수 교수는 긴 세월 동료와 후배들에게 든든한 제방과 따뜻한 위로가 되어주었다. 앞으로도 여러 방면에서 다양한 역할로 후배와 제자들의 든든한 언덕이 되어 주실 것이라 믿는다. 이철수 교수의 두 번째 학문 인생이 더욱 강건하고 평안하시기를 비는 것으로 나의 인사를 대신한다. 선배님, 진심으로 고마웠습니다.

2023년 9월

강 성 태

목   차

제3장 노동법의 새로운 패러다임과 방법론적 회의:
근로계약법제 논의를 중심으로

제4장 경영권이라는 신화를 넘어

제5장 산업구조 변화에 따른 노동법의 새로운 과제와 노동 4.0

제2부
개별적 노동보호 영역에서의 쟁점과 해결방안

제6장 통상임금 2013년 전원합의체 판결의 의미와 평가

제8장 사내하도급의 법적 쟁점에 대한 검토

제3부
집단적 노사관계의 변화와 새로운 방법론의 모색

제9장 산별노조 체제로의 전환과 법률적 쟁점의 재조명

제10장 미국의 배타적 교섭대표제와 한국적 함의

제11장 새로운 종업원대표시스템의 정립

[부록]

사회적 기본권의 본래적 의미: 안톤 멩거(Anton Menger)의 '노동수익권'

제 1 부

우리 노동법의 발자취와 미래적 과제

제 1 장

노동법의 현주소: 위기인가, 기회인가?

I. 불평등의 심화와 21세기 노동법의 새로운 문제의식

노동법은 경제적, 정치적, 사회적 맥락의 복합적 산물인바, 우리 노동법의 현실은 대외적으로는 글로벌 불평등의 심화와 저성장 사회로의 진입, 기술혁신에 따른 무한경쟁의 심화라는 전지구적 경향에서 자유롭지 못하다.[1] 대내적으로는 전후 압축적 경제성장을 이뤄내는 과정에서 과거 노동집약적·수출 주도형 산업구조로부터 서비스 중심적인 산업구조로의 변동, IMF 구제금융 이후 더욱 심화된 양극화 현상과 비정규 고용의 심화로 인한 일터에서의 위험의 외주화 문제, 가부장적 인습을 청산하지 못한 데에서 비롯되는 일·가정 양립의 극심한 어려움과 일터에서 소위 '갑질'의 만연 등, 한국 사회가 겪어온 제반 문제들이 곧 노동법제에 고스란히 녹아들어 있다 해도 과언이 아니다.

전반적으로 신자유주의적 사조가 우세했던 1990년대 전후에는 우리나라에서도 기업에 대한 규제완화, 전통적인 노동보호법에 대한 회의를 골자로 하는 소위 '노동유연화' 논의가 변화된 환경에 대한 해법인 양 회자되기도 하였다. 1997년의 IMF 구제금융과 그로 인한 대대적 법개정은 노사정대타협의 괄목할 만한 성과는

---

* 본 장은 이철수(2006), "근로계약법제의 현대적 과제", 『노동법의 존재와 당위(김유성교수 정년기념 논문집)』, 박영사 및 이철수·이다혜(2017), "한국의 산업구조변화와 노동법의 새로운 역할", 서울대학교 법학 제58권 제1호에 기초한 것이다.

1) Conaghan, Fischl & Klare(2002), Labour Law in an Era of Globalization: Transformative Practices & Possibilities, Oxford University Press; Bob Hepple(2005), 『*Labour Laws and Global Trade*』, Hart Publishing

별론으로 하더라도, 결국 신자유주의적 정책기조에 직접적인 영향을 받아 실제로 우리 노동법제의 보호적 역할이 여러 측면에서 약화된 대표적인 사건이기도 하다.

그러나 2007년 리먼 브라더스(Lehman Brothers)의 붕괴로 상징되는 미국발 금융위기를 계기로 세계적 차원에서는 시장 만능주의에 대한 반성론이 본격화되기 시작하였다.[2] 과거 신자유주의적 담론을 주도한 것은 하이예크(Friedrich A. Hayek)를 필두로 한 경제학자들의 집단이었지만, 최근 사회과학에서 최대의 화두는 시장만능주의의 오만을 정면으로 비판한 경제학자 피케티(T. Piketty)의 저작 『21세기 자본』과 이를 통해 촉발된 불평등, 양극화 관련 논의이다.[3] 지난 300년간의 통계분석을 통해 자본수익률이 경제성장률보다 높을 때 부의 양극화 및 불평등이 심화된다는 점을 밝히고, 이를 해결하려면 글로벌 자산누진세 등 전향적인 조치가 필요하다는 피케티의 주장은 서구사회는 물론 우리나라에서도 큰 반향을 일으켰으며, 다소 늦은 감은 있으나 한국의 불평등 문제가 학계에서도 공론화되는 계기를 제공하였다.[4]

신자유주의 및 불평등 현상에 대한 반성은 법학의 여러 분야 중에서도 특히 노동법에 직접적인 화두를 던져준다. 장하성(2015)은 한국의 불평등 문제는 자산 불평등보다도 대다수의 경제활동인구가 의존하여 생활을 영위하는 노동소득 불평등에 기인한 것이 크다고 분석하며 대기업과 중소기업간의 불평등, 고용형태에 따른 불평등 등을 지적하고 있는데,[5] 이는 곧 노동법제의 규범적 정당성 및 현실적 실효성에 대한 문제제기로 이어질 수 있다. 우리 헌법은 자유권에 기반한 정치적 민주주의는 물론이지만 국민의 경제적, 사회적 평등 또한 지향하는 사회민주주의(social democracy) 관념에 기반하여 국민의 근로권 보장 및 근로조건 법정주의(헌법 제32조), 노동3권의 보장(제33조), 인간다운 생활권(제34조) 및 경제민주화(제119조)를 표방하고 있으며, 노동법제는 이러한 헌법상 기본권을 실현하기 위하여 제정된 것이므로 우리 산업구조에서 불평등이 심각하다는 사실은 논리필연적으로

2) Joseph Stiglitz(2009), "The Global Crisis, Social Protection and Jobs", International Labour Review Vol. 148.
3) 토마 피케티(2014), 『21세기 자본』, 글항아리.
4) 우리나라 불평등 문제에 대한 저작으로 장하성(2015), 『왜 분노해야 하는가: 분배의 실패가 만든 한국의 불평등』, 헤이북스; 전병유(2016), 『한국의 불평등 2016』, 페이퍼로드 등이 있다.
5) 장하성(2015), 189면 이하의 논의 참조.

노동법제에 대한 재검토를 요구한다. 신자유주의에 대한 자성의 목소리와 함께, 노동보호의 관념과 규범으로서의 노동법의 중요성이 새롭게 부각되는 시대가 온 것이다.

Ⅱ. 노동법의 규범적 정당성과 방법론적 회의

20세기 중반 이후, 노동의 가치와 노동법학의 의미는 대전환기를 맞고 있다고 해도 과언이 아니다. 서구에서 1970년대부터의 대처리즘 이후 신보수주의적 사조가 정치, 경제, 사회 전 영역을 강타한 이후, 가치와 이념의 이데올로기는 퇴조하고 경쟁과 효율의 논리가 계속적으로 영향을 미치고 있다.

지난 세기를 이념화·산업화의 시대라고 한다면, 21세기는 탈이념화·정보화의 시대로 특징지을 수 있다.[6] 세계가 하나의 경제영역으로 좁아지고 국경 없는 무한경쟁시대가 도래하면서 기업경쟁력의 제고는 국가생존전략의 제1요소로 인식되고 이를 위해 인적자원의 효용을 극대화하는 것이 노사관계의 핵심과제로 등장하고 있다.[7] 지식·정보·기술의 주체인 근로자가 경쟁력의 원천이기 때문에 노동의 유연성을 제고시켜야 하며 전통적인 대립적 모델을 탈피하고 근로자들의 자발적인 참여와 협력을 유도할 수 있도록 노사관계를 새롭게 설계하여야 한다는 주장이 빈번하다. 영국의 노동법학자인 휴 콜린스(Hugh Collins)는 "노동법에도 제3의 길은 있는가?"라는 글에서 이제 노사관계의 주요 역할은 산업민주주의의 이상인 단체교섭을 통한 공정한 분배 대신에 산업경쟁력의 강화에 있음을 강조한 바 있다.[8]

현상적인 측면을 살펴보더라도 전통적인 노사관계질서에서 예상하기 힘들었

---

6) 김유성(1997), "개정노동법의 평가와 과제", 노동법연구 제6호, 9면 참조.

7) 범세계적으로 자원의 이동이 자유롭게 무한경쟁이 벌어지는 WTO체제하에서는 국가간 이동이 어려운 인적자원의 질이 경쟁력의 핵심요소로 부각될 수밖에 없고 이는 세계적인 추세라 할 수 있다. 미국의 던롭보고서에서도 "향후의 국가경쟁력 및 삶의 수준을 규정하는 국가자원은 바로 국민의 능력"임을 밝히고 있다. Commission on the Future of Worker-Management Relations(1994), 「Fact-Finding Report」, 서문 참조.

8) Hugh Collins(2004), "Is there a Third Way in Labor Law?", 『Labor Law in an Era of Globalization』(edi..by Conaghan), Oxford University Press, p.451.

던 상황들이 전개되고 있다. 우선 근로자상의 변화를 꼽지 않을 수 없다. 굳이 '20 대 80의 사회'라는 개념을 원용하지 않더라도, 고용형태와 취업형태가 다양화됨으로써 하나의 이해집단으로 묶기에는 이질성과 차별성이 더욱 확대되고 있다. 급락하는 노동조합의 조직률로 인해 종래에 기대되었던 대표성과 근로조건 결정 기능에 의문이 제기되고 있다. 기업 또는 사용자는 경쟁에 노출되고 자본시장이 자유화됨으로써 주주가치에 민감한 기업지배구조(corporate governance)의 요청이 강해지고 그 결과 신인사제도·주변부 전략 등 노무관리에 있어 새로운 기법이 실험되고 있다. IMF 이후 급증한 비정규직 문제는 현재 대한민국의 각종 정책과제에서 가장 우선적으로 해결해야 할 문제로 대두되어 2017년 대선 국면에서 중대하게 언급되고 있다. 특수형태근로종사자와 같이 자본시장과 노동시장의 중간에 존재하는 이른바 회색지대(gray zone)의 현상은 우리들에게 신사고를 요구하며, 최근 '4차 산업혁명'으로 일컬어지는 기술발전의 새로운 경향은 전통적 노동법의 경계에 놓인 자들의 권리 보호에 대한 난제를 던져 주고 있다.[9]

이러한 일련의 흐름들은 규범학에 많은 고민을 던져준다. 일차적으로 노동법을 종속노동자의 보호에 관한 법이라고 이해해 온 전통적 패러다임이 앞으로도 여전히 유효할지는 의문이다. 인식주체가 대상을 통찰할 때 사용되는 패러다임이라는 인식의 도구틀은 역사성과 사회성을 지닐 수밖에 없다. 따라서 종속노동론은 언제·어떠한 조건 하에서 형성되어 왔고 그 조건은 변화가 없는가, 종속노동론 위에 구축된 노동법 체계는 앞으로도 여전히 유효한가, 노동법제를 형성함에 있어 새로운 사고의 틀이 필요하지 않은가 등의 물음에 관해 지속적인 관심을 기울이게 한다.

노사관계의 룰은 그 주체·경제·사회·이데올로기의 복합적 산물이기 때문에, 새로운 패러다임을 모색함에 있어서는 인접사회과학과의 학제적인 연구가 필요함은 물론 연구자 스스로가 노사관계 전반에 관한 종합적이고 체계적인 인식능력이 선행되어야 할 것이다.[10]

---

9) 4차 산업혁명과 노동의 관계에 대한 최근의 논의로, Daniel Buhr(2017), "노동 4.0과 4차 산업혁명", 한국노동연구원 – 프리드리히 에베르트재단 공동주최 국제학술대회 발표문 참조.

10) Blain과 Gennard의 공식에 따르면 R(rule) = F (A. T. E. S. I)의 방정식이다. A는 이 법칙에 포함된 배우(사용자. 근로자. 정부), T는 기술, E는 시장에서의 경제발전 S는 사회, I

Ⅲ. 본서의 구성과 주요 내용

위와 같은 문제의식을 바탕으로, 본서에서는 노사관계와 노동법제의 진화과정을 법제 형성과정에 직접 참가한 필자의 경험과 기존의 연구를 활용해 설명하고자 한다.

본서는 크게 3부로 구성하였는데, 제1부 "우리 노동법의 발자취와 현재적 문제"에서는 우리 노동법의 과거와 현재, 그리고 방법론적 고민을 총체적인 시각에서 조망하며 접근하였다. 먼저 해방 이후 1953년 근로기준법의 제정을 필두로 하여, 우리 노동법이 걸어온 연혁을 정리하며 그 변천 과정을 추적한다(제1장). 우리 노동법제에 심대한 변화를 가져온 1997년 IMF 구제금융 전후의 노동정책 관련 논의와 법개정 내용, 그리고 1990년대 신자유주의에 영향을 받은 소위 '유연안정성' 담론에 영향을 받았던 노동법학에서의 논의를 소개한다(제2장).

우리의 논의는 물론이며, 세계적으로도 90년대 신자유주의를 전후로 전통적 노동법의 존재의의와 기능에 대해서 많은 방법론적 회의가 있어 왔는데, 그 중에서도 근로계약법제를 둘러싼 논의를 통해 노동법의 유연화와 규제완화의 경향이 노동법학의 방법론에 미친 영향과 새로운 패러다임의 모색 과정을 구체적으로 조명하였다. 근로계약법제는 계약으로서의 적정성과 명확성을 기하고 법운용에 있어 구체적 타당성을 제고시키기 위한 합리화·현대화 과정이지만, 그 의미가 근로기준법의 보호법적 기능을 등한시하거나 노동보호법의 반대개념으로 논의되는 것은 경계할 필요가 있다(제3장).

IMF 경제위기 이후 우리 판례법리는 이른바 헌법상 '경영권'을 근거로 '경영주체에 의한 고도의 경영상 결단에 속하는 경영사항은 특별한 사정이 없는 한 단체교섭의 대상이 될 수 없다'고 판시하여 근로자의 노동3권 행사를 제한하여 왔으나, 경영권은 헌법상 기본권으로 인정되기 어려울 뿐만 아니라 개념적으로도 모호하고, 설령 이를 구체적 권리로 인정할 수 있다고 하더라도 노동3권과의 충돌에 있어서는 경영권의 불가침성을 강조하는 것이 아니라 규범조화적 해석이 필요함을 논증하였다(제4장).

는 이데올로기를 상징한다. N. J. Blain & John Gennard(1970), "Industrial Relations Theory", *British Journal of Industrial Relations* Vol. 8.

또한 21세기적 맥락에서 새롭게 대두된 노동법의 새로운 과제에 대한 모색을 시도하였다. 본서 앞부분에서는 신자유주의 담론으로 인한 노동법학 방법론에 대한 방법론적 회의를 소개했다면, 이 장에서는 특히 2000년대 이후 신자유주의에 대한 반성의 맥락에서 등장한 이론적 논의를 소개하였다. 또한 종래의 제조업 중심 산업구조가 쇠퇴하고 소위 '4차 산업혁명'으로도 불리는 기술혁신, 공유경제(sharing economy)의 출현으로 인해 발생한 법적 쟁점, 과거와는 비교할 수 없을 정도로 증대된 이주노동 현상에 대한 우리 노동법의 규율방식 및 법리의 전개를 살펴보았다. 마지막으로 이러한 변화에 대응하여 우리 노동법이 헌법상 노동권 보호의 요청에 응답하기 위한 과제로서 노동 4.0을 소개하였다(제5장).

다음으로, 제2부 "개별적 노동보호 영역에서의 쟁점과 해결 방안"에서는 우리 노동법의 개별적 근로관계 영역에서 가장 많은 다툼이 있어 왔고, 학술적으로도 수많은 논의들을 촉발하였던 의제들인 통상임금, 해고법제, 사내하도급의 법적 쟁점을 구체적으로 분석하고 해결 방안을 모색하여 보았다.

먼저 우리 노동법에서의 특수하고도 기형적인 임금구조로 인해 발생한 통상임금의 판단 문제는 2013년 대법원 전원합의체 판결을 통해 상당 부분 판단기준이 확립된 바 있지만, 여전히 많은 논란이 해결되지 않은 채 남아 있어 통상임금 법리에 대한 비판적 검토를 수행하고, 입법론적 해결의 필요성을 지적하였다(제6장).

그리고 부당해고에 대한 구제방안으로서 금전보상제와 이행강제금 제도를 도입한 2006년 개정 해고법제에 대한 논문을 수록하였다. 과거의 글이긴 하지만 위 글에서 필자가 소개한 영미의 의제해고(擬制解雇) 개념이 주는 시사점과 개별적 노동분쟁의 해결을 위한 제안은 현재에도 유효하다고 생각하기 때문이다. 또한 이후의 법개정도 이 글에서 필자가 주장한 바와 같이 해고에 대한 절차적 정의와 구제의 실효성을 확보하는 방향으로 이루어졌다는 점에서 의미가 있다(제7장).

간접고용의 한 형태인 사내하도급은 정규기업조직의 최소화와 핵심 업무의 집중화를 통한 전문성과 효율성 향상을 도모하기 위한 방편으로 광범위하게 확산되고 있으나, 사내하도급은 전형적인 도급계약과는 이질적인 특성을 지니고 있고 파견규제를 회피하기 위해 탈법적으로 사용되는 경우가 많기 때문에 다수의 노동법적 쟁점을 발생시키고 있어 이에 대한 구체적인 법적 논의를 전개하였다(제8장).

제3부 "집단적 노사관계의 변화와 새로운 방법론의 모색"에서는 먼저 우리 노사관계에서의 큰 변화인 기존의 기업별 노조에서 산별노조로의 전환 현상에 따른 쟁점을 검토하였다. 산별노조 체제로의 전환은 하부조직의 단체교섭 당사자성, 조직형태의 변경, 단체협약의 경합·충돌 등의 다양한 법률적 쟁점을 담고 있어 새로운 유형의 분쟁이 발생할 가능성이 높고, 이를 우리의 현실에 맞게 재구성하는 작업이 요구된다(제9장).

그리고 최근 그 정당성과 실효성을 둘러싸고 많은 논의가 이루어지고 있는 교섭창구 단일화 제도 및 공정대표의무와 관련하여, 미국의 배타적 교섭대표제의 한국적 함의를 검토한 논문을 수록하였다. 비록 위 논문은 2005년의 상황에 쓰여진 것이기는 하나 창구단일화 제도의 기본 취지와 원리를 잘 소개하고 있으며, 특히 공정대표의무에 대한 현재적 논의에도 도움이 될 것으로 보인다(제10장).

또한 최근 노조 조직률이 계속적으로 하락하고 있어 노동조합이 다수의 근로자를 대변하지 못하고 있는 현실에 대하여, 비교법적 분석을 통해 각국의 비노조 근로자대표제도에 대해 분석하고 시사점을 도출하여 새로운 종업원 대표제도 마련을 위한 구상을 제시하였다. 이는 노동조합의 근로자대표로서의 기능에 대한 의문에서 비롯된 것으로, 노동조합만이 노동 3권의 향유주체가 된다는 노동조합중심론에서 벗어난 새로운 시스템을 모색하자는 것이다(제11장).

끝으로, 부록으로 수록한 "안톤 멩거(Anton Menger)의 노동수익권"은 종래 노동법학에서 널리 논의되지 못했던 19세기 오스트리아 법학자인 Menger가 사회주의 법적 이론 정립의 일환으로 구상하였던 "노동수익권"(the right to the whole produce of labour) 개념을 소개하였다. Menger는 경제적 정의가 실현되려면 모든 종류의 불로소득이 부정되는 '노동수익권'이 보장되어야 하나, 이것이 현존하는 재산법과 양립하기는 어려운 점을 인정하는 토대 위에서 그에 대한 차선책으로서의 '노동권'과 '생존권' 개념을 주창하였고 이것이 독일 바이마르헌법(1919)에 영향을 미치게 된다. 경제적 효율성과 시장 만능주의 앞에서 노동보호의 당위성을 방어하기에 벅찬 현재, 고전을 통하여 노동권의 사상적 기초를 음미해 보는 것은 그 어느 때보다도 21세기 현재 우리의 노동현실에 중요한 시사를 던져 줄 것이라 기대해 본다.

제 2 장

한국 노동법 변천사와 신자유주의 이후의 문제

Ⅰ. 우리 노동법이 걸어온 길: 효율성과 형평성 사이의 변증법적 지양

1. 우리나라 노동법제의 연혁과 변천

1953년에 우리의 노동법의 골격이 갖추어진 이후 그 변천사는 우리의 정치사만큼이나 변화무쌍하였다. 본고에서는 우리나라 노동법제의 전개를 ① 명목적 생성의 시기(미군정기와 1953. 3. 8. 노동법 제정 이후), ② 경제적 효율화 강조의 시기(1961~1986), ③ 사회적 형평화의 모색의 시기(1987~1997), ④ 사회적 형평화와 경제적 효율화 조화의 시기(1998년 노동법 대개정 이후)로 나누어 설명하고자 한다.

1) 명목적 생성의 시기(1953~1960)

한국에서는 1953년에 들어서야 비로소 근로기준법, 노동조합법, 노동쟁의조정법, 노동위원회법이 제정되어 노동법제의 기본골격이 형성되었다. 그 이전에는 사안에 따라 임시방편적으로 단행법령이 제정·운영되었는바, 미군정이 제정·시행한 몇몇 법령이 중요한 지침으로 작용하였다. 1953년의 노동관계법은 한국 노사관계의 현실을 반영하거나 외국법제에 관한 면밀한 조사와 연구를 통해 제정된 것이 아니고, 미군정기의 노동정책 하에서 형성된 법적 관행의 일정 부분을 수용하면서 기본적으로는 일본의 노동관계법을 계수한 것이었다.[1] 이 당시의 집단적

---

* 본 장은 이철수(2014), "IMF 구제금융 이후의 한국의 노동법제 발전", 서울대학교 법학 제55권 제1호를 재구성하고 이후의 입법내용을 보완하여 수록하였다.

1) 제정 노동법과 일본 노동법의 비교를 통하여 그 차별성을 드러낸 논문으로는 강성태(2013), "제정 노동법의 주요내용과 특징", 노동법학 제48호, 160면 이하 참조.

노동관계법은 노동조합의 자유설립주의를 보장하고 협약자치를 최대한 존중하는 등 집단적 자치의 원칙에 비교적 충실한 입법이었지만, 근대적 의미의 노사관계가 형성되어 있지 않은 상황이라 법의 실효성을 기대하기 힘들었다.

2) 경제적 효율성 강조의 시기(1961~1986)

산업화에 박차를 가한 제3공화국(1961~1970)에서부터 정치적 정당성의 결여로 정권유지에 급급했던 유신체제(1971~1979)와 제5공화국(1980~1986)의 권위주의 정부 하에서는 노동관계법은 경제적 효율성 내지 기능적 효율성을 극대화시키기 위한 도구로서의 성격이 강하였다. 노사협의회를 매개로 한 협조적 노사관계의 진작이라는 구호도 그 실상은 노동삼권의 위축을 의도한 것이었다. 노동정책 역시 그 특수성이 무시된 채 경제정책에 종속되었고 그 결과 노동자의 단결활동은 철저히 제약받았다. 노동시장에서 노사의 집단자치가 작동되지 않고 국가가 주도권을 행사하는 가부장적 노사관계가 형성되었다. 이 당시의 법개정 경향은 형식에 있어서는 집단적 노동관계법에서의 규제와 억압을 강화하고, 개별적 노동관계법 영역에서 노동자 보호를 강화한 것으로 보인다. 그러나 사실상 근기법의 수규자인 사용자가 법을 준수하지 않은 것은 물론이고 국가가 이를 수수방관하는 경우가 많았으므로 보호법제로서 제대로 기능하지 못하였다.

3) 정치적 민주화와 사회적 형평성의 모색(1987~1997)

1987년에서 1997년에 이르는 노동관계법의 개정과정은 이전 시기의 법개정 과정과는 뚜렷한 차이를 보이고 있다. 우선 절차적인 측면에서는 1987년 개정은 노동관계법의 제정 이후 최초로 정상적인 입법기관에 의해 정치권의 토론과정을 거쳐 여야의 합의로 이루어졌다. 법 내용의 측면에서 볼 때에 집단적 자치는 부분적으로 후퇴하기도 하였지만 전체적으로는 꾸준하게 확대되어 왔다. 집단적 자치의 확대는 노동운동의 발전에 조응하는 것이었다.

1990년에 들어와 WTO체제로 세계경제질서가 재편되고 한국이 ILO 회원으로 가입함에 따라 국제화·세계화의 시각에서 노동법을 재검토할 필요성이 제기되었다. 아울러 계속되는 노동계의 법개정 요구와 함께 노동의 유연성제고 및 기업경쟁력 강화를 기치로 사용자 측에서 근기법 개정을 강력히 주장하였다. 이것이

김영삼 정부에서 노사관계개혁위원회가 발족된 계기이다. 노사관계 개혁위원회(약칭 '노개위')는 이전의 양대노총을 포함하는 노동계 대표의 참여가 보장되었을 뿐 아니라 노사관계 개혁과 관련된 주요 현안을 둘러싼 중앙차원의 실질적인 협의가 이루어졌다는 점에서, 사회적 협조주의의 효시를 이룬다고 평가할 수 있다. 노개위에서의 심도 있는 논의와 노동법 총파업, 개정법의 폐지, 재제정의 우여곡절을 거친 끝에 현행법이 마련되었는바, 집단적 노동관계법 영역에서 위헌성이 논란된 문제조항이 상당히 개선되었고 개별적 노동관계법 영역에서는 노동의 유연성을 제고시키는 규정이 도입되었다. 아울러 합리적으로 제도를 개선한 부분도 많이 발견된다. 이 시기는 노동관계법 개정의 절차·내용면에서의 정상화 과정이라고 평가할 수 있다. 이러한 정상화는 사회 전반의 민주화에 의하여 비로소 가능하였다. 1987년의 이른바 6월 항쟁에서 시작되는 한국의 민주화의 진전은 노동관계법의 개정과 직접적인 관련성을 가진다.

4) 사회적 형평성과 경제적 효율성의 조화 모색(1998~현재)

1997. 11. 21. 국제통화기금(IMF)에 자금지원요청을 하기에 이른 금융위기는 한국이 해방 이후 경제성장과정에서 경험하지 못했던 초유의 위기상황이었다. 대량실업사태와 임금저하현상이 속출하였고, 1997년 노동법체계에 대한 재검토가 불가피하게 되었다. 노사관계에서 이러한 움직임은 노사정위원회 발족의 요인으로 작용하였다. 노사정위원회에서의 합의 등을 기초로 하여, 새로운 제도가 도입되기도 하고 기존의 제도가 일부 수정됨으로써, 1998년 후 노동관계법제는 상당부분 변모하게 된다. 뒤에서 자세히 살펴보는 바와 같이 개별적 노동관계법 영역에서는 정리해고 법제가 근로기준법의 개정을 통해 일부 수정되었고, 근로자파견제도가 새로이 도입되었으며, 사용자 도산시 임금채권 등의 보호를 내용으로 하는 근로기준법의 개정 및 임금채권보장법의 제정 등의 변화가 있었다. 집단적 노동관계법 영역에서는, 교원의 노동조합 설립이 가능하게 되었으며 공무원의 직장 내 단결활동이 공무원직장협의회를 통해 일부 가능하게 되었고, 노동조합의 정치활동의 범위가 노조법상의 관련조문의 삭제 및 정비 그리고 정치관계법의 개정을 통해 확대되는 등의 변화가 있었다.

2. IMF 구제금융과 사회적 대타협

1997년 하반기의 외환·금융위기를 계기로 노사정위원회가 발족하면서 대대적인 노동법제 개선안이 채택되고 이는 이후 2000년대의 법제 형성에 지대한 영향을 미치게 되었다.

1997. 12. 정부와 IMF가 구제금융 협상을 시작하자, 재벌을 필두로 한 많은 기업들은 자체 구조조정계획을 속속 발표하였다. 이런 급박한 사태 전개 속에서 민주노총은 12. 3. '경제위기 극복과 고용안정을 위한 노사정 3자기구'를 구성할 것을 공식적으로 제안하였다. 1997. 12. 19. 대통령선거에서 승리한 김대중 대통령 당선자는 12. 24. 경제계 인사와 한국노총 및 민주노총 측을 연이어 만나 3자 회의기구의 구성을 제의하였다. 이틀 뒤(12. 26.) 김대중 대통령 당선자는 'IMF극복을 위한 노사정협의회'의 구성을 공식적으로 제안하였다. 선거 직후에 3자 기구 구성문제가 가장 시급한 현안으로 다루어진 것은 각 경제주체 간의 사회적 합의 도출을 조건으로 100억불을 조기에 지원받기로 IMF와 약속했기 때문이었다.

노동계는 처음에 노사정협의체가 정리해고를 합법화하기 위한 수순이라는 의구심에서 반발하였다. 왜냐하면 금융·외환위기의 해소를 위하여 당선자 측과 경제정책 담당자를 구성원으로 하여 1997. 12. 22. 구성된 비상경제대책위원회에서 정리해고제도와 파견제도의 도입을 강구하고 있었던바, 노사정협의체가 이 목적에 이용되는 것으로 판단하였기 때문이다. 그러나 김대중 당선자 측에서 정리해고 문제뿐만 아니라 재벌개혁 등 경영계개혁추진방침, 교원·공무원의 노동기본권, 노조의 정치활동 보장 등 노동계의 요구사항을 논의하기로 수용함으로써 노사정위원회의 출범이 가능하게 되었다. 1998. 1. 15. 공식발족한 제1기 노사정위원회는 재정경제원장관과 노동부장관, 양 노총 위원장, 전경련과 경총 회장, 각 정당 4명 등 모두 10명으로 구성되었다. 그 산하에 실무(기초)위원회, 전문위원회를 두고 필요에 따라서 분과위원회를 설치할 수 있도록 하였다.

제1차 회의에서 김대중 대통령 당선자는 정부의 우선적 고통 분담, 노사 공정대우, 국가경쟁력 우선이라는 3가지 원칙을 제시하였고, 1998. 1. 19. 의제로서 10개의 논의과제를 선정하였다. 논의과제 중 노동법제도와 직접 관련된 것은 "노동기본권 보장 등 민주적 노사관계 확립"과 "노동시장의 유연성 제고방안"이었다.

전자와 관련하여서는 공무원·교원의 노동기본권 보장 문제, 노조 정치활동 허용 범위 확대 등 국제기준에 따른 노동기본권 보장 문제, 노사정 정책협의기구 제도화 문제, 노사 교섭구조 개선방안 등이 구체적 의제로서 포함되어 있었다. 후자와 관련하여서는 고용조정에 관한 법제 정비, 파견근로자 등 비정규고용 관련 제도 정비 등이 설정되어 있었다. 다음 날인 1. 20. 노사정위원회는 '경제위기 극복을 위한 노사정 간의 공정한 고통분담에 관한 합의문'을 발표하였다. 역시 정리해고에 대한 직접적인 언급은 없었으나, 관련되는 내용으로, 노동조합은 "기업의 급박한 경영상의 사유가 있을 경우 실업발생을 최소화하기 위해 임금, 노동시간 조정에 적극 노력"하겠다는 내용을 담고 있었다.

노사정위원회는 논의대상 10개 의제를 확정한 후 전문위원회를 중심으로 쟁점사항에 대한 논의를 계속하였다. 노동계의 탈퇴선언 등 우여곡절이 있었으나, 110개 의제 중 90개 의제에 관하여 합의하였다.

1998. 2. 6. 노사정위원회는 총 90개 항목에 걸친 '경제위기 극복을 위한 사회협약'을 체결하였는데 그중 노동법제와 직접 관련된 것은 다음과 같다.

먼저 정리해고제도와 관련하여, ① 조문명을 종래의 '경영상 이유에 의한 고용조정'에서 '경영상의 이유에 의한 해고의 제한'으로 바꾼다. ② 경영상의 이유에 의하여 노동자를 해고하고자 하는 경우에는 긴박한 경영상의 필요가 있어야 하되, 경영악화를 방지하기 위한 사업의 양도·합병·인수의 경우에도 긴박한 경영상의 이유가 있는 것으로 본다. ③ 합리적이고 공정한 기준에 의한 해고 대상자 선정에서 성차별 금지를 명문화한다. ④ 해고일 60일 전에 노동자대표에게 해고회피방법 및 선정기준을 통보하고 성실히 협의하며 노동부에 사전신고한다. ⑤ 정리해고된 자에 대해서는 재고용노력의무규정을 신설하기로 하고, 부칙소정의 정리해고 2년 유예규정을 삭제하였다.

근로자파견제도와 관련하여서는, 1998. 2. 임시국회에 다음과 같은 내용의 '파견근로자보호등에관한법률(안)'을 제출할 것을 합의하였다. ① 노동자파견 대상 업무에 있어, 전문지식, 기술 또는 경험 등을 필요로 하는 업무에 대해서는 Positive System을 채택하여 대통령령으로 정하는 업무로 하고, 단순 업무 분야는 Negative System을 채택하여 출산, 질병, 부상 등으로 결원이 생긴 경우 또는 일시적·간헐적으로 인력 확보가 필요한 경우에는 법령이 금지하는 업무를 제외하고 허용하도록 하였다. 다만, 후자의 경우에는 노동자 대표 또는 과반수 노조와 사전에 성실히 협의하도록 하였다. ② 파견기간은 1년 이내로 하고 당사자가 합의한 때에는 1회에 한하여 연장할 수 있도록 하였다. ③ 그 밖에 차별금지 등 파견노동자보호조치와, 쟁의 중인 사업장에의 파견금지, 정리해고 후 일정한 기간 동안 당해 업무의 파견금지 등 노동자파견의 제한, 파견사업주와 사용사업주의 책임소재 등을 명확히 하도록 합의하였다.

사업주의 도산시 근로자의 임금채권을 보장하는 법안을 1998. 2. 임시국회에 제출하도록 합의하였다. 구체적으로는 사업주부담금 등으로 조성된 임금채권보장기금을 설치하고, 5인 이상 사업장의 노동자에 대하여 임금채권 최우선변제 범위인 '최종 3월분의 임금 및 최종 3년간의 퇴직금' 중 대통령령으로 정하는 금액을 동 기금에서 대신 지급한 뒤 구상권을 통하여 회수하도록 하였다. 그 밖에 영세사업장의 노동자보호를 위하여 5인 미만 사업장에 근로기준법의 일부조항을 적용할 수 있도록 관련법령을 개정할 것을 합의하였다.

노동기본권보장과 관련하여, ① 공무원에 대하여 정부는 1999. 1.부터 직장협의회 설치를 위한 관련 법안을 1998. 2. 임시국회에 제출하고, 노동조합결성방안은 국민여론을 수렴하여 2단계로 추진한다고 합의하였다. ② 교원에 대해서는 1999. 7.부터 교원의 노동조합결성권이 보장되도록 1998년 정기국회에서 관련 법률의 개정을 추진한다는 데 합의하였다. ③ 그 밖에 1998년 상반기 중 선거법과 정치자금법 개정을 통하여 노동조합의 정치활동을 보장하며, 노동기본권의 확충을 위하여 실업자에게 초기업단위노조의 가입자격을 인정하고, 노동협약 일방해지 통보기간을 기존 3월에서 6월로 연장하는 개정안을 1998. 2. 임시국회에 제출할 것을 합의하였다.

II. IMF 이후 노동법 개정의 주요내용

노사정위원회 구성 이후의 법개정 내용을 살펴보면, 노동유연성의 제고와 노동기본권의 보장을 양축으로 하여 노사간 이해절충의 과정으로 평가할 수 있다. 어느 요인이 우세하였는가에 관해서는 각 주체 간에 평가가 상이하지만, 과거와

같이 노동기본권을 무시한 채 경제성장 관점에서만 단선적으로 노동입법을 좌지
우지할 수는 없게 되었다. 이하에서는 법 개정의 주요내용을 살펴본다.

1. 개별적 근로관계법 영역

1) 정리해고 관련규정의 개정(1998. 2. 20. 근기법 개정)

주요 내용은 '긴박한 경영상의 필요성'의 요건과 관련하여, 기업의 양도와 인
수·합병의 경우 해고의 정당성 유무에 대한 다툼을 해소하기 위해 '경영악화를
방지하기 위한 사업의 양도·인수·합병'은 '긴박한 경영상의 필요'에 포함된다고
명문화하였다. 해고회피노력과 관련하여 남녀차별금지규정을 신설하였다. 해고절
차와 관련하여, 해고협의를 위한 통보기간을 종전의 30일에서 60일로 연장하고
일정 규모 이상의 인원을 해고하고자 할 때에는 노동부장관에게 신고하도록 개정
하였다. 그밖에 우선 재고용 규정 및 정부의 생계안정 노력을 신설하였다.

2) 임금채권보장법의 도입(1998. 2. 20. 법제정)

둘째, 기업의 도산 급증과 체불임금 대량발생으로 근로자의 임금채권 보장의
실효성을 기할 수 없게 되자, 기업의 도산 등으로 인해 사업주의 임금지급이 곤란
하게 된 경우 사업주를 대신하여 임금채권보장기금에서 일정 범위의 체불 임금을
지불할 수 있도록 하는 제도를 도입하게 되었다. 주요내용은 사업주가 파산 등의
사유로 임금을 체불하는 경우 최종 3개월분의 임금 및 최종 3년간의 퇴직금을 지
급하도록 하고, 노동부장관은 임금채권보장기금을 설치하고 그 재원 조성을 위하
여 적용대상 사업장의 사업주로부터 부담금을 징수할 수 있도록 하였다.

3) 근로시간 단축방안 마련(2003. 9. 15. 근기법 개정)

셋째, 근로시간 단축의 기본 틀에 합의하였다. 주요 내용으로는 ① 기준근로
시간을 44시간에서 40시간으로 단축, ② 탄력적 근로시간제를 실시할 수 있는 기
간을 '1월 이내'에서 '3월 이내'로 연장하고, 특정주의 연장근로시간의 상한을 56
시간에서 52시간으로 단축, ③ 사용자는 근로자대표와의 서면합의에 따라 제55조
의 규정에 의한 연장근로·야간근로 및 휴일근로에 대하여 임금을 지급하는 것에
갈음하여 휴가를 부여할 수 있다는 규정을 신설, ④ 월차유급휴가를 폐지하고, 여

성인 근로자에 대하여 월 1일의 유급생리휴가를 주도록 하던 것을 무급화하여 사용자의 부담을 경감, ⑤ 1년간 8할 이상 출근한 자에 대하여 15일의 유급휴가를 주며, 2년마다 1일의 휴가를 가산하되, 휴가일수의 상한을 25일로 정함, ⑥ 근로자가 휴가를 사용하지 아니한 경우, 사용자에게 그 미사용한 휴가에 대하여 보상할 의무를 면제하여 근로자의 연차유급휴가의 사용을 촉진함, ⑦ 유급휴가의 대체에 관하여 제60조는 '사용자는 근로자 대표와의 서면합의에 의하여 제59조의 규정에 의한 연차유급휴일에 갈음하여 특정근로일에 근로자를 휴무시킬 수 있다'고 규정한 것을 들 수 있다.

4) 부당해고제도 개선(2007. 1. 26. 근기법 개정)

넷째, 부당해고에 대한 기존의 형사처벌을 삭제하고 이행강제금, 금전보상 등 해고 관련된 새로운 제도를 도입하였다. 이때 개정 및 신규 도입된 주요 내용으로, 정당한 이유 없는 해고 등에 대한 벌칙 조항을 삭제하되 부당해고에 대한 노동위원회의 구제명령을 이행하지 않는 자에 대해 이행강제금을 부과하고, 형사처벌은 확정된 구제명령을 이행하지 않는 자에 대해서만 가능하도록 한 점, 부당해고 시 근로자가 원직복직을 원하지 아니하는 경우에는 근로자가 해고기간 동안 지급받을 수 있었던 임금 상당액 이상의 금품을 지급할 수 있게 금전보상제도를 신규 도입한 점, 사용자의 근로자에 대한 해고시 서면통지제도를 신설한 점 등이 있다.

5) 실근로시간 단축과 근로시간 제도 유연화(2018. 3. 20. 및 2021. 1. 5. 근기법 개정)

다섯째, 실근로시간 단축을 위해 근로시간 관련 제도를 정비하는 한편 이에 따라 산업현장에서 발생하는 근로시간 운용상 문제점을 보완하기 위해 근로시간 제도의 유연화가 이루어졌다. 먼저 2018년의 법개정은 그간 해석상 논란이 있어 왔던 1주당 최대 근로시간이 휴일근로를 포함하여 52시간임을 분명히 하고, 가산임금의 중복할증율을 명확히 하고, 근로시간특례업종의 범위를 축소하는 한편 특례업종의 경우에도 근로일 사이에 11시간 이상의 연속휴식시간을 부여하도록 하였다.

이에 따라 발생하는 근로시간 운용의 경직성을 해소하고 제도의 안착을 위해 2018년 12월 경제사회노동위원회 산하 노동시간제도개선위원회가 구성되었고, 노사정 논의 결과 탄력적 근로시간제의 단위기간을 3개월에서 최대 6개월로 확대하고, 이 과정에서 발생할 수 있는 과로를 방지하기 위해 근로일간 11시간 연속 휴식시간을 의무화하는 합의가 이루어졌다. 이는 개별 사안에 대해 노사정의 합의가 이루어진 최초의 사례로서, 이후 2021년 국회는 이에 따라 탄력적 근로시간제의 단위기간을 확대하는 입법을 진행하면서 연구개발 업무에 대한 선택적 근로시간제의 정산기간을 추가로 확대하였다.

2. 집단적 노사관계법 영역

1) 교원노조 및 공무원노조 관련 법률 제정

첫째, 1998년 2월 '경제위기 극복을 위한 사회협약' 후속조치의 하나로 그간 문제되었던 교원노조 설립의 최종합의를 도출하였다(1999. 1. 29. 교원의 노동조합설립 및 운영에 관한 법률 제정).

주요 내용으로는 ① 단결권 및 단체교섭권을 인정하되, 법령·조례 및 예산 등에 의해 규정되는 내용과 법령 또는 조례에 의해 위임을 받아 규정되는 내용에 대해서는 단체협약으로서의 효력을 가질 수 없도록 함, ② 교원노조의 가입자격을 초·중등교육법 제19조에서 규정하고 있는 교원으로 한정, ③ 교원노조의 정치활동 일절 금지, ④ 교원은 특별시·광역시·도 단위 또는 전국단위에 한하여 노조를 설립 가능하게 함, ⑤ 노조와 조합원의 쟁의행위는 일절 금지한 것이다.

이때 공무원노조 설립에 관한 사항도 함께 합의하였는데, 1단계로 공무원직장협의회를 설치하고 2단계로 공무원노조를 허용하기로 하였으나 명칭, 시행시기, 노동권 인정범위, 노조전임자 등의 쟁점에 대해 이견이 해소되지 않아 입법이 지연되었다가 2005. 1. 27. 「공무원의 노동조합 설립 및 운영 등에 관한 법률」이 제정되었다.[2] 주요내용은 6급 이하 또는 이에 준하는 직급의 공무원에 대하여 단결권·단체교섭권을 보장하되 쟁의권은 인정하지 않는 것을 골자로 하는 것이었다. 다만, 단체교섭권과 관련하여서는 교원노조와 마찬가지로 교섭사항과 교섭방식(제3자 위임금지), 협약의 효력에 일정한 제한을 두었다.

---

2) 노동부(2006), 「공무원 노조법령 주요내용 및 쟁점 해설」, 75-82면.

2) 직권중재제도의 폐지(2006. 12. 30. 노조법 개정)

둘째, 필수공익사업에 대한 직권중재제도가 폐지되었다. 개정법은 기존의 필수공익사업에 항공운수사업과 혈액공급사업을 추가하고 대체근로를 허용하였다. 필수공익사업에서 파업시에도 유지하여야 할 필수유지업무에 대한 협정을 노사간 자율적으로 체결토록 하는 필수유지업무제도를 도입하였다.

3) 복수노조 시대의 개막(2010. 1. 1. 노조법 개정 및 2011. 7. 1. 시행)

셋째, 노조전임자 급여지급에 대한 입장을 정리하고 복수노조를 허용하게 되었다. 1997. 3. 노조법 개정시 노조전임자 급여지급 금지조항이 신설된 이후 노동계는 노사자율원칙을 근거로 전임자 급여지급 금지규정의 삭제를 주장해 왔고, 경영계는 무노동무임금원칙 및 잘못된 관행의 시정을 위하여 현행규정이 존치되어야 한다는 입장을 펴서 이 문제를 둘러싸고 노사간 첨예한 대립이 지속되었다. 1997년 노조법 개정시 사업 또는 사업장 단위에서의 복수노조를 허용하면서 부칙에서 교섭창구 단일화를 위한 단체교섭의 방법·절차 등을 강구하도록 규정하여, 노조전임자 규정과 함께 2001년 말까지 그 시행이 유예되었다. 그러나 이에 대한 노사간 논의가 합의되지 못하고 수 차례 법시행이 유예되는 우여곡절 끝에 2011. 7. 1. 비로소 전임자 급여지급 금지 및 사업장 내 복수노조 허용이 법률로 규정된지 13년 만에 시행된다. 전임자 급여지급 금지와 함께 근로시간면제제도가 도입되었고, 복수노조의 허용과 함께 교섭창구단일화 제도가 도입되었다.

4) ILO 기본협약 비준에 따른 입법적 정비(2021. 1. 5. 노조법 등 개정)

국제노동기구(ILO)는 결사의 자유, 강제노동의 금지 등의 10개 협약을 기본협약(Fundamental Conventions)으로 선언하고 회원국이 이를 존중, 촉진, 실현할 의무가 있다고 해석하여 왔는데, 그간 우리나라는 결사의 자유와 관련된 2개 협약(제87호 결사의 자유 및 단결권 보호에 관한 협약 및 제98호 단결권 및 단체교섭권 원칙의 적용에 관한 협약)을 비준하지 않은 상태였다. 이에 따라 2018년 7월 경제사회노동위원회 산하에 노사관계제도·관행개선위원회가 구성되어 노동기본권의 실질적 보장하는 한편 ILO 기본협약 비준에 따라 발생할 수 있는 국내법과의 충돌을 해소할 수 있는 방안을 검토하였고, 이는 비록 노사정 합의에는 이르지 못했으나 공익위원안이 별도로 제시되어 이후 국회에서의 논의에 영향을 주었다.

그 결과 2021. 1. 5. 개정된 노동조합법은 사업 또는 사업장에 종사하지 아니하는 근로자의 기업별 노동조합 가입을 허용하는 한편, 사업 또는 사업장에 종사하지 아니하는 조합원은 사용자의 효율적인 사업 운영에 지장을 주지 아니하는 범위에서 사업 또는 사업장에서 노동조합 활동을 할 수 있도록 하고, 기업별 노동조합의 경우 임원이나 대의원은 그 사업 또는 사업장에 종사하는 조합원 중에서 선출하도록 하였다. 또한 노동조합의 업무에 종사하는 근로자에 대한 급여지급 금지 규정을 삭제하면서, 사용자가 노동조합의 업무에 종사하는 근로자에게 급여를 지급하는 경우 해당 근로자는 근로시간 면제 한도를 초과하지 아니하는 범위에서 노동조합의 업무를 수행하도록 하였다. 이와 함께 공무원노조법을 개정하여 공무원 노동조합의 가입 기준 중 공무원의 직급 제한을 폐지하고, 퇴직공무원, 소방공무원 및 교육공무원의 공무원 노동조합 가입을 허용하는 한편 교원노조법을 개정하여 교원으로 임용되어 근무하였던 사람으로서 노동조합 규약으로 정하는 사람도 교원 노동조합에 가입할 수 있도록 하는 법개정이 이루어졌다.

3. 비정규직 영역

IMF 이후 비정규직 근로자가 급증하면서 사회의 주요 이슈로 부각됨에 따라 2001년 비정규근로자대책특위를 노사정위원회 내에 설치하였고, 많은 논의 끝에 2006. 11. 30. 「기간제 및 단시간근로자 보호 등에 관한 법률」안이, 이어 동년 12. 21. 「파견근로자보호 등에 관한 법률」 개정안이 국회에서 통과되기에 이른다.[3]

1) 파견법 제정(2006. 12. 21.)

첫째, '파견근로자 보호 등에 관한 법률'을 제정하여 파견대상 업무는 전문지식, 기술 또는 경험 등을 필요로 하는 업무(제조업의 직접 생산 공정 업무 제외)의 경우 Positive System으로, 나머지는 Negative System으로 하였다. 파견기간은 1년 이내로 하되 당사자 합의시 1년 더 연장할 수 있도록 하였다. 사용자가 파견근로자를 2년을 초과하여 사용한 경우 해당 근로자를 고용한 것으로 간주하였다. 파견근로자 보호조치로서, 파견근로자와 일반근로자간의 차별대우금지, 성별·종교·

---

3) 노동부(2008), 「노동행정사 — 제3편 근로자보호정책」, 96-102면.

신분 등을 이유로 한 파견계약 해지의 금지, 파견근로자에 대한 파견취업조건의 사전고지 등을 규정하였다. 또한 임금, 산재보상 등에 대해서는 파견사업주가, 근로시간, 휴일, 산업안전보건 등에 대해서는 사용사업주가 그 책임을 지도록 하여, 파견근로자에 대한 사용자의 책임소재를 명확히 하였다. 그리고 쟁의행위 중인 사업장에 쟁의행위에 영향을 미칠 목적의 파견은 금지하고, 경영상의 이유로 인한 해고 후 일정기간 동안은 당해 업무에 파견근로자를 사용하지 못하도록 하였다.

2) 기간제법 제정(2006. 11. 30.)

둘째, 「기간제 및 단시간근로자 보호 등에 관한 법률」로써 기간제 근로는 총 사용기간을 2년으로 제한하고 그 기간을 초과하는 경우 무기계약으로 간주하였다. 단시간 근로자에 대해서는 소정근로시간을 초과하는 근로의 상한을 1주 12시간으로 제한하였다. 파견근로자와 관련하여서는, 파견업무는 종전의 대상업무 열거방식을 유지하되 전문지식·기술·경험 이외에 업무의 성질도 고려하여 대통령령에서 조정할 수 있도록 하였다. 파견기간은 2년으로 하되 그 기간을 초과하는 경우 종전의 고용간주 규정에서 고용의무 규정으로 개정하였다. 또한 고용의무는 기간초과뿐만 아니라 파견대상업무 위반, 무허가 파견 등 모든 불법파견에 적용되도록 명문화하고, 이어 2012. 2. 1. 개정에서는 종전에 불법파견이라도 2년 이내로 근로한 경우 직접 고용의무 규정의 적용이 배제되는 문제점을 해소하고자 불법파견일 경우 사용기간에 관계없이 사용사업주에게 직접고용의무를 부여하도록 개정함으로써 불법파견시 고용의무와 관련한 기존의 다툼을 해소하였다. 또한 기간제·단시간 및 파견근로자에 대한 차별금지 원칙을 각 법률에서 명문화하고 노동위원회에 차별시정위원회를 설치하는 등 구제절차를 마련하였다.

4. 고용에서의 양성평등과 차별금지

'국민의 정부'와 '참여정부'는 특히 모성보호, 차별에 대한 시정제도의 체계화 및 확대, 저출산·고령화 대책 등을 적극적으로 추진하여 관련 입법이 다수 이루어지게 된다. 성차별과 관련하여, 1999. 2. 8. 개정된 「남녀고용평등법」은 차별의 정의규정에 간접차별의 개념을 추가하였고, 같은 날 「남녀차별금지 및 구제에 관한 법률」이 제정되어 고용, 교육, 재화·시설·용역의 제공과 이용, 법과 정책의 집행에서 공공기관 종사자의 남녀차별행위와 성희롱을 금지하는 등 실질적인 고용평등이 실현될 수 있도록 하였다. 이어 2005. 12. 30. 개정 「남녀고용평등법」은 여성고용촉진을 위해 적극적 고용개선조치를 도입하였다.

　모성보호에 관해서는 2001. 8. 14. 개정된 「근로기준법」에서는 산전후휴가기간을 종전의 60일에서 90일로 확대했고, 임신중인 여성근로자의 시간외 근로를 절대적으로 금지하였다. 또한 2007. 12. 21.의 개정에 따라 「남녀고용평등법」의 명칭이 「남녀고용평등과 일·가정 양립 지원에 관한 법률」로 변경되고, 배우자의 출산휴가·육아기 근로시간 단축제도 등 근로자 보호규정이 신설되었다. 2010. 2. 4. 개정으로 육아휴직의 적용대상 확대, 2012. 2. 1. 개정으로 출산전후휴가 또는 유사산휴가에 대해서도 출산전후휴가급여가 지급되고 배우자 출산휴가의 연장, 육아기 근로시간 단축제도의 허용의무, 가족돌봄 휴직제도의 신설 등 일·가정 양립을 지원하기 위한 제도가 확충되었다.[4]

　고용평등을 실현하기 위한 고용차별 규제 범위도 넓어졌다. 2001. 5월 제정된 「국가인권위원회법」으로 차별사유에 의한 차별이 규제되는 한편, 인권침해와 차별행위의 구제기관으로서 국가인권위원회가 설치되었다. 2006년 12월에 국회를 통과한 비정규직법안은 기간제, 계약직, 파견직이라는 이유로 정규직과 합리적 이유 없이 차별대우하는 것을 금지하였고, 차별에 대한 시정처리는 노동위원회에 신설될 차별시정위원회가 담당하도록 하였다. 또한 2022년에는 노동위원회가 고용상 성차별과 성희롱에 대해서도 시정명령을 할 수 있도록 남녀고용평등법이 개정되었다. 아울러 「고용상 연령차별금지 및 고령자고용촉진에 관한 법률」 및 「장애인차별금지 및 권리구제 등에 관한 법률」은 각각 연령 또는 장애를 이유로 한 고용상 차별을 금지하고 시정명령 등 그 구제를 규정하였다.

---

　4) 김엘림(2013), "여성노동에 관한 노동법 60년사의 성찰", 한국노동법학회 노동법 60년사 학술대회 자료집, 144-151면.

Ⅲ. 2000년대 이후 노동법의 주요 담론과 입법론적, 해석론적 쟁점

1. 신자유주의의 영향: 유연안정성 담론 및 근로계약법제 논의

1) 유연안정성(flexicurity) 논의와 노사관계제도선진화 입법안의 채택

'노동시장 유연화'는 90년대 이후 최고의 유행어 중 하나였다.[5] 많은 선진국에서 노동시장 유연화를 지향하는 정책이 시행되었고, 우리나라도 이 흐름에서 벗어나기 어렵다는 점에 어느 정도 인식의 공감대가 형성되어 있었다. 이러한 신자유주의적인 사조는 전통적인 고용보호법제(Employment Protection Law, EPL)의 존재의의와 충돌하는 측면이 있기 때문에 이를 어떻게 해소하는가가 주요 관심사로 부각되었다. 2004년 OECD 보고서의 지적과 같이,[6] 지속적으로 변화하는 시장에 적응해야 한다는 기업 측의 필요와 다른 한편으로는 고용보장이라는 근로자 측의 필요를 어떻게 조화시킬지의 문제가 핵심적인 이슈로 부상하였다.

이러한 상황에서 학자들 중심으로 구성된 '노사관계제도선진화위원회'의 논의를 거쳐 2003. 9. 4. '노사관계법제도 선진화방안'(이하 '선진화방안')이 마련되었고 이를 토대로 노사정 타협을 거쳐 2006년 선진화입법안이 채택되었다. 2003. 9. 4. 노동부는 유연안정성의 제고를 위해 근로기준제도의 유연성이 제고되어야 하고, 그 실천방안으로서 ① 해고제도의 경직성을 완화하고 부당해고 구제제도의 실효성을 제고하는 방안을 모색해야 한다, ② 영업양도와 같은 기업 변동의 필요성과 근로자의 권익 보호를 조화시켜야 한다, ③ 주 5일제 실시와 관련하여 근로시간제도의 탄력성을 제고하여야 하고, ④ 성과주의 임금체계나 임금피크제 도입을 통한 임금제도 합리화를 제안하였다.[7]

---

5) 소위 '노동시장 유연화' 논의는 주로 경제학자들이 주도하였다. 다수의 경제학자들은 1980년대 중반 이후 유럽 국가들의 실업률이 줄어들지 않은 것은 유럽 노동시장의 구조적 경직성과 비효율성 때문이고, 그것에는 높은 수준의(또는 엄격한) 고용보호법제가 중요한 원인을 제공하였다고 주장하였다. OECD는 이러한 논의를 반영하여 '1994년 OECD 고용전략'(OECD Jobs Study)에서 총 10개항의 정책 권고를 한 바 있는데, 그중 제6항에서 '민간부문에서 고용확대를 방해하는 고용보장규정의 개선'(Reform employment security provisions that inhibit the expansion of employment in the private sector)을 명시적으로 채택하기도 하였다.

6) OECD(2004), 「Employment Outlook」, 61면 이하 참조.

7) 노동부(2003), "노사관계 개혁방안(9.4.)", 12-13면.

정부는 선진화방안을 노사정위원회 본회의에 회부하고 그 논의 결과를 지켜본 후 노사 합의에 이르지 못할 경우, 선진화방안을 중심으로 하여 노사관계 법과 제도를 개선해 나가겠다고 밝혔다. 이후 민주노총의 불참, 비정규직 법안의 국회 논의 등의 사정으로 선진화방안에 대한 논의가 지연되기도 하였으나 2005. 9. 5. 노사정위원회는 선진화방안에 대한 노사정위원회의 논의 결과를 노동부에 이송하였다. 노사관계제도선진화연구위원회의 제안들 가운데 체불임금과 관련된 반의사불벌죄와 미지급 임금에 대한 지연이자제도의 도입은 2005년 근기법 개정에, 해고와 관련된 형사처벌 규정의 삭제, 이행강제금 및 금전보상제, 해고의 서면통지제도의 도입은 2007년 법개정에 각각 반영되었다. 또한 2004년 정부는 노사정위원회에서의 논의를 토대로 마련한 「근로자퇴직급여보장법」(안)을 국회에 제출하였고, 2005. 1. 27. 동법이 제정되면서 퇴직연금제도가 법제화되기에 이른다.[8]

2) 근로계약법제 논의

20세기 말 선진국에서는 기존의 노동보호 관념에 대한 회의를 제기하며 규제완화론을 논하기에 이르며, 그 근거로 경제의 지구화 및 불안정화, 실업문제의 심각화, 급속한 기술혁신 및 산업구조의 변화, 국가의 규제기능 축소, 고용형태의 다양화 등을 거론하였다.[9] 아울러 근로자들의 생활환경, 인생관 등이 다양화되고 이에 따른 다양한 근로방식이 요구되고 있다는 점을 들어 노동법의 유연화를 주장하기도 하였다.[10]

노동법의 유연화는 근로조건의 결정 시스템과 내적 연관성을 가지는 것으로 설명되었다. 예컨대 파트타임 근로, 재택근무의 보급은 적어도 부분적으로는 그러한 근로형태를 희망하는 근로자의 존재를 원인으로 하는 것인바, 이 경우 법률이나 단체협약에 의한 근로조건의 집단적·획일적 결정의 의의를 후퇴시키고 개별계약에 의한 근로조건 결정의 비중을 증대시키게 된다. 전통적인 관점에서 근로조건은 국가의 근로자보호법을 최저기준으로 하여 주로 단체협약, 취업규칙에 의해

---

8) 노동부(2006), 93면.

9) 西谷敏(1999), "勞働法における規制緩和と彈力化", 日本勞働法學會誌 93号, 9–14면.

10) Zöllner(1988), "Flexibilisierung des Arbeitsrechts", ZfA, S. 268; Däubler(1988), "Perspektiven des Normalarbeitsverältnisses", AuR, S. 305; Matthies/Mückenberger/Offe/Peter/Raasch(2000), Arbeit, S. 20ff(西谷敏(1999), 13면에서 재인용).

결정되는 반면, 유연화의 추세는 국가법이나 산업별 단체협약의 비중을 저하시키고 하위수준에서 결정의 자유를 확대할 것을 요구한다. 요컨대 유연화로 인해 최저기준을 정한 법률적 규제의 완화, 법률규정으로부터 당사자 자치로의 이전, 그리고 단체협약으로부터 사업장 혹은 개인수준으로의 중심 이동 등이 수반될 수밖에 없다.[11] 이는 통상 규제완화 또는 분권화(decentralization)의 경향으로 표현되는 바, 결국 노동법의 유연화는 법적으로는 규제완화, 즉 크게 '법률적 규제의 완화'와 '근로조건 결정시스템의 변경'으로 요구되었다.[12]

　이러한 규제완화의 경향과 맞물려, 한국에서는 보수적인 노동법학자들이 이른바 '근로계약법제론'을 주창하기에 이른다. 근로계약법제론의 구체적 내용은 논자마다 차이가 있지만 대체로 종속노동론을 비판하고 개별근로자의 자유로운 의사를 존중하는 방향으로 법질서가 새로이 모색되어야 한다는 것이다. 근로계약법제의 효시를 주창한 김형배(1994)의 경우, 현재의 근로자상은 노동보호법제가 마련되기 시작한 19세기 당시의 근로자상과는 위상을 달리하며, 그들이 보유하고 있는 학력·기능·기술의 정도에 있어서도 커다란 차이가 있을 뿐만 아니라 기업 내에서의 위치와 영향력도 전혀 비교될 수 없다고 전제한 후, 당시의 보호 관념을 오늘의 상황에 그대로 적용할 수는 없으며 비현실적 보호 관념은 과감히 수정되어야 하고 형해화된 보호규정은 삭제하는 것이 바람직하다고 주장했다. 요컨대 근로기준법은 근로자보호법으로서의 성격을 탈피하고 근로자들에게 참여의 권한과 함께 책임도 부여하는 근로계약기본법으로 재구성되어야 한다는 것이다.[13] 하경효(2000)의 경우, 노동법의 독자성에 의문을 제기하면서 보다 적극적인 입법론을 개진하였다. 노동법도 본질적으로 사법질서에 귀속되어야 하며, 근로자 보호뿐만 아니라 이해관계 조정의 규율체계로 이해되어야 한다고 전제한다. 법의 해석·적용·발견에 있어서 노동법만의 고유한 방법론은 인정되기 어렵다고 하며 노동법

---

11) 西谷敏(1999), 6-8면 참조.
12) 특히 노동보호법제를 채택하고 있는 대륙법계에서는 법률상의 규제완화가 비교적 강하게 요구되었는데 그 전형적인 예가 독일과 일본이다. 독일에서는 1980년 후반부터 비정규고용 범위의 확대, 폐점시간을 포함한 근로시간제도의 유연화, 해고제한의 완화, 최저기준의 저하 등을 위해 법을 개정하고, 일본에서는 1998년의 법개정을 통해 근로계약기간, 근로시간 등에서 노동의 유연화를 제고하기도 하였다. 관련 논의는 和田肇(1999), "ドイシ勞働法の變容 ―標準的勞働關係槪念お中心に―", 日本勞働法學會誌 93号 참조.
13) 김형배(1994), "한국노동법의 개정방향과 재구성", 법학논집 제30집, 15면 참조.

학도 규범학의 범주를 벗어날 수 없고 학문적 논증에 따라야지 근로자이익보호라는 이데올로기적 판단에 영향을 받으면 안 된다고 주장한다. 심지어 민법전의 고용편의 내용과 노동법상의 근로계약에 관련된 내용을 통합 규율할 필요성을 제안하기까지 한다.[14]

'종속노동론'에 터 잡은 전통적 노동법학 방법론의 한계를 지적하는 선을 넘어, 듣기에 따라서는 노동법의 독자적 존재의의를 부인하는 듯한 뉘앙스를 풍기는 이러한 접근방식이 2000년대에 학자들의 관심을 끈 사실만으로도 이 당시의 우리나라에서 유연화 내지 규제완화의 패러다임이 어느 정도로 강력했는지를 가늠할 수 있다. 그러나 근로계약법론은 개별의사를 존중하고 법운용상의 구체적 타당성을 제고시키기 위한 논의로 이해하면 될 것이다. 필자가 과거에 피력한 견해와 같이, 근로계약법제 또는 노동법의 유연화가 근로기준법의 보호법적 기능을 등한시하거나 노동보호법의 반대개념으로 논의되는 것은 분명히 경계되어야 한다. 노동의 유연화 추세는 분명 노동법의 독자성을 와해시키려는 경향성을 지니고 있지만, 국제조약과 우리 헌법이 상정하고 있는 근로자 보호의 관념을 포기하지 않는다면 고용보장과 유연화의 긴장관계를 상생적으로 해결하려는 노력을 기울이지 않으면 안 된다. 현재의 노동법구조 내에서의 개선을 최대한 시도하지 않은 채 다른 패러다임의 도입을 논의하는 것은 자칫 문제의 본질을 호도할 우려가 있다. 근로계약법론은 노동보호법의 경직성을 완화하기 위한 '방법론상의 회의'일 뿐 결코 시민법으로의 회귀를 지향해서는 안 될 것이다. 이런 점에서 근로계약법을 근로기준법과 민법의 중간영역에 존재하는 별도의 법영역으로 설정하는 데에 찬성할 수 없다. 근로계약법이 자칫 시민법 원리를 무차별적으로 확산하는 기제로 작용하는 것을 경계할 필요가 있기 때문이다.[15]

2. 산별체제로의 전환

1) 문제의 소재

2000년 중반 우리나라 노사관계에서의 가장 큰 변화는 산별노조와 관련이

---

14) 하경효(2000), "노동법의 기능과 법체계적 귀속", 『社會變動과 私法秩序(김형배교수정년퇴임기념논문집)』, 245~246면 참조.
15) 이철수(2006), 41면.

있다. 1990년대 말 IMF 경제위기는 기업별노조 체제의 한계를 극명하게 보여주었고, 이에 따라 노동계는 노동조합의 조직형태를 기존의 기업별노조 중심에서 산별노조 중심으로 전환하는 운동에 속도를 냈다. 노동조합이 자율적이고 의도적으로 진행한 최근의 산별노조 전환은 적어도 외견상으로는 상당한 성과를 거두었다.

그런데 우리나라에서는 오랜 기간 동안 기업별 교섭 관행이 주종을 이루어 온 관계로 산별화가 진행된 이후에도 사업장 차원의 노조(그것이 단위노조이든 산별노조의 지부나 분회이든 상관없이)가 독자적 교섭이나 조합활동을 행하는 경우가 많다. 그만큼 중앙집중화가 덜 진전되어 있고 이는 구미제국의 산별노조와 대비되는 특징이라 할 수 있다. 그리고 산업별로 중앙집중화의 정도, 교섭권한의 분배, 조합 재정관리 등에서 상당한 편차를 보이고 있기 때문에 통일적인 해법을 찾기가 용이하지 않은 상황이다. 그리고 사용자가 초기업별 교섭을 꺼려하고 사용자단체도 제대로 결성되지 않는 등 우리나라에 특유한 문제 상황이 많이 발생한다. 산별노조로의 조직형태의 전환이 광범위하게 진행되고 있고 산별협약과 지부별 협약의 기능적 분화도 어느 정도 정착되어 가고 있지만, 산별화의 정도와 방식·산별교섭의 진행 정도·사용자단체의 결성 여부·쟁의행위의 결정단위·조합비 배분방식 등에 있어서 산업별마다 일정한 편차를 보이고 있다. 아직도 산별체제로의 전환은 진화과정에 있다고 총평할 수 있다.

우리의 현실태를 감안하여 산별노조의 전환과 관련하여 발생할 수 있는 분쟁을 예상하면 다음과 같이 유형화할 수 있다. 첫째, 기존의 기업별 단위노조를 산별노조의 지부나 분회로 전환할 때 발생하는 분쟁; 둘째, 산별 단위노조의 지부나 분회를 기업별 노조로 바꿀 때 발생하는 분쟁 또는 소속 산별노조를 변경하려고 할 때 발생하는 분쟁; 셋째, 지부 분회가 단체교섭을 행하고 단체협약을 체결하려고 할 때 발생하는 분쟁; 넷째, 지부의 단체협약이 단위노조의 단체협약과 충돌할 때 발생하는 분쟁; 다섯째, 단위노조의 의사와 무관하게 독자적으로 쟁의행위에 돌입하려고 할 때 발생하는 분쟁이 있다.

2) 해석론상의 쟁점

산별체제로의 전환으로 인해 새로운 유형의 분쟁이 발생할 가능성이 높기 때문에 기존의 이론들을 우리의 현실에 맞게 재구성하는 작업이 실무적 차원에서나 학문적 차원에서 공히 요구된다. 제도론적인 측면에서 보면 초기업별 산별노조와 사업장내 의사결정시스템(예컨대 기업내 노동조합, 노사협의회, 근기법상의 근로자대표 등) 간의 관계 설정이 검토될 필요가 있다. 해석론적 차원에서는 산별노조 지부·분회의 의사결정능력·협약체결능력(교섭당사자성)·쟁의행위능력, 산별 단체협약과 지부·분회 단체협약간의 충돌, 조직형태의 변경, 지부재산에 대한 처분권의 귀속, 산별노조 간부의 사업장 출입권, 쟁의행위에 있어서의 산별노조의 책임, 부당노동행위의 주체 및 구제 신청권자, 산별노조 활동과 업무상 재해의 인정 여부, 산별노조와 창구단일화의 관계 등의 쟁점이 부각된다. 이러한 해석론상의 쟁점 중에 하부조직의 교섭당사자성과 조직형태의 변경 논의가 주로 논의되었다.

(1) 하부조직의 교섭당사자성

하부조직의 교섭은 단위노동조합의 총체적 의사와 현장근로자들의 개별적 요구의 가교로 기능하는바, 법리적 관점에서 보면 단위노조 통제권과 하부조직의 독자성 내지 실체성의 조화에 관한 문제이다. 하부조직의 당사자적격성을 둘러싼 논의는 2가지 논점으로 정리할 수 있을 것이다. 첫째, 단위노조로부터의 교섭권한의 위임 여부에 상관없이 하부조직이 그 자체로 독자적인 단체교섭권을 가지는가? 둘째, 하부조직에 고유의 단체교섭권이 인정될 경우 단위노조의 통제권과 관련하여 하부조직의 교섭권한이 어느 정도로 제약받는가?

전자는 하부조직의 단체교섭의 당사자성에 관한 문제이고 후자는 교섭권의 내재적 한계에 관한 문제인바, 논의는 주로 전자에 집중되고 있다. 지부가 단체교섭의 당사자가 될 수 있다는 의미는 교섭영역에서뿐만 아니라 조합활동이나 쟁의행위에서도 독자적인 의사결정권을 가진다는 것이다. 대법원은 지부가 일정한 사단적 실체를 가지는 경우에는 독자적인 단체교섭권 및 협약체결능력을 가질 수 있다고 해석하고 그 판단기준은 "노동조합의 하부단체인 분회나 지부가 독자적인 규약 및 집행기관을 가지고 독립된 조직체로서 활동을 하는 경우 당해 조직이나 그 조합원에 고유한 사항에 대하여는 독자적으로 단체교섭하고 단체협약을 체결할 수 있고, 이는 그 분회나 지부가 노조법 시행령 제7조의 규정에 따라 그 설립신고를 하였는지 여부에 영향받지 아니한다"는 것이다.[16]

---

16) 대법원 2001. 2. 23. 선고 2000도4299 판결.

지부의 교섭·협약능력을 인정하는 대법원 판결에 대하여 학설의 대다수는 비판적 입장을 취하고 있다.[17] 그 내용의 핵심은 ① 지부의 실체성만을 이유로 하는 단체교섭 당사자의 인정은 조합조직의 원리나 대표성의 원칙에 반하고,[18] 산별노조의 단체교섭권을 형해화한다는 점,[19] ② 지부는 독자적인 노동조합이 아니기 때문에 산별노조 규약상의 수권이나 위임에 의해서만 단체교섭이 가능하다는 점, ③ 지부의 조직적 실체성 여부와 산별노조 규약에 합치하는 지부의 교섭능력 여부는 별개의 문제[20]라는 점 등이다. 학설 중에도 예외적으로 지부의 단체교섭 당사자 지위를 인정하는 입장이 보인다. ① 산하조직이 그 명칭과 달리 상급노조에 대한 가입·탈퇴를 단체로서 하는 등 실질적으로는 단위노조와 다를 바 없는 경우,[21] ② 산별노조가 형식적으로는 산별 단위노조이지만 실질적으로는 산별 연합단체로서의 지위를 갖는 경우[22]에는 지부의 당사자성을 인정하고 있다. 이러한 논의에 대해 필자는 다음과 같은 주장을 피력한 바 있다:

> "부정설은 실질적으로 지부가 교섭당사자로서 활동하고 있을 뿐만 아니라 단위노조와의 관계상 교섭권(한)의 배분 내지 조정이 이루어지고 있는 현실태를 적절히 반영하지 못하고 있다는 점, 향후 창구단일화의 결과 과반수 지위를 획득한 대표노조에 대해서는 지부의 조직형태를 취하고 있다 하더라도 단체교섭당사자성을 부여할 것을 예정하고 있는 현행법제도를 설명할 수 없다는 점에서 법리상 수긍하기 힘들다."[23]

> "만약 단위노조가 교섭권의 배분·조정에 성공하지 못해 형해화의 결과를 초래한다면 그 원인을 지부의 당사자성의 유무에서 찾을 것이 아니라 단위노조 자

---

17) 필자는 이 판결 이전에 이미 동일한 취지의 주장을 한 바 있다. 이에 관해서는 이철수(2000), "하부조직과 상부연합단체의 단체교섭 당사자성", 『노동법의 쟁점과 과제(김유성 교수 화갑기념논문집)』, 법문사 참조.

18) 김형배(2010), 『노동법』, 박영사, 812면; 이승욱(2002), "산별노동조합의 노동법상 쟁점과 과제", 노동법연구 제12호, 216면.

19) 임종률(2010), 『노동법』, 박영사, 111-112면; 하갑래(2010), 『집단적노동관계법』, 중앙경제, 255-256면.

20) 김기덕(2004), "산업별노조의 단체교섭 주체에 관한 법적검토", 노동과 법 제5호, 132-134면.

21) 임종률(2010), 112면.

22) 이승욱(2002), 217-218면.

23) 이철수(2011), "산별체제로의 전환과 법률적 쟁점의 재조명", 노동법연구 제30호, 55면.

체의 단결력 또는 조정·규제 능력의 미비 등 다른 실질적 요인에서 찾아야 할 것이다. 거꾸로 생각해 보면 조합민주주의의 요청 상 하부조직이라도 사단적 실체를 가지는 단체에 대해서는 그에 상응하는 법률적 지위를 부여하는 것이 오히려 바람직하다는 점을 고려하면 지부의 당사자성을 일률적으로 부정할 일은 아니다."[24]

(2) 조직형태의 변경

1997년 노조법이 새로이 제정되면서 그동안 해석론에서 사용되던 "조직형태의 변경"이라는 법률상의 용어가 처음으로 등장하게 된다. 제정 노조법은 제16조 제1항에서 총회의 의결사항 중 하나로 "조직형태의 변경에 관한 사항"(제8호)을 추가하고, 같은 조 제2항에서 "… 조직형태의 변경에 관한 사항은 재적조합원 과반수의 출석과 출석조합원 3분의 2 이상의 찬성이 있어야 한다."라고 규정하였다. 이 규정들은 현재까지 유지되고 있는바, 제16조 제1항(총회의 의결사항)은 "조직형태의 변경에 관한 사항"(제8호)을 "연합단체의 설립·가입 또는 탈퇴에 관한 사항"(제6호) 및 "합병·분할 또는 해산에 관한 사항"(제7호)과, 같은 조 제2항은 "조직형태의 변경"을 "합병·분할·해산"과 독립하여 병렬적으로 규정하고 있다.

동 규정은 단위노조가 초기업적 단위노조의 지부로 조직형태를 변경하는 경우 또는 상부연합단체가 단위노조로 조직형태를 변경하는 경우 해산절차나 별도의 설립절차를 거치지 않고 동일한 법률상의 자격을 부여하기 위해 마련된 것이다. 실제 조직형태의 변경 방식은 1990년대 후반부터 가속화된 산별노조의 건설과정 및 이후의 조직이탈 수단으로 가장 널리 사용되었다. 조직형태의 변경이 실무상으로나 학계에서나 논의와 주목의 대상이 된 것은 바로 이 때문이다.

그러나 노조법은 조직형태 변경의 의의나 요건 또는 그 효과에 대해서는 아무런 규정을 두지 않았고, 그 때문에 조직형태 변경의 실체적 사항들에 관해서는 여전히 해석론에 맡겨져 있다. 조직형태의 변경의 효과와 관련하여 법률적 지위가 그대로 유지되는 관계로 원칙적으로 조직형태의 변경이 있더라도 재산관계나 단체협약이 유지 또는 승계된다고 보아야하는 점에서 학설은 거의 일치한다. 그러나 조직대상의 의의와 범위에 관해서는 견해의 대립이 심각하다.

---

24) 이철수(2011), 56면.

우선 조직형태의 요건 설정에 있어 동일성을 포함시킬 것인가가 다투어지는
바, 판례와 다수설은 이를 요건사실로 이해하고 필자도 동일한 입장을 피력한 바
있다. 그 결과 기업별 노조가 산별노조의 지부 내지 하부조직으로 변경하는 경우
에는 대부분의 학설이 조직형태의 변경으로 인정하고 있다. 그런데 기이하게도 그
반대의 경우, 다시 말해 산별 단위노조의 하부조직에서 독립하여 기업별 단위노조
로 조직형태를 변경하거나 다른 산별 단위노조의 하부조직으로 편입하는 경우에
는, 이를 조직형태의 변경으로 보지 않는 경향이 강하였다. 결국 산별노조로 편입
할 때와 하부조직에서 이탈할 때 양자를 구별하여 조직변경에의 해당성 여부에
차이를 두어야 한다는 것이다. 편입의 경우는 독자적 행위능력이 인정되는 기업별
단위노조가 행한 결정임에 반하여 이탈의 경우는 행위능력이 없는 지부 또는 하
부조직의 결정이기 때문에 그 효과를 인정할 수 없다는 것이다. 결국 이 문제는
앞에서 언급한 바 있는 지부의 교섭당사자성의 문제와 궤를 같이 한다. 필자는 판
례와 같이 독립적인 실체를 가지는 지부나 하부조직도 독자적 행위능력을 가진다
고 보기 때문에 이러한 이론적 경향에 반대하였다:

> "위 학설에 이런 질문을 던져 보자. 만약 기업별단위노조가 산별노조의 단순한
> 하부조직(독립적 실체가 없고 따라서 행위능력이 인정되지 않는 지부 또는 분회)으
> 로 편입되는 경우를 조직형태의 변경이라 할 수 있을까. 필자는 이 경우에는 '이
> 탈'할 때와 마찬가지로 조직형태의 변경에 해당되지 않는 것으로 본다. 왜냐하면
> 이 경우의 편입은 독자적 의사결정능력을 가지는 하나의 사회적 실체(entity)가
> 그러한 능력이 상실된 하부조직이나 부품으로 질적으로 전환하는 것이기 때문에
> 이미 실질적 동일성을 인정할 수 없기 때문이다. 조직형태의 변경의 정의에서 간
> 취되듯 이 문제는 '존속'에서 '존속'으로의 수평적 이동을 전제한다. 편입할 때에
> 조직형태의 변경에 해당된다고 하는 말은 편입된 후에도 독자적 의사결정능력을
> 가진다는 점을 전제해야만 가능하다. 그렇지 않으면 조직형태의 변경에 부여되는
> 법적 효과 즉 '재산관계 및 단체협약의 주체로서의 지위 부여'[25]를 기대할 수 없
> 기 때문이다. 요컨대 '편입'할 때와 '이탈'할 때를 구별할 수 없다는 점이다. 단순
> 한 하부조직으로 편입할 경우가 조직형태의 변경이 아니듯이 이탈할 경우에도
> 조직형태의 변경이 아니거나, 하부조직으로 편입할 경우가 조직형태의 변경에 해

---

25) 대법원 1997. 7. 25. 선고 95누4377 판결.

당된다면 마찬가지로 이탈할 때에도 조직형태의 변경에 해당된다고 보는 경우 외의 다른 경우의 수는 논리적으로 상정할 수 없다."[26)

3. 사내하도급 문제

사내하도급은 전형적인 도급계약과는 이질적인 특성을 지니고 있고 파견규제를 회피하기 위해 탈법적으로 이용되는 경우가 많으므로 다양한 노동법적 쟁점을 제공하고 있다.

첫째, 원청회사의 하도급 결정과 관련한 쟁점이다. 이 경우 하도급 결정이 단체교섭의 대상사항이 되는지가 다투어질 수 있고, 경영상 해고 법리와 고용승계 문제와도 연관된다고 할 수 있다. 둘째, 위장도급의 경우 원청회사의 계약 책임을 묻고자 하는 경우에 발생하는 문제이다. 원청회사와의 근로계약관계의 존재를 주장하거나 파견법상의 고용의제조항(구법) 또는 고용의무조항의 적용을 주장하는 방식으로 제기된다. 셋째, 근로계약의 성립 여부와 상관없이 원청회사에 단체교섭을 요구하거나 부당노동행위 책임을 묻는 경우에 발생하는 문제이다. 이는 이른바 사용자책임의 확대 이론과 연결되어 있다. 넷째, 원청회사와 하청회사의 불공정거래를 둘러싼 다툼이다. 이는 기본적으로 경제법의 영역에서 다루어질 성질의 문제라고 할 수 있다. 법원의 판결을 통해 주로 다투어진 사건은 위장도급이 행해진 경우 두 번째와 세 번째의 쟁점에 관한 것이다.[27)

도급관계로 위장하기 위해서는 반드시 수급인의 외형을 띠는 자를 설정하게 되는데, 이 경우 외형상 수급인이 실체를 전혀 가지지 않는 경우와 그렇지 않은 경우로 나누어 볼 수 있다. 실체를 가지지 않은 경우로 '현대미포조선 사건'처럼 수급인의 법인격이 형해화되어 있는 경우 또는 수급인의 관련 행위가 직업안정법

---

26) 이철수(2011), 76-77면.

27) 사내하도급 관련 주요 판결의 흐름은 다음과 같이 유형화될 수 있다: ① 묵시적·직접적 근로관계를 인정한 사례('경기화학 사건' 대법원 2002. 11. 26. 선고 2002도649 판결; '현대미포조선 사건' 대법원 2008. 7. 10. 선고 2005다75088 판결; '인사이트코리아 사건' 대법원 2003. 9. 23. 선고 2003두3420 판결), ② 불법파견으로 보아 파견법상 근로관계(고용간주)를 인정한 사례('울산 현대자동차 사건' 대법원 2010. 7. 22. 선고 2008두4367 판결; '예스코 사건' 대법원 2008. 9. 18. 선고 2007두22320 전원합의체 판결; '한국마사회 사건' 대법원 2009. 2. 26. 선고 2007다72823 판결; 'SK와이번스 사건' 대법원 2008. 10. 23. 선고 2006두5700 판결), ③ 근로관계는 부정하지만 노사관계(부당노동행위)는 인정한 사례('현대중공업 사건' 대법원 2010. 3. 25. 선고 2007두8881 판결).

상의 유료직업소개사업을 한 것에 불과한 경우를 상정할 수 있을 것이다. 수급인
의 실체가 없게 되면 근로계약관계의 성립 여부나 책임의 추급 여부를 원청회사
에 물을 수밖에 없을 것이다(사용자책임의 전환). 수급인의 실체가 인정되면 어느
누구에게 사용자책임을 물을 것인가가 해석론상의 쟁점이 될 것이다. 이 경우에
기존의 파견법제가 어떻게 영향을 미치는지를 두고 입장의 대립이 존재한다.

　행정지침 등에서 도급과 파견 또는 위장도급과의 구별기준을 마련하고 있으
나 현실적으로 그대로 적용하는 데에는 한계가 있다. 사내하도급의 경우 근로계약
적 요소와 도급계약적 요소가 비정형적으로 혼합되어 있을 뿐만 아니라 기업, 업
종 및 산업마다 매우 유동적인 형태를 취하고 있기 때문이다. 사내하청은 그 속성
상 혼합계약적 성격을 지닐 수밖에 없다.[28] 일의 완성을 목적으로 하는 도급계약
을 이행하는 과정에서 하청근로자는 법률적으로는 하청회사의 이행보조자의 지위
에 있지만, 실제적으로는 원청회사의 장소적 공간에서 자신의 노동력을 제공하기
때문이다. 근로장소를 지배하는 원청회사의 지시를 완전히 배제하는 것은 현실적
으로 불가능하고 하청근로자들의 근로조건은 원청회사라는 매개변수를 거치지 않
을 수 없다고 보는 것이 보다 현실적인 진단이다. 관련 판결문에서 자주 발견되는
'우월적 지위', '어느 정도의 종속성' 등의 표현은 이를 방증해 준다.

　그런데 법해석론적 차원에서는 이러한 사실들을 종합적으로 고려하여 도급인
지 파견인지 규범적 선택을 하여야 하고, 그 선택의 결과에 따라 현실은 사상되고
전혀 다른 경로를 거치게 된다. 즉 노동법으로 갈 것인가, 아니면 경제법과 상법
으로 갈 것인가의 선택을 강요받는다. 현재 노동부의 지침이나 법원의 해석처럼
도급과 파견을 모순 개념으로 이해하는 한, 40%의 지휘·명령 요소가 존재하더라
도 보다 우세한 60%의 도급적 요인으로 인해, 노동법적 보호의 관념은 해석론의
세계에서는 반영되기 어렵다.[29]

---

28) 이영면 외(2007), "원하청도급관계에서의 노동법적 쟁점 및 과제", 노동부 용역보고서,
　　302-304면.

29) 도급과 파견의 이원적 구분법에 대한 비판적 견해를 피력하면서 하도급을 노동법의 프리즘
　　에 편입시키기 위한 고심어린 연구로는, 이병희(2006), "파견과 도급의 구별기준 및 파견법
　　상 직접고용간주규정의 적용범위", 사법논집 제43집; 조임영(2007), "근로자파견관계의 판단
　　방식과 기준", 노동법연구 제22호; 오윤식(2008), "위장도급의 준별과 그 법적 효과", 민주법
　　학 제37호; 전형배(2010), "대법원 판례의 위장도급 유형 판단기준", 노동법학 제36호; 도재
　　형(2011), "사내하도급 관계에서 근로자 파견의 인정기준", 법조(2011년 8월호) 등 참조.

판례를 통하여 위장도급의 경우 수급사업자의 실체성이 부인되는 경우에는 원사업자와 수급사업자의 근로자 간에 묵시적으로 근로계약이 성립한 것으로 해석하거나(묵시적 근로계약론 또는 법인격 무시론), 수급사업자의 실체성이 인정되는 경우에는 불법파견으로 보아 파견법상의 사용자 책임을 묻고 있다. 후자의 경우 위법한 근로자공급사업으로 보아 고용의제규정 또는 고용보호규정을 적용할 필요 없이 원사업자가 수급사업자의 근로자를 사용한 시점부터 직접 근로계약관계가 존재한 것으로 보아야 한다는 유력한 비판론이 제기되고 있다. 또한 집단적 노동관계의 경우에는 사용자 개념의 외연을 확대하여 근로계약관계가 존재하지 않는 경우에도 부분적으로 사용자 책임을 물을 수 있도록 하고 있다(사용자책임의 확대론). 사용자책임의 확대가 지배·개입의 경우에 국한되는지 아니면 단체교섭에까지 미치는지에 관해서는 아직 대법원 판결을 통해 본격적으로 다루어지지 않았지만, 다수설은 이를 적극적으로 해석하고 있다. 학설이나 판결을 통해 원사업자에게 계약책임 또는 파견법상의 책임을 묻기 위한 법적 해결방법에 다음과 같은 문제점이 극복되어야 할 것이다.

원사업주와 근로자 간의 계약관계의 성립을 전제로 한 법리 구성은, 우선 법률의 규정에 의하지 않은 채 해석으로서 당사자의 의사에 반해 계약관계 당사자가 되도록 강제하여 각종 책임을 부담하도록 하여야 하는 것이 해석재량을 일탈한 것이 아닌지에 관한 방법론상의 고민이 따른다. 아울러 수급사업자와 근로자 간의 근로계약관계의 효력이 어떻게 되는지, 원사업자와 수급사업자의 책임 귀속 내지 배분 문제를 어떻게 해결할 것인지에 관한 이론적 해명이 필요하고, 기존의 수급사업자와 근로자 간에 형성된 각종 법률관계(대표적으로 임금)를 어떻게 재해석하여야 하는지가 해석론적 과제로 남게 된다.

파견법제를 통한 규제방식은 우선 고용간주나 고용의무 규정을 두어 계약을 강제하는 방식을 취하고 있기 때문에 계약자유의 원칙을 침해할 소지가 있어 위헌성 여부가 논란될 여지가 있다. 또한 현행법에서는 고용이 강제된 경우의 구체적 근로조건, 당사자 간에 근로조건에 관한 합의를 이루지 못한 경우에 대비한 해결방법이 제시되지 않고 있다. 무엇보다도 비판론이 제기하는 바와 같이 위법파견의 경우 사용사업주와의 근로계약관계 성립 시점에 관해서는 전적으로 해석론에 맡겨져 있는바, 일본의 예에서 보듯 이 문제는 논란의 늪에 빠질 수 있는 'hard case'여서, 탈법행위의 유형과 위법성의 정도 등을 감안한 입법론적 작업이 필요할 것이다.

위와 같은 연유로 사내하도급과 관련한 입법론적 대응방안을 특별히 강구하여야 할 것으로 보인다. 입법론의 출발점은 노동법 아니면 상법이라는 양자택일의 이분법(all or nothing)을 지양하는 데에서 찾아야 할 것이다. 이는 근로자 개념의 어려움을 타개하기 위한 한 방편으로 ILO가 권고하는 이른바 '계약노동'(contract labor)에 관한 해법과 유사하다. 사내하청의 문제를 노동시장과 재화시장의 중간 영역에 존재하는 회색지대(gray zone)로 위치지우고, 이러한 법현상에 대해서는 해석론상의 조작을 지양하고 '있는 사실 그대로'(as it is) 실태에 즉응하는 해법을 찾아야 할 것이다. 일례로 원청회사의 장소적 공간에서 발생하는 근로조건, 예컨대 근로시간, 산업안전, 성희롱 방지 등의 배려의무, 산업재해 등에 대해서는 원청회사에 사용자 책임을 지우고 이러한 사항과 관련하여 하청근로자에게 집단목소리(collective voice) ―그것이 단체교섭이든 경영참가의 방법이든― 를 보장하는 방법을 생각해 볼 수 있을 것이다. 다면적 근로관계의 외양을 띠면서 규범의 세계에서는 양면적 근로관계로 평가받기도 하는 하도급은 '히드라'와 같은 존재이다. 최근의 판결들을 통해 해석론적 쟁점이 추출되고[30] 법원이 나름대로의 이론을 모색하고 있지만, 이 이상한 생물체를 잘 추스르기 위해서는 국회와 정부도 진지한 고민을 기울여야 할 것이다.

4. 통상임금 문제

가. 2012년 '금아리무진 판결' 이후 통상임금의 범위를 둘러싼 분쟁이 본격적으로 급증하게 되었다.[31] 정기상여금이 통상임금에 포함될 수 있다는 결론으로 통상임금 문제가 세인의 관심을 끌게 되었지만, 법리적 관점에서 보면 그 이전의 사건과 성격을 달리하는 것은 아니었다. 그러나 다른 수당과 달리 고정상여금이 통

---

30) 사내하도급에 관한 최근의 논의로 서울대 법학연구소·서울대 노동법연구회 공동학술대회 <사내하청 노동관계: 법 해석론> (2015. 11)의 논의 참조. 특히 2015년 8월 미국 연방노동위원회(NLRB)에서 내려진, 단체교섭에 있어 원청과 하청의 공동사용자(joint-employer)지위를 인정한 Browning-Ferris 결정이 최근 우리의 사내하청 법해석론에 대하여도 많은 시사점을 주고 있음을 특기할 만하다.

31) 대법원 2012. 3. 29. 선고 2010다91046 판결.

상임금에 포함되면 산업계에 미치는 영향이 워낙 크기 때문에,[32] 판결의 결과에 대한 관심은 물론이고 법제도적 관점에서 재검토가 필요하다는 지적이 거셌다.[33] 그런데 '금아리무진 사건' 이후 고정상여금이 통상임금에 포함되는지의 여부와 관련된 사건이 하급심에서 많이 다루어졌으나 법원마다 결론을 달리하거나 상호모순적인 판결이 나와 혼선이 빚어졌다.[34]

   나. 이러한 혼선을 해결하기 위해 대법원은 공개변론과 연구를 거쳐 지난 2013. 12월 전원합의체 판결을 내리게 된다.[35] 하급심에서 의견의 대립을 보인 부분이 '고정성'의 요건이었기 때문에 전원합의체 판결에서 이와 관련하여 보다 구체적인 해석기준을 제시하였다. 대법원 판결에 따르면 고정성이란 초과근로를 제공할 당시에 그 지급여부가 업적, 성과 기타 추가적인 조건[36]과 관계없이 사전에 이미 확정되어 있는 것을 의미하고, '고정적인 임금'은 '임의의 날에 소정근로시간을 근무한 근로자가 그 다음 날 퇴직한다 하더라도 그 하루의 근로에 대한 대가로 당연하고도 확정적으로 지급받게 되는 최소한의 임금'을 의미한다.[37] 고정성 요건과 관련하여 판결문에서는 "이 요건은 통상임금을 다른 일반적인 임금이나 평균임금과 확연히 구분 짓는 요소로서 통상임금이 연장·야간·휴일 근로에 대한 가산임금을 산정하는 기준임금으로 기능하기 위하여서는 그것이 미리 확정되어 있어야 한다는 요청에서 도출되는 본질적인 성질이다"라고 설시하고 있다.[38] 기존

---

32) 영향 및 효과와 관련하여 경총의 38조 원 규모, 한국노동연구원의 21조 원 규모, 한국노총의 5.7조 원 규모 등 다양한 진단이 나오고 있다. 임금제도개선위원회, 통상임금관련자료 (2013. 6. 27.), 12면 이하 참조.

33) 경총은 인건비 상승과 일자리 감소(37만 개)의 문제점을 지적하면서 정기상여금을 통상임금에서 제외하는 내용의 근로기준법시행령 개정을 요구하였고, 노동계는 정기상여금을 통상임금에 포함토록 '통상임금 산정지침'(노동부 예규)의 변경을 요구하였다. 민주당 홍영표 의원과 진보당의 심상정 의원이 법률개정안을 발의하였다. 그리고 정부에서도 임금체계의 합리화와 임금제도의 개선을 위해 임금제도개선위원회를 발족시켜 논의를 하였다. 위의 통상임금관련자료, 1-2면 참조.

34) 이에 대해서는 이철수(2013), "통상임금에 관한 최근 판결의 동향과 쟁점 — 고정성의 딜레마", 서울대학교 법학 제54권 제3호 참조.

35) 대법원 2013. 12. 18. 선고 2012다89399 판결; 대법원 2013. 12. 18. 선고 2012다94643 판결.

36) 추가적인 조건이란 초과근무를 하는 시점에 그 성취 여부가 불분명한 조건을 의미한다.

37) 대법원 2013. 12. 18. 선고 2012다89399 판결, 11면.

의 대법원 판결에서 고정성의 유무를 '실제 근무성적에 따라 지급 여부 및 지급액이 달라지는지의 여부'[39]에 따라 판단한 것에 비하여 진일보한 입장을 취하고 있다. 이러한 해석론에 따라 근무일수나 근무실적에 따라 지급액의 변동이 있게 제도가 설계되어 있더라도 고정성이 인정될 수 있는 길을 열어 놓았다고 할 수 있다.

> "매 근무일마다 일정액의 임금을 지급하기로 정함으로써 근무일수에 따라 일할 계산하여 임금이 지급되는 경우에는 실제 근무일수에 따라 그 지급액이 달라지기는 하지만, 근로자가 임의의 날에 소정근로를 제공하기만 하면 그에 대하여 일정액을 지급받을 것이 확정되어 있으므로, 이러한 임금은 고정적 임금에 해당한다."[40]
>
> "지급 대상기간에 이루어진 근로자의 근무실적을 평가하여 이를 토대로 지급 여부나 지급액이 정해지는 임금은 일반적으로 고정성이 부정된다고 볼 수 있다. 그러나 근무실적에 관하여 최하 등급을 받더라도 일정액을 지급하는 경우와 같이 최소한도의 지급이 확정되어 있다면, 그 최소한도의 임금은 고정적 임금이라고 할 수 있다."[41]

이러한 해석론에 따르면 일반적인 정기상여금의 경우 이미 사전에 확정되어 있어 고정성이 인정됨은 당연하다고 본 것이다. 그런데 지급일이나 기타 특정시점에 재직 중인 근로자에게만 지급하기로 정해진 임금과 관련하여 기존의 입장과 달리 색다른 해석론을 개진하고 있다. 이러한 재직요건은, 특정 시점에 그 성취 여부가 이미 확정되어 있는 근속연수요건 등과 달리, 그 성취 여부가 불분명하기 때문에 소정근로의 대가로 보기 힘들고 비고정적이라는 것이다. 기왕에 근로를 제공했던 사람이라도 특정시점에 재직하지 않는 사람에게는 지급하지 아니하고, 그 특정시점에 재직하는 사람에게는 기왕의 근로 제공 내용을 묻지 아니하고 모두 이를 지급하는 것이라면, 이러한 조건은 임금청구권의 발생을 위한 일종의 '자격요건'으로 파악하여야 하고 자격의 발생이 장래의 불확실에 사실에 의존하기 때문

---

38) 대법원 2013. 12. 18. 선고 2012다89399 판결, 10면.
39) 대법원 1996. 2. 9. 선고 94다19501 판결; 대법원 2012. 3. 15. 선고 2011다106426 판결 등 참조.
40) 대법원 2013. 12. 18. 선고 2012다89399 판결, 12면.
41) 대법원 2013. 12. 18. 선고 2012다89399 판결, 14면.

에 비고정적이라는 논리를 펴고 있다.[42] 복리후생비 판결에서 명절상여금을 고정
상여금과 달리 비고정적인 임금으로 판단한 이유이다. 이렇게 해석하면 향후 복리
후생비의 대부분이 통상임금에 포함되지 않을 수 있게 될 것이다. 왜냐하면 1임금
지급기를 초과해서 지급되는 복리후생비의 경우 중도에 퇴사하면 그 지급을 청구
하지 않는 것이 일반적인 관행이기 때문이다.

다. 전원합의체 판결은 '사전확정성'을 고정성 판단에 있어 핵심적 요소로 삼
고 있어 지급액의 절대고정성에 함몰되어 있던 기존의 논의를 극복할 수 있는 길
을 열어준 점에서 보다 진일보한 해석론을 개진한 것이라 평가할 수 있다. 지급액
의 변동 여부에 따라 기계적으로 고정성 유무를 판단하던 다수의 하급심 판결[43]
들은 더 이상 지지될 수 없게 되었다. 대상판결이 발표되기 전 금아리무진 판결을
평석하면서 필자가 지적한 논지와 동일한 맥락이다:[44]

"통상임금은 법정수당을 산출하기 위한 도구개념이기 때문에 그 기능을 제대
로 수행하기 위해서는 사전에 미리 확정될 것이 요구된다. 그리고 통상임금개념
을 도입한 입법취지에 비추어 근로의 가치를 적정하게 반영하여야 한다. 통상임
금의 개념 요소 중의 하나인 '고정성'도 이러한 통상임금의 사전확정성과 적정반
영 필요성이라는 요청에 부합하는 방향으로 해석되어야 한다. 이와 관련 정인섭
교수는 고정성을 사전확정성으로 이해하면 족하고, "앞으로 소정근로를 제공하면
받게 될 '현재의 시점에서 확정할 수 있는 임금'[45]이면 고정성의 요건이 충족된
것으로 보아야 한다고 주장하는 바, 통상임금의 취지를 잘 살린 탁견이라 할 수
있다. 따라서 사전확정성을 저해할 소지가 있는 제 조건을 규정하였다 하더라도,
이를 임금 또는 통상임금의 본질에 영향을 미치지 않는 방향으로 해석해야 할 것
이다. 당사자의 주관적 의지로 인해 객관적 법질서가 형해화될 위험이 있고 그로
인해 법적안정성[이] 심각하게 훼손되기 때문이다."

그런데 전원합의체 판결은 재직자에게만 지급하는 복리후생비의 경우 고정성

---

42) 대법원 2013. 12. 18. 선고 2012다94643 판결, 2-3면 참조.
43) 이에 관한 자세한 소개는 이철수(2013), 893면 이하 참조.
44) 이철수(2013), 899-900면.
45) 정인섭(2007), "임금법상 비교대상임금과 통상임금", 노동법연구 제21호, 138면 참조.

이 결여된다는 이유를 들어 통상임금에 해당되지 않을 수 있다고 판시하여 기존의 판례법리[46]를 변경하고 있다. 이러한 재직요건은 임금청구권의 발생을 위한 자격요건이고 그 성취 여부가 불분명하기 때문에 소정근로의 대가로 보기 힘들고 비고정적이라는 것이다. 그 결과 복리후생비의 일반적 관행을 고려하면 대부분의 복리후생비가 통상임금에 해당되지 않게 되고 이는 임금이분설을 취하고 있던 시절과 유사한 결과를 초래할 가능성이 높다. 이 점과 관련하여 정기상여금 판결에서 '일정한 근무일수를 충족하여야만 하는 임금'[47]의 개념을 도입하고 있는 점이 눈에 띤다. '일정 근무일수를 충족하여야만 지급되는 임금'은 소정근로를 제공하는 외에 일정 근무일수의 충족이라는 추가적인 조건을 성취하여야 비로소 지급되는 것이라는 것이다. 나아가 이러한 임금군은 이른바 '소정근로'에 대한 대가의 성질을 가지는 것이라고 보기 어렵다는 것이다. 그러면서도 재직요건이 부가되어 있다 하더라도 재직기간까지의 기간에 비례한 만큼의 임금이 지급되는 경우에는 고정성이 부정되지 않는다고 한다.[48]

필자는 전원합의체 판결이 왜 종전의 견해를 바꾸었는지 이해하기 힘들다. 기존의 대법원 판결 등을 통해 복리후생비의 문제는 일단락되었고 이 점과 관련하여 노사 공히 별 이의를 제기하지 않아 분쟁의 여지가 사라진 사안에서, 전합판결과 같이 재직요건의 구체적 내용과 당사자의 명시적, 묵시적 합의나 관행의 존재 등을 들어 달리 해석할 여지를 남기는 것은 통상임금의 사전확정성이나 법적 안정성의 견지에서 바람직하지 않기 때문이다. 더구나 이러한 재직요건이 존재하면 정기상여금의 경우에도 통상임금성이 부정된다는 주장이 나와 노사갈등의 새로운 불씨가 되고 있는 사정을 고려하면, 이 점은 비판적으로 검토되어야 할 것이다.

라. 현행의 통상임금제도는 다음과 같은 문제점을 안고 있다. 첫째, 통상임금 문제는 기본적으로 임금체계의 복잡성에서 기인하는 것이다. 이 복잡성은 정부의

---

46) "복리후생적 명목의 급여가 지급일 당시 재직 중일 것을 지급조건으로 하는지 여부에 관하여 심리하지 아니한 채 해당 급여가 단체협약 등에 의하여 일률적·정기적으로 지급되는 것으로 정해져 있다는 사정만으로 통상임금에 해당한다고 판단한 대법원 2007. 6. 15. 선고 2006다13070 판결 등을 비롯한 같은 취지의 판결들은 이 판결의 견해에 배치되는 범위 내에서 이를 모두 변경하기로 한다." 대법원 2013. 12. 18. 선고 2012다89399 판결, 16면.

47) 대법원 2013. 12. 18. 선고 2012다89399 판결, 12면.

48) 대법원 2013. 12. 18. 선고 2012다89399 판결, 13면.

임금가이드라인정책, 사용자의 임금유연화 전략, 노동조합의 전략적 동조 등의 복합적 요인이 작용한 것이다. 둘째, 기본급의 비중이 매우 낮은 기형적인 구조를 취하고 있으며 제수당 종류와 비중, 상여금의 비중이 사업장마다 천차만별이다.[49) 노사의 상호양해로 임금체계가 형성된 대규모, 유노조 사업장일수록 수당의 종류가 많고 임금체계가 복잡하고 상여금이 차지하는 비중이 높다. 셋째, 통상임금이 노동의 가치를 적정하게 반영하지 않음으로써 실질적으로 초과근무할증률을 낮추는 효과가 있고 이는 장시간 근로를 조장한 측면이 있다.[50) 넷째, 임금체계의 개선을 위한 어떠한 노력도 발견할 수 없었다. 정부는 기존의 예규를 고집하였고 노사는 기업별 교섭을 통해 단기적 이익 조정에 급급하였다.

　　현행의 임금체계상의 난맥상은 정부정책, 노사관계적 측면에서 그 원인을 찾을 수 있는바, 이 중 통상임금과 관련하여 가장 큰 문제는 통상임금의 소정근로의 가치를 적정하게 반영하지 못함으로써 근로시간 단축을 위한 가산임금제도의 취지를 살리지 못하고 오히려 장시간 근로를 조장하는 요인으로 작용했다는 점이다. 최근의 상여금 소송은 거의 대부분이 초과근로수당의 계산에 관련된 것으로 기본적으로 장시간근로의 문제이다. 나아가 업종, 기업규모, 고용형태, 노사관계의 지형에 따라 임금체계의 차별성이 심하고 임금구성 항목 간의 불균형성, 기형성으로 인해 생기는 노동사회학적 병리가 심각하다. 이런 기현상에 법은 일조하지 않았는가? 향후 문제해결에 법은 기여할 수 없는가? 필자의 소견으로는 지금까지 법해석상의 혼선으로 인해 문제의 심각성을 배가시켰으며, 향후 합목적적인 법해석을 통해 문제해결에 일조해야 한다고 생각한다. 이러한 역할은 종국적으로 법원의 몫이다. 그러나 통상임금을 둘러싼 해석론상의 난맥상은 기본적으로 우리 임금체계의 복잡성과 기형성에서 기인하는 문제이기 때문에, 임금체계의 개선이 선행되어야할 것이다.[51)

---

49) 임금제도개선위원회, 임금제도개선위원회논의자료 2(2013. 7. 24) 참조.
50) 김유선 박사의 분석에 따르면 소정근로에 대한 시간당 임금 평균이 18,000원임에 비해 초과근로에 대한 시간당 임금 평균이 14,000원으로 추정되는 기이한 현상이 발생한다(임금제도개선위원회, 통상임금관련자료(2013. 6. 27), 17면). 이것이 연장근로의 유인으로 작용함은 물론이다.
51) 통상임금 대법원 판결 전후로 통상임금 개념의 명확화, 근로기준법상 개념요소를 법제화하는 방안 등 다양한 해법이 모색되고 있다. 김홍영(2013), "통상임금의 입법적 과제", 노동법학 제48호; 노상헌(2014), "통상임금의 개념과 범위의 법제화와 쟁점", 노동법논총 제31

Ⅳ. 맺으며

1. 1980년대부터 거세게 전세계를 강타한 신자유주의적 사조가 우리의 특수한 IMF 구제금융 위기와 맞물려 우리의 노동법제가 어떻게 변화, 발전해 왔는지를 살펴보았다. 그리고 2008년 미국발 금융위기를 계기로 신자유주의에 대한 반성과 새로운 패러다임의 필요성에 대한 인식은 우리 법제에도 상당한 영향을 미치게 되고 그 결과 하도급근로자 보호와 같이 양극화, 불평등 해소문제가 노동사회법제의 주요관심사로 등장하게 된다. 본고에서 다루지 않았지만, 특수직 종사자 보호나 간접고용의 합리적 규율과 관련한 최근의 법 개정 논의, 정년법제의 개정 등도 이러한 흐름과 맥을 같이한다고 평가할 수 있을 것이다.

1987년 이전 정변이 있을 때마다 비정상적 입법기관에서 개악을 거듭해오던 우리의 부끄러운 노동법 개정사에 비추어 보면, IMF 이후 우리의 노동법제는, 내용상으로는 국제기준에 부합하는 방향으로, 과정상으로는 정상화를 찾아가는 방향으로 발전을 거듭해왔다고 총평해도 무방할 것이다. 2000년대 초반 노동의 유연화와 탈규제 논의가 대세를 점했지만, 근로시간 단축과 비정규직 보호를 위한 법제가 전문가 집단, 노사정위원회 또는 국회 등의 공론화 과정을 거쳐 국민적 관심 속에서 마련되었다는 사실을 보면 —그 결과에 대해 평가가 각기 상이하지만— 사회적 조합주의가 다각도로 실험되어 왔다고 할 수 있다.

앞에서 살펴본 대로 노사정위원회를 통한 1998년의 2. 6. 대타협은 IMF를 돌파할 수 있게 한 원동력이었다. 그 이후 합의에 이르지 못한 사항이라도 사회적 대화를 통해 일차적으로 갈등을 흡수하였고 입법 또는 정책과정에 정제된 논의거리를 제공한 점은 제대로 평가받아야 할 것이다. 한때 우리나라 학자들이 벤치마킹하고자 했던 아일랜드 모델도 기실 우리의 노경총 임금합의와 유사할 뿐이라는 점을 고려한다면, 우리의 사회적 대화는 저평가된 측면이 많다. 근본주의적 시각에서 사회적 대화를 폄훼하거나 그간의 노사관계개혁위원회나 노사정위원회의 활동에 대해 부정적 평가를 하는 것은 온당하지 않다고 생각한다. 특히 사회적 대화를 위한 전제조건이 성숙되지 않았다는 등을 이유로 노동계가 소극적인 자세를 취하는 것은 현명한 선택이 아니라 할 것이다. 왜냐하면 사회적 조합주의는 총체

호 등의 연구 참조.

적으로 보면 노동의 발언권을 강화시켜 주기 때문이다. 경제정책 부서의 의견이 지배적이고 사회정책 부서의 목소리는 뒷전으로 밀릴 수밖에 없는 현 정부조직 구도 하에서, 단기적이고 가시적인 성과만을 강조하는 것은 현실성이 떨어질 뿐만 아니라 모험주의의 오류를 범하는 것이 된다. 사회적 조합주의를 소외된 노동의 목소리를 제도적으로 수렴하고 산업민주주의를 진작시켜 나가기 위한 과정으로 이해한다면, 최소한 그 형식과 방법론은 존중되어야 할 것이다. 정부조직 내에서 노동·복지·사회정책 영역의 발언권을 강화시키기 위해서라도 징검다리 역할을 하는 사회적 협의기구는 반드시 필요하다.

    2. 판례법리를 볼 때에도 2000년대 초반과 후반의 경향에는 많은 차이가 발견된다.

    2000년대 초반의 노동판례의 흐름에 대해 이흥재 교수는 단호하게 노동법의 위기라고 진단한 바 있다. 그는 시민법적 인식으로의 회귀 및 시민법적 인식 지속이라는 비판적 관점을 제시하면서, 구체적으로 특수형태근로종사자에 대한 근로자성 인정의 인색, 경영해고 요건 충족에 대한 완화된 해석, 단체교섭의 상대방으로서의 사용자 인정의 엄격성, 해고의 절차적 제한에 대한 엄격성 결여, 쟁의행위에 대한 획일적인 업무방해죄 적용, 직권중재제도의 합헌성 인정 등의 문제점을 제시하였다.[52] 필자도 이 교수의 입장과 기본적으로 인식을 같이한다.

    그러나 이용훈 대법원장이 재직한 2000년대 후반에는 근로권과 노동삼권의 보장 측면에서 보다 전향적인 흐름을 띠게 된다. 개별적근로관계법 분야에서는 대체로 근로자보호의 관점이 많이 부각되고 과거에 비해 노동법원리에 보다 충실하게 접근하고 있다. 근로자성 판단에 있어서 완화된 해석의 도입, 대기발령의 합리적 제한 법리, 노조전임자 활동의 업무재해성 인정의 확대 등을 그 예로 들 수 있다. 무엇보다도 현대미포조선 사건에서의 묵시적 근로관계의 인정, 예스코 사건에서의 불법파견에 대한 고용의제조항의 적용, 현대중공업사건에서의 사용자 책임의 확대 등 일련의 대법원 판결은, 구체적 타당성을 기하기 위한 과감한 해석론을 시도하고 그 이후의 노사관계에 많은 영향을 끼쳤다. 집단적노사관계법 분야에서

---

  52) 이흥재(2002), "대법원의 근로관계 인식에 대한 재조명", 서울대학교 법학 제43권 제3호, 205-228면 참조.

는 보다 엄격하고 세밀해진 법리를 적용함으로써 과거의 보수적인 입장이 일정부
분 완화되었다. 산별조직에서의 전임자 활동범위의 확대, 안전보호시설 위반의 쟁
의행위에 대한 책임 제한, 일반 조합원의 민사책임 제한, 단체교섭 거부에 대한
위자료 지급 인정, 쟁의행위 찬반 투표에서의 평조합원의 의사 존중 등이 대표적
인 사례로 꼽힌다. 특히 위법쟁의행위의 업무방해죄 성부와 관련된 대법원 2011.
3. 17. 선고 2007도482 전원합의체판결은 기존의 법리를 변경하여 보다 엄격하고
신중한 접근을 통해 근로자의 단체행동권의 보장을 도모하고자 한 점에서 매우
의미있는 판결이라 할 수 있다.

　이런 점에서 보면 최근의 몇몇 판결들, 예컨대 시민법논리에 치중한 손배가
압류 판결, 근로권보다 경영권을 우월시하는 판결기조, 신의칙 법리 원용을 통한
근로자에 대한 사실상의 경영책임 부과 등의 사례는 본고에서 살펴 본 노동법제
의 진화과정에 비추어 보면 매우 퇴영적인 자세를 취하고 있다고 할 수 있다. 이
와 더불어 휴일근로가 연장근로에 포함되지 않는다는 노동부의 해괴한 해석, 코레
일 파업의 대처과정에서 보여준 대화의 부재, 경제부처의 노동행정에의 간섭 등의
일련의 흐름들은 경제민주화라는 시대적 흐름에 역행하는 우려할 만한 사태라 아
니할 수 없다.

제3장

노동법의 새로운 패러다임과 방법론적 회의
: 근로계약법제 논의를 중심으로

Ⅰ. 전통적인 노동법학의 방법론과 새로운 경향

전통적 의미의 노동법학은 '종속노동론'을 패러다임으로 삼고 있다. 즉 노동의 '종속성'은 자본주의 체제 내에서 본질적이고 구조적인 특성이기 때문에, 노동법학은 이를 법적으로 포착하여 기존의 시민법과 다른 접근방식으로 규율하고자 한다. 노동법학에서 종속노동론의 관심은 종속노동이 실제로 어떻게 존재하는지를 개별적으로 규명하는 데 있는 것이 아니라, 시민법질서의 특성 또는 상품으로서 저장이 불가능한 노동력의 특성 등으로 인해 노동이 자본에 종속되어 발생할 수 있는 불평등을 해소하고 실질적 평등을 구현하기 위한 특별한 보호를 제공하는 데 있다. 그 결과, 종속노동론은 유형적인 접근방식을 통해 노동법의 독자성을 강조하는 이데올로기적 기능을 수행하여 왔다.[1] 이처럼 종속노동은 전체 법질서 내에서 노동법의 독자성을 드러내는 기본 개념이자,[2] 노동법학의 체계를 구성하는 중심적인 개념이다.[3]

전통적인 노동법학은 종속노동론을 바탕으로 단결권과 집단적 노사관계법의 원리적 우위성을 인정하고, 법적 실천을 중시하여 왔다는 특징을 갖는다. 노동법

---

* 본 장은 이철수(2006), "근로계약법제와 관련한 방법론적 검토", 『노동법의 존재와 당위(김유성 교수 정년기념논문집』, 박영사를 재구성하여 수록하였다.

1) 이철수 편역(1990), 『노동법사전』, 법문출판사, 21면 참조.
2) 강희원(1997), "노동법의 역사적 전개", 노동법학 제7호, 158면 참조.
3) 김영문(1997), "노동관의 변천과 노동법", 한림법학forum 제6권, 203면 참조.

의 주체인 근로자는 시민법 질서에서의 추상적 인격체(Person)가 아닌 일종의 종속된 계급적 존재(der Mensch als Klassenwessen)로 파악되며,[4] 노동법의 기본이념은 이러한 근로자의 생존권을 실현하는데 초점을 둔다.

한편 노동법은 독자적인 법영역으로서 시민법과 대립하면서 이를 수정하는 의미를 지니기 때문에, 근로자의 생존권은 재산권 또는 시민적 자유권에 대해 우월적·제약적 의의를 갖는다고 해석하는 경향이 강하다.[5] 예컨대 유니언 샵 등의 조직강제를 허용하는 경우나, 노동3권의 보장을 위해 사용자의 언론의 자유가 강하게 제약받는 경우가 그러하다. 노동의 종속성에 기초한 근로계약을 노동법상의 독자적 개념으로 파악하여, 이에 대해서 다른 전형계약에서는 찾아보기 힘든 보호법적 규제가 이루어진다. 이러한 종속노동의 개념은 안톤 멩거(Anton Menger)나 휴고 진쯔하이머(Hugo Sinzheimer)로 대표되는 독일의 바이마르 공화국 전후의 생존권 이론에서 많은 영향을 받았다.

전체 노동법 체계 내에서 집단적 노사관계법과 개별적 근로관계법과의 관계는, 후자가 전자에 대하여 원리적으로 종속되고 보충적인 기능을 수행하는 것으로 이해된다.[6] 예컨대 단체협약에 강행적 효력을 부여하여 근로계약보다 우선적으로 적용되도록 하는 노조법 제33조는 이러한 관계를 제도화한 것으로 볼 수 있다. 즉 노동법은 사용자의 사회적·경제적 우위를 전제로, 파편화된 근로자의 개별의사를 의심하고 근로자집단의 단결을 통해 교섭력의 균형을 확보하도록 단체의지를 우선시한다.

그런데 이러한 전통적인 노동법학의 방법론과는 다른 새로운 시각이 발견되고 있다. 첫 번째로는 노동법의 독자성에 대한 회의적 시각의 대두를 꼽을 수 있다. 휴고 진쯔하이머의 제자인 오토 칸프로인트(Otto Kahn-Freund)는 1978년의 연설에서 서비스 산업의 증가로 인하여 노동조합의 조직수준과 전문성이 퇴보하고 있으며, 근로자와 소비자 간의 이해관계가 충돌하여 집단적 노사관계법의 토대

---

4) Sinzheimer(1976), 『Arbeitsrecht und Rechtssoziologie』, Europäisch Verlagsanstalt, 53면 이하 참조.

5) 片岡昇(1983), 『現代勞働法 展開』, 岩波書店, 10면 이하, Wedderburn(1994), "Labour Law and the Industrial Relations in Post-Industrial Societies" 『Labour Law in Post-Industrial Era』, 10면 참조.

6) 片岡昇(1983), 139면 이하 참조.

가 약화되고 있다는 점에 주목하였다. 1980년 프랑스의 Lyon-Caen는 칸프로인 트의 주장에서 한걸음 더 나아가 노동법의 '위기'를 언급하였다. 그는 노동법의 전 개는 기술적 발전의 상태에 의해 규정된다는 것을 전제로, 지식자본주의사회에서 는 전통적인 근로관계가 명백하게 동요하고 있음을 간파하고 모든 가치의 재평가 에 따라 발생하는 노동의 위기가 노동법의 위기로 전환된다고 주장하였다.[7]

또 다른 시각은 노동법의 유연화와 규제완화의 경향에서 발견된다. 노동법은 '노동시장의 법'으로 이해되어야 하며, 이를 위해 경직적인 기존 노동법의 보호규 정을 유연화하여야 한다는 주장이 20세기 말부터 제기되기 시작하면서 전통적인 노동법학의 방법론이 공격을 받게 된 것이다. 이러한 변화의 배경으로는 경제의 지구화, 경제의 불안정화, 실업문제의 심각화, 급속한 기술혁신 및 산업구조의 변 화, 국가의 규제기능 축소, 고용형태의 다양화 등이 거론되고 있으며,[8] 아울러 근 로자들의 생활환경, 인생관 등이 다양화 되어 이에 맞는 다양한 근로방식이 요구 되고 있다는 점도 노동법의 유연화를 촉진하는 한 요인이 되고 있다.[9]

노동법의 유연화는 근로조건의 결정 시스템과 예컨대 파트타임 근로, 재택근 무의 보급 등 적어도 부분적으로는 이러한 근로형태를 희망하는 근로자가 존재한 다는 점을 가정하는데, 이 경우 법률이나 단체협약에 의해 근로조건이 집단적·획 일적으로 결정되는 경우보다, 근로계약에 의해 개별적으로 근로조건이 결정되는 비중이 증가한다. 유럽에서는 20세기 말부터 법률적 규제가 완화되면서 산업별 단체협약에 의한 횡단적 근로조건 결정이 후퇴하고, 기업 수준의 노사관계의 중요 성이 강조되고 있다. 산별 수준의 단체협약과 기업 수준의 경영협정의 이원적 구 조를 이루는 독일의 경우에도 종업원평의회가 체결하는 경영협정의 비중이 증대 하는 현상이 발견되며, 일본에서도 법률적 규제로부터 당사자 자치로의 중심 이동 이 현저하다.[10]

---

7) Caen(1994), "The Evolution of Labor Law", 『Labour Law in Post-Industrial Era』(edi, by Weddburn), 104면 이하 참조.

8) 西谷敏(1999), "勞働法における規制緩和と彈力化", 「勞働法における規制緩和と彈力化」 日本勞働法學會誌93号, 總合勞働研究所, 9-14면.

9) Zöllner(1988), "Flexibilisierung des Arbeitsrechts", ZfA, S. 268; Däubler(1988), "Perspektiven des Normalarbeitsverältnisses", AuR, S. 305; Matthies/Mückenberger/ Offe/Peter/Raasch(2000), Arbeit, S. 20ff(西谷敏(1999), 13면에서 재인용).

10) 西谷敏(1999), 25면.

이 글에서는 전통적 방법론의 핵심이라 할 수 있는 '단체의지의 우위'라는 관념을 비판적으로 검토함으로써 새로운 노동법학 패러다임 논의의 단초를 제공하고자 한다. 종전의 무차별적 보호 방식이 사물의 본성에 적합한 규율양식인가? 전체성의 시각에서 개별성이 무시된 경험은 없는가? 단체협약은 근로계약 등으로 대체할 수는 없는가? 등의 질문이 필자가 가진 기본적 문제의식이다. 이러한 논의는 노동법학의 방법론에 대한 논의인 만큼 논의의 대상이 다양하고 논자마다 인식의 편차가 존재하는 등 의사소통이 원활하지 않기 때문에, 이하의 내용에서는 노동법학의 핵심개념인 '근로계약'과 근로계약법제를 둘러싼 입법론적 · 해석론적 공방을 중심으로 노동법학의 새로운 패러다임을 모색하고자 한다.

Ⅱ. 독일과 일본에서의 근로계약법제 논의

1. 독일

1) 개관

독일에서는 근로계약에 관련된 규정이 여러 법률에 산재되어 있기 때문에 이를 통합하려는 목적에서 20세기 초부터 통일적인 근로계약법을 마련하려는 노력을 계속하여 왔다. 수차례의 입법 시도 중 가장 중요하게 다루어지는 것은 독일 통일직후인 1992년에 14명의 저명한 노동법학자들로 구성된 '독일통일노동법연구회'가 작성한 '근로계약법안'과 2007년 Ulrich Preis와 Martin Henssler가 초안을 잡은 '제2차 근로계약법 토론초안'이 있다.

그러나 이에 대한 각 이해당사자들의 정치적 합의가 도출되지 않았기 때문에 아직도 근로계약법이 제정되지 않고 있는데, 근로계약법제의 제정 필요성에 관한 학계의 논쟁은 현재에도 계속되고 있다. 제정론자들은 독일의 노동관계법이 특례법과 판례법으로 분산되어 있어 일반인들이 이해하기 어렵고 법률관계가 불명확하게 된다는 점, 법원이 법해석기능을 넘어 광범위한 법형성기능을 담당하게 됨으로써 권력분립의 원칙이 손상된다는 점을 들어 통일적인 노동법전의 제정을 주장하고 있다. 이에 대해 단체협약 등의 당사자 자치를 통하는 것이 보다 바람직하다는 점, 노사문제가 복잡하고 유형화하기 힘들기 때문에 법률을 제정하는 경우 오히려 경직화를 초래할 우려가 있다는 점 등을 들어 반대하는 입장이 있다.

2) '제2차 근로계약법 토론초안'의 내용[11]

독일의 동 법안은 총 7장 149개 조문으로 구성되어 있고, 각 장은 총칙, 근로관계의 성립, 근로관계의 내용, 근로관계의 휴직, 근로관계의 종료 및 양도, 소멸시효와 제척기간 보칙에 관해서 규정하고 있다.

제1장의 '총칙'에서는 근로관계는 계약에 의하여 성립하고, 이 법이 달리 정하지 않는 경우 민법이 적용된다는 점을 명확히 하고 있다. 또한 1992년 법안과는 달리 유사근로자의 개념을 규정하고 법안 중 일부 규정의 적용을 받도록 하고 있으며, 사용자의 균등대우 의무와 경향사업에 대해서도 규정하고 있다. 제2장의 '근로관계의 성립'에서는 근로계약 체결이전 단계의 사용자의 질문권, 근로계약의 체결 절차, 근로관계의 기간에 대해 규정하고 있는데, 근로관계의 기간은 별도로 정하지 않은 경우 기간의 정함이 없는 것으로 체결되며, 근로계약은 서면으로 체결되고 관련 서류를 교부하여야 한다.

제3장의 '근로관계의 내용'에서는 근로의 제공과 이에 대한 임금지급, 근로계약당사자의 권리와 의무, 근로제공장애, 근로자파견과 근로조건 변경 등의 광범위한 내용을 정하고 있다. 이 장에서는 사용자의 보호의무와 개인정보 보호의무를 규정하고 있으며, 근로자도 비밀유지의무, 협력의무, 경업금지의무 등을 진다. 또한 근로자의 고의 또는 과실로 인해 손해가 발생한 경우 그 손해배상책임의 범위를 정하고 있으며, 독일법의 특유한 '변경해고'를 규정하고 있다. 변경해고란 근로자가 근로조건의 변경에 동의하지 않을 경우 해고하는 것으로서, 경영상 필요 등에 대응하여 근로조건을 탄력적으로 변경할 수 있도록 하는 제도이다. 제4장 '근로관계의 휴직'은 92년 법안에서는 없었던 것으로서 육아휴직과 병역복무 등의 경우를 규정하고 있으며, 제5장 '근로관계의 종료 및 양도'는 해고와 근로관계의 종료, 기업양도와 근로관계 청산 등에 대해 규율하고 있다.

---

11) 최미나(2012), "근로계약법의 제정에 관한 연구 ― 독일과 일본의 논의를 중심으로", 노동법논총 제24집, 11면 이하의 논의를 참조함.

2. 일본

1) 논의의 배경

일본의 경우에도 1947년 노동기준법이 제정된 이후로 근로계약에 관한 규정들에 대해서는 큰 변화가 없었기 때문에 현실적합성이 떨어진다는 비판이 오래전부터 제기되어 왔다. 그래서 1980년대부터 후생노동성의 자문기구인 '노동기준법연구회'를 중심으로 근로계약법제에 대한 연구가 진행되어 왔고, 1993년 5월에는 '금후의 근로계약법 등 법제의 방침에 대하여'라는 보고서가 발간되었다. 그 당시 일본에서 계약법리의 도입이 강조된 배경으로는 첫째로 고도성장기를 거치면서 근로조건이 향상된 결과 근로자기준법상의 최저기준의 의미가 감소되었다는 점, 둘째로 산업구조 조정기를 맞이하면서 고용형태와 취업구조가 다양화·유연화됨에 따라 정규직 근로자와 같은 전형적 고용관계에 대한 획일적 기준을 정하고 있는 노동기준법으로서는 이에 적절히 대응하기가 어렵다는 점,[12] 셋째로 시민으로서의 개인적인 권리의식이 성장함에 따라 근로계약의 내용 형성에 있어 근로자의 개성과 자율을 존중해야 한다는 점 등이 거론되었다.[13] 이에 대한 논의는 2000년대에도 계속 이어져 2005년에는 후생노동성 산하 '근로계약법연구회'가 최종연구보고서를 발간하였고, 이후 노사가 참여하는 노동정책심의회를 거쳐 2007년 최종적으로 '노동계약법'이 제정되었다.

2) 일본 노동계약법의 주요 내용[14]

(1) 총론

노동계약법은 노사의 자주적인 교섭과 합의의 원칙을 기본으로 하면서, 노동계약에 관한 기본적인 룰을 설정하며 근로조건의 합리적 결정·변경을 촉진하고, 근로자 보호 및 개별근로관계의 안정을 도모하는 것을 그 목적으로 하고 있다(제1

---

12) 橫井芳弘(1989), "勞使關係の變容と勞働法解釋の方法論的課題", 季刊勞働法 제150호 참조.

13) 西谷敏(1989), "現代の勞働者像と勞働法學の課題", 季刊勞働法 제150호, 1면 참조.

14) 荒木尙志(2009), "일본 노동계약법의 제정과 노동법상의 함의", 노동법학 제32호, 125-144면; 김재훈(2008), "일본에서의 제정 근로계약법의 내용과 분석", 노동법연구 제25호, 267-306면 참조.

조). 또한 제3조 내지 5에서는 근로조건 대등결정의 원칙과 합의의 원칙, 신의성
실의 원칙, 사용자의 안전배려의무 등 노동계약의 기본원칙을 천명하고 있다.

(2) 노동계약의 성립과 변경

제6조 이하의 규정에서는 노동계약의 정의와 내용의 변경, 취업규칙과의 관
계가 중점적으로 다루어지고 있는데, 특히 제7조에서는 "근로자 및 사용자가 노동
계약을 체결하는 경우에, 사용자가 합리적인 근로조건이 정해져 있는 취업규칙을
근로자에게 주지시키고 있는 경우에는 노동계약의 내용은 그 취업규칙에서 정하
는 근로조건에 의하는 것으로 한다. 다만, 근로계약에 있어서 근로자 및 사용자가
취업규칙의 내용과 다른 근로조건을 합의하고 있는 부분에 대해서는 제12조에 해
당하는 부분을 제외하고, 그 한도에 있어서 그렇지 않다."고 하여 취업규칙과 개
별노동계약의 관계를 명확히 하고 있다. 또한 취업규칙의 불이익 변경이 합리적이
라고 간주될 경우에는 모든 근로자들에게 구속력이 발생한다고 하면서, 그 요건으
로 '근로자들이 입게 될 불이익의 정도, 근로조건 변경의 필요성, 변경된 취업규칙
내용의 상당성, 노동조합 등과의 교섭상황, 그 외 사정 등에 비추어 합리적일 것'
을 요구하고 있다(제10조).

(3) 노동계약의 계속 및 종료, 기간제 노동계약 등

제14조에서 제16조는 출향과 징계, 해고에 대한 규정으로, 이는 사용자의 권
리 남용의 법리를 통해 규율된다. 출향 명령이 업무상 필요성 기타 사정을 갖추지
못한 경우, 징계 및 해고가 사회통념상으로 상당하다고 인정되지 않는 경우에는
사용자가 그 권리를 남용한 것으로 무효가 된다는 것이다. 제17조에서는 기간제
노동계약의 경우를 별도로 정하고 있는데, 사용자는 기간의 정함이 있는 노동계약
에 있어서 부득이한 사유가 있는 경우가 아니면, 그 계약기간이 종료하기까지 사
이에 있어서 근로자를 해고할 수 없고(제1항), 사용자는 기간의 정함이 있는 노동
계약에 있어서, 그 노동계약에 의해 근로를 사용하는 목적에 비추어 필요 이상으
로 짧은 기간을 정함에 의해, 그 근로계약을 반복하여 갱신하지 않도록 배려하여
야 한다(제2항)고 하여, 기간제 근로자들에 대한 법적 보호를 강화하고 있다.

3) 평가

이상의 제정 노동계약법에 대해, 일본의 아라키(Takasi Araki) 교수는 고용에서의 안정과 유연성을 결합한 유연안정성(flexicurity)의 관점에서 취업규칙의 합리적 변경을 통한 근로조건의 유연한 변경과 해고권 남용의 금지를 통한 고용안정이 결합되었다는 평가를 내린다.[15] 또한 노동계약법 제7조 단서와 제10조가 근로조건에 대한 결정·변경시 합의원칙에 입각하여 취업규칙에 대한 개별적 약정의 우선원칙을 정한 것에 대해서는 개별적인 계약자율을 집단적이고 균등한 규제에 앞서 보장하였다는 점에서 노동법의 새로운 지평을 열었다고 평가한다.

김재훈 교수는 일본의 노동계약법 제정에 대해, 첫째로 기존의 노동보호법의 근간을 유지하면서 새로운 법형식을 취했다는 점, 둘째로 개별의사와 사적 자치에 의한 합의를 존중한다는 점, 셋째로 기존에는 판례법리를 통해 규율되어 오던 취업규칙의 법리를 명문화 하였다는 점에서 우리에게 시사점이 있다고 평가한 바 있다.[16]

3. 소결

독일과 일본의 근로계약법제 논의에서 발견되는 공통적인 특징은 법운용상의 불명확성을 제거하려 했다는 점, 근로관계 전 영역에 걸친 통칙적 규정을 정비한다는 점, 민사적 계약법리와의 접합을 시도했다는 점, 기존의 편면적 보호관념을 넘어서 근로관계 행위준칙으로서의 의미를 강조한다는 점 등을 들 수 있다.

그 내용에 있어서 두 논의 모두 강조하는 것이 근로조건의 변경에 대한 것이다. 독일의 논의에서는 변경해고제도를 통해 근로조건을 변경하고자 하고, 일본의 논의에서는 취업규칙의 합리적 변경을 통해 근로조건을 변경하고자 한다는 점에서 상황변화에 따라 근로조건을 변경할 수 있는 유연성이 강조되고 있다. 또한 일본의 노동계약법이 개별 합의를 통해 취업규칙의 적용을 배제할 수 있도록 한다는 점은, 더 이상 개별 근로자의 의사가 근로자집단의 의사에 비해 열위에 서지 않는다는 점을 보여준다.

---

15) 荒木尙志(2009), 139면.
16) 김재훈(2008), 302-304면.

Ⅲ. 한국에서의 근로계약법제 논의와 총론적 검토

1. 논의의 현황

한국에서는 외국에 비해서는 근로계약법제의 논의가 활발하게 전개되지는 않았지만, 김형배 교수는 이 문제에 대하여 상당한 관심을 보인 바 있다.[17] 김형배 교수는 현재의 근로자상은 노동보호법제가 마련되기 시작한 19세기 당시의 근로자상과 엄청난 차이가 있다고 전제한 후, 19세기의 맥락에서 형성된 보호관념을 현대의 근로자에 그대로 적용할 수 없기 때문에 비현실적 보호 관념은 과감히 수정되어야 하고 형해화된 보호규정은 삭제하는 것이 바람직하다고 주장한다. 또한 김 교수는 근로자들에 대한 보호제도는 후견적·시혜적 차원에서부터 자치적·협조적 차원으로 과감히 이전되어야 하며, 현대적 근로기준법은 근로자들의 실질적이고 합리적인 보호를 위한 필수적인 보호규정들은 그대로 유지하면서 근로자와 사용자 사이의 건전하고 균형잡힌 개별적 근로계약관계의 유지를 위하여 근로자의 기본적인 의무와 준수해야 할 사항도 포괄적이고 체계적으로 규정해야 한다고 주장한다. 요컨대 근로기준법은 근로자보호법으로서의 성격을 탈피하여, 근로자들에게 참여의 권한과 함께 책임도 부여하는 근로계약의 기본법으로 재구성되어야 한다는 것이다.

이승길 교수도 이와 유사한 주장을 하고 있다.[18] 이승길 교수는 노동시장과 노사관계의 변화가 근로계약의 형태나 내용의 변화로 이어지고 있기 때문에 근로기준법은 과거와 같이 단순히 근로자의 일방적 보호·규제차원에서 벗어나 당사자간의 의사를 존중하는 계약자유의 원칙에 충실하게 재구성되어야 한다는 문제의식을 가지고 근로계약법제를 검토하고 있다. 나아가 이 교수는 근로기준법은 근로조건의 최저기준 설정이 아닌 근로계약의 내용을 체계화하는 역할로 변화해야 한다고 주장하면서, 근로계약의 체결에서부터 해고 또는 근로계약 종료까지 근로관계의 전 단계에 걸쳐서 계약 절차의 명확화를 도모해야 한다는 점을 강조하고 있다.

---

17) 김형배(1994), "한국노동법의 개정방향과 재구성", 법학논집 제30집, 15면 참조.
18) 이승길(1998), "근로계약법제에 관한 연구", 성균관대학교 법학과 박사학위논문 참조.

하경효 교수는 노동법의 독자성에 의문을 제기하면서 보다 적극적인 입법론을 개진하고 있는데,[19] 이 견해에 따르면 노동법도 사법질서에 귀속되어야 하므로 노동법은 근로자보호뿐만 아니라 이해관계조정의 규율체계로 이해되어야 한다. 이러한 관점에서 주택임대차보호법과 노동법상의 보호의 차이는 양적인 차이에 불과한 것으로, 다만 노동법은 협약자치(Tarifautonomie)체계를 통해 사적자율의 기능흠결을 보완하는 데에 차이가 있을 뿐이라고 진단한다.[20] 따라서 노동법의 해석·적용·발견에 있어서 노동법만의 고유한 방법론은 인정되기 어렵다고 전제한 후,[21] 노동법학도 규범학의 범주를 벗어날 수 없으므로 그 방법론은 학문적 논증에 따라야 하는 것이지 근로자이익보호라는 이데올로기적 선(先) 판단에 영향을 받아서는 안된다는 점을 강조한다. 이러한 진단에 따라, 하 교수는 민법과 노동법을 구분하여 별도의 법체계적 사고와 방법론에 의해서 근로자의 문제를 해결하는 것으로 이해하는 것이 아니라 사법(私法)이론의 새로운 발전이라는 큰 틀에서 인식되어야 한다는 점을 주장하고, 스위스와 네달란드의 경험을 소개하면서 민법전의 고용편의 내용과 노동법상의 근로계약에 관련된 내용을 통합 규율할 필요성을 제안하고 있다.

2. 평가 및 근로계약법제의 의미 분석

김형배 교수의 지적대로, 집단우위의 관점에서 근로자 개인의 의사나 자유를 주변적인 것으로 취급해 온 전통적인 노동법 이론은 근로자의 개성과 이질적·가변적 요소가 중시되는 탈산업사회의 노사관계에 적용되기 어렵고, 따라서 근로계약의 체결 또는 그 내용형성에 있어 근로자 개인의 자기결정요구를 최대한 반영하는 방향으로 노동보호법이 개정되어야 한다는 주장은 설득력이 있다.

그러나 근로계약법제에 대한 논의는 헌법의 생존권 보장 취지를 간과하고 경영전략적 관점에서 아전인수식으로 해석될 우려가 있기 때문에 주의를 요한다. 기본적으로 우리나라에서 논의되고 있는 근로계약법제의 내용이나 법정비의 방법론이 불분명하기 때문이다. 근로계약법제의 본뜻이 '근로자 보호법으로서의 성격 탈

---

19) 하경효(2000), "노동법의 기능과 법체계적 귀속", 『社會變動과 私法秩序』(김형배교수정년퇴임기념논문집), 223면 참조.

20) 하경효(2000), 244-246면 참조.

21) Preis(1995), "Perspektiven der Arbeitrechtswissenschaft", RdA, S. 337 f.

피'에 있는 것으로 이해하여 법정 근로기준을 하향하거나 근로자의 의무를 가중시키는 논거로 작용될 우려도 존재한다. 만약 시대에 뒤떨어진 보호조항이 있다면 당연히 시정되어야 하지만, 그 조항의 존재이유에 대한 세심한 성찰 없이 단순히 보호관념의 탈피만을 주장하는 것에는 오해의 소지를 제공할 수 있다.

필자는 이상의 내용에서 논의된 근로계약법론이 개별 근로자의 진정한 의사를 보다 중시하려는 점에서 공통점을 지닌다고 이해한다. 이때 근로계약법론의 원리적 정당성은 "만일 개별 근로자가 사용자와 동등하게 자기 미래를 결정할 수 있다면(A), 개별 근로자의 의사를 최우선시하는 것이 가장 바람직하다(B)."는 명제에서 찾을 수 있을 것이다. 다시 말해 개별 근로자의 계약의사가 사적 자치를 통해 왜곡없이 반영될 수 있다는 전제조건이 충족된다면, 우리는 개별 근로자의 계약의사를 우선시 하는 것에 이의를 제기하지 않을 것이다.

그러나 전통적인 노동법학의 방법론은 A라는 전제를 의심하는 것에서 출발하여, 노동법의 독자성을 규명하고자 하는 이데올로기적 기능을 수행해 왔다. 최근의 근로계약법제나 노동법학 패러다임의 변화논의는 이러한 '종속노동론'의 이데올로기적 기능에 대한 반성이라 해도 지나치지 않다. 종속노동론이라는 색안경을 벗고 개별 사안마다 실재적인 종속의 정도를 파악하여 특수한 접근이 필요하다는 점을 강조하는 것이다.[22] 다시말해 개별 근로자와 사용자의 관계에서 A의 조건이 충족되는 경우라면, 이러한 사안에 대해서는 시민법적 원리에 따라 형평의 관념을 존중하여 개별적인 해법을 찾아야 한다.

지금까지의 논의에서 근로계약법제는 '노동보호법의 경직성', '법을 통한 규제의 완화', '개별의사의 존중과 자기결정권의 확대', '의사결정시스템의 변화' 등의 관점과 함께 논의되어 왔는데, 정리하자면 대체로 다음과 같은 명제가 근로계약법 논의와 친한 것으로 보인다.

① 무차별적인 보호관념은 수정되어야 한다.
② 개별의사와 사적자치에 의한 합의는 존중되어야 한다.
③ 근로조건결정 시스템의 변화가 필요하다.

---

22) 水町勇一郎(2000), "勞働契約の成立過程と法", 『講座 21世紀の勞働法 第4券 勞働契約』(日本勞働法學會編), 有斐閣, 40-44면 참조.

①의 명제는 근로계약법제가 논의되는 배경 또는 논리적 전제에 해당되고, ②와 ③의 명제는 이를 구현하기 위한 실천전략이라 할 수 있다. 다만 '개별의사의 존중'이 가지는 사회적 함의는 앞에서 설명한 전제조건(A)의 충족도와 함수관계에 있기 때문에 그 정당성 여부는 일률적으로 논할 수 없고, 이는 개인의 가치관 문제이기도 하므로 이 글에서는 판단을 유보하고자 한다.

3. 근로계약법론의 핵심 요소

1) 개별의사와 사적자치의 존중: 개별의사를 존중하기 위한 해석론적 접근

이와 관련하여 개별합의의 복권을 주장하는 일본의 노다 교수(野田 進)의 논법이 매우 흥미롭다.[23] 그는 기본적으로 지금까지 근로계약의 내용을 결정해 온 것은 노동법규·단체협약·취업규칙의 중층적 제도가 만들어 낸 '신분'이고, 이로 인해 근로계약의 의미가 "계약에서 신분으로" 이동하였다는 문제의식을 가지고 있다. 따라서 노다 교수는 개별합의의 복권을 통하여 "신분에서 계약으로" 돌아오는 것이 향후 노동법학의 과제라고 진단한다.

> "20세기 노동법의 발전은 개별합의의 지배를 제한·배제하는 것으로 특징지을 수 있다. 노동법은 개별합의를 의심하는 것에서부터 출발하였다. 근로계약의 내용을 결정하는 것은 단체협약이나 취업규칙 등의 제도적 지배 하에 두어졌고, 계약당사자간의 개별적 합의는 예외적으로 인정된다. 때문에 개별합의는 픽션에 불과하고 근로계약은 일종의 유사계약(pseudo-contract)일 수밖에 없었고, 그 결과 근로계약은 쇠퇴하고 '계약에서 신분으로'의 이동이 요청된 것이다."[24]

노다 교수는 주로 취업규칙과 근로계약과의 관계에 있어 근로자의 구체적 계약의사를 최대한 반영하기 위한 계약해석 방법론으로 '성립요건으로서의 합의'와 '해석대상으로서의 합의'로 나누어 제안하고 있는데, 단체협약상의 단체의지와 개별적 근로계약의사 간에도 긴장관계가 존재할 영역이 많아지고 있다면 점을 감안한다면 이러한 문제의식을 유추하여 방법론을 원용할 수 있을 것이다.

---

23) 野田進(2000), "勞働契約上の權利義務", 『講座 21世紀の勞働法 第4券 勞働契約』(日本勞働法學會編), 有斐閣, 19면 참조.
24) 野田進(2000), 19면.

2) 근로조건 결정시스템의 변화

전통적인 근로조건 결정시스템은 노동보호법에서 근로계약의 최저기준을 설정하고 이보다 유리한 근로조건이 단체협약 등을 통해 확보되면 그 유리한 조건이 개별 근로계약의 내용으로 되는 방식을 취하고 있다. 그러나 노동주체와 노동환경의 급격한 변화로 인해 종래의 근로조건 결정방식에 대한 비판적 검토가 필요하다.

(1) 전통적 근로조건 결정방식과 비판적 검토

국가별로 다소의 차이는 있지만, 근로조건의 최저기준을 법정화하는 보호방식이 가장 보편적이다. 이는 법률을 통해 당사자의 계약자유를 직접적으로 제약하고, 최저기준을 위반한 당사자의 합의는 무효로 한다(강행적 효력). 이러한 근로조건 결정방식에서는 최저기준을 통해 근로조건의 일률적·획일적 규제가 이루어지기 때문에 산업별 특수성이나 개별기업의 사정이 고려되지 않고, 근로자 욕구의 다양화에도 불구하고 이를 반영할 수 없다.

이러한 특수성과 근로자들의 다양한 요구를 제도적으로 수렴하기 위해서는 기존의 최저기준을 유연화하여야 한다. 현행법에서는 재량근로제와 같은 근로시간 규정에서 이러한 시도가 발견되지만, 미국 및 일본과 같이 근로조건별로 그 적용범위를 달리하는 방안(Exemption)도 검토해 볼 수 있다. 또한 다수의 유럽국가에서 집단적 규율(근로자대표 등)을 매개로 하여 최저근로조건을 유연화하는 방식을 참고할 필요도 있다. 나아가 법정 최저기준이 존재하더라도 근로자 개인의 동의에 의해 그 적용상의 예외를 인정할 수 있을지에 관해서도 검토가 필요하다.[25]

전통적인 근로조건 결정시스템에서는 집단적 근로조건을 설정하기 위해 노동조합을 법적으로 승인하여 교섭력의 대등성을 확보하고, 단체행동권에 민·형사

---

25) 이러한 예외를 인정할 경우 강행법규가 임의적 규범화하거나 종속노동론의 기초가 흔들릴 우려가 있기 때문이다. 그러나 예컨대 여성보호법제로 인해 현실적으로 취업기회가 상실될 우려가 있는 경우 일정한 조건과 절차를 거쳐 개별적 예외를 인정하는 것이 보다 합리적일 경우가 있을 수 있다. 이와 관련 西谷敏은 근로자의 자기결정권을 존중하기 위해서는 ① 근로자의의 진의에 기초할 것, ② 경솔한 판단으로부터 보호, ③ 근로자간의 경쟁 유발 방지의 조건을 제시하고 있다. 松本博之·西谷敏 編(1997), 『現代社會の自己決定權』, 信山社, 235면 참조.

면책을 부여하여 노동력의 집단적 공급거부를 통해 경제적 압력을 행사할 수 있는 방식을 택하고 있다. 아울러 단체교섭의 결과로 체결된 단체협약에 대해서는 특수한 법적 효력(이른바 규범적 효력과 일반적 구속력 제도)을 부여한다. 개별 근로자와 사용자 사이 교섭력의 불균형을 노동3권을 통해 해소하고, 이를 통해 근로조건의 유지·개선을 도모하려는 것이다.

이러한 전통적 시스템은 상시적 구조조정과 저성장 시대 속에서 기능적 한계를 드러내고 있다. 경제성장이 지속되던 시기에는 무엇보다도 근로조건의 유지·개선이 근로자 집단의 주요 관심사였지만, 오늘날과 같은 상시적 구조조정의 시대에서는 고용안정이 우선적 과제로 등장하고 있기 때문이다. 또한 경기 후퇴로 인하여 집단적 결정을 통해 근로조건을 하향조정하거나 불이익변경하는 사례가 증가할 수 있다. IMF금융위기 이후 노사가 임금삭감 및 반납에 합의한 것이 그 일례이다.

전통적 근로조건 결정시스템과 관련된 두 가지 문제상황을 상정해 볼 수 있다. 우선 근로조건에 대한 집단적 결정이 법정 최저기준에 저촉되는 경우, 이를 언제나 강행법규 위반으로 무효로 보아야 하는지에 대한 문제가 있을 수 있다. 법정 근로조건의 수준이 향상되면서(대표적으로 근로시간제) 단체협약 등을 통해 근로조건을 하향하는 것이 근로자의 진정한 의사로 볼 수 있는 현실적 상황이 존재할수도 있기 때문이다. 이는 노동법의 규범체계와 본질적으로 관련된 문제로, 입법론을 통한 신중한 접근이 필요하다.

또 다른 문제는 법정 최저기준에는 저촉되지 않으나, 근로조건에 대한 집단적 결정을 통해 기존의 근로조건을 불이익하게 변경할 때 발생하는 문제가 발생할 수 있다. 예컨대 양보교섭(concession bargaining)과 같이 종전 단체협약의 기준을 하회하는 새로운 단체협약을 체결하는 것이 가능한지 문제될 수 있는 것이다. 우리의 실무관행이나 판례 또는 해외의 사례에 비추어보면, 이는 해석론 상 가능하다고 보아야 할 것이다.

(2) 개별적 결정 영역의 증대와 새로운 접근의 필요성

독일과 일본의 근로계약법제 논의가 근로조건의 변경을 강조한 까닭은 전통적 근로조건 결정시스템에서는 근로관계 존속 중에 근로조건을 변경하는 경우 개별의사를 반영하기 어렵기 때문이다. 즉, 현행법에서는 노사 당사자간의 합의가 성립했다는 전제에서 합의내용에 특수한 효력을 부여하거나 또는 합의에 도달하는 과정에 법이 개입하고 있을 뿐, 근로관계 존속 중의 계약내용의 변경과 관련해서는 구체적 해석기준을 제시하지 않고 있다. 그러나 최근 근로관계 존속 중에 직무평가와 연봉제 등을 통해 근로조건이 재조정되거나, 기업 구조조정의 일환으로 배치전환이나 사외파견 등의 인사관리가 빈번하게 활용되어 노사간 분쟁이 증가하고 있으므로 이에 대한 해석기준을 마련하여야 한다.

사용자가 제안한 근로조건의 변경 내용에 대해 근로자가 합의하지 않는 경우 계약해지가 가능한지, 또는 일방적 변경이 가능한지, 근로자대표 등 제3자의 결정에 맡길 것인지 등이 문제되고 있다. 그런데 현행법에서는 근로기준법 제23조의 '정당한 이유' 또는 제94조의 취업규칙 '불이익 변경'과 같은 불확정개념만이 해석론상의 매개개념으로 활용될 뿐이고, 이에 대한 법원의 판결도 사용자의 재량권을 존중하는 경향을 보이고 있어 현실적으로는 사용자가 일방적으로 근로조건을 변경할 가능성이 높아지고 있다. 나아가 사용자의 근로조건 변경요청을 거부하는 경우 이를 이유로 징계해고로 이어질 개연성도 높기 때문에, 이로 인해 해고제한의 법리가 근로조건 변경의 정당성 문제로 환원되고 결과적으로는 해고의 자유가 보장되는 미국식의 외부노동시장 모델을 용인하는 것으로 보일 수 있다. 이러한 문제를 해결하기 위해 독일에서 활용되고 있는 변경해약고지제도를 도입하는 방안을 생각해 볼 수 있다.[26] 근로조건변경의 문제가 해고와 채용과정에서 해소되는 미국과 달리 우리나라에서는 근로관계의 존속을 전제로 한 해법을 찾아야 하고, 그 과정에서 법원 또는 공적기관의 검증을 매개하여야 하기 때문이다.

이러한 근로조건의 개별화는 노동분쟁 해결시스템의 확충으로 이어져야 한다. 그러나 새로운 유형의 노동분쟁 중 근로조건의 변경이나 업적평가 등을 둘러싼 개별적 권리·이익분쟁의 비중이 높아지고 있음에도 불구하고, 이에 대비한 사회적 인프라의 구축은 미비하다.[27] 이를 개선하기 위해 노동법원을 도입하자는 논의가 전개되고 있는 것인데, 최근 일본에서 개별적 분쟁처리를 위한 노동심판제도

---

26) 이철수(2008), "독일법상의 변경해약고지제도", 성균관법학 제20권 제3호, 369~394면.
27) 박은정(2005), "노동분쟁해결제도연구 —실태분석 및 입법론적 개선방안을 중심으로—", 이화여자대학교 법학과 박사학위논문, 129면 이하 참조.

를 도입하는 등 대폭적 제도개선이 이루어진 것도 이와 맥락을 같이한다.

이 외에도 연봉액의 결정 등과 같은 개별 근로자와 사용자의 개별교섭이 증대할 것에 대비하여, 근로자 상담기능의 강화, 근로자의 정보접근과 교육훈련을 위한 행정적 지원, 개별교섭에 대한 고충분쟁처리시스템의 정비, 전직지원을 위한 외부노동시장의 정비, 종업원대표 기능의 강화 및 종업원 개인의 자기결정권 존중 시스템 개발 등의 제도적 지원방안도 구비되어야 한다. 역설적으로 근로조건의 결정시스템이 개별화될수록 탈규제가 아니라 국가기능의 강화가 요청되는 것이다. 이흥재 교수가 상생노동의 새로운 패러다임을 위해 적극적 고용정책을 실시하는 '국가'를 노동법의 주체로 상정한 것은 매우 전향적인 접근방식이라 할 수 있다.[28]

Ⅳ. 근로계약법리의 현대적 전개: 각론적 분석

근로계약법제는 근로자보호법의 반대 개념이 아니라 노사관계의 새로운 모델을 설정하는데 있어 기존인식의 지평을 확대시키는 계기로 활용되어야 한다. 다시 말해, 근로자보호법의 존재이유는 여전히 확인되기 때문에, 근로계약법제 논의는 근로자보호법의 일반적·추상적 비판에 초점을 맞출 것이 아니라 이와 다른 차원에서 근로계약법제의 적극적·발전적인 측면을 강조한다는 점에서 의의가 있다 할 것이다. 앞서 살펴본 대로 근로계약법제를 통해 근로자 개인의 진정한 개별의사를 존중하기 위한 입법론적·해석론적 재검토가 이루어져야 하고, 특히 집단의지를 우선시해 온 전통적인 근로조건 결정시스템을 비판적으로 검토하여야 한다. 아울러 노동시장의 변화로 인해 제기되는 새로운 문제영역에 대한 적절한 입법적 대응이 필요하다.

1. 단체협약법제의 비판적 검토

현행 노조법에서는 단체협약의 강행적 효력을 인정하고, 단체협약에 반하는

---

28) 이흥재(2005), "21세기 노동법적 과제와 새로운 패러다임 모색", 『한·중·일 노동시장의 변화와 노동시장법제 패러다임의 전환』, 한국비교법학회·한국외국어대학교 법학연구소, 172-174면 참조.

취업규칙·근로계약을 무효화하는 규범력을 부여하고 있다. 이러한 단체협약법제
는 독일·프랑스 등의 대륙법계에서 보편적으로 도입하고 있고, 단결체의 힘을 통
해 사회적·경제적 힘의 열위에 있는 개별 근로자의 근로조건 유지·개선을 유지
하기 위해서 필요한 제도이다. 그러나 그 결과로 집단의지가 과도하게 강조되어
개별 근로자의 의사가 무시되는 경우도 분명히 발생한다.

　　우선 유니온 샵(union shop)의 위헌성 문제를 생각해 볼 수 있다. 유니온 샵
협정은 다수노조의 단결력을 강화하는 데에는 기여하지만, 소수노조의 단결권 또
는 개별 근로자의 단결선택권 내지 근로권을 침해할 우려가 높다. 국내 노동법학
계의 통설에 따라 근로자의 소극적 단결권을 인정하지 않는다 하더라도, 유니온
샵은 제한적 조직강제의 일종으로서 개별 근로자의 적극적인 단결권(단결선택의 자
유)를 침해하기 때문에 대부분의 국가에서는 이를 인정하고 있지 않다. 현행법에
서는 노동조합이 당해 사업장에 종사하는 근로자의 3분의 2 이상을 대표하고 있
을 때 제한적으로 유니온 샵 협정의 유효성을 인정하고 있으며, 당해 노동조합에
서 제명되었다는 이유로 신분상 불이익한 조치를 할 수 없도록 하고 있다(노조법
제81조 제2호). 헌법재판소도 같은 입장에서 근로자의 단결선택권의 제한이 비례적
으로 이루어진다고 보아 해당 조항을 합헌이라고 보았다.[29]

　　아울러 노조법 제35조와 제36조의 일반적 구속력 및 지역적 구속력 개정이
필요하다. 현행법에서 이 제도를 도입하게 된 배경 자체가 불분명할 뿐만 아니라,
그 입법취지에 관해서도 학자마다 설명이 다르기 때문이다. 먼저 지역적 구속력
제도의 취지로는 단체협약상의 기준을 그 지역의 동종근로자를 위한 최저기준으
로 설정함으로서 사용자 상호간의 근로조건 저하 경쟁 및 이로 인한 불공정거래
를 방지하기 위한 것으로 설명하는 것이 일반적이고, 이는 독일의 지역적 구속력
제도를 계수한 것으로 제도적 타당성은 일응 인정된다 할 것이다. 그러나 행정관
청이 2/3 요건(노동조합법 제36조)을 기초로 그 적용여부를 기계적으로 결정하는
것은 바람직하지 않고, 독일과 같이 노사자치의 원리에 입각하여 노사동수로 구성
되는 위원회에서 심사하여 지역적 구속력의 적용여부를 결정하도록 해야 한다.

　　노조법 제35조의 사업장 차원의 일반적 구속력에는 더 큰 문제가 있다. 사업
장 단위 일반적 구속력제도의 취지에 대해서는 해당기업의 근로조건을 통일함으

---

29) 헌법재판소 2005. 11. 24. 2002헌바95 결정.

로써 비조합원을 보호하려는 규정으로서, 부수적으로는 비조합원의 우대를 저지하여 노동조합도 보호할 수 있다는 점도 배려한 규정이라는 설명이 있다.[30] 그러나 이 견해는 비조합원을 보호할 필요가 무엇인지에 대해서는 설명하지 못하며, 오히려 이로 인해 비조합원의 무임승차(free-rider)가 조장될 수 있다. 아울러 개별적 교섭을 통해 보다 유리한 근로조건을 확보할 수 있다고 판단하여 조합에 가입하지 않는 근로자에 대해서는 근로제공과 관련한 자기결정권을 침해할 소지가 있고, 근로조건의 개별화 추세에도 맞지 않는다. 무엇보다도 1/2 요건을 충족하면 별다른 절차없이 법률상 당연히 단체협약이 확장 적용되므로, 노사 당사자의 의사를 무시하게 될 위험성이 있다. 이러한 사업장 차원의 일반적 구속력 제도는 독일에서도 발견되지 않거니와, 그 제도적 타당성도 의심되므로 폐지되어야 할 것이다.

2. 취업규칙에 대한 근원적 재검토

현행의 취업규칙 제도는 이론적 · 실무적으로 많은 문제를 드러내고 있고, 근로계약 법리의 형성에도 장애가 되고 있기 때문에 이에 대한 근원적인 재검토가 필요하다.[31]

우선 취업규칙의 불분명한 법적 성격 때문에 많은 논란이 발생하고 있다, 그 법적 성격에 대해 계약설과 법규범설 등의 이론적 탐색이 시도되어 왔으나, 어떤 이론도 정설이 될 수는 없을 것이다. 사용자가 일방적으로 작성하는 취업규칙에 그 자체로 규범력을 부여하는 방식자체가 매우 이례적이고, 비교법적으로도 다른 나라에서 찾아보기 어려운 전근대적 제도이기 때문이다.

현행 취업규칙제도는 사적 자치에 바탕을 둔 의사합치를 근간으로 하는 근로계약법리와 충돌할 개연성이 높고, 취업규칙이 설계하는 직장질서로 인해 개별의사가 매몰될 위험성이 높다. 현행법에서는 근로자보호의 관점에서 사용자에게 취업규칙 작성의무를 부과하면서 근로조건을 거의 망라하다시피 한 필요적 기재사항을 규정하고 있지만(근로기준법 제93조), 그 효력의 범위와 한계가 불명확하기 때문에 오히려 사용자의 근로조건의 일방적 결정 · 변경권한을 인정하는 결과를 초

---

30) 임종률(2006), 『노동법』(제5판), 박영사, 159면 참조.

31) 이 점에 대해서 같은 취지로 강희원, "근로계약법의 이론적 정초", 노동법학 제48호, 2013 참조.

래할 위험이 있다.

　실무적으로도 개별적인 근로계약의 해석이 대부분 집단적인 취업규칙의 해석 문제로 환원되어버리고 있다. 법에서는 취업규칙의 불이익 변경시에 근로자대표 의 동의를 얻도록 하고 있지만, 법원은 사회통념상 합리성이 인정되면 근로자대표 의 동의 없이도 불이익 변경이 가능한 것으로 해석하기 때문에 계약내용 변경에 있어 근로자측의 의사가 완전히 배제될 수도 있다.[32]

　단기적으로는 취업규칙의 법적용상의 합리성과 명료성을 도모하기 위한 조치 가 필요하다. 우선 취업규칙의 효력요건을 보다 명확히 하고, 불이익 변경과 관련 해서는 불이익의 판단기준, 동의의 주체, 동의절차와 방법 등을 보다 자세히 규정 하여야 할 것이다. 장기적으로는 사용자와 종업원 전체의 이익을 대변하는 기구가 실제로 협정을 체결하는 형식으로 취업규칙을 대체하는 것이 바람직하다. 이는 독 일식의 경영협정(Betribsvereinbarung) 체결 방식과 유사한 것으로, 사업장 내의 세 부적 근무조건 및 직장규율은 근로자의 지위에 직접적으로 영향을 미친다는 점을 고려하여 자기결정의 원칙을 최대한 존중하고자 하는 것이다. 그러나 국내에는 아 직 종업원 전체의 이익을 대변할 기구가 정비되어 있지 않고, 기업별 노동조합과 산별 노동조합이 혼재되어 있는 현실적 상황을 감안한다면 이는 향후 노사관계의 진전에 따라 면밀히 검토될 필요가 있다. 또한 이는 노사협의회의 기능 강화 문제 와 근로자 대표기능의 재정비 문제와 연관되어 있다.

V. 맺으며

　근로계약법제 논의와 관련하여, 근로계약의 체결 및 내용형성에 있어 근로자 의 자기결정요구를 최대한 반영하고 보호법제의 경직성을 완화시키고자 하는 기 본적인 논지에는 찬성한다. 노동법의 독자성을 강조하고 단체법 우위의 사상에 바 탕을 둔 기존의 주류적인 노동법학 또한 이러한 새로운 패러다임에 관심을 기울 여야 할 것이다.

　그러나 근로계약법제를 둘러싼 논의가 근로기준법의 보호법적 기능을 등한시

---

32) 대법원 1988. 5. 10. 선고 87다카2853 판결.

하거나, 보호관념의 완전한 폐지로 이어지는 것은 경계하여야 한다. '무차별적인 보호관념은 수정되어야 한다'는 명제를 '보호관념은 무차별적이니 수정되어야 한다'는 것으로 읽어서는 안된다. 최근 근로계약법제의 논의는 분명 노동법의 독자성을 와해시키려는 노동 유연화 경향을 지니고 있기는 하지만, 대부분의 국제조약과 우리 헌법이 상정하고 있는 근로자에 대한 보호관념을 포기할 것이 아닌 이상, 고용보장과 유연화의 긴장관계를 상생적으로 해결하려는 노력을 우선적으로 기울여야 한다. 이흥재 교수의 지적대로, 현재의 노동법구조 내에서의 개선을 최대한 시도하지 않은 채 다른 패러다임의 도입을 논의하는 것은 자칫 문제의 본질을 호도할 우려가 있다.[33]

또한 근로계약법의 신설이 우리의 노사지형에서 어떠한 '풍토적'[34] 함의를 지닐지는 비판적으로 고민해 보아야 한다. 독일과 일본의 논의에서는 노동법질서 내에서 근로계약에 대한 통일적 규율이라는 입법기술상의 요청이 강하게 작용하고 있지만, 우리의 법운용 상황을 보면 이것이 단순한 기술적인 의미에 그치지 않을 것이다. 최근 대법원 판례의 친자본화 경향 등에서도 드러나듯,[35] 우리 사회에서 노동법이 시민법의 안티테제로서 제대로 기능하고 있지 못하기 때문에 근로계약법이 자칫 시민법 원리를 무차별적으로 확산하는 기제로 작용할 수 있기 때문이다. 아울러 우리와 달리 독일에서는 고용계약과 근로계약의 구별이 전통적으로 희박한 점, 노동3권의 보장이 제도적 보장에 그친다는 점, 사회적 시장경제질서를 구현하기 위한 국가의 기능 및 고용보장시스템 등의 사회적 인프라의 정비수준이 매우 상이하다는 사정 등을 간과해서는 안 될 것이다.

필자는 근로계약법론을 근로계약의 적정성과 명확성을 추구하는 한편, 실제 법운용에 있어 구체적 타당성을 높이기 위한 노동법의 합리화·현대화 과정으로 이해하고자 한다. 근로계약법론이 지향하는 개별의사의 존중과 이를 위한 근로조건 결정시스템의 변화는 노동조합의 단체의지의 후퇴를 초래하겠지만, 다른 한편으로 법 적용에 있어 구체적 타당성을 높이고 개인의 자기결정권을 제고시킬 수 있을 것이다. 이 과정이 노동의 유연화 추세와 맞물리면서 사용자의 결정권만 강

---

33) 이흥재(2005), 171면 참조.
34) 이흥재(2005), 171면 참조.
35) 이에 관해서는 이흥재(2005), 129면 이하 참조.

화시킬 수 있기 때문에, 국가의 적극적 지원을 통해 이러한 역가능을 해소하는 것이 필수적이다. 근로계약법론의 '자기 영역'은 점진적으로 형성되어야 하며, 이를 위해서는 학계에서의 이론적 연구, 사법실무의 집적 등 선결조건이 충족되어야 한다.[36]

---

36) 彭光華(2005), "중국 노동계약법의 성립과 과제", 『한 · 중 · 일 노동시장의 변화와 노동시장 법제 패러다임의 전환』, 한국비교법학회 · 한국외국어대학교 법학연구소, 44면 참조.

제 4 장

경영권이라는 신화를 넘어[1]

I. 서론

다소 생소한 방식이지만, 두 개의 에피소드를 통해 경영권에 대한 논의를 시작해 보고자 한다.

〈Episode 1〉

아래의 글은 필자가 집단적 노사관계법 수업의 중간고사에서 출제했던 문제이다.

> <제시문 1>은 2003년 7월 22일에 선고된 대법원 2002도7225 판결을 그대로 인용한 것이고, <제시문 2>는 위 판결문의 논리전개에 따라 다른 관점에서 작성한 글이다. 다음의 두 제시문을 읽고 아래의 질문에 답하시오.
>
> 질문 1) 위 두 제시문을 비판적으로 검토하고, 나름의 의견을 개진하시오(50점)
> 질문 2) 제시문에서 실무적으로 유의미한 노동법적 관점을 추출하고 약술하시오 (50점)
>
> 〈제시문 1〉
> 가) 헌법 제23조 제1항 전문은 "모든 국민의 재산권은 보장된다."라고 규정하고

---

[1] 본 장은 이철수(2021), "경영권이라는 신화를 넘어", 서울대학교 법학 제62권 제4호의 내용을 그대로 수록한 것이다.

있고, 제119조 제1항은 "대한민국의 경제질서는 개인과 기업의 경제상의 자유와 창의를 존중함을 기본으로 한다."라고 규정함으로써, 우리 헌법이 사유재산제도와 경제활동에 관한 사적자치의 원칙을 기초로 하는 자본주의 시장경제질서를 기본으로 하고 있음을 선언하고 있다. 헌법 제23조의 재산권에는 개인의 재산권뿐만 아니라 기업의 재산권도 포함되고, 기업의 재산권의 범위에는 투하된 자본이 화체된 물적 생산시설뿐만 아니라 여기에 인적조직 등이 유기적으로 결합된 종합체로서의 '사업' 내지 '영업'도 포함된다. 그리고 이러한 재산권을 보장하기 위하여는 그 재산의 자유로운 이용·수익뿐만 아니라 그 처분·상속도 보장되어야 한다. 한편, 헌법 제15조는 "모든 국민은 직업선택의 자유를 가진다."라고 규정하고 있는바, 여기에는 기업의 설립과 경영의 자유를 의미하는 기업의 자유를 포함하고 있다. 이러한 규정들의 취지를 기업활동의 측면에서 보면, 모든 기업은 그가 선택한 사업 또는 영업을 자유롭게 경영하고 이를 위한 의사결정의 자유를 가지며, 사업 또는 영업을 변경(확장·축소·전환)하거나 처분(폐지·양도)할 수 있는 자유를 가지고 있고 이는 헌법에 의하여 보장되고 있는 것이다. 이를 통틀어 경영권이라고 부르기도 한다.

나) 그러나 물론 기업의 이러한 권리도 신성불가침의 절대적 권리일 수는 없다. 모든 자유와 권리에는 그 내재적 한계가 있을 뿐만 아니라, 헌법 제23조 제2항이 "재산권의 행사는 공공복리에 적합하도록 하여야 한다."라고 규정하고 있고, 기업의 이러한 권리의 행사는 경우에 따라 기업에 소속된 근로자의 지위나 근로조건에 영향을 줄 수 있어 근로자의 노동3권과 충돌이 일어날 수 있기 때문이다.

다) 경영권과 노동3권이 서로 충돌하는 경우 이를 조화시키는 한계를 설정함에 있어서는 기업의 경제상의 창의와 투자의욕을 훼손시키지 않고 오히려 이를 증진시키며 기업의 경쟁력을 강화하는 방향으로 해결책을 찾아야 함을 유의하여야 한다. 왜냐하면 기업이 쇠퇴하고 투자가 줄어들면 근로의 기회가 감소되고 실업이 증가하게 되는 반면, 기업이 잘 되고 새로운 투자가 일어나면 근로자의 지위도 향상되고 새로운 고용도 창출되어 결과적으로 기업과 근로자가 다 함께 승자가 될 수 있기 때문이다. 그리고 이러한 문제의 해결을 위해서는 추상적인 이론에만 의존하여서는 아니되고 시대의 현실을 잘 살펴 그 현실에 적합한 해결책이 모색되어야 한다.

라) 이러한 관점에 서서 오늘의 우리나라가 처하고 있는 경제현실과 오늘의 우리나라 노동쟁의의 현장에서 드러나는 여러 가지 문제점 등을 참작하면, 구조

조정이나 합병 등 기업의 경쟁력을 강화하기 위한 경영주체의 경영상 조치에 대하여는 원칙적으로 노동쟁의의 대상이 될 수 없다고 해석하여 기업의 경쟁력 강화를 촉진시키는 것이 옳다. 물론 이렇게 해석할 경우 우선은 그 기업에 소속된 근로자들의 노동3권이 제한되는 것은 사실이나 이는 과도기적인 현상에 불과하고, 기업이 경쟁력을 회복하고 투자가 일어나면 더 많은 고용이 창출되고 근로자의 지위가 향상될 수 있으므로 거시적으로 보면 이러한 해석이 오히려 전체 근로자들에게 이익이 되고 국가경제를 발전시키는 길이 된다.

〈제시문 2〉

가) 헌법 제33조 제1항은 "근로자는 근로조건의 향상을 위하여 자주적인 단결권·단체교섭권 및 단체행동권을 가진다."라고 규정하고 있고, 제119조 제2항은 "국가는 균형있는 국민경제의 성장 및 안정과 적정한 소득의 분배를 유지하고, 시장의 지배와 경제력의 남용을 방지하며, 경제주체간의 조화를 통한 경제의 민주화를 위하여 경제에 관한 규제와 조정을 할 수 있다"라고 규정하고 있다. 우리 헌법에서 이러한 노동3권을 보장한 취지는 원칙적으로 개인과 기업의 경제상의 자유와 창의를 존중함을 기본으로 하는 시장경제의 원리를 경제의 기본질서로 채택하면서, 노동관계당사자가 상반된 이해관계로 말미암아 계급적 대립·적대의 관계로 나아가지 않고 활동과정에서 서로 기능을 나누어 가진 대등한 교섭주체의 관계로 발전하게 하여 그들로 하여금 때로는 대립·항쟁하고, 때로는 교섭·타협의 조정과정을 거쳐 분쟁을 평화적으로 해결하게 함으로써, 결국에 있어서 근로자의 이익과 지위의 향상을 도모하는 사회복지국가 건설의 과제를 달성하고자 함에 있다.

나) 그러나 물론 근로자의 이러한 권리도 신성불가침의 절대적 권리일 수는 없다. 모든 자유와 권리에는 그 내재적 한계가 있을 뿐만 아니라, 헌법 제119조 제1항이 "대한민국의 경제질서는 개인과 기업의 경제상의 자유와 창의를 존중함을 기본으로 한다."라고 규정하고 있고, 근로자의 이러한 권리행사는 기업경영자의 의사결정에 영향을 줄 수 있어 이른바 기업의 재산권과의 충돌이 일어날 수 있기 때문이다.

다) 노동3권과 이른바 경영권이 서로 충돌하는 경우 이를 조화시키는 한계를 설정함에 있어 우리 헌법이 노동3권을 보장한 취지를 존중하는 방향으로 해결책을 찾아야 함을 유의하여야 한다. 왜냐하면 이른바 경영권에 관한 헌법상의 근거가 불분명할 뿐만 아니라 근로자의 생존이 위협받으면 사회 불안정으로 인한 사회적 비용이 증가하여 지속가능한 발전을 기대하기 어려운 반면,

근로자의 경제적·사회적 지위가 향상되면 생산성이 증가하고 소비가 활성화되어 기업의 매출이 증가하는 등 결과적으로 근로자와 기업이 다 함께 승자가 될 수 있기 때문이다.

라) 이러한 관점에 서서 헌법상의 기본권을 보장한 취지와 오늘의 우리나라 경영현장에서 드러나는 여러 가지 문제점 등을 참작하면, 구조조정이나 합병 등의 경우에도 근로자의 경제적·사회적 지위에 중대한 영향을 미치는 경우에는 근로자의 집단적 목소리(collective voice)를 반영하여 산업민주주의를 진작시키는 것이 사회전체의 발전에 도움이 된다. 물론 이렇게 해석할 경우 우선은 기업의 권리가 제한되는 것은 사실이나 이는 과도기적인 현상에 불과하고, 근로자의 인권이 존중되고 사회경제적 지위가 향상되면 노사가 상생할 수 있는 실질적 조건이 형성되므로 거시적으로 보면 이러한 해석이 오히려 국가경제를 발전시키는 길이 된다.

<제시문 2>는 <제시문 1>의 2003년 가스공사 판결을 대구 형식으로 뒤집어 서술한 것이다. <제시문 1>이 법리적 근거가 불분명하고 논리적 비약이 심해, 정반대로 서술해도 말이 될 것 같아 다소의 '장난기'를 부려 본 것이다. 그 논지의 타당성에 관해 독자마다 평가가 다를 수 있지만, 두 제시문 모두 어딘가 생뚱맞다는 느낌이 들 것이다. '다)' 단락의 내용이 특히 그럴 것이다. <제시문 1>에서는 주류경제학에서 강조하는 이른바 적하이론(Trickle-down theory)을, <제시문 2>는 최근 각광받고 있는 소득주도성장론을 설파하고 있다.[2] 법관은 경제전문가가 아닐진대, 경제현실과 경제이론을 이렇게 과감하게 법해석의 논거로 삼는 것을 본 적이 있는가? "유의하여야 한다.", "과도기적 현상" 등의 표현은 신문 사설에서나 쓸 수 있는 문구가 아닌가?[3]

---

2) 미국에서 개인근로자의 평균 시급은 2014년 9월 20.67달러였지만, 이는 1973년 1월의 구매력(환산시 22.41달러) 보다 낮은 수치이다.(로버트 라이시, 자본주의를 구하라(김영사, 2016), 160면). 한때 신자유주의의 첨병 역할을 하던 IMF에서도 2015년 STAFF DISCUSSION NOTE를 통해 소득 상위 20%의 소득이 1%P 늘어나면 경제성장률이 5년간 0.08% 줄어들고, 오히려 소득 하위 20%의 소득이 1%P 늘어나면 5년간 경제성장률이 0.38% 늘어난다는 연구결과를 발표했다.(IMF(2015), Causes and Consequences of Income Inequality: A Global Perspective)

3) "법조인의 글이라기보다 전경련의 입장을 대변하는 경제신문 사설이나 에세이"라고 혹평한 변호사의 느낌도 같았을 것이다. 경향신문, <노동자 울리는 '노동법 심판들'>, 2015-7-7.

무엇보다 판결문 중 "이를 통틀어 경영권이라 부르기도 한다"라는 문구에서 드러나듯, 헌법상의 경영권은 '수줍게'[4) 자신을 모습을 드러낸다. 이 판결을 계기로 헌법상의 지위를 획득한 경영권은 이후 정리해고나 구조조정 판결에서 전가의 보도처럼 사납게 맹위를 떨친다. 경영권은 쟁의행위의 정당성을 판단하는 법원에서뿐만 아니라 공권력을 행사하는 행정부에서도 만병통치약으로 남용된다.[5)

〈Episode 2〉

경영사항과 관련된 파업이 어떻게 진행되는지, 2013년 철도노조 파업 일지를 통해 살펴보자.

2013년 철도노조 파업 일지
2013. 6. 26.   국토교통부, 「철도산업 발전방안」에서 2015년 개통되는 수서발 KTX 자회사 설립계획 발표
2013. 8.   노조, 수서발 KTX 법인 설립반대와 임금 6.7% 인상 및 정년연장을 요구하며 교섭
2013. 11. 12.   교섭 결렬 후 중앙노동위원회 조정 신청
2013. 11. 20-22.   노조 쟁의행위 찬반투표 결과 투표율 91.3%, 찬성율 80%로 파업 찬성
2013. 11. 25.   노조, 수서발 KTX 자회사 설립을 위한 이사회 개최 전날 또는 당일 파업 돌입 결의
2013. 11. 27.   노사 간 현저한 의견차로 인해 조정안 없이 중앙노동위원회 조정 종료
2013. 12. 9.   10일 코레일 이사회 개최 앞두고 오전 9시 전면파업 돌입. 코레일은 노조위원장 등 간부 194명 업무방해 등으로 고소고발하면서 파업참여자 4,213명 전원 '직무수행능력 부족'을 이유로 직위해제
2013. 12. 10.   코레일 이사회 개최하여 수서발 KTX 법인 설립 및 출자계획 의결. 코레일 측, 1,585명에 대한 추가 직위해제(파업기간 중 총 8,663

---

4) 신권철(2017), "노동법에 있어 경영권의 비판적 고찰", 노동법학 제63호, 50면.
5) 김지형 전대법관은 이를 "전체 법질서에서 노동법이 차지하는 위치에 대한 인식의 혼란" 사례로 꼽고 있다.(김지형(2017), "노동판례 바로 읽기 — '회고'와 '전망'을 곁들여", 『노동법의 미래담론 - 해밀총서 01』, 261면).

명 직위해제)

2013. 12. 11.　　　정부 관계부처 합동 담화문 통해 이 사건 파업을 불법파업으로 규정하고 법과 원칙에 따라 엄정하게 대처하겠다고 발표

2013. 12. 15.　　　노조 간부 10명에 대한 체포영장 발부

2013. 12. 17.　　　철도노조 본부 사무실 압수수색

2013. 12. 18.　　　노조 간부 145명 징계절차 착수, 간부 11명에 대한 체포영장 추가발부

2013. 12. 19.　　　코레일, 노조 상대로 77억 원의 손해배상 소송 제기(향후 162억으로 청구액 증액)

2013. 12. 22.　　　노조 간부 검거를 위해 민주노총 본부에 공권력 투입하였으나 검거 실패

2013. 12. 28.　　　노조 간부 490명 징계위원회 회부

2013. 12. 30.　　　여야, 국토교통위 산하 철도산업발전소위원회 설치 합의. 철도노조 파업 철회

업무방해죄 사건 경과

2014. 2. 6.　　　노조위원장 등 핵심간부 4명 구속기소, 이후 총 173명 기소

2014. 12. 22.　　　서울서부지법(1심)은 '수서발 KTX 법인 설립을 위한 이사회 출자 결의 저지'를 목적으로 하는 이 사건 파업의 목적은 정당하지 않으나, '전격성'을 갖추지 못하여 업무방해죄로 처벌할 수 없다고 봄(2014고합51)

2016. 1. 15.　　　서울고법(항소심)도 같은 취지로 전격성을 인정하지 않아 무죄를 선고(2015노191)

2017. 2. 3.　　　대법원도 항소심 판단 수긍하면서 무죄 확정함(2016도1690 판결)

2017. 9. 14.　　　대검찰청, 업무방해죄로 기소되어 공판계속 중인 노조원 95명에 대한 공소 일괄 취소

직위해제 사건 경과

2015. 11. 4.　　　대전지법(1심)은 이 사건 직위해제는 정당하지 않으나 이를 이유로 한 위자료 청구는 기각함(2015가합102792)

2017. 5. 11.　　　대전고법은 이 사건 직위해제는 정당하지 않고, 위법하게 원고들에 대하여 정신적 손해를 가한 것으로 '건전한 사회통념이나 사회상규상 용인될 수 없음을 분명히 함(2015나15366)

이처럼 철도노조가 파업에 돌입한 당일, 사용자는 징계조치를 내렸고, 정부는 곧이어 파업의 정당성이라는 고도의 규범적 판단을 요하는 사항을 불법이라 단정하고 공권력을 투입했고, 대다수 언론들은 연일 노조의 무책임과 집단이기주의를 성토하였다. 그런데 법원은 이러한 징계가 부당하고, 업무방해죄는 성립하지 않는다고 판단하였다. 한편의 서부 활극을 보는 느낌이지만 근로자들의 고통은 너무 컸고, 국론은 분열되었다. 그사이 코레일 민영화는 차질 없이 진행되었고, 결과적으로 사용자의 경영권은 관철되었다.

경영권은 도대체 어떤 주술을 가졌길래 이렇게 '존엄'[6]한 지존의 반열에 올랐을까?

Ⅱ. 경영권과 경영사항에 대한 판례의 흐름

이하의 내용에서는 경영권이 어떻게 진화해 왔는지 판례의 흐름을 통해 살펴본다. 마치 17세기의 철학자 토마스 홉스가 자연상태의 개인을 보호하기 위한 명분으로 국가(레비아탄)의 등장을 정당화했듯, 대법원은 IMF라는 국가적 위기상황에서 국가경제와 기업을 보호하기 위해 경영권을 전면에 내세웠다.

1. 1998년 IMF 경제위기 이전의 판결

1998년 이전의 대법원 판례는 경영사항에 대한 쟁의행위의 정당성을 일률적으로 부정하지는 않았다.[7] 물론 이 시기에 쟁의행위의 목적은 단체교섭과 관련한 근로조건의 유지·개선을 목적으로 하여야 한다는 법리가 확립되었고,[8] 사업부서의 폐지 결정은 '경영주체의 경영의사 결정에 의한 경영조직의 변경'에 해당하여 단체교섭사항이 될 수 없고 쟁의행위의 정당성도 인정되지 않는다고 본 한일개발 사건[9]

---

6) 전형배(2015), "경영권의 본질과 노동3권에 의한 제한", 강원법학 제44권, 661면.
7) 도재형(2010), "파업과 업무방해죄", 노동법학 제34호, 93면; 노정희(2011), "구조조정 반대를 목적으로 한 쟁의행위의 정당성", 『노동법실무연구 제1권 – 김지형 대법관 퇴임기념』, 662면.
8) 대법원 1991. 5. 14. 선고 90누4006 판결 [부당노동행위구제재심판정취소].
9) 대법원 1994. 3. 25. 선고 93다30242 판결 [해고무효확인] "피고 회사가 그 산하 시설관리사업부를 폐지시키기로 결정한 것은 적자가 누적되고 시설관리계약이 감소할 뿐 아니라

이 있기도 하였다.

그러나 연구소장의 퇴진을 요구하는 쟁의행위라고 하더라도 그 주된 목적이 근로조건의 개선요구에 있으면 단체교섭사항이 될 수 있다고 본 현대사회연구소 사건,[10] 그리고 승무, 배차 등에 관하여 노조와 사전합의를 하도록 한 단체협약조항은 사용자의 경영권에 속하는 사항이지만 근로자의 근로조건과도 밀접한 관련이 있어 '경영권'을 근본적으로 제약하는 것은 아니므로 단체협약의 대상이 된다고 본 대림실업 사건[11] 등 경영사항으로 보이는 것들이 교섭대상으로 인정되기도 하였다.

하지만 법원은 경영상 결정이 없는 상태에서 노동조합이 경영상 결정을 요구하는 사안에서만 적극적인 태도를 보였고, 이미 사용자 측이 결정한 경영사항에 대한 반대로서 쟁의행위를 허용한 것은 아니었다.[12]

2. 1998년 IMF 경제위기 이후의 판결

이러한 판례의 태도는 1998년 IMF 경제위기를 거치며 경영권의 불가침성을 인정하고 이를 헌법적으로 보호하는 것으로 확립된다.[13] 당시 정리해고와 구조조

계열사인 대한항공, 한국항공과의 재계약조차 인건비 상승으로 인한 경쟁력 약화로 불가능해짐에 따라 불가피하게 취해진 조치로서 이는 경영주체의 경영의사 결정에 의한 경영조직의 변경에 해당하여 그 폐지 결정 자체는 단체교섭사항이 될 수 없다."

10) 대법원 1992. 5. 12. 선고 91다34523 판결 [파면처분무효확인 등] "비록 원고들이 이 건 쟁의행위를 함에 있어 피고 연구소장의 퇴진을 요구하였다 하더라도 이는 부차적인 것이고 주된 목적은 원심이 인정한 바와 같이 위 소외인들에 대한 파면처분이 노동조합의 핵심적 관심사항인 연구자율수호운동을 주동한 것에 대한 보복조치라고 하여 이의 철회를 구하는 것이고 기록에 의하면 그 뜻은 조합원의 근로조건의 개선요구에 있다고도 볼 수 있어 이는 단체교섭사항이 될 수 있는 것이라 할 것…"

11) 대법원 1994. 8. 26. 선고 93누8993 판결 [단체협약취소변경명령]; 해당 판결 이후 '경영권'이라는 표현이 활용되기 시작한 것으로 보인다. "원심은 이 사건 단체협약 중 조합원의 차량별 고정승무발령, 배차시간, 대기기사 배차순서 및 일당기사 배차에 관하여 노조와 사전합의를 하도록 한 제18조의 내용이 한편으로는 사용자의 경영권에 속하는 사항이지만, 또 한편으로는 근로자들의 근로조건과도 밀접한 관련이 있는 부분으로서 사용자의 경영권을 근본적으로 제약하는 것도 아니라고 보여지므로 단체협약의 대상이 될 수 있고, 그 내용 역시 헌법이나 노동조합법 기타 노동관계법규에 어긋나지 아니하므로 정당하다고 판단하였는바, 원심의 그와 같은 판단은 옳고…"

12) 신권철(2017), 48면.

13) 신권철(2017), 48면.

정을 반대하는 쟁의행위가 크게 증가하였고, 검찰이 이를 업무방해죄로 기소하기 시작하면서 쟁의행위의 정당성이 문제된 형사사건이 다수 발생하였지만 대부분의 판결은 경영권의 불가침성을 확인하면서 유죄를 선고하였다. 파업권의 행사를 억제해오던 단결 금지의 법리가 심화된 것이다.[14]

　　1999년의 대우자동차판매 사건[15]에서는 지점폐쇄 조치 자체의 철회를 목적으로 한 점거농성은 '경영주체의 경영권에 속하는 사항'을 목적으로 하는 것으로 정당하지 않다고 보았고, 2001년의 현대자동차 사건[16]에서는 노조의 정리해고 실시 반대는 사용자의 정리해고에 대한 '권한' 자체를 전면적으로 부정하는 것으로서, 사용자의 경영권을 본질적으로 침해하는 내용이어서 단체교섭의 대상이 될 수 없고 쟁의행위는 목적에 있어 정당하지 않다고 보았다. 이러한 판시는 정리해고 반대(만도기계 사건)[17] 및 공기업 민영화 반대(한국중공업 사건)[18]를 목적으로 한 쟁의행위에도 마찬가지로 적용되었다. 예외적으로 정리해고 반대가 아닌 고용안정 협약 체결을 목적으로 하는 쟁의행위는 정당하다고 본 현대자동차서비스 사건[19]도 있었지만, 이마저도 '정리해고 시 노조와 사전 합의 문제도 사용자의 경영권을 근본적으로 제약하지 않는 범위 내에서 단체교섭의 대상이 될 수 있다'는 항소심[20]

14) 도재형(2010), 91면.

15) 대법원 1999. 6. 25. 선고 99다8377 판결 [해고무효확인등] "지점폐쇄조치와 관련하여 피고 회사가 단체협약을 위반한 바 없다고 보는 이상, 지점폐쇄 조치 자체의 철회를 목적으로 한 이 사건 점거 농성은 경영주체의 경영권에 속하는 사항을 목적으로 하는 것으로서 그 목적에 있어서도 정당하다고 할 수 없다."

16) 대법원 2001. 4. 24. 선고 99도4893 판결 [업무방해] "정리해고 자체를 전혀 수용할 수 없다는 노동조합의 주장은 사용자의 정리해고에 관한 권한 자체를 전면적으로 부정하는 것으로서 사용자의 경영권을 본질적으로 침해하는 내용이라고 할 것이므로 단체교섭의 대상이 될 수 없고, 이 주장의 관철을 목적으로 한 이 사건 쟁의행위는 그 목적에 있어서 정당하다고 할 수 없다."

17) 대법원 2001. 11. 27. 선고 99도4779 판결 [업무방해 등].

18) 대법원 2001. 9. 7. 선고 2001도3310 판결 [업무방해].

19) 대법원 2001. 6. 26. 선고 2000도2871 판결 [업무방해] "이 사건에서 쟁의행위의 목적은 (중략) '정리해고시 노동조합과의 사전합의, 노동시간 단축을 통한 일자리 창출, 실업대책의 일환으로 일정한 기금의 노사분담마련' 등을 내용으로 한 고용안정협약안의 체결 (중략) 등에 있고, 그 중 정리해고에 관한 사항은 여러 목적 가운데 주된 목적이 아니므로, 같은 취지에서 이 사건 쟁의행위는 그 목적에 있어 정당성이 인정된다는 원심의 판단은 정당"

20) 청주지방법원 2000. 6. 9. 선고 99노534 판결 [업무방해] "쟁의행위의 주된 목적은 '고용안정'에 있는바, 정리해고시 노조와 사전합의문제도 근로자의 근로조건의 개선·유지 및 경제

의 판단은 인용하지 않았다.

2002년의 조폐공사 사건[21]에서는 경영권의 불가침성이 선언된다. 경영주체에 의한 고도의 경영상 결단에 속하는 사항은 특별한 사정이 없는 한 단체교섭의 대상이 될 수 없고, 비록 그 실시로 인해 근로자의 지위나 근로조건의 변경이 필연적으로 수반되더라도 이를 반대하는 쟁의행위는 목적의 정당성을 인정할 수 없다는 것이다. 사실상 경영권의 배타적 성격을 인정한 것인데, 이 판결에서는 한발 더 나아가 "경영권의 본질에 속하여 단체교섭의 대상이 될 수 없는 사항에 관하여 사용자가 노동조합과 '합의'하여 결정 혹은 시행하기로 하는 단체협약 조항이 있는 경우, 그 '합의'의 의미를 해석하기 위해서는 협약체결 경위와 당시의 상황, 권한에는 책임이 따른다는 원칙에 입각하여 노동조합이 경영에 대한 책임까지도 분담하고 있는지 여부 등을 종합적으로 검토'하여야 한다"라고 하면서 정리해고에 대한 노조와의 사전합의 조항을 '협의'의 취지로 해석하였다.

기업이 경영권을 행사하여, 즉 '고도의 경영상 결단'을 통해 체결한 단체협약이 경영권의 본질을 침해하여 무효라고 주장하는 것은 논리적 모순이라는 점은 차치하고서라도,[22] '노동조합이 경영에 대한 책임까지도 분담하고 있는지 여부'를 살펴 단체협약을 해석해야 한다는 판시는 노동조합의 역할에 대한 몰이해를 여실히 보여준다. 대체 언제부터 노동조합이 경영에 대한 책임을 분담하던 기구였던가.

이러한 대법원의 미몽(迷夢)은 2003년 가스공사 사건[23]을 통해 실체를 드러낸다. 이 사건에서 대법원은 경영권을 헌법상 기본권으로 표현하면서, 그 근거로 헌법 제23조 제1항의 재산권 보장, 헌법 제119조 제1항의 경제상의 자유와 창의 존중, 헌법 제15조의 직업선택의 자유를 제시한다. 그러나 기업의 이러한 권리도 신성불가침의 절대적 권리일 수는 없어 노동3권과 충돌이 일어날 수 있다고 하면서, 이를 조화시키는 한계를 설정하기 위해서는 기업의 경제상의 창의와 투자의욕

적·사회적 지위향상에 밀접한 관련이 있으므로 사용자의 경영권을 근본적으로 제약하지 않는 범위 내에서 단체교섭의 대상이 될 수 있으므로, 결국 고용안정협약 체결을 목적으로 하는 노동조합의 위 쟁의행위는 그 목적에 있어 정당성이 인정된다."

21) 대법원 2002. 2. 26. 선고 99도5380 판결 [업무방해 등].
22) 김린(2017), "사업부 분할 매각 금지 약정의 효력", 노동리뷰 2017년 6월호, 125면.
23) 대법원 2003. 7. 22. 선고 2002도7225 판결 [업무방해].

을 훼손시키지 않고 오히려 이를 증진시키며 기업의 경쟁력을 강화하는 방향으로
해결책을 찾아야 함을 유의하여야 한다고 보았다. 또한 정리해고나 구조조정은 근
로기준법에서 충분한 대상조치를 마련하였으니 단체교섭으로 이를 다루는 것이
적합하지 않고, 「근로자참여 및 협력증진에 관한 법률」상의 노사협의회를 통해서
해결하는 것이 바람직하다는 입장을 취하고 있다.[24]

　　이러한 대법원의 판시는 2000년대 후반까지 견고하게 유지된다.[25] 그리고
"기업이 살아야 일자리가 늘어난다"는 문구는 2011년 한 시중은행의 광고문구로
활용되어 유수의 경제지로부터 광고상을 수상하였다.[26]

3. 2010년대 이후의 판결

　　하지만 2010년대에 들어서면서 이러한 판례 흐름에도 변화가 감지된다. 대법
원의 경영권 판결에 정면으로 반기를 든 하급심 판결이 등장하였고, 소위 고용안
정협약의 유효성에 대한 중요한 대법원 판결이 제시되었다.

1) 경영권 판결에 대한 하급심의 반기(?)

　　2009년 철도파업을 주도한 노조 간부들이 업무방해죄로 기소된 사건에서, 1
심판결(대전지방법원)[27]은 대법원의 경영권 판결의 논리를 정면으로 반박하고 있

---

24) (동판결의 내용 중) "근로기준법 제31조는 구조조정 등으로 인한 정리해고에 관하여 그 요
　　건을 엄격하게 규정하고 있고, 근로자들과의 사전협의를 필수적인 절차로 규정하고 있으
　　며, 그 효력에 대하여는 사법심사의 길이 열려 있다. 또한, 근로자참여 및 협력 증진에 관
　　한 법률은 경영사항을 포함한 광범위한 영역에서 노·사가 협의하도록 제도화하고 있다 이
　　러한 사정을 종합하여 보면 위와 같은 해석이 결코 노동3권의 본질적인 내용을 침해하거나
　　헌법 및 노동관계법의 체계에 반하는 해석이라 할 수 없다."

25) 한국시그네틱스 사건(대법원 2003. 11. 13. 선고 2003도687 판결 [업무방해 등]); 한국과학
　　기술원 사건(대법원 2003. 12. 26. 선고 2001도3380 판결 [업무방해 등]; 대한항공 조종사
　　사건(대법원 2008. 9. 11. 선고 2004도746 판결 [업무방해 등]); 한국과학기술원 사건(대법
　　원 2003. 12. 26. 선고 2001도3380 판결 [업무방해 등]); 쌍용자동차 사건(대법원 2011. 1.
　　27. 선고 2010도11030 판결 [업무방해, 특수공무집행방해 등])

26) 한국경제 2011-12-07, "<[2011 한경광고대상] IBK기업은행, 기업 지원이 일자리 창출
　　…공익 강조", http://news.hankyung.com/article/2011120703951?nv=o （최종접속일:
　　2021. 10. 1.)

27) 대전지방법원 2011. 1. 28. 선고 2010고단1581, 2729(병합) 판결 [업무방해]; 이 사건의 항
　　소심(대전지방법원 2012. 11. 8. 선고 2011노369 판결)은 경영권에 대한 쟁의행위는 근로

다. 재판부는 대법원이 제시하는 '고도의 경영상 결단에 속하는 사항'을 쟁의행위의 불법적 목적을 판단하는 데 일반적으로 적용할 수 있는 요건으로 따르기 어렵다고 하면서, 그 논거로 ① 임금 등 전통적 노무관리에 관한 사항도 경영사항이 아니라고 할 수는 없는 등 경영사항과 그렇지 않은 사항의 경계가 모호하다는 점, ② 헌법 제33조와 노조법 제1조 등을 종합해보면 근로자의 경제적, 사회적 지위에 영향을 미치는 사항으로서 사용자가 처분권을 갖고 있는 것이라면 어떤 사항이라도 단체교섭의 대상이 되어야 하는 점, ③ 권리 충돌 사안에서 일방의 권리를 두텁게 보호해야 할 필요성은 추상적 법이론에 의해 도출되어야 하는데, 추상적 법이론을 경시하고 현실적 해결책을 우선하는 것은 법원에게 허용된 법창조 권한의 한계를 일탈하여 새로운 입법을 시도하고자 하는 것으로 사법부의 본분을 넘어 법해석의 정합성을 해친다는 점, ④ 근로자들의 노동3권을 제약함으로써 기업의 경쟁력이 회복되고 투자가 살아나면 더 많은 고용이 창출된다는 논리는 공리(axiom)로서 확립된 것이 아니라 오늘날 논란이 많은 경제이론이므로 치밀한 학리적 검증 없이 법해석자가 인용할 수 있는 법적 논거라고 볼 수 없다는 점, ⑤ 쟁의행위를 업무방해죄로 처벌하고 있는 현재의 법체계 속에서 이러한 해석은 형사법상의 명확성의 원칙을 해할 수 있다는 점, ⑥ 정리해고에 대해서는 근로자들과의 사전협의를 필수적인 절차로 규정하고 있지만 모든 경영사항에 이와 같은 근로자 보호수단이 마련되어 있는 것은 아니라는 점을 제시하였다.

2) 단체교섭사항의 확장

최근에는 단체교섭사항을 전통적인 근로조건에서 확대한 하급심 판결이 선고되어 눈길을 끈다. 2012년 MBC 파업에 참여한 원고 근로자들이 해고무효확인을 구한 사안에서, 서울고등법원[28]은 "공정방송의 의무는 방송법 등 관계법규 및 피고 단체협약에 의하여 노사 양측에 요구되는 의무임과 동시에 근로관계의 기초를

조건의 향상과 깊은 관련이 있는 경우가 대부분이어서 사용자로서도 이에 관련된 쟁의행위를 예상할 수 있다는 점에서 전격성이 없다고 보아 무죄를 선고하였으나, 대법원(2014. 8. 26. 선고 2012도14654 판결)에서는 2009년 11월 진행된 전면파업의 경우 업무방해죄의 위력에 해당한다고 보아 항소심을 일부 유죄취지로 파기하였다.

28) 서울고등법원 2015. 4. 29. 선고 2014나11910 판결 (해당 사건은 피고의 상고 취하로 확정되었다).

형성하는 원칙이라 할 것이어서, 방송의 공정성을 실현하기 위한 제도적 장치의 마련과 그 준수 또한 교섭 여부가 근로관계의 자율성에 맡겨진 사항이 아니라 사용자가 노동조합법 제30조에 따라 단체교섭의 의무를 지는 사항(이른바 의무적 교섭사항)이라 할 것"이라고 판시하면서, "기존에 합의된 단체협약을 사용자가 지키지 않는 경우 그 준수를 요구하기 위한 행위는, 단순히 기존의 단체협약의 해석, 적용에 관한 사항을 주장하는 것이 아니라 단체협약의 이행을 실효적으로 확보할 수 있는 방안을 강구하기 위한 것으로서 어디까지나 근로조건의 결정에 관한 사항을 목적으로 한 쟁의행위에 해당한다."라고 보아 쟁의행위의 목적의 정당성을 인정하였다.

3) 고용안정협약의 유효성 인정

2002년 조폐공사 사건을 통해 대법원이 경영권의 본질에 속하여 단체교섭의 대상이 될 수 없는 사항에 대한 단체협약상의 사전'합의' 조항을 '협의'의 취지로 해석한 이후, 다수의 판결이 이에 따라 소위 고용안정협약의 유효성을 부인하여 왔다. 하지만 2011년 진방스틸코리아 사건[29]에서는 "단체협약은 사용자와 노동조합 사이에 이루어진 단체교섭 결과 성립된 합의 사항을 문서화한 것으로 강행법규나 공서양속에 위반되지 않는 한 그 내용에 대한 법적 제한은 없다."라고 보아 고용안정협약을 위반한 정리해고의 정당성을 부정하였고, 2012년 알리안츠 사건[30]에서는 단체협약에서 '합의'와 '협의'를 구분하여 사용하는 경우 정리해고에 대한 사전 '합의'조항은 '합의'를 의미하는 것으로 해석되어야 하고, "다른 특별한 사정없이 단지 정리해고의 실시 여부가 경영주체에 의한 고도의 경영상 결단에 속하는 사항이라는 사정을 들어 이를 사전 '협의'를 하도록 규정한 것이라고 해석할 수는 없다."라고 판시하면서 판례 흐름에 변화의 조짐이 엿보였다.[31]

2014년 포레시아 사건[32]에서는 정리해고나 사업조직의 통폐합 등 기업의 구

---

29) 서울고등법원 2011. 2. 9. 선고 2010누18552 판결 [부당해고 및 부당노동행위 구제 재심판정 취소]; 이 판결은 대법원의 심리불속행(대법원 2011. 5. 26. 선고 2011두7526 판결)으로 그대로 확정되었다.

30) 대법원 2012. 6. 28. 선고 2010다38007 판결 [근로자지위확인 등].

31) 한편 이 판결에서는 사전합의절차를 거치지 않은 인사처분은 원칙적으로 무효라고 보면서도, 노동조합이 사전합의권을 남용하거나 스스로 사전합의권의 행사를 포기하였다고 인정되는 경우에는 사용자가 이러한 합의 없이 한 인사처분도 유효하다고 보았다.

조조정의 실시 여부는 경영주체에 의한 고도의 경영상 결단에 속하는 사항으로서 원칙적으로 단체교섭의 대상이 될 수 없다는 기존 대법원 판결을 인용하면서도, 사용자의 경영권에 속하는 사항이라 하더라도 노사는 임의로 단체교섭을 진행하여 단체협약을 체결할 수 있고, 그 내용이 강행법규나 사회질서에 위배되지 않는 이상 단체협약으로서의 효력이 인정된다는 점을 명시적으로 확인하였다. 그 결과 고용안정협약에 위배된 정리해고의 실시는 무효가 되고, 다만 단체협약을 체결할 당시의 사정이 현저하게 변경되어 사용자에게 단체협약의 이행을 강요한다면 객관적으로 명백하게 부당한 결과에 이르는 경우에는 사용자가 단체협약에 의한 제한에서 벗어나 정리해고를 할 수 있다고 한다.

이와 같은 판례흐름의 변화는 하급심에도 영향을 미치고 있다. 최근 대구지방법원 서부지원은 고용안정협약(분할매각 시 노조와의 사전합의)에 근거하여 사용자의 회사분할 및 지분매각절차 정지를 구한 노동조합의 가처분 신청을 인용하면서, 사업부 분할 매각 등은 단체교섭의 대상이 될 수 없는 사용자의 경영권 행사에 관한 사항이여서 무효이고 단체협약 체결시점에 비해 경영위기가 악화되어 사정변경이 있다는 사용자 측의 항변을 배척하였다.[33]

4) 기업의 영업의 자유와 근로자의 일반적 행동자유권 충돌

최근 대법원은 '기업의 영업의 자유와 근로자의 일반적 행동자유권의 충돌'에 대한 새로운 해석기준을 제시했는데, 이를 기존의 경영권 판결의 변화로 볼 수 있는지 귀추가 주목된다. 내국인 항공기 기장이 콧수염을 기르는 것을 금지한 취업규칙의 유효성이 문제되었던 2018년 아시아나항공 사건[34]에서 대법원은 "기업의 경영에 관한 의사결정의 자유 등 영업의 자유와 근로자들이 누리는 일반적 행동자유권 등이 '근로조건' 설정을 둘러싸고 충돌하는 경우에는, 근로조건과 인간의 존엄성 보장 사이의 헌법적 관련성을 염두에 두고 구체적인 사안에서의 사정을

---

32) 대법원 2014. 3. 27. 선고 2011두20406 판결 [부당해고구제재심판정취소].

33) 대구지방법원 서부지원 2017. 4. 12.자 2017카합5024 결정; 다만 현저한 사정변경의 유무를 다시 판단할 필요가 있다고 보아 가처분의 효력기한을 제한하였다. 이 사건에 대한 평석으로 김린(2017), 122-126면 참조.

34) 대법원 2018. 9. 13. 선고 2017두38560 판결 [부당비행정지구제재심판정취소]; 이 사건에 대한 평석으로 문준혁(2018), '기업의 영업의 자유와 근로자의 일반적 행동자유권의 충돌', 노동법학 제68호, 119-124면 참조.

종합적으로 고려한 이익형량과 함께 기본권들 사이의 실제적인 조화를 꾀하는 해석 등을 통하여 이를 해결하여야 하고, 그 결과에 따라 정해지는 두 기본권 행사의 한계 등을 감안하여 두 기본권의 침해 여부를 살피면서 근로조건의 최종적인 효력 유무 판단과 관련한 법령 조항을 해석·적용하여야 한다."라고 판시한 바 있다.

이 판결은 기본권 충돌이라는 2003년 가스공사 사건의 구도는 그대로 유지하면서도, 몇 가지 점에서는 유의미한 차이가 발견된다. 우선 이 판결은 기업의 영업의 자유의 근거를 경영권 판결과 마찬가지로 시장경제질서(헌법 제119조 제1항), 재산권(헌법 제23조 제1항) 직업선택의 자유(헌법 제15조)에서 찾으면서도, 경영권이라는 표현은 사용하고 있지 않다. 또한 기업의 경쟁력 강화라는 경제학적 논증을 해석기준으로 내세웠던 가스공사 사건과는 달리 기업의 영업의 자유는 근로자와의 관계 속에서 그 존엄성을 인정하는 방향으로 조화롭게 조정되어야 한다고 밝히고 있는 점도 새로운 부분이다. 그리고 헌법 제32조 제3항과 제33조, 헌법 제119조 제2항의 취지를 근로자의 존엄성 보장이라는 점에서 적극적으로 해석하고 있다는 점도 돋보인다.[35]

이 판결은 비록 보충적 기본권인 일반적 행동자유권에 대한 것이기는 하지만, 기업의 영업의 자유의 한계를 밝히면서 그 근거의 하나로 노동3권을 명시적으로 언급하고 있다는 점을 고려하면 신화와도 같던 경영권 법리가 흔들리고 있는 상황으로 평가할 수 있을 것이다.

4. 평가

이제까지 살펴본 경영사항에 관련된 판결문은 매우 공격적이다. 예컨대 판결문의 사실인정 부분에서는 정리해고를 '반대'한다는 서술보다는 '저지', '백지화', '전면적'이라는 주관적 판단이 개입된 단어가 난무한다. 그리고 판결문에 '자체'라는 단어도 상당히 빈번하게 사용된다: "정리해고 자체를 전혀 수용할 수 없다는 … 노동조합 측의 요구는 사용자의 정리해고에 관한 권한 자체를 전면적으로 부정하고 경영권의 본질적 내용을 침해하는 것으로서 …"[36]

대부분의 판결들은 판에 박은 듯 "정리해고 자체를 전혀 수용할 수 없다는

---

35) 문준혁(2018), 122면.
36) 쌍용자동차 사건; 대법원 2011. 1. 27. 선고 2010도11030 판결 [업무방해 등].

노동조합 측의 요구는 사용자의 정리해고에 관한 권한 자체를 전면적으로 부정하고 경영권의 본질적인 내용을 침해하는 것으로서 단체교섭의 대상이 될 수 없는 사항"이라는 표현을 사용하면서, '노동조합의 무리한 요구 – 무조건적 반대 – 정리해고 권한 자체의 전면적 부정 – 경영권의 본질적 침해'로 이어지는 도식을 전개한다. 하지만 노동조합이 무리한 요구를 한다 하더라도 이는 교섭과정에서 조정될 문제이기 때문에 정당성에 영향을 줄 수 없다는 것이 대법원의 입장이기 때문에,37) '무조건적 반대'라는 사실이 매개되지 않으면 이 도식은 성립하지 않는다.

실제 파업의 전개양상을 관찰해보면, 정리해고나 구조조정을 자체를 반대하는 주장에는 이것이 근로조건에 미치는 부정적 효과를 극소화하려는 의지가 담겨져 있는데, 이를 '무조건적 반대'라고 단정할 수 있는지 의문이다.38) 한국중공업사건에서는 '노동조합의 무리한 요구'와 '무조건적 반대'를 연결시키는 고리로 '산별노조 또는 상부연합단체의 지침에 따라'서 쟁의행위를 단행했다는 사실을 거론하고 있는데, 이러한 문구가 산별노조의 지침 또는 단체행동권 자체의 행사를 불온

---

37) 대법원도 「성일운수 사건」에서 "노동조합의 쟁의행위는 노동조합이 근로조건에 관한 주장의 불일치로 인하여 발생된 분쟁상태를 자기 측에게 유리하게 전개하여 자기의 주장을 관철할 목적으로 행하는 투쟁행위로서 업무의 정상운영을 저해하는 것을 의미하므로, 단순히 노동조합이 사용자에게 다소 무리한 임금인상을 요구함으로써 분쟁이 발생하였으며 또한 노동조합의 쟁의행위 결과 사용자의 정상적인 업무수행이 저해되었다 하더라도, 그것만으로 노동조합의 쟁의행위가 정당성을 결하는 것은 아니다"라고 하여 평균임금이 도내 택시회사 중 가장 높은 수준임에도 노동조합이 최고 수준의 임금인상을 요구하면서 한 쟁의행위를 적법한 것으로 판단한 바 있다(대법원 2000. 5. 26. 선고 98다34331 판결).

38) 정인섭 교수는 결국 사용자가 정리해고를 의도하거나 명목으로 내세울 경우 그에 대해 노조가 관여할 수 있는 수단은 어디에도 없는 결과가 된다고 비판한다. 그 논거로 ① 현실적으로도 정리해고 반대를 위한 쟁의행위가 행해지면 과연 기업이 도산에 이를 정도가 되어 정리해고가 불가능한지 의문이며, ② 정리해고 반대의 관철로 인한 경영악화나 도산이 임금인상요구의 관철로 인한 경영악화나 도산과 달리 취급되어야 하는 이유가 불분명하며, ③ 무리한 요구를 관철하기 위한 쟁의행위의 정당성은 정리해고가 아니라도 문제될 수 있는데 그러한 일반론과 별도로 정리해고의 경우를 달리 취급해야 할 이유는 없으며, ④ 무리한 요구인지의 여부 자체가 노사 간 상대방의 대응까지도 – 전술한 단체교섭의 동태성 – 포함하여 판단되어야 하는데다가, ⑤ 대법원이 상정하는 대로 '불순한 의도로 정리해고가 추진되는 경우'라면 그 자체가 불법행위나 부당해고에 해당될 것인데, 과연 이러한 경우 노조가 쟁의행위로 그 저지를 의도할 경우 손해배상청구나 해고무효확인소송 등의 다른 구제수단이 가능한데도 쟁의행위로 나아갔다는 점을 문제 삼지 않겠는지 의문이고, 이들 판결례는 이러한 부당한 결론을 모두 용납하는 것으로 볼 수밖에 없다고 한다(정인섭(2002), "정리해고와 파업의 정당성", 노동법률 2002년 4월호, 29면).

시하는 느낌을 준다.

앞서 소개했던 시험문제처럼 대법원의 판단 도식을 정반대로 뒤집어서 생각해 보자: '단체교섭 자체를 전혀 수용할 수 없다는 사용자의 입장은 노동조합의 단체교섭권을 전면적으로 부정하고 근로자의 노동3권의 본질적 내용을 침해하는 것으로써 경영권을 남용한 것이다.' 이처럼 도식을 뒤집어 보아도 기호논리학적으로는 오류가 없지만, 여기에는 가치평가에 대한 고민도, 법학적으로 유의미한 정보도 없다. 원래의 문장도 마찬가지다. 이러한 도식화는 옳음의 명제를 가지고 노는 말장난일 뿐이다.

노동조합의 주장이 '경영권을 본질적으로 침해' 또는 '경영권을 근본적으로 제약'하기 때문에 단체교섭의 대상이 될 수 없다는 식의 표현은 동어반복 또는 순환논법이다. 왜 경영권이 본질적으로 침해되었는지에 대한 설명이나 왜 단체교섭의 대상이 될 수 없는지에 대한 설명이 없기 때문이다. '경영결정 그 자체'를 반대했다는 것이 유일한 논거로 보이는데, 그렇다면 경영결정의 '집행'과 '실시'를 반대하는 것은 본질적 침해가 아니라는 의미인가? 아니면 경영결정의 '효과'에 대해 교섭을 요구하는 것은 괜찮다는 의미인가? 이와 관련하여 조폐공사 사건에서는 '비록 그 실시로 인하여 근로자들의 지위나 근로조건의 변경이 필연적으로 수반된다 하더라도' 단체교섭사항이 아니라고 단정하고 있기 때문에, 후자의 의미는 아닌 듯하다. 대한중석 사건[39]에서도 구조조정을 위한 영업양도에 따른 보상금지급을 요구한 것이 단체교섭의 대상사항이 될 수 없다고 판시하고 있으니, 대법원이 말하는 '경영결정 그 자체'의 의미가 무엇인지 도무지 알 수가 없다.

게다가 '고도의 경영상 결단'이라는 표현에서는 황산벌 전투에 임하는 계백장군의 비장함이 엿보이는데, 조폐공사 사건과 가스공사 사건의 주심이었던 이용우 대법관은 이러한 법리를 만들어 낸 것은 본인의 애국적 결단에 의한 것이라고 회고록을 통해 주장한다.[40] 하지만 계백장군은 영화 속의 주인공이 될 수 있을지언

---

39) 대법원 2001. 5. 8. 선고 99도4659 판결 [업무방해].

40) 그는 경영권과 노동3권의 충돌과 조정에 대한 본인의 회고를 시작하기에 앞서, 자신은 자본주의와 시장경제를 지지하며, 사회주의는 정의로워 보이는 이상일 뿐 역사를 퇴보시키는 사상이고, 경제생활에 있어서 도덕과 이상의 추구에 너무 집착하다가는 그것이 인간의 이기적 본성과 맞지않아 현실경제에서 부정적인 결과를 낳을 수 있음에 유의했다고 한다. 해당 판결의 선고 후에 가해진 많은 비판에 대해서는 안타깝다고 하면서, 자신은 IMF 구제금융 체제를 조속히 벗어나야하는 상황에서 노조의 파업에 발이 묶여 구조조정을 머뭇거리

정, 오늘날 한국사회에 맞는 법률가상에는 부합하지 않는다.

이처럼 경영권 판결을 반박하기란 매우 어렵다. 무엇을 주장하는지 정확히 드러나 있지도 않고, '본질적', '전면적', '고도의 결단' 등의 수사적 반복을 통해 대법원의 확고한 의지는 충분히 읽을 수 있으나 그 구체적 내용이 파악되지 않고 있기 때문이다. 그나마 하급심에서 보다 실질적인 분석이 시도되고 있다는 점, 기업의 영업의 자유와 근로자의 일반적 행동자유권 충돌에 있어서는 진일보한 모습을 보여주고 있다는 점은 희망적이다. 또한 앞서 소개한 고용안정협약과 관련하여 임의적 교섭사항이라는 법리가 무비판적으로 확산될 우려가 있지만, 이에 대해서는 자세히 언급하지 않는다.

Ⅲ. 경영권과 경영사항에 대한 종합적 분석

1. 경영권은 법률용어인가?

경영권이란 단어는 해외에서는 법률용어로서 잘 사용되지 않는 듯하다. 필자는 이 단어와 관련된 개인적인 에피소드를 하나 소개하고자 한다.

필자가 속한 서울대학교 법학전문대학원에는 SILVA라는 일종의 학제적 연구를 하는 집담회가 있다. 필자는 그곳에서 경영권이라는 단어를 언급하였다가 민법과 상법 교수들로부터 호된 질책(?)을 받았다. 특히 미국에서 공부한 김건식, 이창희 교수는 그런 개념은 금시초문이라는 반응을 보였다. 이를 영어로는 어떻게 표현하는지 이창희 교수가 질의하기에, 언젠가 칸프로인트라는 대가의 글을 읽다가 Managerial prerogative라는 단어를 접한 기억이 있다며 이렇게 번역할 수도 있고 아마 Management right로 번역할 수 있지 않겠냐며 얼버무렸다. 집담회가 끝난 후 며칠 뒤, 필자는 Managerial prerogative라는 단어에 대해 조사한 결과를 정리하여 참석 교수들에게 회람하였다. 그 주요내용은 다음과 같다:

영미권에서는 Management right라는 법률용어는 사용되지 않고, 이와 유사

다가는 대한민국 경제가 침몰할 수 있고, 당시 상황에서 공기업 구조조정을 강력히 추진하는 김대중 정부의 정책이 옳다고 생각하여 국가경제를 살린다는 일념에서 위 판결들을 썼다고 설명한다(이용우(2017), 『자유민주주의를 위한 일념으로』, 법률신문사, 49-68면).

하게 Managerial prerogative라는 단어가 있기는 하나 실정법상의 용어가 아님은 물론이며 강학상으로도 확립된 단어도 아니다. 실무적 의미에서는 Managerial prerogative란 "사용자 측이 노사관계의 몇몇 분야에 대해 근로자와 반드시 협의를 요하지 않고 재량적으로 행사할 수 있는 권한(authority)을 뜻하며, 예컨대 다음과 같은 것이 속한다: ① 근로자의 인사와 배치, ② 근로자에 대한 징계, 단 정당한 사유가 있어야 함, ③ 근로자 채용 및 해고에 관한 권한, ④ 생산품의 가격과 생산 방법 등을 전할 권한 등"을 의미하는 것으로서,[41] 단지 사용자 측의 '주장'을 위해 등장한 단어로 영미권 법률용어 검색의 출발점이라고 할 수 있는 Black's law dictionary에도 이 단어는 수록되어 있지 않다.

또한 미국에서는 판사가 사측의 논리를 반박하며 Managerial prerogative는 "권리(right)가 아니다"라는 취지로 언급한 판결도 존재한다.

"연방헌법 수정 제14조(적법절차 조항)를 오해한 채로 무조건 적용하면 안 된다. 사업을 경영할 권리를 '재산권'이라고 규정하는 순간, 그 개념은 마치 한 조각의 땅처럼 형체를 지닌 것으로 취급되는 오해를 빚어낸다. 사업은 물론 경제적·금전적인 가치를 지니고 있으며 부당한 손해로부터는 법적 보호를 받을 권리가 있다. 그러나 경영권(business)이 마치 동산이나 부동산처럼 명확한 형체가 있는 하나의 물건은 아니다. 사용자와 노동자 사이의 관계를 규율하기 위한 목적으로 특별히 제정된 법률을 단순히 재산권 원칙에 의거하여 비판해서는 안 된다." – Traux v. Corrigan, 257 U.S. 312(1921)에서 Holmes 대법관의 소수의견 중[42]

강학상으로도 경영권은 법적 권리가 아니라는 취지를 언급한 논문들이 발견된다.

"Managerial prerogative는 사용자가 사업의 목적을 달성하기 위해 행사하는 권한이며, 사용자의 재산권(property right)에서 비롯되었다고는 하지만, 법적인 근거는 거의 없다."[43]

41) 출처: http://alegaldictionary.com/management-prerogative (최종접속일: 2021. 11. 30.).
42) 이다혜(2012), "미국의 노동가처분", 노동법연구 제32호, 177면에서 재인용.
43) Young&Stanley(1963), "The Question of Managerial Prerogatives", 16 Indus. & Lab. Rel. Rev. 240, p.241.

이 논문은 "경영자들은 그들의 '법적 권리(legal right)'와 '경제적 힘(economic power)'을 혼동하고 있다."[44]는 점을 지적하면서, "근로계약도 하나의 계약이기 때문에, 만일 근로자가 사용자의 권한에 따르지 않을 경우, 사용자는 언제든 근로자를 해고하여 그 계약을 종료하면 되는 것이다 … 다른 사항에 대해서 사용자가 근로자에 대해 '경영권'이라는 것을 갖는 것은 아니다"[45]라는 계약법적 논리에 근거하여 경영권의 권리성을 부인하고 있다.

이처럼 영미권에서는 Management right라는 법률용어는 존재하지 않으며, 유사한 단어인 Managerial prerogative라는 단어는 경영전권 내지 경영특권으로 번역하는 것이 정확할 것이다.

일본에서의 소위 경영권 논의도 미국에서의 논의와 궤를 같이한다. 2차대전 직후 제기된 노동조합의 강력한 생산관리 투쟁에 대한 반동으로 일본의 경영자들은 동 시기 미국에서 태프트-하틀리 법개정 과정에서 경영자 측에 의해 주장된 경영권 개념을 원용하여 노동조합의 단체교섭 요구를 거부하거나 단체교섭 과정에서 우위를 점하고자 하였으나, 이러한 주장은 법체계상 논리적 근거가 빈약하였을 뿐만 아니라 일본의 노사관계가 기업 내 협력적 노사관계로 변모하면서 설득력을 잃게 되었다.[46]

현재 일본의 학설이나 판례의 논의에서 '경영권'이라는 단어가 사용되고 있다고 하더라도 이에 대해 실정법상 또는 강학상의 명확한 정의나 근거가 존재하는 것은 아니며, 일본의 판례는 경영, 생산, 기업조직 재편과 통합, 회사분할, 사업양도, 사업전환, 임원이나 관리직의 인사 등에 관한 사항이라고 하더라도 조합원의 근로조건이나 대우 등에 관련되고 영향을 주는 경우에는 의무적 단체교섭사항이 될 수 있다고 판시하고 있다.[47]

2. 경영권은 권리인가?

1) 경영권의 본질에 관한 견해

지금까지 경영권의 본질과 관련된 논의는 경영권의 객체나 내용에 관한 사실

---

44) Young&Stanley(1963), p.244.
45) Young&Stanley(1963), p.243.
46) 최석환(2018), "소위 경영권 논의의 연원과 성쇠", 노동법연구 제45호, 173면.
47) 최석환(2018), 174면.

인식을 공유하지 않은 채 그 권리성 인정 여부를 판단하는 것에서 출발하여 왔으나, 이는 신랑 신부를 정하지 않고 결혼날짜를 잡는 것과 같이 주객이 전도된 논의이다. 무릇 개념에 대한 본질론 또는 법적성질론은 주어진 법적 소여를 통일적체계적으로 이해하고 법의 흠결을 보완하는 데 도움을 주기 위한 해석론적 작업이지만, 이러한 본질론을 구체적으로 논의하는 시점에 그 내용에 대한 이견이 발생하게 되면 논의가 흐트러질 위험성이 존재한다.

신인령 교수의 지적대로, 경영권에 대한 기존의 논의는 최소한도의 경영권의 내용에 관해 아무런 논의가 없는 상황에서 경영권을 '사용자가 기업경영에 필요한 기업시설의 관리·운영 및 인사 등에 관하여 가지는 일체의 권한이라는 광범위하고도 막연한 의미'로 이해하면서 논의가 전개되어 왔다.[48] 이에 대한 논의는 대체로 권리성 인정설과 부정설로 나누어 정리할 수 있다.

(1) 권리성 인정설

과거 경영계에서는 경영권을 "경영자가 누구를 위하여 무엇을 어떻게 생산할 것인가에 대한 배타적 의사결정권으로서, 경영자에게 귀속되는 일체의 권리"라는 배타적 경영권설을 주장하였으나,[49] 대법원은 2003년 가스공사 사건을 통해 경영권을 헌법적 권리로 인정하면서도, 경영권과 노동3권이 충돌할 수 있음을 인정하여 그 배타적 성격은 인정하지 않았고, 현재 배타적 경영권설을 지지하는 학자는 없는 듯하다.[50]

현재 경영권을 실체성을 가지는 권리로서 이해하는 대표적인 학자로는 김형배 교수와 이상윤 교수가 있다. 김형배 교수는 2003년 가스공사 판결의 판시와 같이 헌법 제119조 제1항, 제23조 제1항 및 제15조를 경영권의 법적 기초로 제시하면서, 이는 실체성을 가지는 권리로 이념적 또는 관념적 용어로 볼 수 없다고 주장한다.[51] 기업의 목적활동을 실현하기 위해 기업주는 경영행위를 통해 변화하는

---

48) 신인령(1996), "경영권·인사권과 노동기본권의 법리", 『노동인권과 노동법』, 도서출판 녹두, 86면.

49) 경제단체협의회, 경영·인사권 확보방침(1991), 7면.

50) 과거 김형배 교수는 이러한 학설을 취한 듯 하나, 현재는 견해를 수정한 듯 보인다. 노동법실무연구회(2015), 『노동조합 및 노동관계조정법 주해 Ⅰ』(정진경 집필부분), 608면.

51) 김형배(2016), 『새로 쓴 노동법』, 박영사, 176면.

시장의 수요에 대하여 자신의 경영체를 능률적으로 적응시켜 나가야 하고, 그 실패나 도산에 대한 위험을 기업주가 부담하는 것도 기업주에게 경영에 대한 의사결정의 자유(의사결정권)가 주어져 있기 때문이라는 것이다. 그러면서 경영권 행사의 구체적 모습으로 '인력의 증감·배치, 사업일부의 증설·축소, 판매전략에 대한 계획, 기업조직의 개편, 영업양도, 기업의 분할·합병 등'을 예시하면서, 이에 대한 결정권 없이는 기업재산의 보호와 자유롭고 창의적인 경제활동은 불가능하므로 이는 제3자에 의해 침해되어서는 안되는 기업주의 고유한 권리라고 설명한다.[52]

이상윤 교수는 이와 유사하게 경영권을 헌법상 권리로 인정하면서, 경영권은 원칙적으로 단체교섭의 대상이 되지 않지만, 경영권의 행사와 근로조건의 변경이 혼재되어 있기 때문에 이를 오히려 근로조건의 변경으로 보는 것이 보다 타당한 경우, 경영권 행사로 인한 이익보다 근로조건의 변경으로 인한 손실이 큰 경우, 경영권 행사보다는 근로조건에 보다 밀접한 경우 등에 한하여 예외적으로 교섭대상이 된다고 본다.[53]

(2) 권리성 부정설(사실상의 개념설)

이와는 달리 경영권은 법적인 권리가 아니라 사용자 측에서 근로자의 노동기본권에 대항하기 위해 마련한 이념적 산물로 만들어진 관념적 용어이며, 어떤 특정인 또는 집단이 생산설비에 대한 소유권 혹은 주주로서 가지는 과점적 지위에 기초하여 기업에 대하여 지배력을 행사하는 현상을 의미하는 것일 뿐이라는 사실상의 개념설이 있다.[54]

이에 따르면, 기업 또는 경영이 하나의 통일적 조직체 또는 그 조직체를 운영하는 행위라는 성격이 있고 근로의 제공도 조직화된 노동으로서 원활한 업무수행을 위한 일정한 기업질서하에서 이루어진다는 사실은 부인할 수 없으나, 이는 사용자의 생산시설 등의 물적 시설에 대한 권한과 근로계약에 대한 노무지휘권이 생산수행이라는 목적수행을 위하여 행사되고 있는 상태를 의미하는 것에 불과하고, 생산의 장(場)인 기업이나 그 질서도 경제적·기술적 성격을 가지는 개념에 불

---

52) 김형배(2016), 176면.
53) 이상윤(2017), 『노동법』, 법문사, 48-49, 728-732면.
54) 김유성(2001), 『노동법 Ⅱ』 법문사, 137면; 신인령(1996), 86면.

과하며, 그것이 권력적 요소를 포함하는 경영권이라는 포괄적 권한의 법적 승인의 계기가 되는 것은 아니라고 한다.[55] 결론적으로, 경영권은 실정법상의 권리가 아닌 사실상의 개념에 불과한 것이고 사용자는 이를 이유로 단체교섭을 거부할 수 없다는 것이다.[56]

뒤에서 살펴보는 바와 같이 사용자 측(경영계)은 경영특권론을, 노동부는 권리성을 인정하는 것을 전제로 한 견해를 피력해 왔지만, 노동계에서는 경영계가 주장하는 '경영특권론'을 오래전부터 비판해 왔다.[57]

하지만 앞서 살펴본 것처럼 2003년 가스공사 사건을 통해 이른바 경영권의 개념이 헌법상 권리로 등장하게 되면서, 논의의 중점은 권리성을 인정하는 바탕 위에서 노동3권과의 기본권 충돌 문제를 어떻게 해소할 것인가로 옮겨지게 된다.

2) 검토

이하의 내용은 경영권의 권리성과 관련하여 필자가 1993년에 주장한 내용이다.[58] 이를 요약·정리하면 다음과 같다.

"경영계에서는 경영권의 헌법적 근거로서 헌법 제126조를 들고 있는데 이는 편의적인 것에 지나지 않고, 학설이나 법원의 입장은 헌법 제23조 제1항의 재산

---

55) 최영호(1992), "단체교섭권 대상사항의 획정원리에 관한 연구", 서울대학교 석사학위논문, 38-39면.
56) 김유성(2001), 137면.
57) 한국노총(1991), 정부와 사용자 측의 노동탄압논리에 대한 노총의 주장, 25-27면. 그 논거로 ① "우리 헌법상 재산권은 보장되지만, 그 내용과 한계는 법률로 정하는 등의 규정내용상 재산권은 상대화되어 있다"는 '헌법해석론', ② "사용자 측이 단체교섭의 대상으로 인정하고 있는 근로조건 등이 노동조합이 결성되기전의 전근대적인 노사관계하에 있어서는 경영전권에 속하는 사항이었으나, 노동조합이 결성 되면서 그러한 사항들이 노동조합의 요구에 의하여 단체교섭의 대상으로 되어 경영전권이 수정되어 왔다"는 '연혁론', ③ "선진제국에 있어서 산업민주화의 진전에 따라 경영참가의 범위가 확대되고 있다"라는 '비교법론', ④ "기술혁신의 급속한 진전과 함께 기술·기능의 비중이 높아지자 그 소유자인 근로자의 자발적 협조 없이는 기업의 생존 그 자체가 위험시된다"라는 '기업환경론'과, 이를 배경으로 하는 경영이론으로서 "경영의사의 결정권은 생산요소가 생산에 기여한 상대적 기여도에 따라 각 생산요소에 분배되어야 한다"라는 '다원적 의사결정론' 등을 제시하고 있다.
58) 이철수(1993), "단체교섭의 대상사항과 이른바 '경영전권사항'", 『가산 김치선 박사 고희기념논문집』, 박영사.

권보장조항, 제119조 제1항의 자유자본주의 경제질서 조항 및 헌법 제15조의 직업의 자유에서 그 헌법적인 기초를 구하고자 하고 있다고 할 수 있다.”

“제119조 제1항상의 자유자본주의 경제 질서는 분명 우리의 경제질서의 원칙을 선언한 것이라고 볼 수 있다. 그러나 국내 대부분의 헌법학자들은 동조항을 우리 헌법 질서 그 자체에 관한 규정이 아니라 우리 헌법상의 경제적 기본질서인 '사회적 시장경제질서'의 한 내용에 상당하는 것일 뿐이라고 이해하고 있다. 따라서 동 조항을 경영권의 법적 권리성 인정의 헌법적 근거로 삼을 수 있다 하더라도 이는 어디까지나 제한적 의미를 지닐 수밖에 없다. (중략) 일방적으로 노동조합 및 근로자들의 단체교섭권을 실제적으로 부인하는 의미의 배타적 경영권을 인정할 수는 없다 할 것이다.”

“또한 헌법 제23조 제1항의 사유재산제도 보장에 관해서도 대부분의 헌법학자들이 이른바 제도보장으로 이해하고 제도의 내용과 운영 및 구체적 권리의 종류와 내용은 하위법률의 규정을 통해서 구체화되는 성질의 것이라고 설명하고 있다.[59] 따라서 사용자 측의 기업소유권의 내용 즉 기업에 있어서 자본에게 귀속하는 권리의 종류와 내용은 헌법상의 사유재산제도에서 직접적으로 당연히 도출되는 것은 아니고 입법권자의 입법형성을 기다려야만 할 것이다.”

“이렇게 본다면 경영권 기타 기업소유권의 근거 및 그 종류와 내용을 구체적인 하위법률을 통해 추적하여야 하는데, 이 경우 배타적 경영권설은 상법상의 영업권 개념에 문의하고 있다. 그러나 영업권은 상법상으로도 그 권리성이 분명하지 않으며 이는 본디 기업 또는 상인이 타 기업 또는 상인 사이에 행하는 대외적인 상거래행위의 영역에서 설정된 개념이기 때문에 규제대상과 규제원리를 달리하는 기업내적인 종업원과의 관계에 이를 바로 원용하기는 어렵다 할 것이다.”[60]

---

59) 허영(2015), 『한국헌법론』, 박영사, 508면. “사유재산제도의 보장은 생산수단의 사유를 허용하는 법률제도의 보장을 그 내용으로 한다. 생산수단의 사유는 생산수단에 대한 사적인 이용·수익·처분권에 의하여 징표 되지만 사유재산제도가 생산수단에 대한 모든 가능한 이용·수익·처분권을 보장하는 것은 아니고 '사유재산권'이라는 법적효과를 가능하게 하기 위한 최소한의 규범질서(법률제도)를 보장하는 것이다. '사유재산권'의 구체적인 내용을 보장하는 것은 재산권형성적 법률유보에 의해서 입법권의 입법형성권에 속한다.”
60) 최기원(1990), 『상법학신론(상)』, 박영사, 14면; “기업 내에 있어서 기업주와 기업보조자(노동력 제공자) 사이에는 두 가지 법률관계가 형성되는데 그중 상법에서는 기업보조자가 기업주를 위하여 제3자와 법률행위를 한 경우에 그 효과가 기업주에게 미치는 관계에 대해서만 규정하고, 그러한 상법의 이념은 거래의 원활한 안전을 도모하는 데 있음에 반하여 기업보조자가 기업주를 위하여 노무를 제공하는 내부적인 고용관계의 측면은 노동법의 대상이 되며, 이 분야에서는 기업보조자의 생존의 확보와 생활이익의 옹호하는 사회정책적인

"이와 같이 헌법상의 규정에서 직접적으로 경영권의 법적 권리성을 도출할 수 없고 또한 상법상의 영업권에 경영권의 법적 기초를 구할 수 없는바, 결국 단체교섭과 이른바 경영권과의 관계와 법리구성은 노동법률의 해석의 문제로 귀착된다고 할 것이다. 요컨대, 단체교섭활동범위를 선험적으로 제약하는 경영권 개념은 그 법적 권리성이 불분명하다."

판례에 의해서 경영권이 헌법상의 기본권으로 격상되었지만 필자의 생각은 지금도 변함이 없다. 단적으로 경영권이 법적으로 인정된 힘이라면 법원을 통해 어떠한 방식으로 그 힘을 관철시킬 수 있는지 의문이다. 사용자가 경영권침해를 금지하는 가처분을 신청하였을 때 과연 법원이 피보전권리성을 인정할까? 구체적 권리가 아니라고 하면 어떠한 권리인지 그 실체를 알기가 쉽지 않고 오히려 법률해석에 혼란[61]을 줄 뿐이다.

도재형 교수와 박제성 박사의 주장도 필자의 주장과 궤를 같이한다:

"경영권이라는 개념은 단순히 자본주의사회에서 사유재산권이 인정된다는 점에 기초하여 혹은 헌법상 재산권보장조항에 기초하여 인정할 수 있는 것이 아니다. 우리가 관용적으로 사용하는 경영권이라는 용어는 어떤 특정인 또는 집단이 생산설비에 대한 소유권 혹은 주주로서의 과점적 지위에 기초하여 기업에 대하여 지배력을 행사하는 현상을 의미하는 것일 따름이다."[62]

"주주는 주식의 소유권자일 뿐 기업의 소유권자가 아니다. 주식에 대한 재산권은 경영권의 법적 근거가 될 수 없다. 이사는 법인의 대표 또는 기관일 뿐 기업 재산권의 주체가 아니다. 그러므로 적어도 주주와 이사 차원에서는 재산권이 경영권의 법적 근거가 될 수 없다. 그러므로 법인 또는 기업 자체가 재산권의 주체

이념이 요청되는 것…"

61) 신권철 교수는 이를 경계하여 "경영권은 그것을 말하는 순간 기업의 권리로서 인식되어 버린다. 경영권을 비판하든 옹호하든 그러하다. 그래서 1990년대 초반까지 대법원 판결은 경영권이라는 표현보다 경영상 의사결정, 경영사항이라 하고서 노동판결에서 경영권이라는 표현을 자제하였다. 1990년대 후반 이후 경영권이라는 표현은 판결문에서 의식적·무의식적으로 쓰이기 시작하였고, 2000년대 이후에는 경영권의 헌법상 근거를 일부 판결문에서 드러내 보이기도 하였다"라고 비판하고 있다.(신권철(2017), 40-42면)

62) 도재형(2003), "구조조정에 대항하는 쟁의행위의 정당성", 노동법률 제148호, 23면.

로서 경영권을 갖는다는 주장이 좀 더 설득력을 가질 수 있다. 그런데 좀 더 자세히 들여다 볼 필요가 있다. 법인의 재산권은 인적, 물적 자산을 전부 합한 것이다. 법인은 재산권의 주체로서 자기 재산에 대한 처분권을 갖는다. 그런데 근로자는 재산이 아니다. 근로자는 기업과 마찬가지로 법인격을 갖는 법주체로서 재산권의 주체이지 객체가 아니다. 다시 말하면, 경영권을 기업 재산에 대한 처분권으로 이해한다면, 기업은 재산권에 근거해서 근로자에게 경영권을 행사할 수 없다는 것이다. 그런 점에서 볼 때 경영권은 실정법상 '권리'라기보다는 사실적 개념으로서의 '위력' 또는 '권력'에 불과하다고 할 수 있다."[63]

3. 경영권의 내용은 무엇인가? ― 모호성과 중층성

1) 경영권의 내용과 관련한 여러 가지 설명들

우선 일선 실무를 담당하는 경영계와 노동부의 설명을 살펴보자.

사용자 측에서는, 노동조합 또는 근로자들의 주장에 대응하여 경영권이라는 개념을 도입하고 있다. 경영계에서는 "경영권은 경영자가 누구를 위하여 무엇을 어떻게 생산할 것인가에 대한 배타적 의사결정권으로서, 경영자에게 귀속되는 일체의 권리"라고 정의하면서 "그 내용은 다양하지만 그 권리들은 합리적 기업운영을 위하여 상호 밀접한 관계를 지니고 있는 것으로서 통일적, 입체적으로 파악"되는 것이라고 주장한다.[64] 구체적으로는 이를 인적·물적시설의 조직적 결합체를 창설·처분·개선하고 그 기관을 임면하는 권한인 '경영조직권'과 경영의사의 결정권한인 '의사결정권' 및 경영의사의 집행기능인 '경영집행권'으로 3분하여 설명하고 있다.[65]

노동부는 경영권을 "우리나라 헌법과 기타의 법률들은 사유재산권을 보장 또는 전제하고 있으므로 기업주체로서의 사용자는 원칙적으로 근로자의 인사 및 기업의 경영에 관한 사항을 자기의 책임하에 결정할 수 있는 권리를 가지고 있다."[66]

---

63) 박제성(2017), "관할권 또는 법을 말할 수 있는 권한 ―경영권의 법적 근거에 대한 비판적 검토와 사회정의의 교의적 가치에 관하여―", 시민과 세계 제30호, 177-178면.

64) 경제단체협의회(1991), 경영·인사권 확보방침, 7면.

65) 그중 '경영집행권'은 다시 경영입법권(규칙제정권)과 경영행정권(시설관리권 등을 포함하는 대물적 집행권과 노무지휘권 등을 포함하는 대인적 집행권) 및 경영사법권(취업규칙 작성권 등의 징계권)으로 3분하여 체계화하고 있다. 경제단체협의회(1991), 7면.

66) 노동부, 「노동삼권행사에 대한 올바른 이해(노사관계교육자료 91-1)」, 27면.

라고 설명해 왔다. 최근에는 이를 보다 구체화하여 "인사·경영권은 기업경영과 관련하여 사용자에게 귀속되는 일체의 권한을 의미하고, 인사권이란 '근로자의 채용, 전보, 배치, 인사고과, 승진, 해고 등 징계, 휴직 등의 사항에 관한 사용자의 권한을 말하며, 경영권이라 함은 회사의 조직변경, 경영진의 임면, 합병·분할·양도, 공장이전, 하도급·용역전환, 휴·폐업, 신기술 도입, 생산계획의 결정 등에 관한 사용자의 제반 권한을 의미한다."라고 설명하고 있다.[67]

필자가 보기에는 경영권의 내용에 대해서는 신권철 교수의 설명이 가장 돋보인다.[68]

> "경영권은 사업에 대한 운영이나 지배를 표현하는 단어이다. '경영권'은 두 가지 의미로 사용되는데 하나는 사업의 운영이나 지배를 위한 권능으로서의 사업과는 분리된 주주권(의사결정권)을 의미하고, 다른 하나는 사업조직 내에서의 기업의 사업수행을 위한 일반적 권한들을 말한다. 전자로서의 경영권(주주권)은 사업 외부적인 것으로서 승계되거나 방어되거나 인수되는 일종의 재산권처럼 인식되지만 후자로서의 경영권(사업운영권)은 사업 내부적인 것으로서 행사되거나 제한되는 일종의 지배권처럼 인식된다. 즉, 전자로서의 경영권은 후자로서의 경영권을 정초한다. 상법(회사법)에서 말하는 경영권이 전자를 의미한다면, 노동법에서 언급되는 경영권은 후자를 의미한다. 이러한 양 측면을 모두 고려해서 개념정의한다면, 경영권이란 의사결정권한(회사의 경우 주주권)에 기반하여 사업을 운영하는 권리라 할 수 있다."[69]

요컨대 경영권의 대상 또는 객체는 사업이고, 그 내용은 사업을 운영, 지배하는 것이라는 설명이다.

지금까지 경영권의 내용에 관해 명확히 검토되지 않았던 이유는 다음과 같이 설명할 수 있지 않을까 싶다. 우선 경영권의 권리성을 부정하고 사실상의 힘에 불과하다고 이해하는 학자들은 굳이 그 내용을 들여다 볼 필요가 없다고 생각했던

---

67) 고용노동부(2016), 「집단적 노사관계 업무매뉴얼」, 171-175면.
68) 경영권은 기업을 운영하는 권한으로서 기업 운영에 필요한 여러 경영상의 권한이 포괄적으로 결합된 형태를 갖는다는 전형배 교수도 유사한 입장을 취하고 있다고 볼 수 있다(전형배(2015), 667면).
69) 신권철(2017), 33-34면.

듯 하다. 경영권의 구체적 내용이 적용되는 그 국면에서 관련 법규의 해석을 통해 법적해결을 시도하면 그만이기 때문이다. 반면 권리성을 인정하는 학자의 경우 노동부나 경영계의 입장과 유사하게 스스로 인식하는 경영활동을 나열한 후 ',,, 등'으로 여러 가지 내용을 예시하는 정도로 경영권의 내용을 설명해 왔다. 이러한 설명방식에는 오류가능성이 없기 때문에 아주 편리한 설명이다.

　　사회과학에서의 논의라면 이런 식으로 설명을 해도 무방하겠지만, 법학에서는 혼란이 초래된다. 권리의 객체나 내용을 밝히려고 하는 이유는, 거기에 적용되는 법을 발견하고 법해석을 통해 그 권리의 근거, 요건, 효과, 한계 등을 법리적으로 분석하기 위해서다. 그런데 전통적인 '경영권 인정론자들'[70] 대부분은 이런 연역적 과정을 생략한 채 포괄적인 형상만을 설정하고 거기에 법력을 불어넣으려고 한다. 이러한 점에서는 경영권 개념이 기업 내 활동의 전 영역을 커버하고 법적으로는 모든 개개 사용자의 권리를 그 구성요소로 포섭한다는 사용자 측의 주장이 법적 근거가 불분명하다고 지적하는 정진경 박사도 필자와 동일한 문제의식을 가지고 있다.[71] 나아가 정진경 박사는 "경영권을 법적으로 분해하면 사용자가 기업시설의 소유권과 근로계약에 따른 노무지휘권을 결합하여 영리를 추구하는 활동"이라고 설명한다.

　　또한 이에 대한 신권철 교수의 진단은 경영권의 구체적 적용 국면을 예상하고 여기에 가장 적합한 범주화를 도모한다는 점에서 유의미한 논의를 가능케 한다. 신권철 교수의 분석이 돋보이는 또 다른 이유는 노동법상의 '사업'의 개념을 정확히 파악하고 있다는 점이다. 사업은 기업과 달리 노동과 자본이 유기적으로 결합하는 조직적 통일체이다. 그래서 노동법은 그 영역을 적용의 기본단위로 설정하고 있다. 이 점을 쉽게 설명하기 위해 신권철 교수는 경영 중의 외부적인 사업수행의 자유와 내부적인 사업운영권한으로 구분하면서도 경영권과 노동권이 만나는 지점을 정확히 포착하고 있다:

　　　"사업이란 인적·물적 자산을 결합하여 행하는 영리·비영리활동을 의미하는데, 그것은 物(물적 자산)에 대한 지배뿐만 아니라 人(인간)에 대한 관리를 포함

---

70) 판례가 경영권을 인정하기 때문에 그 토대위에서 처절한 법리적 공방을 벌이는 이들은 제외한다.

71) 정진경(2004), "경영사항의 단체교섭대상성", 사법논집 제39집, 266면.

한다. 사업이란 人과 物의 결합이다. 사업양도란 人과 物을 결합시킨 채로 이전시키는 것이고, 재산양도란 物만을 이전시키는 것이며, 그 과정에서 人은 자신과 결합되어 왔던 物을 잃는다. 정리해고는 物에 결합되어 있던 人을 분리시키는 것이며, 위와 같은 모든 사업상의 조치는 人의 법적 · 사회적 지위에 영향을 미친다. 경영은 근본적으로는 物이 아니라 物에 결합된 人을 지배하고 관리하는 것, 즉 物을 통한 人의 지배를 그 임무로 한다."[72]

2) 기존 논의에 대한 비판적 검토

홈즈 대법관은 1921년 Traux v. Corrigan 사건에서 경영권 개념의 실체에 대해 의문을 제기하면서, 경영권을 마치 형체를 가진 재산권처럼 인식하는 것을 경계하였다.

"연방헌법 수정 제14조(적법절차 조항)를 적용함에 있어 법적 허상(delusive exactness)의 위험성에 대해 지적하고자 한다. 이러한 허상은 모든 법에 있어서 오류의 원천이다. 경영(business)을 재산(property)으로 규정하는 순간, 그것이 마치 한 조각의 땅처럼 형체를 지닌 것으로 취급된다. 또한 법제정 이전부터 존재하는 소유권(ownership)의 이익을 법률로써 실질적으로 제한할 수 없는 것처럼 이해하게 된다. 사업(established business)은 물론 경제적, 금전적인 가치를 지니고 있으며 부당한 손해로부터는 법적 보호를 받을 권리가 있다. 그러나 사업은 마치 동산이나 부동산처럼 명확한 형체가 있는 하나의 물건(a thing)은 아니다."[73]

홈즈 대법관의 주장은 경영 또는 사업 개념의 중첩성과 동태성을 중시하면서 그 법적 실체를 법률의 해석을 통해 규명하는 것이 법적 허구를 없애는 지름길이라는 점을 강조하는 것으로 풀이된다. 기업 경영의 내용은 포괄적이기 때문에 그 논의의 수위도 구체적 행위영역마다 다를 수밖에 없다. 경영의 자유를 헌법상의

---

72) 신권철(2017), 35면. 이에 관해서는 사업을 "특정한 목적을 위해 사람과 사물을 결합할 수 있는 자유가 구현된 것"으로 이해하는 박제성(2016), "사내하청의 담론과 해석", 노동법연구 제40호, 32면 참조.

73) Traux v. Corrigan, 257 U.S. 312 (1921)에서 Holmes 대법관의 소수의견 중. 이 사건에 대한 소개는 이다혜(2012), 177면 참조.

기본권으로 파악하는 입장에서부터, 근로계약상의 사소한 법률적 권리 하나하나에까지 경영권으로 정초하려는 백화제방의 입장이 난무하는 이유도 바로 이 때문이다. 향후 경영권에 대한 생산적인 논의를 위해서는 우선 경영권의 내용을 규명해야 할 필요가 있다.

신권철 교수는 내부적인 사업운영자의 권한에는 인사권과 징계권과 같이 사업의 조직이나 사업질서를 유지하기 위한 권한을, 외부적 사업수행의 자유로는 사업의 이전 · 축소 · 확대 · 변경 · 폐지, 사업방식의 외주화 · 자동화, 사업장 이전, 경영진의 변경을 예시한다.[74][75] 그리고 양자는 불가분적으로 연결되어 있기 때문에 이 모두를 노동법의 영역에 포섭시키고자 한다. 전형배 교수도 일응 이러한 구분법을 사용하면서 사업수행의 자유와 관련하여서는 주로 상법이 적용되지만, 내부적 운영과 관련하여서는 당연히 노동법이 적용되어야 한다고 주장한다.[76]

이들 두 교수의 주장의 타당성 여부는 별론으로 하더라도, 경영권의 내용과 실체를 규명하려는 시도는 법해석의 기본이라 할 수 있다. 이러한 판단을 유보한 채 포괄적이고 모호한 상태로, 그리고 상법과 노동법 등의 구체적 조항의 매개도 없이 그 자체로 구체적 권리로 인정하는 것은 법해석학의 포기나 다름없다.

4. 경영권이 노동3권에 우선한다? — 경영권과 단체교섭권의 관계

사실 경영권의 그림자는 앞으로도 노동법 곳곳에 드리워질 것이다. 그러나 다행히도 개별적 근로관계법 영역에서는 그 흔적을 하나하나 지워나가고 있다. 징계권의 근거나 취업규칙의 법적성질을 논함에 있어 소위 경영권설은 이미 폐기되었고, 인사권은 근로계약과 단체협약의 방어벽을 뚫어야 정당성이 인정된다. 또한 합병이나 영업양도 등에서 포괄승계 법리가 확고하게 자리잡고 있다. 이는 경영권의 객체나 내용에 따라 그 법적취급을 달리해야 한다는 사실이 너무나 당연하다는 점을 보여준다. 그런데 왜 집단적 노사관계 영역에서는 정반대로 가고 있을까?

---

74) 판례에서 '고도의 경영결정' 또는 '경영결정 그 자체'로 단골로 등장하는 정리해고나 구조조정은 아마 당연히 전자에 포함될 것이다.

75) 신권철(2017), 35면.

76) 전형배(2015), 667면 이하 참조.

1) 학설 개관

앞서 살펴본 경영권의 권리성에 대한 논의는 경영사항이 단체교섭의 대상이될 수 있는지(경영사항의 단체교섭대상성)에 대한 논의로 구체화된다. 과거에는 경영권의 배타적 성격을 강조하면서 경영사항은 단체교섭의 대상이 될 수 없다는부정설이 제기되기도 하였으나, 현재는 이러한 학설을 취하는 학자는 없는 듯하다. 이하의 내용에서는 근로조건과 밀접한 관련이 있는 경영사항은 단체교섭의 대상이 된다는 제한적 긍정설과, 경영의사의 결정과 이것이 근로조건에 미치는 영향을 나누어 교섭사항인지를 살피는 구분설의 입장을 소개하고자 한다.

(1) 제한적 긍정설

제한적 긍정설은 고용의 계속을 포함하여 근로조건과 밀접한 관련이 있는 경영사항은 단체교섭대상이 된다는 학설로서, 현재의 지배적인 학설이라 할 수 있다.[77] 앞서 살펴본 현대사회연구소 사건('연구소장 퇴진 요구의 뜻은 조합원의 근로조건의 개선요구에 있다'), 대림실업 사건('근로자들의 근로조건과도 밀접한 관련이 있는부분')에서의 대법원의 판시도 이러한 학설을 따른 것으로 평가할 수 있을 것이다.

(2) 구분설

구분설은 경영사항이 근로조건에 영향을 미치는 경우에 경영의사의 결정과그것이 근로조건에 미치는 영향을 구분하여 후자의 경우만 교섭사항으로 보자는견해로서, 이상윤 교수는 경영권의 행사와 근로조건의 변경이 혼재되어 있기 때문에 이를 오히려 근로조건의 변경으로 보는 것이 보다 타당한 경우, 경영권 행사로인한 이익보다 근로조건의 변경으로 인한 손실이 큰 경우, 경영권 행사보다는 근로조건에 보다 밀접한 경우 등에 한하여 예외적으로 교섭대상이 된다고 본다.[78]

김형배 교수는 '기업의 영업목적을 실현하기 위한 핵심적 사항, 경제상의 창의와 투자에 관한 사항, 기업의 존립에 관한 사항, 기업조직의 변경, 기업재산의취득·관리·처분(영업양도 등)에 관한 사항은 경영권이 지배하는 사항으로서 단체교섭사항이 될 수 없고, 그 외의 사항에 대해서는 해당 사항이 근로자의 근로조건

---

77) 노동법실무연구회(2015), 628면.
78) 이상윤(2017), 48-49면, 728-732면.

및 기타 대우에 관한 사항으로서 단체교섭사항에 포함될 수 있을 것인지, 아니면 경영권의 행사대상인지를 구체적으로 판단하여야 한다고 본다.[79]

하지만 이러한 학설에 따르면 결과적으로 경영의사의 결정 그 자체는 경영전 권에 속한다는 것이어서 결과적으로 교섭대상이 될 수 없다는 부정설과 다를 것 이 없다는 비판이 제기되기도 한다.[80]

2) 비판적 검토

최근에 젊은 학자나 법조인들 중에 2003년의 판결의 영향을 받아 기본권의 충돌의 법리로 이 문제를 해결하거나,[81] 경영권의 내용을 유형화하여 단체교섭대 상성 여부에 차이를 두려는 시도를 하고 있는데,[82][83] 결국은 모두 제한적 긍정설

---

79) 김형배(2016), 176면. 예컨대 작업교대제의 채택이나 작업장소의 변경 등의 문제는 근로시 간의 변경이라는 성질에 더 많은 비중을 가지고 있는 한 단체교섭사항이라고 설명한다.

80) 임종률(2016), 『노동법』, 박영사, 319면.

81) 대표적으로 김성진 교수의 주장. 논지는 다음과 같이 정리된다: 경영권이 기본권인지 여부 는 단체교섭대상성 여부와 분리하여 독자적으로 살펴보아야 한다. 경영권은 헌법상 직접적 근거규정은 없으나 헌법 제119조, 제23조, 제15조, 제10조(일반적 행동자유권, 계약자유의 원칙) 등을 근거로 인정되는 기본권으로서 경제주체가 자유롭게 경제적 활동을 할 수 있는 경제적 자유권이다. 다만 구체적인 보장범위의 획정은 다른 기본권과의 관계를 고려한 해 석이 필요한바, 경영사항이 단체교섭의 대상이 되는가의 문제는 기본권 충돌의 문제이므 로, 규범영역분석이론, 법익형량의 원칙, 규범조화적 해석의 원칙을 통해 이를 해결해야 한 다.(김성진(2013), "경영권의 단체교섭대상여부 —기본권충돌이론의 적용을 통한 해결—", 노동법학 제45호, 196-199, 217면 이하) 노정희 판사도 기본권 제한 법리로 이 문제를 해 결하려고 한다.(노정희(2011), 659면 이하 참조)

82) 이병희(2009), "경영사항의 단체교섭 및 쟁의행위 대상성", 재판자료 제118집, 331-337면.

83) 김진은 이에 대한 논의의 중심이 이전되고 있다고 진단하면서, 최근의 논의를 보다 구체적 으로 설명한다: "비교적 최근의 몇몇 논의는 경영권의 권리성을 인정하는지 여부가 아니 라, '편의상' 경영권이라는 용어를 사용하고 그 권리의 실체는 재산권 및 자유권적 기본권 으로서의 직업상 자유라는 것을 전제하면서(노정희), 무엇이 단체교섭 또는 쟁의행위의 대 상이 될 수 있는지의 관점에서 다루거나, 그 구체적인 보장범위 획정을 위해서 다른 기본 권과의 관계를 고려한 해석이 필요하므로 기본권 충돌이론을 구체적으로 검토해야 한다거 나(김성진), 아예 헌법상 기본권 논리로 구성하지 않고 실정법 체계를 고찰하여 거기에서 경영권의 실체를 파악하여야 하는데 실정법 중 기업의 작동원리와 이에 따른 법률관계의 규범적 기준을 제시하고 있는 법령은 상법이므로 상법 개별 규정을 통해 회사를 운영할 수 있는 권리의 내용을 분석하여 경영권의 실체적 모습을 제시하고 그것이 단체교섭·행동권 과 어떤 관계가 있는지 살피는 방향으로(전형배) 나아가고 있다."(김진(2017), "경영사항과 쟁의행위", 노동법실무연구회 2017년 11월 월례세미나 발제문, 35-36면)

로 귀결된다.

필자는 1993년의 논문을 통해 다음과 같은 논지를 피력하였는데, 이러한 주장은 지금도 변함이 없다:

> "미국과 독일의 예에서 본 바와 같이, 경영사항 또는 인사사항이라고 해서 근로자의 참여를 원리적으로 배제하지 않는다. 자본주의 초기에서는 이러한 경영특권성이 액면 그대로 관철될 수 있었으나 현재의 대부분의 국가에서는 단체교섭의 방식이건 아니면 경영참가의 방식이건 경영사항에 대하여 근로자 또는 노동조합의 참가권을 인정하고 있다. 참가의 수준이 어느 정도이어야 하는 문제는 당해국가의 법구조나 노사관행 등을 감안하여 법제도적으로 정착되어야 할 성질의 것이지만, 경영권의 배타성 또는 불가침성을 강조하는 경영계 측의 입장(배타적 경영권설)은 설득력을 확보하기가 힘들게 되었다.
>
> '근로조건' 또는 '근로자의 사회적 경제적 지위' 등의 개념은 역사적 발전의 개념으로서 그 내용은 시대와 장소에 따라 달리 규정될 수밖에 없는 성질의 것이다. 또한 이러한 근로조건 등의 개념과 사용자 측에서 주장하는 이른바 경영권 또는 경영사항이라는 개념 사이에는 일정한 함수관계가 있어 한쪽 개념의 외연확대는 다른 개념의 외연축소로 귀결되는 것이 통례라 할 수 있다. 자본주의 초창기에는 임금의 결정도 자본가의 경영전권사항이라고 사용자 측에서 강변하였다는 사실을 상기시킨다면 이 점은 분명해질 것이다.
>
> 요컨대, 단체교섭활동범위를 선험적으로 제약하는 경영권 개념은 그 법적 권리성이 불분명하고 나아가 단체교섭사항과 대립하는 고정적, 절대적 의미에서의 경영·인사사항은, 우리의 법제 하에서는 현재 존재하지 않는다고 보아야 할 것이다."

정진경 박사도 필자와 유사한 입장을 취하고 있다.[84]

> "단체교섭사항과 대립하는 고정적·절대적 의미에서의 경영사항은 노동기본권에 대하여 경영권에 따른 제한을 인정하지 아니한 우리 헌법 체제하에서 존재할 수 없다 … 우리나라에서 배타적 경영권의 개념은 오도된 관념에 불과하고 이를 불식하여야만 현대적 노사관계를 성취할 수 있다. 어떠한 범위의 사항에 관하여

---

84) 정진경(2004), 270면.

사용자의 단체교섭응낙의무가 인정되느냐의 문제는 포괄적인 경영권의 설정을 통한 원리론적 획정이 아니라, 근로조건의 결정에 있어서의 노사의 실질적 대등화와 노사관계에 관한 노사자치의 촉진 등 헌법과 노동법이 보장한 단체교섭권의 목적과 사용자가 갖는 근로계약에 기한 사용자의 노무지휘권, 기업의 물적시설에 대하여 갖는 소유권에 기한 시설관리권, 법률의 수권에 의한 징계권 등의 권리와의 구체적인 법익형량을 통하여 해결되어야 하는 문제이다.”

앞서 소개한 대전지방법원 판결에서는 대법원이 제시하는 ‘고도의 경영상 결단에 속하는 사항’을 쟁의행위의 불법적 목적을 판단하는데 일반적으로 적용할 수 있는 요건으로 따르기 어렵다고 판단하면서, 그 논거로 임금 등 전통적 노무관리에 관한 사항도 경영사항이 아니라고 할 수는 없는 점 등 경영사항과 그렇지 않은 사항의 경계가 모호하다는 점을 근거로 들었다. 이는 앞서 필자가 분석한 경영사항의 모호성과 중첩성을 정확히 포착한 것으로, 필자가 1993년도에 주장한 설명 방식과 동일하다.

아울러 해당 판결에서는 헌법 제33조와 노동조합법 제1조 등을 종합해보면 근로자의 경제적, 사회적 지위에 영향을 미치는 사항으로서 사용자가 처분권을 갖고 있는 것이라면 어떤 사항이라도 단체교섭의 대상이 된다고 판시하였는데, 이는 헌법상 노동권을 보장한 취지와 거기에 내재된 헌법적 가치를 존중하고 있는 지극히 타당한 해석이다.

문제는 앞서 소개한 대법원의 경영권 판결이다. 특히 경영결정 그 ‘자체’에 불가침적인 성격을 부여하는 것이 매우 우려스럽다. 경영결정은 다른 법현상과 완전히 절연되어 스스로 화석처럼 고정되어 있는 것이 아니다. 대법원은 화석화된 경영결정을 선험적으로 상정하고, 경영결정에 해당되기만 하면 다른 기본권과의 규범조화적 병존의 여지를 인정하지 않고 더 이상의 법적판단과 법률해석을 포기한다. 이 점은 ‘근로조건의 변경이 필연적으로 수반되더라도’ 교섭사항에 포함시킬 수 없다고 일관되게 설시하여 온 지점에서 확연히 드러난다. 그 결과 근로자나 노동조합은 헌법과 법률에서 보장된 자신의 권리를 주장할 기회가 원천봉쇄된다.

만약 경영권에 헌법적 지위를 부여하더라도, 경영권과 노동3권과의 충돌을 해결하기 위해서는 최소한 당사자에게 자신의 기본권을 주장할 기회를 부여하여야 한다. 우리 헌법이 노동3권을 명시적으로 보장한 취지와 경영권의 모호성과 중첩적 성격에 비추어 보면, 근로자가 우선 자신의 권리를 주장하고 사용자가 경영 항변을 하는 방식으로 그 충돌을 해소하여야 할 것이다. 노사 당사자들이 학습과 정을 거쳐야 헌법재판소가 강조했던 것처럼[85] 건전한 사회적 대항세력의 창출과 실질적 자치의 향상을 구현할 수 있을 것이다.

또한 경영결정과 그 효과를 구분하는 구분설은 납득하기 힘들다. 앞서 언급한 대로, 대법원의 판결도 경영결정 그 자체를 강조하는 것으로 보아 이와 대비되는 행위 또는 결과를 상정한 것처럼 보인다. 구분설도 이와 유사하게 경영결정과 그에 따른 실행조치 또는 경영결정과 그 효과 사이에 구별이 법적으로 가능하다는 것을 전제하고 있다. 그러나 김성진 교수가 적절히 지적하듯, 경영결정이든 그 실행조치든 모두 경영주체의 의사가 개입된다는 점에서 구분하기도 어렵고 구분의 필요성이 높지 않다.[86] 또한 경영결정은 처분적 성격을 지니는 법률행위인데, 그 효과를 분리해서 취급한다는 것은 유체이탈이다. 판결문에서 경영결정 그 자체를 강조하다 보니 학자들도 그 프레임에 갇힌 것이다.

Ⅲ. 나가며

헌법 조문에서 한 번의 명시적 언급도 없이 은밀히 등장한 경영권은 그 실체가 명명되자 곧 가히 무한한 권력을 장악하고 말았다. 법의 엄밀한 검토에서 면제되어 노동권의 발언을 여지없이 봉쇄하는 그 제도적 폭력은 신화 속의 괴물 레비아탄의 모습을 떠올리게 한다.

그 앞에서는 아무도 이길 가망이 없어 보기만 해도 뒤로 넘어진다. 건드리기만 하여도 사나워져 아무도 맞설 수가 없다. 누가 그와 맞서서 무사하겠느냐? (…) 생겨날 때부터 도무지 두려움을 모르는구나. 모든 권력자가 그 앞에서 쩔쩔매니, 모든 거만한 것들의 왕이 여기에 있다. (욥 41:1-3, 25-26)

모든 신화가 그렇듯, 레비아탄은 그 근거도 실체도 없이 고대에서 중세에 이

---

85) 헌법재판소 1993. 3. 11. 92헌바33 결정.
86) 김성진(2013), 211면.

르는 긴 세월 사람들을 공포에 떨며 자발적으로 순종하게 하였다. 그럴듯한 이야기로 막연한 두려움을 재현하며, 허구로부터 신앙과 규범을 생성해 내는 것이 신화의 속성인 것이다. 이 주술(呪術)적인 힘은 그 존재에 대한 이의도 의구심도 허락하지 않고 과거로부터 현재를 끊임없이 붙들어 미혹에 빠지게 한다.

그렇다면 과연 누가 "그의 코에 줄을 꿰고 턱을 갈고리로 꿸 수 있는가?"(욥 40:25) 필자는 그리스어의 신화(mythos)의 상대어로서 로고스(logos)를 언급하고자 한다. 신화가 미혹의 언어이자 권력의 언어라면 로고스는 지극히 인간적인 언어로서, 상호 논의와 설득을 반복함을 통해 진리를 구현하고자 하는 이성적 실천이다. 노동법은 시장의 "야수적 권력관계"를 치밀하고 체계적인 설득의 역학을 통해 법적 판단의 영역으로 "끌어들여 길들일"[87] 수 있는 용사이어야 한다.

이 글을 준비하는 과정에서 접한 젊은(?) 학자들의 연구에 대해 필자는 고마움을 느끼지 않을 수 없었다. 헌법의 사각링에서 자청해서 난타전을 벌이는 김성진은 지독하고 처절하다. 상법전을 들고 노동법을 묻는 전형배는 담담하면서도 명쾌하다. 노동의 물화를 혼심의 힘으로 거부하는 신권철은 신랄하고 날카롭다. 경영권 신화의 나레이터인 법원 내에도 젊은 판사들을 중심으로 신선한 기운이 감돌기에, 희망을 가지고 우리의 신화 벗기기는 계속 이어져야 할 것이다.

---

87) 박제성(2017), 178면.

제 5 장

산업구조 변화에 따른 노동법의 새로운 과제와 노동 4.0[1]

I. 지구화에 대응하는 노동법의 존재의의와 역할에 대한 담론

앞선 내용에서도 살펴보았듯이, 우리나라에서는 90년대 전후로 신자유주의적 사조에 강하게 영향을 받아 노동법을 기업경쟁력에 걸림돌이 되는 존재처럼 경직적인 것으로 치부하는 경향이 있었으며 현재까지도 노동정책에 있어 이러한 기조가 계속되고 있지만, 이렇게 된 까닭은 WTO, OECD 등 주로 무역 자유화를 주도하는 기구들의 논조만을 정확한 검토 없이 무비판적으로 수용한 데에서 기인했다는 점이 지적되어야 할 것이다.[2]

지구화에 대한 노동법의 대응을 모색하며 진행된 노동법학에서의 주요 담론의 세계적 흐름을 골고루 살펴보면, 20세기 초반에 주로 제조업 산업구조에 기반하여 형성된 표준고용관계(Standard Employment Relationship)를 중심으로 한 기존의 노동법이 여전히 유효한 것인지에 대한 회의가 존재하는 것은 사실이다. 하지만 그러한 회의는 노동법의 존재의의를 의문시한다기보다는 새로운 글로벌 경제 속에서 노동보호의 역할을 어떻게 새롭게 제고하느냐에 대한 방법론적 고민이 주

---

1) 본 장은 이철수 · 이다혜(2017), 한국의 산업구조변화와 노동법의 새로운 역할, 서울대학교 법학 제58권 제1호에서 제3장 및 제4장의 논의에 기초한 것으로, 『노동의 미래』, 현암사, 2020에 필자가 작성한 한국형 노동 4.0에 대한 논의를 추가하였다.

2) 이와 관련하여 강성태(2013), "OECD 고용보호지수의 정확성과 적정성", 노동법연구 제34호의 논의 참조. 이 연구에서는 각국 노동법제의 엄격성을 계량화한 OECD 고용보호지수의 정확성과 적정성에 대해 의문을 제기했는데, 우리나라에서 중요하게 인용되며 각종 정책의 지표로 활용되는 이 지수가 법령이나 판례에 대한 오해로 과대평가되어 있는 점을 지적하고 있다.

를 이룬다고 평가할 수 있다. 그 흐름은 크게 세 가지로 나누어 설명할 수 있는데, ① 지구화의 맥락 속에서 신자유주의 및 유연화 등에 대한 무조건적 수용을 경계하고 개별 근로자에 대한 노동보호의 근본 원칙이 더욱 강조되어야 한다는 담론, ② 특히 영미권 및 EU에서 노동법의 주요 역할이 '노동시장의 법'(law of the labour market)으로만 여겨지는 것에 대한 비판적 담론, ③ 기존 노동법이 설계된 가부장적, 남성중심적 전제에 대한 의문을 던지며 여성이 도맡아 온 돌봄노동(care work)을 노동법의 목적과 규율에 포섭시켜 노동법이 보다 정의로운 역할을 수행할 수 있도록 하는 방안을 모색하는 담론을 들 수 있다. 이하에서 순서대로 살펴본다.

1. 신자유주의적 유연화 논의를 경계하는 담론

Klare(2003)는 오늘날 경제학에서는 물론이지만 노동법학에서조차 성장, 효율성, 유연성 등의 가치만이 주요한 목적으로 회자되는 점, 노동법이 다시 계약법으로 돌아가야 한다는 등의 논의를 비판하며 노동법은 원래 자본주의 체제에서 발생하는 부정의에 대응하기 위하여 발전한 것임을 상기시킨다.[3] 노동법의 본래 소명은 근대 자본주의 시장경제의 사회적, 경제적 문제에 접근하고 이를 완화하는 것이라고 하며, 노동법이 법과 권력에 대한 재분배 기능을 수행해야 한다고 주장한다. 노동법에서의 경쟁력 강화에만 치중하는 유연화 담론은 노동보호의 다양한 목적과 방법론을 고민하지 않고 정해진 결론만을 강요한다는 점에서 오히려 '경직적'인 것이며, 노동법학의 진정한 역할은 21세기의 새로운 조건 속에서 일터의 민주주의와 평등, 자기실현과 연대(solidarity)를 실현하는 '변혁적 기획'이라고 강조한다.

2. '노동시장의 법'(law of labour market)에 대한 비판

Dukes (2014)는 20세기 후반 유럽에서 전개된 노동법의 경향을 진단함에 있어 1970년대 영국에서 시작된 대처리즘(Thatcherism) 이후 노동조합 조직률의 감소, 전통적 노동보호의 약화 등을 그 주요 현상으로 파악한다. 그에 따라 노동법

---

3) Karl E. Klare(2003), The Horizons of Transformative Labour and Employment Law, 『Labour Law in the Era of Globalization』.

학에서도 노동법의 기본 관념인 공정한 근로조건 담보를 위한 국가 개입에 대한 강조가 약화되었으며, 노동법은 시장원리를 비판하기보다는 이를 따를 때 현실적이고 유용하다는 주장, 노동법은 '노동시장에서의 기회'를 제공하고 증대시키는 법이라는 주장[4]들에 대해 비판적인 검토를 시도하고 있다.

　　Dukes에 따르면 서구 노동법은 1919년 독일의 바이마르헌법에서의 노동권 관련 규범에 심대한 영향을 미친 법학자 휴고 진쯔하이머(Hugo Sinzheimer)가 고안한 '노동헌법'(labour constitution) 및 노동평의회의 관념,[5] 그리고 진쯔하이머의 수제자였던 오토 칸프로인트(Otto Kahn–Freund)가 1950년대 영국 노동법을 정립하며 개발한 집단적 노사자치(collective laissez–faire)의 관념을 양대 축으로 하고 있다. Dukes는 양대 개념이 오늘날 시행되고 있는 노동법 및 노동정책에 대한 연관성을 진단한 뒤 특히 '노동헌법'의 현재적 의미가 다시금 강조되어야 함을 주장한다. 진쯔하이머의 '노동헌법' 개념은 노동조합 및 노동평의회 등 다양한 주체들을 통하여 경제관계를 집단적으로 규율할 수 있는 법규범의 총체를 의미하는 것으로, 그는 이렇듯 노동이 경제의 규율에 참여할 수 있을 때에만 비로소 노동과 자본이 공동선(common good)을 위해 협력할 수 있다고 보았다. Dukes는 이러한 노동헌법 개념의 중요성을 다시금 일깨워서 경쟁질서에 기반한 시장통합을 지향하는 EU의 정책기조 속에서 경제질서가 민주화되고, 유럽 노동자들의 현실적인 근로조건이 보호되어야 함을 강조한다. 진쯔하이머가 노동헌법 개념을 제안할 당

---

4) Frank Wilkinson & Simon Deakin(2005), 『The Law of the Labour Market』, Oxford University Press를 비판적 논의의 주요대상으로 삼고 있다. Dukes (2014)는 '노동시장의 법' 이론은 시장을 정치적으로 중립적인 제도로 인식한다는 점에 문제가 있으며, 시장을 중심으로 한 자본주의라는 제도는 정치적 논의의 대상이 될 수 있어야 한다고 주장한다. Ruth Dukes (2014), 『The Labour Constitution: The Enduring Idea of Labour law』, Oxford University Press의 논의 참조.

5) 휴고 진쯔하이머(Hugo Sinzheimer, 1875~1945)는 독일의 법학자이자 노동 변호사였으며, 바이마르 공화국 태동 시기에는 의원으로서 1919년 바이마르헌법의 초안 작성에 관여하였다. 그는 경제주체를 규율함에 있어 노동자 계층이 의사결정 과정에 참여할 권리가 있다고 보았으며, 이를 위해 법률이 민주적 기능을 수행해야 한다는 의미에서 '경제헌법'(Wirtschaftsverfassung) 또는 '노동헌법'(Arbeitsverfassung)이라는 용어를 고안하였다. 진쯔하이머의 이러한 기획은 1919년 바이마르헌법 제165조에 반영되었으며, 독일 및 서구 노동법의 기본 원리에 중대한 영향을 미친다. 이러한 과정은 Dukes(2014)의 제1장 및 제2장에 상세히 논의되어 있다.

시 기대하였던 노동법의 주된 보호자로서 '국가'의 역할은 상당부분 약화되었다고 할 수 있으나, 그럼에도 불구하고 노동법과 민주주의의 관계에 대한 핵심적인 내용은 여전히 오늘날에도 유용하다고 평가한다.[6]

3. 노동법의 남성중심적 전제에 대한 비판과 돌봄노동(care work)이론

Fudge(2011)의 경우 1919년 ILO 설립시 필라델피아 헌장에서 천명되었던 "노동은 상품이 아니다"(labour is not a commodity)는 원칙에 주목하며, 사람의 노동을 거래 가능한 상품으로 보는 법적 의제에 기반한 노동법의 전제가 과연 정당한 것인지를 묻고 노동법의 재생산적 측면과 돌봄노동에 대한 견해를 개진하고 있다. 노동에 내재된 주요 사회적 특징으로 ① 노동력 공급은 시장에 의해 결정되지 않으며 그 공급원천은 가정이라는 점, ② 노동은 가격의 법칙이 아닌 사회제도에 의해 분배되므로 여성과 소수인종은 지속적 불평등을 겪고 있다는 점, ③ 상품화되는 것은 인격 그 자체가 아니라 허구적으로 의제된 '노동력'일 뿐이라는 점, ④ 노동법에는 재생산의 문제가 직접적으로 다루어지지 않고 있다는 점을 지적한다.[7]

그는 기존 노동법학자들이 간과해 왔던 '노동력 재생산' 개념에 주목하는데, 재생산(reproduction)이라 함은 노동인구가 일상적으로, 그리고 역사적으로 세대를 거치면서 육체와 정신을 재생산하는 과정을 총칭하는 데 물질적 자원을 공급받는 것, 특정 시대와 장소에서 사회적으로 관계를 맺을 수 있는 인간으로서 훈련되고 교육받는 것을 의미한다. 재생산 과정에서 사회보장제도 등 국가의 역할도 매우 중요하지만, 그 주체는 일차적으로 가정이며, 특히 돌봄기능을 수행하는 여성의 몫이다. 기존의 노동법과 제도는 전통적 성역할(남성 생계부양자, 여성 돌봄자)만을 전제했기 때문에 무급으로 수행되는 돌봄노동을 법제도에 포함시키지 않았다. 그러나 시장에서 거래되는 임금노동에 못지 않게 본질적으로 중요한 것은 가정에서 노동력을 재생산하는 과정이며, 노동법의 주요 목적을 흔히 말하듯 '자본주의의 모순 시정', 즉 시장실패의 시정으로 제한적으로만 인식하면 이 점을 놓치게 된다.

6) Ruth Dukes(2014).
7) Judy Fudge(2011), "Labour as a Fictive Commodity: Radically Reconceptualizing Labour Law", 『The Idea of Labour Law』(edi. by G. Davidov & B. Langille), Oxford University Press.

임금노동뿐 아니라 노동의 재생산을 둘러싼 문제들 역시 구조적인 문제인데 시장 실패의 시정에만 주목하면 임시적 처방밖에 내릴 수 없는 것이다. 노동법의 역할 은 노동이 허구상품(fictive commodity)임에도 불구하고 시장에서 거래될 때 발생 하는 제도적 한계를 극복할 수 있는 것이어야 한다.

다시 말하면 임금노동 및 돌봄노동의 수행에 있어 '여성의 남성화'뿐 아니라 '남성의 여성화'가 가능해지는 것, 즉 돌봄의 기능을 남녀 모두가 함께 수행하는 것을 전제로 노동법이 설계되어야 한다. 노동법의 재정립은 노동이 현실적으로 시 장경제에서 상품처럼 취급되지만, 그럼에도 불구하고 그 '허구적' 성격을 좀 더 잘 포착하도록 하는 것, 그리고 형식적 평등이 아니라 실질적으로 민주화된 평등을 달성하는 방향으로 이루어져야 함을 역설한다. 돌봄노동은 주로 사회학 또는 가족 법 분야에서만 다뤄져 왔으며 20세기 노동법은 "집에 가서 돌봄노동을 할 의무를 행하지 않는" 남성 근로자상만을 전제하여 설계되었다는 점을 지적한다.

노동법의 전제 및 목적을 시장에서 거래되는 성격의 노동으로만 국한한다면 노동법의 재생산 기능을 돕지 못하고, 여성 고용률을 높이기 위해 노동시장으로 끌어내는 정책밖에 시행할 수 없게 되며, 이러한 정책의 결과는 계속적으로 노동 시장 분절화 및 양극화를 초래한다. 돌봄노동은 그 성격상 시장에 전적으로 맡길 수 있는 것이 아니기 때문이다. 선진국 여성의 취업률이 높아질수록 그들이 수행 하지 못하는 돌봄노동의 빈 공간은 개발도상국 출신의 이주 여성노동자들로 채워 지기만 하므로, '고임금 전문직 여성 - 저임금 가사노동 여성'으로의 분절화 구조 가 고착되고 있는 것이 그 예이다.[8] 노동법은 임금노동과 돌봄노동 사이의 이러 한 부정의한 불균형을 해소할 수 있어야 한다.

Ⅱ. 공유경제 종사자의 근로자성 판단 문제

1. '4차 산업혁명'과 플랫폼 기반 노동의 출현

미래학자 제레미 리프킨(J. Rifkin)은 『한계비용 제로사회』에서 사물인터넷

---

8) Lourdes Beneria(2010), "Globalization, Women's Work and Care Needs: The Urgency of Reconciliation Policies", 88 North Carolina Law Review, p.1501.

(IoT), 빅데이터(Big data), 인공지능(AI), 3D프린터의 발전 등 '4차 산업혁명'으로
도 설명되는 기술의 발전으로 플랫폼 기반 '공유경제'(sharing economy)가 가능해
졌다고 한다. 공유경제로 인해 재화의 생산 및 유통에 필요한 한계비용이 거의 무
료에 수렴하는 '한계비용 제로사회'(zero marginal cost society)가 등장할 뿐 아니
라, 장차 현재의 시장경제에 기반한 자본주의가 점차 쇠퇴하고 협력적 공유사회가
도래할 것이라고 예측하였다.[9] 4차 산업혁명으로 인한 기술 진보는 자본주의의
모순을 시정하는 계기를 마련할 것이라고 다소 낙관적인 전망을 하고 있다.

리프킨이 주장하는 미래사회에 대한 평가는 일단 유보하더라도, 플랫폼과 앱
(app)에 기반한 공유경제의 출현이 현재 많은 이들의 노동환경에 유의미한 변화
를 가져오고 있는 것은 주지의 사실이다. 공유경제를 통해 재화를 공유하는 경우
도 있고, 서비스를 공유하는 경우도 있는데 특히 후자의 경우는 서비스 제공자의
활동을 노무의 제공으로 볼 여지가 있기 때문에 현재 노동법학에서 중요한 관심
문제로 부상하고 있다.[10] 구체적으로 공유경제를 통해 제공되는 서비스를 노동법
이 상정하는 '근로'로 볼 것인지, 만일 그렇다면 이를 수행하는 자는 실정법에서의
근로자에 해당하는지, 어느 범위까지 노동법의 적용을 받을 수 있는지, 사용자책
임의 주체는 누구인지 등이 문제된다. 공유경제의 출현으로 인해 일터의 법적 규
율에 새로운 쟁점들이 발생하고 있는 것이다.

이하에서는 공유경제가 가장 빠른 속도로 확산되고 있는 미국의 사례를 널리
알려진 차량공유 어플리케이션인 우버(Uber)의 경우를 중심으로 살펴보면서 현재
발생하고 있는 노동법의 쟁점과 향후 과제를 제시하고자 한다.[11]

2. 미국에서 공유경제의 현황과 노동법적 쟁점

미국의 경우, 대표적인 공유경제 어플리케이션으로 꼽히는 Uber와 Lyft(차량
공유), AirBNB(숙박 공유), TaskRabbit(심부름 대행) 등이 활발히 이용되고 있어 이

---

9) 제레미 리프킨(2014), 『한계비용 제로사회: 사물인터넷과 공유경제의 부상』, 민음사.

10) Valerio De Stefano(2016), "The Rise of the "Just-in-time workforce": On-demand
economy, crowdwork, and labor protection in the "Gig-Economy"", Comp. Labor
Law & Pol'y Journal, Vol. 37, Issue 3의 논의 참조.

11) 공유경제와 관련한 상세한 논의는 이다혜(2017), "공유경제(sharing economy)의 노동법
적 쟁점: 미국에서의 근로자성 판단 논의를 중심으로", 노동법연구 제42호 참조.

들을 통한 재화와 서비스의 공유 규모가 상당하며, 해당 앱을 통해 서비스를 제공하는 자들을 둘러싼 노동법적 문제가 등장하고 있다.

우버, 리프트 등 차량 공유업체에서 운전자들의 근로자성이 현재 미국 노동법상 중요한 쟁점인데, 업체 측은 자신들은 기술 개발자지 운수업체는 아니며, 운전자들의 사용자가 아니라는 입장을 고수하고 있다. 운전자들은 노동관계법령의 적용을 받는 근로자가 아니라 독립계약자(independent contractor)라는 것이다. 이에 반발한 운전자들의 근로자성을 다루는 소송들이 미국 각 주 하급심 법원에서 계류 중이며, 특히 공유경제 활용도가 높고 이민자, 저임금 노동자들이 많은 캘리포니아주에서는 이들을 근로자로 볼 수 있다는 하급심 판결들이 내려진 바 있다.[12]

Cotter v. Lyft (2015) 판결에서는 Lyft 운전자들이 회사를 상대로 캘리포니아 노동법 위반 문제를 제기하였다.[13] 원고들은 스스로를 근로자라고 주장했으나 피고는 이들이 앱을 사용하는 독립계약자, 즉 자영업자에 가깝다고 주장하였다. 법원은 근로자 판단기준의 핵심이 지배 또는 통제(control)인 것은 맞으나, 업무의 모든 세부사항에까지 지배를 받아야만 근로자인 것은 아니고 "앱을 사용하여 수행하는 업무의 본질상 일정한 정도의 자유가 보장된다 하더라도 여전히 통제하에 놓인 근로자"가 될 수 있다고 보았다. 핵심 판단기준은 사용자가 그 서비스 제공자에 대하여 그의 작업방식과 목적을 달성하기 위한 수단을 지배할 권리(right to control)가 있는지 여부인데, 여기에서의 통제는 사용자가 노무제공자에게 얼마나 실제로 간섭했는지, 실제로 어떤 행동을 했는지의 문제가 아니라 그 행위와는 별도로 그런 행위를 할 권한이 있느냐의 문제이다. 근로자로 판단되기 위하여 그의 모든 행위가 통제받고 있을 필요는 없으며, 해당 업무에 상당한 정도의 자유가 허용되고 있더라도 여전히 고용관계가 존재할 수 있는 것이다.[14]

---

12) 즉 운전자들이 근로자가 아니라 독립계약자라는 취지의 결정을 내려달라는 Uber, Lyft 측의 약식판결(summary judgment) 요구가 기각된 판결들이다. 단, 후술하는 바와 같이 Uber 및 Lyft 소송은 합의로 종결되었다.

13) Cotter v. Lyft, Inc., 60 F. Supp. 3d 1067 (N.D. Cal. 2015).

14) 유사한 사실관계의 우버 사건(O'Connor v. Uber Techs., 82 F. Supp. 3d 1133 (N.D. Cal. 2015)에서도 법원은 마찬가지로 Uber의 기각신청을 받아들이지 않았다. Uber는 자신들이 운수업체가 아닌 기술업체로서 앱을 개발할 뿐 운전자들의 사용자가 아니라고 주장했으나, 법원은 우버의 핵심 수익은 기술개발이 아닌 운전서비스라며 우버의 이러한 주장을 받아들이지 않았다. 다만, Uber 및 Lyft 사건 모두 2016년 초 사측에서 거액의 합의금

또한 운전자들이 수행한 업무가 리프트의 영업에 "완전히 통합"(wholly integrated)되어 있다는 점, 즉 탑승한 고객들은 리프트의 고객이지 운전자의 고객은 아니라는 점, 운전자들은 자가소유 차량으로 운전하기는 하지만 탑승 횟수에 연동하여 수익을 얻는다는 점, 리프트가 정한 요금이나 공제되는 운영비 명목의 금액에 대해 운전자들이 교섭할 수 없다는 점 등을 근로자성 추정의 중요한 근거로 보았다. 현행 노동법 하에서는 이들의 근로자성 여부가 사실관계를 어떻게 해석하느냐에 따라 판단이 달라질 수 있기 때문에, 법원은 공유경제 종사자에 대해 새로운 형태의 입법적 해결이 필요하다고 판시하였다.

3. 공유경제의 노동법적 문제에 대한 새로운 접근의 모색

미국에서 차량공유 업체인 우버를 중심으로 공유경제 종사자의 근로자성이 문제되고 있음을 살펴보았는데, 현재 우리나라에서도 어플리케이션을 사용한 음식 배달대행 업체를 중심으로 공유경제의 법적 문제가 대두되기 시작하였다.

최근 서울행정법원에서는 배달대행 어플리케이션을 사용하여 오토바이로 음식 배달을 하던 고등학생이 교통사고를 당해 산업재해보상보험법에 따라 급여를 신청했던 사안에서 해당 배달원을 근로자로 볼 수 없고, 산재보험의 적용대상이 아니라고 판시한 바 있다.[15] 1심에서는 해당 배달원이 근로계약서를 작성하거나 4대보험에 가입하지 않았고, 어플리케이션을 사용하여 근로시간이나 장소를 비교적 유연하게 정할 수 있었던 점, 고정적인 급여를 받지 않고 배달 실적에 따라 수익을 얻었던 점 등을 강조하며 배달 중 교통사고를 당한 학생에게 사용종속관계가 있다고 보기 어렵다고 하였다. 그러나 근로계약서가 없고 4대보험에 가입되어 있지 않았다는 사정만으로 근로자성을 쉽게 부정하면 안 된다는 점은 2006년 대법원 판결로 확정되었던 법리일 뿐 아니라,[16] 공유경제의 기술적 측면을 둘러싼 여러 현실을 볼 때 이들의 노무제공 양태가 고정된 사업장에서 근무하는 보통의 근로자와 다소 다르다는 이유로 이들에게 종속성이 없다고 섣불리 단정하기 어렵다. 고정급을 받지 못하고 오직 배달건수에 의존해서만 소득을 얻을 수 있는 배달

을 제시하며 소송은 종결되었다.

15) 서울행정법원 2015. 9. 17. 선고 2014구합75629 판결(1심), 서울고등법원 2016. 8. 12. 선고 2015누61216 (2심).

16) 대법원 2006. 12. 7. 선고 2004다29736 판결.

원이 생계를 유지하기 위해서는 어플리케이션을 통한 배달 요청을 거절하기 어려우며, 오히려 "최대의 성과를 내기 위한 지휘감독을 본인 스스로 내면화"한다고 볼 수도 있다.[17]

공유경제 종사자들의 근로조건 문제에 대응하기 위해서는 기존 노동법의 외연을 확장하는 해석론적 접근, 또는 이러한 범주의 노무종사자들을 새로운 범주로 취급하여 입법론적 보호를 도모하는 방식이 있을 것이다.

우리나라에서는 공유경제가 출현하기 이전부터 개별법상의 근로자성 판단이 모호한 직종의 노무제공자들을 특수형태근로종사자로 취급하여 산재법상의 보호를 도모하고 있는데(산재법 제125조), 특수형태근로종사자들은 산업재해보상보험을 제외한 다른 노동법상의 보호를 받지 못함은 물론, 특수형태근로로 추정되는 새로운 직종이 등장할 때마다 이를 입법적으로 추가해야 하는 번거로움 등으로 인해 여전히 그 노동법적 지위가 불안정한 상태다. 입법론적 및 해석론적 접근을 동시에 병행하는 것이 필요하겠지만, 장기적으로는 여전히 실질적인 사용종속관계를 요구하는 현재의 근로자성 판단기준이 바뀌는 것이 더욱 근본적이며 법적 안정성에도 부합하는 해결책이 될 것이다.

미국 노동법에서는 우리나라의 특수형태근로종사자와 같은 제도적 접근은 없지만, 공유경제 종사자의 근로자성 판단법리에 대해 다양한 방법론적 모색이 전개되고 있다. 공유경제 종사자라 할지라도 이들의 경제적 현실에 주목하면 여타 근로자와 다를 바가 없으므로 동일하게 취급하면 된다는 입장이 있는가 하면,[18] 반대로 공유경제는 새로운 형태의 노동이며 기존의 산업구조에 기반한 노동관계법령을 그대로 적용하기 어려우므로 새로운 법적 범주를 창설하자는 주장도 있다.[19]

---

17) 박제성(2016), "배달기사의 임금근로자성 — 서울행정법원 2015. 9. 17. 선고 2014구합 75629 판결", 노동법학 제58호 참조. 이후 대법원은 해당 배달원이 구 산재보험법 시행령 제125조 제6호에서 정한 특수형태근로종사자인 '택배원'으로서 산재보험의 적용을 받을 수 있다는 취지로 이를 달리 본 원심을 파기환송 하였다(대법원 2018. 4. 26. 선고 2016두 49372 판결).

18) R. Eisenbrey & L. Mishel(2016), Uber business model does not justify a new 'independent worker' category, Economic Policy Institute.

19) S. Harris & A. Krueger(2015), A Proposal for Modernizing Labor Laws for Twenty-First-Century Work: The "Independent Worker", The Hamilton Project DISCUSSION PAPER 2015-10. 공유경제 종사자에 대해 독립계약자도, 근로자도 아닌 "독립근로자"(independent employee)라는 새로운 범주를 만들어 노동법을 부분적으로만 적용하자는

그런데 노동법학에서 특히 주목할 만한 최근의 학설은 이들의 근로자성을 인정하되, 공유경제와 같은 새로운 현상을 법적 사고 안으로 포섭할 수 있도록 현존하는 근로자성 판단기준을 근본적으로 변혁하자는 것이다. 근로자성 판단에 있어 기존 법리처럼 근로자의 사용자에 대한 종속성만을 표지로 삼을 것이 아니라, 거꾸로 사용자(사업)의 근로자에 대한 의존도를 보아야 한다는 점이다. 전통적 노동법리에 따라 사용종속성을 판단하기 어려운 경우라 할지라도, 해당 사업이 수익을 유지하기 위하여 앱 종사자들에게 의존해야 한다면 그 노무제공자들을 노동법상 근로자로 보지 못할 이유가 없다는 주장이다.[20]

기업들이 '핵심 역량'에 해당하는 부분을 제외한 나머지 영역에 대해서는 인건비 절감을 위해 아웃소싱 등으로 직접고용을 회피하는 '고용 털어버리기' (shedding employment)를 행하는 것이 문제로 지적되고 있는 21세기 산업현실을 고려할 때,[21] 노동보호의 입법목적에 충실하면서도 공유경제 종사자들의 법적 보호를 도모할 수 있는 이러한 새로운 방법론은 중요한 의미가 있다. 향후 지속적인 연구를 통해 이론을 개발하여야 할 영역이다.

Ⅲ. 이주노동: 외국인의 노동권 보호 및 제도개선 필요성

이주노동자에 대한 노동법의 규율은 우리나라 산업구조 변화와 밀접한 연관이 있다. 한국의 급속한 경제성장이 대내외적으로 알려지기 시작한 1980년대 후반부터 한국에 취업하고자 하는 개발도상국 출신의 외국인들이 유입되기 시작하고, 내국인 인건비 상승으로 인해 저임금 노동력을 원하던 사용자의 이해관계가 맞물려 외국인이 주로 3D업종을 중심으로 일하게 된다. 이에 따라 1980년대 후반부터는 외국인의 임의적 취업을 허용했다가, 1991년부터는 산업연수생제도를 활용하였고, 2003년부터는 「외국인근로자의 고용 등에 관한 법률」을 제정하여 고용

주장을 하고 있다. 그러나 이렇듯 제3의 범주를 창설하는 것은 우리나라의 특수형태근로종사자에서 경험한 것과 같은 방식의 문제를 야기할 위험성이 있을 것이다.

20) R. Sprague(2016), "Worker (Mis)Classification in the Sharing Economy: Square Pegs Trying to Fit in Round Holes", 31 A.B.A. J. Lab. & Emp. L. 53.

21) David Weil(2014), 『The Fissured Workplace』, Harvard University Press.

허가제를 통해 외국인의 노동을 규율하고 있다.

이러한 제도의 변천과정은 전반적으로는 외국인의 노동권을 인정하고 존중하는 방향으로 발전하고 있으나, 현행 고용허가제가 노동권 보장보다는 제1조에서 명시하듯 "국민경제의 발전" 도모 및 사용자의 편의 중심으로 설계 및 운용되고 있기 때문에 노동법적 관점에서는 여전히 개선될 부분이 많다.[22] 외국인의 노동에 대한 우리 사법부의 법리를 시기적으로 구분해 보면 ① 개별적 근로관계법에서 외국인의 근로자성을 인정한 시기(1995~2006), ② 외국인의 사회적 기본권 주체성을 부분적으로 인정한 시기(2007~2014), ③ 집단적 노사관계법에서 외국인의 단결권을 인정하였으나, 이민정책과의 충돌로 고용허가제의 문제점이 유지되고 있는 시기(2015~)로 대별할 수 있다.

1. 개별적 근로관계법에서 외국인의 근로자성 인정(1995~2006)

출입국관리법상 체류 요건을 위반한 불법체류 외국인(또는 '미등록 이주노동자')이라 할지라도, 사용종속관계에서 사실상 노무를 제공한 외국인이라면 근로기준법상 근로자로 보아야 한다는 법리는 1995년의 대법원 판결을 통해 확립되었다.

우리 대법원은 미등록 이주노동자의 산업재해 사안에서 외국인이 출입국관리법상의 취업자격을 갖고 있지 않았다 하더라도 그 고용계약이 당연히 무효라고 할 수 없고, 부상 당시 외국인이 사용종속관계에서 근로를 제공하고 임금을 받아온 자로서 근기법 소정의 근로자였다 할 것이므로 구 산재보험법상의 요양급여를 받을 수 있는 대상이라고 판시한 바 있다.[23] 고용허가제 시행 이후부터는 합법적으로 고용된 외국인을 4대보험 가입 대상으로 하고 있지만, 1995년 대법원 판결은 외국인의 노동보호 정책이 부재하던 시절에도 근로의 형식보다 실질을 중요시하여 산재보험법상의 급여를 받을 수 있는 길을 열어주었다는 점에서 중요한 의

---

22) 고용허가제의 골자는 구인노력에도 불구하고 근로자를 찾지 못한 기업이 일정요건을 갖추면 외국인을 사용하도록 허가하는 제도로, 내국인 우선고용(제6조), 체류기간에 있어 단기순환(제18조), 차별금지(제22조), 사업장이동 제한(제25조) 등을 주요 원칙으로 하며, 합법체류 외국인이라면 내국인과 동등하게 노동관계법을 적용받아 근로3권, 최저임금, 사회보험 등의 보호를 받도록 하고 있다.

23) 대법원 1995. 9. 15. 선고 94누12067판결(요양불승인처분취소).

미가 있다.[24)]

2. 외국인의 사회적 기본권 일부 인정(2007~2014)

이 시기에는 두 번의 중요한 헌법재판소 결정이 있었는데, 첫째로는 외국인의 근로자성을 인정하지 않았던 산업연수제를 위헌으로 본 결정이며, 둘째로는 고용허가제의 외국인 근로자에 대한 사업장 이동권 제한이 위헌이 아니라고 본 결정이 있다.

첫째, 2007년 헌법재판소 결정은 산업연수제 운용의 근거가 되었던 「외국인 산업기술연수생의 보호 및 관리에 관한 지침」이 헌법 제11조에 근거하여 외국인의 평등권을 침해하는 것으로 보았다. 이 결정에서는 '근로의 권리'에는 '일할 자리에 관한 권리'만이 아니라 '일할 환경에 관한 권리'도 함께 포함되어 있으며, 후자는 인간의 존엄성에 대한 침해를 방어하기 위한 자유권적 기본권의 성격도 갖고 있어 건강한 작업환경, 일에 대한 정당한 보수, 합리적인 근로조건의 보장 등을 요구할 수 있는 권리 등을 포함한다고 할 것이므로 외국인 근로자라고 하여 이 부분에까지 기본권 주체성을 부인할 수는 없고, 외국인 산업연수생에 대하여만 근로기준법의 일부 조항의 적용을 배제하는 것은 자의적인 차별이라고 판시하였다.[25)]

두 번째로, 헌법재판소는 2011년 결정에서 사업장이동을 원칙적으로 3회 이내로 제한한 외국인고용법 제25조 제4항이 외국인의 근로권, 직업선택의 자유, 행복추구권 등을 침해한다는 헌법소원을 기각하였다.[26)] 다수의견은 동 조항이 외국인근로자의 무분별한 사업장 이동을 제한함으로써 내국인근로자의 고용기회를 보호하고 외국인근로자에 대한 효율적인 고용관리로 중소기업의 인력수급을 원활히 하여 국민경제의 균형 있는 발전이 이루어지도록 하기 위하여 정당한 것이며, 외국인근로자에게 "3년의 체류기간 동안 3회까지 사업장을 변경할 수 있도록 하고 대통령령이 정하는 부득이한 사유가 있는 경우에는 추가로 사업장변경이 가능하

---

24) 외국인은 내국인보다 산재발생률이 높다. 주요 종사업종이 내국인이 기피하는 3D업종인 점, 위험한 기계조작, 장시간 근로로 인한 피로감, 의사소통 한계, 안전교육 부족 등이 그 원인으로 꼽힌다. 특히 이주노동자를 채용하는 많은 사업장이 충분한 안전시설을 갖추지 못한 영세 사업장이다.

25) 헌법재판소 2007. 8. 30. 2004헌마670 결정(산업기술연수생 도입기준 완화결정 등 위헌확인).

26) 헌법재판소 2011. 9. 29. 2007헌마1083, 2009헌마230, 352(병합) 결정(외국인근로자의 고용 등에 관한 법률 제25조 제4항 등 위헌확인 등).

도록 하여 외국인근로자의 사업장 변경을 일정한 범위 내에서 가능하도록 하고 있으므로 이 사건 법률조항이 입법자의 재량의 범위를 넘어 명백히 불합리하다고 할 수는 없다"고 판시하였다.[27]

헌법재판소는 사업장 이동제한에 대해 '내국인 일자리 보호'라는 명분을 들고 있지만, 외국인의 이직기회 제한과 내국인 고용기회 보호 사이의 상관성은 구체적으로 입증된 바는 없다. 오히려 현실에서 외국인을 고용하는 사용자들은 내국인과 외국인의 직종 또는 직무 분리현상을 지적하는 경우가 많다. 외국인 취업분야는 내국인 기피분야인 경우가 대부분이며(농어업 또는 영세사업장에서의 제조업 등), 한 사업장에서 내국인과 외국인이 함께 근무하더라도 직무는 분리되어 실제로 경쟁관계에 놓이는 경우는 드물다. 외국인은 근로자일 뿐 아니라 지역경제의 소비자이기도 하므로 장기적으로는 내수진작 및 고용창출 효과를 야기한다는 연구결과가 있다.[28] 사업장 이동에 대하여는 UN 이주노동자권리협약은 취업 후 2년 이상이 경과하면 직장선택의 자유를 인정할 것을 권고하고 있다.[29]

3. 노조법상 단결권은 인정하였으나, 고용허가제의 문제점이 유지되고 있는 시기(2015~2016)

2015년에는 이주노동자의 단결권을 인정한 대법원 전원합의체 판결이 내려졌고, 2016년에는 고용허가제의 퇴직금 수령시기에 대한 헌법재판소 결정이 있었다.

첫째로, 2015년 대법원 판결에서는 미등록 이주노동자가 포함된 노동조합의 합법성을 인정하여 이주노조 설립 10년 만에 논쟁의 종지부를 찍었다.[30] 1심에서

---

27) 그러나 반대의견에서는 "외국인이라 하더라도 고용허가를 받고 적법하게 입국하여 상당한 기간 동안 대한민국 내에서 거주하며 일정한 생활관계를 형성, 유지하며 살아오고 있는 중이라면, 적어도 그가 대한민국에 적법하게 체류하는 기간 동안에는 인간의 존엄과 가치를 인정받으며 그 생계를 유지하고 생활관계를 계속할 수 있는 수단을 선택할 자유를 보장해줄 필요가 있다"고 보았다.

28) Jennifer Gordon (2012), "People are not Bananas: How Immigration Differs from Trade", 104 NW U. L. Rev. 110 등 참조.

29) International Convention on the Protection of the Rights of All Migrant Workers (1990), Art.52. Sec.3.

30) 대법원 2015. 6. 25. 선고 2007두4995 전원합의체 판결. 사건의 발단은 2005년 서울, 경기 지역 외국인들이 노조를 결성하고 설립신고서를 제출하였는데, 당시 서울지방노동청은 이 주노조가 가입자격 없는 "불법체류 외국인"을 주된 구성원으로 하였으므로 노동조합으로

는 불법체류 외국인은 출입국관리법상 취업이 엄격히 금지되어 있으므로 이들이 근로조건의 유지, 개선과 지위향상을 도모할 법률상 지위에 있지 않아 노조법상의 근로자가 아니라고 판시한 반면,[31] 2심에서는 불법체류 외국인이라 하더라도 우리나라에서 현실적으로 근로를 제공하면서 임금, 급료 기타 이에 준하는 수입에 의하여 생활하는 이상 노동조합을 설립할 수 있는 근로자에 해당한다고 보았다.[32] 전원합의체 판결은 2심의 판지를 대부분 인용하여 "출입국관리법령에서 외국인고용제한 규정을 두고 있는 것은 취업자격 없는 외국인의 고용이라는 사실적 행위 자체를 금지하고자 하는 것뿐이지, 나아가 취업자격 없는 외국인이 사실상 제공한 근로에 따른 권리나 이미 형성된 근로관계에 있어서 근로자로서의 신분에 따른 노동관계법상의 제반 권리 등의 법률효과까지 금지하려는 것으로 보기는 어렵다. 타인과의 사용종속관계 하에서 근로를 제공하고 그 대가로 임금 등을 받아 생활하는 사람은 노조법상 근로자에 해당한다"고 판시하였다.

그런데 동 판결은 불법체류 외국인의 근로자성을 인정하기는 하였으나 여전히 이주노동자의 단결권을 제약하는 여지를 남겨 놓았다. 다수의견에서는 외국인 근로자들이 조직하려는 단체가 '주로 정치운동을 목적으로 하는 경우'와 같이 노조법 제2조 제4호 각목 해당여부가 문제된다고 볼 만한 객관적 사정이 있는 경우에는 설립신고가 반려될 수 있을 뿐 아니라, 설령 설립신고를 마쳤다 하더라도 적법한 노조가 아닐 수 있다고 강조하였다.[33] 이주노조는 판결 직후인 2015. 7월 재차 설립신고를 하였으나, 서울지방고용노동청은 다수의견에서 언급된 것과 유사한 논리로 '이주노조의 주목적은 정치운동'이라며 또다시 설립신고를 거부하였다.

이주노조의 "고용허가제 폐지, 이주노동자 합법화"와 같은 활동들은 이주노동자의 근로조건과 직결되어 있다. 고용허가제의 사업장 이동 제한규정 때문에 이주노동자는 열악한 근로조건을 억지로 감수할 수밖에 없으며, 현실에서 소위 불법체류 이주노동자가 양산되는 가장 큰 원인은 바로 고용허가제의 제약적 조건들을 벗어나기 위함이다. 이주노조가 고용허가제를 비판하는 것은 노조법의 단결권 보

볼 수 없다며 반려처분을 한 것에서 비롯되었다.

31) 서울행정법원 2006. 2. 7. 선고 2005구합18266 판결.

32) 서울고등법원 2007. 2. 1. 선고 2006누6774 판결.

33) 이다혜(2015), "이주노조 대법원 판결의 의의와 한계", 노동법학 제56호, 369면 이하의 논의 참조.

장 목적인 "근로조건의 유지·개선과 근로자의 경제적·사회적 지위의 향상"에 해당하는 활동이며, 정치운동으로만 보기는 어렵다.

한편, 헌법재판소는 2016년 결정에서 외국인의 출국만기보험 수령을 출국한 때로부터 14일 이내로 제한하는 외국인고용법 규정이 위헌이 아니라고 결정하였다.[34] 동 결정은 "불법체류자는 임금체불이나 폭행 등 각종 범죄에 노출될 위험이 있고, 그 신분의 취약성으로 인해 강제 근로와 같은 인권침해의 우려가 높으며, 행정관청의 관리 감독의 사각지대에 놓이게 됨으로써 안전사고 등 각종 사회적 문제를 일으킬 가능성이 있다. 또한 단순기능직 외국인근로자의 불법체류를 통한 국내 정주는 일반적으로 사회통합 비용을 증가시키고 국내 고용 상황에 부정적 영향을 미칠 수 있다. 따라서 이 사건 출국만기보험금이 근로자의 퇴직 후 생계 보호를 위한 퇴직금의 성격을 가진다고 하더라도 불법체류가 초래하는 여러 가지 문제를 고려할 때 불법체류 방지를 위해 그 지급시기를 출국과 연계시키는 것은 불가피하다"고 판시하였다.

그러나 반대의견에서 적절히 지적된 바와 같이 이는 기본적으로 출국만기보험금이 가진 퇴직금의 성질을 전혀 고려하지 않은 것으로서, "근로관계가 종료된 후 퇴직금이 신속하게 지급되지 않는다면 퇴직근로자 및 그 가족의 생활은 곤경에 빠질 수밖에 없는데, 이러한 퇴직금의 성질을 가진 출국만기보험금의 지급시기를 무조건 출국과 연계하는 것은 퇴직금의 본질적 성격에 반하는 것"으로서 외국인의 노동법상 권리를 지나치게 제약하는 것이다. 우리 노동법에서는 상술한 바와 같이 90년대 중반부터 체류자격과 상관없이 근로자성을 인정하여 왔고, 기왕에 제공한 근로에 대해서는 내국인과 다를 바 없이 근기법상의 보호를 받는 것이 확립된 법리인데 퇴직급여의 수령을 이렇듯 제한하는 것은 퇴보적 현상이다.

이주노동자는 임금을 목적으로 노무를 제공하는 근로자이기도 하지만, 동시에 재화를 소비하는 소비자이기도 하며, 문화를 전달하고 생활공동체에 함께하는 현실적 의미에서의 '시민'이기도 하다.[35] 장차 저출산, 고령화 경향이 심화될수록

---

34) 헌법재판소 2016. 3. 31. 2014헌마367 결정. 출국만기보험은 외국인근로자의 퇴직금에 갈음하는 제도인데, 원래는 외국인고용법에 이러한 조항이 존재하지 않았으나 불법체류를 막는다는 목적으로 2011년 법개정으로 신설되어 외국인이 제공한 근로에 대한 퇴직금을 한국에서 출국한 이후에야 수령하도록 하였다.

35) 이다혜(2015), "시민권과 이주노동－이주노동자 보호를 위한 '노동시민권'의 모색", 서울대

더 많은 외국인이 한국 노동시장에 참여할 것이다. 가장 취약한 계층의 노동권 보장 수준은 전체 근로자의 노동권 보장을 보여주는 지표이기도 하다. 2015년 대법원 판결에서 외국인의 단결권이 제약될 수 있는 여지를 남겨둔 점, 그리고 2016년 헌법재판소 결정에서 외국인의 퇴직금 수령 권리를 출국시점과 연동하여 제한한 것은 바람직한 판단으로 보기 어렵다. 장기적으로 외국인의 노동법적 권리를 내국인과의 차별 없이 보장하며, 이들의 법적 지위에 안정성을 도모하는 노동정책이 필요할 것이다.

Ⅳ. 새로운 현실에 대응하기 위한 우리 노동법의 과제

1. 지금까지 우리 노동법이 거쳐온 변화와 발전 과정, 특히 IMF 구제금융 전후에 노동유연화 요청에 영향을 받은 90년대의 논의들, 2000년대 이후에 본격화된 노동법의 주요 현안과 쟁점들, 그리고 최근 글로벌 불평등의 심화 및 기술혁신과 산업구조 변화에 직면하여 새로이 발생한 노동법의 과제들을 소묘하였다. 세계적으로도 유래를 찾아보기 어려운 압축적 고도성장을 이루어낸 한국의 특수성에서 비롯된 문제와 그에 응답하기 위한 입법적 노력 및 법원의 고민을 읽어낼 수 있다. 총평하면 우리의 노동법제는 지금까지 내용적으로는 국제기준에 부합하는 방향으로, 과정상으로는 정상화를 찾아가는 방향으로 진화해 왔다고 할 수 있다.

2. 그러나 우리 노동법이 21세기의 변화된 조건과 상황에 부응하고 있는지에 대해서는 근본적 재검토가 필요하다. 지구화의 맥락에서 발생한 경제·사회적 조건의 변화가 심대하다는 현실적 진단에는 별다른 이견이 없을 것이나, 규범학의 세계에서 이러한 변화의 해석 및 노동법제에 어떻게 반영할지에 대해서는 상당한 견해차가 있음을 살펴보았다. 신자유주의적 사조에 강하게 영향을 받은 90년대 노동유연화의 요청 및 근로계약법제 논의에서는 노동법의 경직성을 우려하고 심지어 노동법의 독자성을 의문시하며 시민법으로의 통합 내지 회귀를 주장하기도 했지만, 이러한 문제의식은 어디까지나 노동하는 인격의 존엄성 보호를 위한 방법

학교 법학박사학위논문.

론적 고민에 그쳐야 할 것이다. 시장만능주의를 정당화하고, 경제활동인구인 국민 대다수의 생활조건을 불안정한 상태에 빠뜨리는 입법론 및 해석론은 지양되어야 한다. 환경의 변화로 인한 위기의식이 곧 노동법 자체에 대한 의문으로 치환되는 것은 성급한 결론일 것이다.

3. 오늘날 우리 노동법이 직면한 가장 큰 도전은 한국 사회의 '지속가능성'에 대한 것이라고 할 수 있다. 계량적으로만 평가되는 국민 GDP의 수치는 높아졌을지 모르지만 그에 상응하는 삶의 질, 더 중요하게는 국민 대다수의 가장 기본적인 생명과 안전, 적정수준의 생계 및 근로조건이 제대로 보장받고 있는지는 큰 의문이다. OECD 회원국 중 근로시간 1위, 자살율 1위, 노인 빈곤율 1위, 가장 저조한 출산율, 극심한 청년 취업난, 여전히 빈번한 산업재해로 인한 사망률 등 부끄러운 통계수치는 우리 노동법제의 규범적 정당성 및 현실에서의 실효성을 반성하게 만든다.

법원의 노동 판결에서는 소위 경제발전의 낙수효과(trickle down effect)라는 과거의 경제학 이론, 즉 "기업이 잘되어야 근로자도 잘 된다"는 검증되지 않은 명제에 여전히 집착하며 노동기본권을 제한하는 법리가 만연하고 있다.[36] 그러나 근현대 경제사의 세계적인 흐름을 들여다보면, 경기침체의 시기에는 금융자본이 독점하는 소수의 기업만을 중시해서는 안 되고 오히려 중산층 및 빈곤층에 대한 적극적 지원을 통해 수요를 창출하는 것이 적절한 해법이었음을 알 수 있다.[37] 예컨대, 주지하다시피 1930년대 미국 대공황 이후 전향적인 뉴딜정책(New Deal package)을 실시하여 최초의 근대적 노동법제를 제정하고, 유럽 각국에서도 세계대전 이후의 피폐함을 극복하기 위해 근로자의 단결권을 적극 보호하고 표준고용관계(SER) 및 사회보장제도 관련 법제를 정비한 것이 그 증거이다. 양극화 및 저

---

36) 쟁의행위의 정당성이 문제될 때 소위 '경영권'에 속하는 사항은 단체교섭사항이 될 수 없다는 식의 결론을 내리는 일련의 판례들이 존재한다. 예컨대 대법원 2003. 7. 22. 선고 2002도7225 판결이 대표적이다. 그러나 경제학 및 복지학 분야에서는 낙수효과 이론의 유효성이 검증되지 않았다는 연구가 다수 존재한다. Michael Cichon & Wolfgang Scholz(2009), "Social Security, Social Impact and Economic Performance: a Farewell to Three Famous Myths", Peter Townsend (ed.), Building Decent Societies 등 참조.

37) 김철(2014), 『경제위기와 치유의 법학』, 한국학술정보의 논의 참조.

성장시대로 접어든 우리나라에서도 이 시기를 현명하게 보내기 위하여 노동법이 나아가야 할 방향은 시장 만능주의에 기한 무한경쟁을 근로자에게 강요하기보다는, 적극적이며 전폭적인 노동보호를 통해 양질의 일자리(decent work)를 창출 및 유지하고, 일과 가정이 양립가능하여 재생산이 가능한 균형잡힌 삶을 영위할 수 있도록 법제도를 정비하는 것이다. 그러한 규범적 지향은 결코 기업의 경쟁력에 방해가 된다거나 수익구조와 충돌하는 것이 아니다.[38]

4. 마지막으로, 우리나라에서 노동문제는 곧 세대간 정의(intergenerational justice)의 문제이기도 하다. 서구 선진국에서 과거 제조업 중심 근로자들이 높은 노조조직률과 단체협약의 적용을 통해 괜찮은 근로조건을 향유하던 시기를 복지학에서는 '영광의 30년'(Trente glorieuses, 1945-1975)으로 일컫는데,[39] 한국에서 여기에 대응하는 시기는 '한강의 기적'이 회자되던 1988년 서울 올림픽으로부터 1997년 IMF 구제금융 직전까지를 짧았던 '영광의 10년'이라고 할 수 있을 것이다. 이를 노동법의 프레임으로 설명하면 과거 고도의 경제성장기에 재산을 축적할 수 있었던 기성세대가 바로 현재의 기득권 혹은 사용자 세대이고, 저성장시대 이후에 출생하여 예전보다 극심하게 어려워진 취업 관문을 통과해야 하는 지금의 청년들이 곧 근로자 세대라고 할 수 있다. 따라서 헌법에서 상정하는 분배의 역할을 노동법을 통해 제대로 기능하게 만드는 것은 곧 한국의 세대갈등 문제를 해소하는 실마리이기도 할 것이다.

그런 의미에서 지난 2015. 9.의 '노사정대타협'은 청년실업의 원인을 노동법제의 경직성과 정규직 과보호론으로 돌리며 저성과자 퇴출을 용이하게 하는 등 노동법에서 성과주의를 강화하고, 청년 지원을 위해 취업훈련이나 사회적기업 등 법적 실효성이 없는 지원책만을 들고 있는데 이는 결코 근본적인 대책이 될 수 없다.[40] 장기적으로 노동법제는 개별법 영역에서 보호기능의 강화, 집단법 영역에서

---

38) 장하성(2015),『왜 분노해야 하는가: 분배의 실패가 만든 한국의 불평등』, 헤이북스에서는 노동법 강화 및 인건비 상승은 기업경쟁력에 부정적으로 작용한다는 기업들의 논리와는 달리, 한국 재벌들의 사내유보금이 기업자산에서 비정상적으로 높다는 점을 지적하고 있다.
39) 이다혜(2013), "비스마르크와의 기나긴 작별? — 유럽 복지개혁의 정치학, 그리고 한국 사회보장의 현주소에 대한 단상", 사회보장법연구 제2호.
40) 경제사회발전 노사정위원회, 노동시장 구조개선을 위한 노사정합의문(2015. 9. 15).

민주성의 제고, 근로시간 단축, 일가정 양립의 적극 지원, 최근 많이 논의되는 기본소득 등 전향적인 사회보장제도와의 연계 등을 도모하여 기회의 균등보장은 물론, 경제적 불평등, 사회적 양극화와 세대갈등 해소에 적극 기여할 수 있어야 한다. 이것이 지금 한국의 노동법제가 이루어 내야 할 진정한 의미의 '노동개혁'일 것이다.

V. 한국형 노동 4.0과 새로운 노사관계 정립을 위한 시론[41]

1. 4차 산업혁명과 노동법

최근 우리 사회에서는 4차 산업혁명, 노동의 미래, 디지털, 플랫폼 등의 용어가 자주 들려오고 있다. 미국에서는 최근 세계 최대 규모의 온라인 쇼핑몰인 아마존이 올해 점원과 계산대조차 없는 무인매장인 아마존고(AmazonGo)를 개장했고, 인공지능(AI)과 사물인터넷(IoT) 센서 기술 등을 결합시켜 디지털화의 첨단을 구현해 화제가 된 바 있다. 미래의 삶을 바꿀 기술력에 감탄하게 되면서도 한편으로는 수백만 명에 달하는 미국의 서비스 노동자가 일자리를 잃을 것이라는 두려움도 공존한다.

또한 최근 4차 산업혁명으로 대표되는 노동의 디지털 전환이 활발히 진행되면서 노동의 개념이 다시 한번 요동치고 있다. 디지털 환경에서는 모든 산업의 공정, 제품, 서비스, 비즈니스 모델 등이 새로이 연결되고 혁신하여 새로운 가치를 창출한다. 대표적인 것이 유휴 자산이나 유휴 노동력을 개인들이 공유하는 형태의 공유경제(Sharing Economy)로서, 이는 디지털 플랫폼을 통해 일회성 서비스가 중개되는 긱 경제(Gig economy)뿐만 아니라 주문이 있을 때마다 서비스를 제공하는 온 디맨드 경제(On demand economy)의 형태로 다양하게 전개되고 있다.[42]

이러한 공유경제모델에서는 노무제공자가 직접 고객에게 노무를 제공하고,

---

41) 이 부분은 필자가 참여한 고용노동부 정책연구 「경제·산업 환경 변화에 대응한 새로운 노동 패러다임 확립에 관한 연구: 한국형 노동 4.0」 중 필자가 작성한 한국형 노동 4.0의 취지와 목표를 바탕으로 하여 연구진이 도출한 주요 의제와 질문을 함께 소개하였다.

42) 이철수 외(2018), 「경제·산업 환경 변화에 대응한 새로운 노동 패러다임 확립에 관한 연구: 한국형 노동 4.0」, 고용노동부 정책연구 (수탁기관 한국노동연구원), 46-47면.

플랫폼은 이러한 노무제공을 중개하는 방식으로 노동력의 제공이 이루어지지만, 노무제공자는 플랫폼을 통해서만 자신의 노동력을 구매할 고객을 찾을 수 있기 때문에 플랫폼에 대한 경제적 종속이 발생하게 된다. 이러한 맥락에서 공유경제모델에서의 노무제공자들이 플랫폼의 근로자에 해당하는지에 대한 법적 분쟁이 증가하고 있으며, 대표적인 것이 Uber와 Lyft와 같은 차량 공유업체 종사자들의 근로자성 분쟁이다.[43]

노동의 디지털 전환 과정은 노동력이 제공되는 방식도 변화시키고 있다. 언제 어디서든 일할 수 있는 유비쿼터스 사회가 펼쳐지면서, 전통적인 의미의 노동시간과 노동장소의 경계는 갈수록 희미해지고 있고, 언제 어디서든 사용자의 업무지시가 이루어질 수 있기 때문에 노동과 휴식의 구분도 점차 모호해지고 있다. 이러한 상황에서 근로자는 늘 긴장상태에 놓여 충분한 휴식을 취하지 못하고 정신적인 스트레스가 증가할 수 있기 때문에, 많은 국가들에서는 연결차단권(right to disconnect)이라는 개념으로 노동시간의 경계선을 명확히 하고자 시도하고 있다.[44]

또한 최소한의 생존을 위한 수단으로만 여겨졌던 노동의 의미가 변화하고 있다. 단순히 물질적인 조건만을 충족하는 것이 아니라, 노동을 통해 자기만족과 자기계발 등 정신적 가치를 충족하고자 하는 욕구가 증가하고 있으며, 이러한 변화는 사회 발전 과정에서 어느 나라에서나 발견되고 있다. 최근 일과 삶의 균형(Work-life balance)에 대한 강조, 일터에서의 인격권 보장, 대화와 소통이 이루어지는 민주적이고 수평적인 일터에 대한 선호도가 점차 증가하고 있다.[45]

노동의 디지털 전환에서 가장 중요하게 논의되고 있는 것은 기술발전으로 인한 일자리 감소의 문제이다. 인공지능과 로봇기술이 활용되는 디지털 전환으로 인해 대량 실업이 발생할 것이라는 우려가 증가하고 있기 때문이다. Autor 등이 2003년 제기한 이른바 루틴화 가설(routinization hypothesis)[46]에서는 인간이 수행하던 반복적 업무를 프로그래밍함으로써 인간의 노동력을 대체할 수 있다고 보고

---

43) 이다혜(2017).
44) 이철수 외(2018), 47면.
45) 이철수 외(2018), 40-41면.
46) D. Autor & F. Levy & R. Murnane(2003). *The Skill Content of Recent Technological Change: An empirical exploration.* Quarterly Journal of Economics 118 (4), pp.1279-1333.

있는데, 이러한 가설에 기초하여 수행된 Frey and Osborne의 2013년 연구[47]에서는 미국의 일자리 중 약 47%가 컴퓨터로 대체(computerization)될 위험에 처해 있다고 분석한 바 있다. 물론 부정적 전망과는 상반되는 낙관적 전망 또한 제시되고 있으나,[48] 중요한 것은 노동의 디지털 전환이 곧바로 불평등의 심화로 귀결되지 않도록, 사회적, 경제적, 문화적 과실이 공정하게 분배 될 수 있도록 노동의 새로운 미래를 구상하는 것이다.

자동화나 디지털화는 우리 일상에 침투한 지 오래지만, 4차 산업혁명은 단순하게 기술 혁신이나 변화에 그치지 않으며 훨씬 근본적이고 중요한 차원의 문제에 관한 것이다. 과연 '4차 산업혁명' 시대가 온 것인지 여부에 대해서는 여전히 전문가들 사이에서 논란이 있지만, 대다수 선진국에서 4차 산업혁명을 기술과 산업을 넘어 경제와 사회 전반까지 변화시킬 수 있는 거대한 전환으로 여기고 국가 차원의 대책과 전략을 마련하는 경향이 확인된다.[49] 우리나라도 2016년부터 관련된 각종 연구 작업을 진행하였고, 새 정부 들어서는 4차 산업혁명 위원회를 중심으로 일자리 위원회, 경제사회노동 위원회와 각 부처의 관련 위원회에서 관련 논의가 활발히 진행 중이다. 새로운 기술은 새로운 위험과 기회를 함께 가져오며, 우리의 노동과 삶에 대한 불안과 희망을 동시에 불러일으킬 수 있다. 4차 산업혁명에 대한 최고의 화두를 꼽자면 역시 일자리에 대한 것이다. 아마존고의 사례처럼, 인간의 일자리가 기계와 기술로 대체되는 것에 대한 불안은 세계적인 현상이다. 우리나라의 경우 특히 젊은 세대의 두려움이 크며, 경제적·사회적으로 취약한 상황에 있는 집단일수록 미래의 고용에 대해 더 많은 부담을 느끼게 된다.

4차 산업혁명은 과연 필연적으로 대량 실업으로 이어지는 것일까? 지난 수

---

47) C. Frey. & M. Osborne(2017), *The future of employment : How susceptible are jobs to computerisation?*, Technological Forecasting and Social Change, vol. 114, issue C, pp.254-280.

48) 낙관론의 상세한 논거로는 남성일(2016), "디지털 경제가 일자리에 미치는 영향 : 고용관계의 변화를 중심으로", 「일의 미래와 노동시장전략 연구」, 한국노동연구원, 42-73면의 내용을 참조하기 바람.

49) 클라우스 슈밥(2016), 「클라우스 슈밥의 제4차 산업혁명」, 새로운 현재. 이 외에도 ILO (2017), "The Future of Work we want": A Global Dialogue; , U.S. Executive Office of the President(2016), Artificial Intelligence, "Automation and the Economy"; M. Taylor et al(2017), "Good Work: The Taylor Review of Modern Working Practices" 등의 내용 참조.

세기에 걸쳐 진행된 기술적 진보는 실업으로 연결되지 않았으며, 1차, 2차, 3차 산업혁명 또한 우려와는 달리 일자리를 증가시키고 새롭고 혁신적인 상품을 만들어 내기도 했다. 역사 속에서 확인된 이러한 사실로 인해 많은 국가와 국제기구, 관련 전문가들은 일자리 감소 주장에 동의하지 않고 있다.[50] 하지만 그렇다고 해서 4차 산업혁명과 일자리에 대한 논쟁, 그리고 대비책의 필요성이 줄어드는 것은 아니다. 기술혁신으로 인해 단기적으로는 감소하는 일자리가 있을 것이고, 그러한 업종에 종사하는 사람들의 두려움은 피할 수 없는 현실이기 때문이다.[51] 4차 산업혁명에 대한 두려움이나 기대의 크기는 사회적 대화와 논의가 얼마나 활발한가에 따라 국가별로 차이를 보인다.

이하에서는 기본적으로 두려움보다는 희망과 기대를 가지고 한국형 노동 4.0의 개념을 정립하고 향후 과제를 시론적으로 논해 보고자 한다.

2. 한국의 노동 4.0의 개념과 목표

1) 개념

'노동 4.0'이라는 개념은 4차 산업혁명 관련 논의에서 비롯되었지만, 이제는 산업만이 아니라 직업 세계 전체의 노동 형태 및 노동관계를 조명하는 개념이 되었다.[52] 노동 4.0은 또한 4차 산업혁명을 가능하게 하거나 촉진하는 환경과 조건에 관한 개념으로 볼 수도 있다. 4차 산업혁명은 지금 우리 사회가 고민하고 있는 문제를 해소하는 데 기여할 수 있어야 한다. 기술의 발전을 지금의 과제에 연결하는 것은 두 가지 측면에서 유의미하다. 첫째로는 당면한 문제를 중장기적 관점으

---

50) 남성일(2017)은 일자리가 감소하지 않을 것이라는 낙관론의 주요 논거로 기술발전에 따른 자동화로 인해 인력이 대체되는 대체효과보다 새로운 인력수요를 창출하는 보완효과가 크다는 점, 새로운 제품수요 창출로 인한 시장창출 효과가 크다는 점 등을 들고 있다.(남성일(2017), 44-45면)

51) Autor 등이 2003년 제기한 이른바 루틴화 가설(routinization hypothesis)에서는 인간이 수행하던 반복적 업무를 프로그래밍함으로써 인간의 노동력을 대체할 수 있다고 보고 있는데, 이러한 가설에 기초하여 수행된 Frey and Osborne의 2013년 연구에서는 미국의 일자리 중 약 47%가 컴퓨터로 대체(computerization)될 위험에 처해 있다고 분석한 바 있다. D.Acemoglu&D.Autor(2010), "Skills, Tasks and Technologies: Implications for Employment and Earnings", NBER Working Paper Series 16082; C.Frey.&M.Osborne(2017), pp.254-280.

52) 독일 연방노동사회부(2016), 『노동 4.0 녹서』(경제사회노사정위원회 역)의 논의 참조.

로 바라볼 수 있게 된다는 면에서 유익하며, 둘째로는 해당 기술에 더욱 많은 자본과 자원을 투입하여 기술의 발전을 촉진할 근거를 마련할 수 있다는 점이 그렇다. 기술 발전이 사회 문제 해결을 돕도록 하는 것은 우리 사회의 지속과 발전을 위해 필수적인 노력일 것이다.

그렇다면 '한국형 노동 4.0'은 어떻게 정의내릴 수 있을 것이며, 어떤 목적을 추구해야 할까? 논의에 앞서 먼저 유념할 점은 노동 4.0은 기술의 디지털화와 인공지능 등, 소위 4차 산업혁명으로 대변되는 기술 변화로 인해 수동적으로 받아들여야만 하는 고정된 개념이 아니라는 것이다. 한국형 노동 4.0은 기술혁신과 산업구조의 변화에도 불구하고 한국 사회의 모든 구성원들이 동등하게 양질의 노동과 품격 있는 삶을 향유하는 데 기여할 수 있는, 노동의 미래를 적극적이고 능동적으로 구상하는 청사진이라 할 것이다. 다시 말하면, 한국형 노동 4.0은 글로벌 경제에서 현재 모든 국가들이 공통적으로 마주한 기술혁신과 산업구조의 변화라는 보편적 문제에 응답하되, 전후 고도의 경제적 압축성장과 민주화를 동시에 이뤄내며 그 성과와 함께 부작용 또한 겪어 온 한국적 특수상황을 동시에 담아내는 노동의 미래를 논의하기 위한 열린 접근 방식이다. 요컨대 한국형 노동 4.0은 인간과 노동을 중심에 놓고 지금의 기술 혁신과 미래 사회를 사고하는 실천적 고민이다.

2) 우리 노동의 과거와 현재: '한국형 노동 1.0 ~ 3.0'

한국형 노동 4.0을 구상하기에 앞서, 지금까지 우리의 노동현실 및 법제도가 걸어온 발자취를 반추해 보는 작업이 필요하다. 과거와 현재에 대한 정확한 이해가 뒷받침될 때 한국 사회가 지향하고자 하는 노동의 미래에 대해 합의할 수 있기 때문이다. 이 작업을 위하여 독일 연방사회노동부 <노동 4.0 녹서>에서의 시대구분을 참고해 보면, 증기기관의 발명으로 새로운 생산방식이 도입되고 인류가 처음으로 산업사회를 맞이한 18세기 후반을 '노동 1.0'으로 본다. 본격적인 대량생산이 시작되고, 노동이 새로운 사회적 문제로 대두되어 최초로 사회보험을 도입하고 복지국가의 맹아가 탄생한 19세기 후반부터는 '노동 2.0'에 해당한다. 또 세계대전을 거치며 사회적 시장경제가 자리를 잡고, 근로자의 권리가 보장되어 오늘날의 표준고용관계가 확립된 1970년대 이후를 '노동 3.0'으로 보며, 기술혁신으로 인해 생산방식에 다시금 전환기가 도래하고 디지털화 및 상호연결성·유연성이 증대하여 노동에 대한 새로운 사회적 합의가 필요하게 된 현 시점 및 미래의 노동을 '노동 4.0'으로 명명하고 있다.[53]

우리나라의 경우, 서구 선진국에 비해 경제발전의 시작이 늦기는 하였으나 노동을 둘러싼 변화의 동학을 살펴보면 큰 틀에서의 경로는 다르지 않다. 다만 한국의 특수한 정치적, 사회적 맥락을 고려할 때 우리 현대사의 변곡점과 노동 관련 법제도의 변화가 궤를 같이하는 현상을 확인할 수 있다.

(1) 한국형 노동 1.0(해방 이후~1987)

한국의 '노동 1.0'은 해방 이후부터 1987년까지로, 일제 강점기가 종료되고 해방을 맞이한 후 1953년 미군정에 의해 명목적이나마 최초의 노동법제를 제정하고, 이후 독재정권에 의해 국가 주도적·경제 종속적 노동정책이 주를 이루었던 시기가 해당된다. 국민 대다수가 경제개발과 수출 증대를 위한 산업역군으로 취급되고, 근대적 노사관계가 자리 잡지 못했던 명목적 생성기와 그 이후 경제적 효율성만이 강조되던 시기가 여기에 포함된다. 국가의 보호막 아래 한국은 고도성장을 구가하였지만, 이 당시는 노동의 목소리가 배제되고 노동조합이 억압받았던 시기였다.

우리나라는 해방 직후인 1953년에 근로기준법, 노동조합법, 노동쟁의조정법, 노동위원회법 등의 근대적 법률을 최초로 제정하여 노동법제의 기본골격을 형성하였다. 위 법률들은 한국 노사관계의 현실을 반영하거나 외국법에 관한 면밀한 조사와 연구를 통해 제정된 것이 아니고, 미군정기의 노동정책 하에서 형성된 법적 관행의 일정 부분을 수용하면서 기본적으로는 일본의 노동관계법을 계수한 것이었다. 법령의 내용상으로는 집단적 자치의 원칙에 비교적 충실했지만, 근대적 의미의 노사관계가 형성되어 있지 않은 상황이라 법의 실효성을 기대하기는 어려운 상태였다.

산업화에 박차를 가한 제3공화국에서부터 정치적 정당성의 결여로 정권유지에 급급했던 유신체제 및 제5공화국의 권위주의 정부 하에서 노동법은 경제적 효율성만을 극대화시키기 위한 도구적 성격이 강하였다. 독재정권은 '협조적 노사관계'를 진작시킨다는 구실로 사용자와 근로자가 함께 참여하는 노사협의회를 최초

---

53) 독일 연방노동사회부(2016) 참조.

로 도입했지만, 그 실상은 노동자들이 자율적으로 노동조합을 결성하는 것을 방해
하고 노동3권을 위축시키기 위한 것이었다. 노동정책은 특수성이 무시된 채 경제
정책에 종속되었고, 그 결과 노동자의 단결 활동은 철저히 제약받았다. 노동시장
에서 노사의 집단 자치가 제대로 작동하지 못하고, 국가가 주도권을 행사하는 가
부장적 노사 관계가 형성되었다. 이 당시의 법령은 형식에 있어서는 집단적 노동
관계법, 즉 기업과 근로자 집단 사이 노사관계에서의 규제와 억압을 강화하였고,
근로자 개인의 권리에 관한 개별적 노동관계법 영역에서는 개별 근로자에 대한
보호를 일부 강화한 면이 있다. 그러나 실질적으로 사용자가 법을 준수하지 않은
것은 물론이고, 국가가 이를 수수방관하는 경우가 많았으므로 보호법제로서 제대
로 기능하지 못했던 것이다.

(2) 한국형 노동 2.0(1987~1997)

다음으로 한국의 '노동 2.0'은 1987년부터 1997년까지의 시기에 해당한다.
1987년 6월 민주화대투쟁과 함께 이른바 '87년 노동체제'가 형성되며 노동의 목소
리가 사회 전면에 등장한 시기이다. 이 시기에는 정치적 민주화에 힘입어 그동안
억눌려 왔던 국민들의 경제적, 사회적 요구가 봇물처럼 터져나오며 제한된 형태로
나마 노동의 목소리가 제도화되기 시작하였다. 1987년에서 1997년에 이르는 노동
관계법의 개정과정은 이전 시기의 법 개정 과정과는 뚜렷한 차이를 보이고 있다.
절차적인 측면에서, 1987년 개정은 노동관계법의 제정 이후 최초로 정상적인 입
법기관에 의해 정치권의 토론과정을 거쳐 여야 합의로 이루어졌다. 법의 내용 측
면에서 볼 때는, 집단적 자치는 부분적으로 후퇴하기도 하였지만 전체적으로는 꾸
준하게 확대되어 왔다. 이는 노동운동의 발전에 힘입은 것이라 할 수 있다.

권위주의 정부 하에서 비정상적 입법기구들을 통해 개악을 거듭해 왔던 노동
관계법이 내용 및 절차 면에서 비로소 정상화의 길을 걷게 되었으며, 경제적 효율
성 외에도 사회적 형평성을 모색하기 시작하였다. 전세계적으로 고개를 들기 시작
한 신자유주의 사조와 한국 사회의 민주화 욕구가 갈등하고 충돌하며 많은 실험
들이 행해졌고 한국형 노사관계의 모습이 서서히 드러나기 시작한 시기라 평가할
수 있다. 국가는 노사의 주장을 일방적으로 수용할 수 없는 시기로 발전하였지만,
노동조합은 강한 전투성을 바탕으로 기업별 체제에 안주하려는 경향 또한 나타나

기 시작하였다.

(3) 한국형 노동 3.0(1997~현재)

한국의 '노동 3.0'은 1997년부터 현재까지에 해당하는 시기라 할 수 있다. 주지하는 바와 같이 1997년 IMF 구제금융으로 상징되는 경제위기를 겪게 되면서 위와 같은 노동의 민주화·정상화 과정은 또 한 번의 도전을 받게 된다. WTO 체제를 중심으로 전 세계에 밀어닥친 신자유주의 돌풍은 한국사회에 탈규제화와 노동의 유연성이라는 이데올로기적 공세를 가속화했다.

IMF 구제금융은 한국이 해방 이후 경험하지 못했던 초유의 위기였다. 대량 실업과 임금 저하현상이 속출하여 기존의 노동법체계에 대한 재검토가 불가피하게 되었다. 이를 계기로 노사정위원회에서의 합의를 기초로 기존의 제도를 일부 수정하기도 하고, 새로운 제도를 도입하기도 하며 한국의 노동 관련 법제도는 상당 부분 변모하게 된다. 개별적 노동관계법 영역에서는 근로기준법의 개정을 통해 정리해고가 법제화되고, 근로자 파견제도가 새로이 도입되었으며, 사용자가 파산하더라도 체불임금 또는 퇴직금을 받을 수 있도록 임금채권보장법을 제정하는 등의 변화를 도모하였다. 집단적 노동관계법 영역에서는, 교원의 노동조합 설립이 허용되고 공무원의 직장 내 단결활동이 공무원 직장협의회를 통해 일부 가능하게 되었고, 노동조합의 정치활동의 범위가 노조법상의 관련조문의 삭제 및 개정을 통해 확대되는 등의 변화가 있었다.

이러한 과정을 겪으며 비록 제도적으로는 노동의 발언권이 보장되었지만, IMF 당시 출범한 국민의 정부와 그 뒤를 이은 참여정부는 국가경쟁력 확보를 위해 시장 우위적 정책을 펴게 된다. 신자유주의에 터잡은 시장지배적 사조가 우세해지면서 근로자 권익 보장보다는 국제경쟁력 강화를 위한 유연안정성 확보와 인적자원 개발 등이 중요시되고, 노동법제의 보호적 기능이 전반적으로 후퇴하여 상시적 구조조정과 국민 대다수의 불안정 노동이 확산되었다. 87년 체제에 안주한 노동은 점차 무기력해졌고, 기업은 아웃소싱 등의 경영 전략으로 고용을 털어버리는 '균열일터'(fissured workplace) 현상이 심화된 것이 이 시기의 특징이다..

이상의 논의를 참고하여, 독일 노동 4.0에서 설명하는 서구 선진국에서의 노동의 역사적 전개와 본 연구에서 제시된 한국형 노동 1.0~3.0의 시기를 비교·대조하여 도표화하면 다음과 같이 정리될 수 있다.

한국형 노동 4.0: 서구 선진국과 연대별 비교 및 주요 특성

	서구 사회 (독일)		한국	
노동 1.0	18C 후반	산업사회 탄생	해방 이후~ 1987	"국가의 주도" : 국가주도 산업화 시기
노동 2.0	19C 후반	노동문제 등장, 복지국가 시작	1987~1997	"노동의 등장" : 87년 민주화, 노동법의 정상화
노동 3.0	1970년대 후반	사회적 시장경제, 글로벌화	1997~현재	"시장의 지배" : IMF구제금융, 인적자원, 신자유주의적 체제

3) 한국형 노동 4.0의 지향 및 과제

2007년 미국발 금융위기로 인해 전세계적으로 시장 만능주의에 대한 반성론이 본격화 되었다. 경쟁과 성과주의만을 강조하는 신자유주의적 담론은 점차 설득력을 잃고, ILO에서 말하는 '포용적 성장'(inclusive growth)이 21세기의 새로운 노동 규범으로 널리 합의를 얻어가고 있다.

우리 사회에서의 노동에 대한 새로운 가치 탐색인 '한국형 노동 4.0'은 바로 이러한 맥락 속에서 그 출발점을 찾고자 한다. 한국 또한 세계 여타 국가들과 마찬가지로 경제의 저성장, 인구학적 변동, 산업구조의 변화라는 추세에서 자유롭지 못하다. 구체적으로는 심각한 수준의 청년실업 및 고령빈곤 문제, 일과 삶의 균형(work-life balance)을 유지하는 데 있어 극심한 어려움, 일터에서의 인격권 존중 등이 노동에서의 새로운 중요 문제로 부각되고 있다. 특히 한국은 노동시장의 이중구조화 및 일종의 사회적 신분으로까지 고착화되고 있는 불평등과 양극화에 대한 자성과 우려의 목소리가 높다. 우리 헌법은 자유권에 기반한 정치적민주주의는 물론이지만 국민의 경제적, 사회적 평등 또한 지향하는 사회민주주의(social democracy) 관념에 기반하여 국민의 근로권 보장 및 근로조건 법정주의(헌법 제32조), 노동3권의 보장(제33조), 인간다운 생활권(제34조) 및 경제민주화(제119조)를 표방하고 있으며, 노동법제는 이러한 헌법상 기본권을 실현하기 위하여 제정된 것이므로 우리 산업구조에서 불평등이 심각하다는 사실은 논리필연적으로 노동법제에 대한 재검토를 요구한다.

따라서 한국형 노동 4.0은 우리 사회에서 노동의 인격성이 중요하게 재조명되는 '연대'의 가치, 그리고 디지털화로 대변되는 기술과 경제의 변화에 조응하여 창의적인 생존 방식을 모색하는 '혁신'의 가치 모두를 담아야 할 것이다. 한국적 노동 문제에 대한 실질적 해법을 모색하는 동시에, 경제활동을 통해 생계를 이어가는 국민 대다수가 4차 산업혁명으로 명명되는 기술의 변화를 맞이함에 있어 부정적인 우려가 아닌 일터에서의 안정된 미래를 예측하고 대비할 수 있는 논의의 장을 열고자 한다. 한국 사회가 지금까지 압축성장과 민주화를 동시에 달성하며 축적한 역동성을 바탕으로, 기술혁신을 발전의 계기로 삼아 더 나은 근로조건과 일과 삶의 양립(Work-life balance)이 가능한 노동의 미래를 만들어 가는 것이 '한국형 노동 4.0'의 과제이다.

3. 한국형 노동 4.0을 위한 법제도상의 패러다임 전환

제 4차 산업혁명이 실제로 진행되고 있는지 여부에 대한 회의적인 시각 또한 존재 하더라도, 분명한 사실은 현재의 상황은 신자유주의적 시장만능주의가 맹위를 떨치던 제3차 산업혁명시기와는 전혀 다른 시대사조를 띠고 있다는 점이다. 역설적이게도 바로 이 점만으로도 제 4차 산업혁명 또는 노동 4.0은 실천적 의미를 가진다고 평가할 수 있을 것이다. 노사관계에 참여하는 정부, 기업, 노동자 등 행위주체들의 역할과 인식의 변화가 필요함은 이런 연유에서이다.

한국적 맥락에서 노동 4.0의 등장은 우리의 사회 체제의 변화 수반을 불가피하게 요구하며, 궁극적으로 그것은 디지털 시대에 걸맞는 한국형 민주적 복지 국가를 실현하는 것이라고 칭할 수 있다. 다른 말로 하면, 이른바 포용적 노동 체제를 디지털 시대에 걸맞게 구현하는 것, 즉 포용적 디지털 전환을 도모하는 것이다. 여기에는 현재 한국 사회가 과거의 낡은 시스템과 낡은 일자리 질서를 토대로 사회 양극화에 빠져 사회 통합의 위기를 겪고 궁극에 혁신 동력의 침윤을 경험하고 있는 상황의 발본적 타개를 도모하려는 상황 돌파적 전략으로서의 의미도 함께 담지되어 있다.

노동법은 미래에도 여전히 노동자와 그 계약 상대방(사용자) 사이의 법률관계를 규율하고, 법적 보호가 필요한 자를 포착하여 보호를 제공하는 역할을 중요하

게 수행할 것이다. 다가올 미래의 노동세계에서도 이러한 보호원칙의 실효성을 유
지하기 위해서는 변화하는 현실을 정확히 반영하는 것이 중요한데, 특히 디지털
플랫폼에 기반을 둔 공유경제 서비스 제공업무에 대한 노동법적 규율이 가능한지
가 검토될 필요가 있다.[54] 이 경우 공유경제 종사자들에게는 어떤 법적 보호를 제
공할 것인지, 이를 제공할 사용자의 책임은 어떻게 설계할 것인지에 대한 고민이
필요할 것이다.

언제 어디서든 노동이 제공될 수 있는 디지털 전환에 발맞추어 노동시간의
개념을 재해석하여야 한다. 디지털 기술의 발전은 시간과 장소의 관점에서 모두
유연한 노동 형태를 가능하게 한다. 노동 시간과 휴식 시간의 경계를 모호하게 만
들며, 노동 공간과 휴식 공간의 구별을 무의미하게 만든다. 이러한 변화들은 일과
삶의 양립을 위협하고, 장시간 노동을 초래할 수 있으며, 노동자의 정신 건강을
심각하게 침해할 위험이 있다. 이러한 위험을 방지하기 위해서는 노동 시간 개념
을 재해석하고, 정신 건강을 신체 건강과 동등하게 추구할 목표로 인식하는 것이
중요하다.

또한 기술변화로 인한 일자리 감소 가능성에 대응하여 실업에 대한 사회적
보호를 강화하는 것이 필요하다. 이는 직업훈련 및 소득보장과 같은 구체적 제도
에 대한 재설계를 요구할 뿐만 아니라, 일자리(고용)를 중심으로 형성되어 있는 현
재의 사회보장제도에 대한 근본적인 성찰이 필요하다는 것을 의미한다. 기대수명
은 점차 증가하지만 일자리는 점점 감소하게 된다면 인간다운 생활을 위한 충분
한 소득을 획득할 기회도 점차 줄어들게 될 것이고, 국가의 역할은 점차 증가할
것이다. 최근 활발히 논의되는 기본소득 등의 대안적 사회보장제도에 대한 논의가
필요한 이유가 바로 여기에 있다.[55]

이러한 변화는 우리 사회에서 기업의 역할은 무엇인지 되돌아보게 만든다.
기업의 혁신과 활력을 방해하지 않으면서도, 좋은 일자리를 만들어내고 사회 구성
원들의 복지 안녕에 기여할 수 있는 방법은 무엇일까? 이 점에서 기업의 사회적

---

54) 우버(Uber)등 공유경제가 일찍부터 확산된 미국에서의 법적 규율에 대해서는 이다혜
(2017) 참조.
55) 고용 없는 성장 및 4차 산업혁명에서의 디지털 전환에 대비해 기본소득 도입에 대한 검토
가 필요하다는 취지의 연구로, 이다혜(2019), "기본소득에 대한 노동법적 고찰 ―근로권의
재구성을 위한 시론적 검토―", 서울대학교 법학 제60권 제1호 참조.

책임은 무엇인지, 과연 이윤추구만이 기업의 목적이라 할 수 있는지도 조심스럽게 질문할 필요가 있다.

나아가 일터에서의 민주주의라는 관점에서 집단적 노사관계법을 다시 생각해 보아야 한다. 노동에 대한 다양한 요구가 제기되고 있는 현재의 상황에서 근로자 집단과 근로자 개인의 관계는 어떻게 정립될 것인지, 시간과 장소의 경계가 흐려지고 있는 디지털 노동환경에서 근로자들의 참여와 목소리(voice)를 어떻게 모아 낼 수 있을지에 대한 고민이 필요하다. 이것이 어떠한 모습으로 구체화 될 지는 미지수이지만, 근로자집단을 통한 거래의 대등성 확보라는 집단적 노사관계법의 기본 원리는 앞으로도 유효할 것이다.[56]

제4차 산업혁명을 전후하여, 많은 연구들은 노동의 미래가 직면한 새로운 도전들로 앞서 소개한 노동의 디지털 전환, 노동의 의미 변화 뿐만 아니라 고용형태의 변화, 인구학적 변화, 기후변화, 지구적 공급사슬의 확대 등을 언급하고 있다.[57]

전일제–종신고용을 보장받은 정규직 노동자로 대표되는 정규고용관계 (standard employment relation)는 지난 20년간 점차 약화되어 기간제나 파트타임과 같은 비정규 노동과 사내하청, 파견 등의 간접 고용이 점차 증가하였고, 노동자인지 자영업자인지 판단하기 어려운 노무형태(이른바 특수형태근로종사자)가 확산되었다. 이로 인하여 고용형태에 따른 차별과 임금격차가 사회적으로 문제가 되었고, 최근에는 외주 근로자들에게 산업재해가 집중되는 위험의 외주화 현상이 중요한 이슈로 부상하였다.

한편 기대수명은 점차 증가하는 반면 저출산 현상은 심화되어 인구 고령화가 급속하게 진행되는 인구학적 변화가 진행되고 있으며, 이에 따라 노동력 공급에도 급격한 변동이 생길 것으로 보인다. 더 큰 문제는 빠른 속도로 진행되고 있는 인구학적 변화에 비해 사회 안전망(연금제도 등)의 확충은 미비하여, 우리사회가 곧

---

56) 일터에서 집단적 목소리를 효과적으로 반영할 수 있기 위해 근로자대표제를 정립해야 한다는 종합적 논의에 대해서는 이철수(2018), 새로운 종업원대표시스템의 정립, 노동법연구 제45호 참조.

57) ILO(2019), Work for a brighter future - Global Commission on the Future of Work; 강성태(2018), "4차 산업혁명의 도래와 노동의 미래", 「경제 산업 환경 변화에 대응한 새로운 노동 패러다임 확립에 관한 연구」.

인구절벽의 벼랑 끝에 다다를 것이라는 점이다.

또한 지구적 공급사슬이 확대되며 선진국의 제조업 일자리가 개발도상국으로 이전하는 현상(off-shoring)이 증가하는 한편, 공급사슬망의 말단에 있는 개발도상국 근로자들의 열악한 근로조건과 인권침해가 전지구적 이슈로 부상하면서 이에 대응하기 위한 새로운 법적 장치에 대한 논의도 활발하다. 기후변화와 환경파괴가 생태계의 지속 가능성과 노동시장에 미치는 부정적 영향에 대해서도 많은 국제기구가 경고하고 있다.

아래에는 노동의 미래에 대한 사회적 논의를 활성화하기 위해 몇 가지 질문을 마련하였다. 이 글을 읽는 독자들도 각자의 생활공간과 일터에서 아래의 질문을 시작해 볼 것을 제안하면서 결론에 갈음하고자 한다.

- 모두에게 좋은 일자리(decent work)가 충분히 있을 것인가?
- 디지털화로 나쁜 영향을 받을 수 있는 사람은 누구이며, 반대로 좋은 영향을 받을 사람은 누구일까?
- 디지털화는 청년, 고령자, 장애인 등 취약 계층의 불안정 노동에 어떤 영향을 끼칠까? 이들의 취업 기회는 확대될 것인가? 취약 계층의 일자리가 열악한 상태에 머물지 않고 양질의 기회가 되려면 어떤 제도적 조치가 필요할까?
- 여성들이 일터에서 차별을 겪고 가정에서는 돌봄을 주로 떠맡는 현실을 고려할 때, 디지털화는 여성의 일자리에 어떤 영향을 미칠까? 여성의 노동 기회가 확장되고 더욱 평등한 일터를 만들어 가기 위해 어떻게 디지털화를 활용할 수 있을까?
- 플랫폼 노동은 과연 미래지향적인 노동일까?
- 디지털 플랫폼 종사자들은 노동자일까, 자영업자일까? 노동자 혹은 자영업자로 이들의 정체성을 구분하는 일이 꼭 필요할까? 필요하다면 왜인가?
- 디지털 플랫폼 종사자들이 자영업자라면 이들에 대해 어떤 규제와 보호가 필요할까? 반대로 노동자라면, 마찬가지로 어떤 규제와 보호가 필요할까?
- 플랫폼 노동은 앞으로도 계속 늘어날 것인가? 늘어가는 게 우리에게 유익할까? 만약 플랫폼 노동이 늘어난다면 우리 사회는 이러한 종류의 노동에 대해 어떤 기준을 가지고 대응해야 할까?

- 원하는 시간에 원하는 곳에서 일한다는 것은 무엇을 의미하는가? 그 장단점은?
- 일에 매몰되지 않고 일과 삶이 균형 잡힌, 일과 삶이 구분되는 사회를 만들기 위해서는 무엇을 해야 할까?
- 일하는 사람이 그 일하는 시간과 장소를 자유로이 선택할 수 있게 하려면 어떻게 해야 할까?

제2부

개별적 노동보호 영역에서의 쟁점과 해결방안

제 6 장

통상임금 2013년 전원합의체 판결의 의미와 평가[1]

I. 통상임금 전원합의체 판결의 사실관계

(1) 대법원 2013. 12. 18. 선고 2012다89399 판결(이하 '정기상여금 판결')

원고 X는 피고(Y)회사의 퇴직한 근로자이다. Y회사는 상여금 지급규칙에 따라 이 사건 상여금을 짝수 달에 지급하되, 근속기간이 2개월을 초과한 근로자에게는 전액을, 근속기간이 2개월을 초과하지 않는 신규입사자나 2개월 이상 장기 휴직 후 복직한 자, 휴직자에 대하여는 상여금 지급대상기간 중 해당 구간에 따라 미리 정해 놓은 비율을 적용하여 산정한 금액을 각 지급하였으며, 상여금 지급대상기간 중에 퇴직한 근로자에 대해서는 근무일수에 따라 일별로 계산하여 지급하였다.

한편 Y회사는 2009. 1.부터 2010. 2.까지 한시적으로 관리직 직원에 대하여 이 사건 상여금을 매월 지급하였던 것을 제외하고는 상여금지급규칙에 따라 관리직 직원과 생산직 직원 모두에 대하여 동일한 지급률과 지급기준을 적용하여 이 사건 상여금을 지급하였다. Y회사와 전국민주노동조합총연맹 전국금속노동조합은 2008. 10. 8. 체결한 단체협약에서 통상임금에 산입될 임금의 범위를 정하면서, 이 사건 상여금이 근로기준법 소정의 통상임금에 해당하지 않는다는 전제하에 이 사건 상여금을 통상임금 산입에서 제외하였다. Y회사는 노동조합의 조합원이 아닌 관리직 직원들에 대해서도 이 사건 상여금을 통상임금 산입에서 제외한 위 단

---

[1] 본 장은 이철수(2014), "통상임금 관련 2013년 전원합의체 판결의 의미와 평가", 노동법학 제49호의 내용에 기초하여 이후의 하급심 판결과 쟁점 등을 추가하여 수록하였다.

체협약을 적용하여 이 사건 상여금이 제외된 통상임금을 기초로 법정수당을 산정·지급하여 왔다.

이에 원고 X는 위 합의의 무효를 주장하며 미사용 연월차 수당과 퇴직금 차액분의 지급을 청구하였다. 이에 대하여 원심 법원은 이 사건 상여금은 통상임금에 해당하고, 근로자가 이에 기초하여 추가임금을 청구하는 것이 신의칙에 위배되지 아니한다고 판단하였다.

(2) 대법원 2013. 12. 18. 선고 2012다94643 판결(이하 '복리후생비 판결')

원고 X'는 피고(Y)회사의 근로자이다. Y와 노동조합이 체결한 단체협약은 "회사는 김장철에 김장보너스를 지급하며, 지급금액은 노사협의에 의하여 지급한다"고 정하고 있고, 이에 따라 이 사건 김장보너스는 지급 직전에 노사협의를 통해 정해졌는데, 2007년부터 2009년까지는 220,000원, 2010년에는 240,000원으로 정해졌다.

한편 피고의 상여금지급규칙은 제5조에서 "상여금 지급시기는 2월, 4월, 6월, 8월, 10월, 12월 및 설날, 추석으로 하며, 지급일자는 별도로 정한다. 상여 지급 대상기간은 상여 지급월 전월에서 당월 2개월간으로 한다."고 하여 상여금의 지급 시기 및 지급 대상기간을 정하고 있고, 제6조에서는 신규입사자와 2개월 이상 장기휴직 후 복직한 자, 휴직자에 대한 상여 적용률과 퇴사자에 대한 처리 등 지급기준을 정하고 있다. 위 지급기준에 따르면, 신규입사자나 장기휴직 후 복직한 자의 경우 지급 대상기간인 2개월을 근무하면 100%, 1개월 이상 근무하면 70%, 1개월 미만 근무하면 30%의 각 상여 적용률을 적용하고, 휴직자의 경우 지급 대상기간 중 15일 미만 휴직하면 100%, 1개월 미만 휴직하면 70%, 2개월 미만 휴직하면 50%의 각 상여 적용률을 적용하되 지급 대상기간 2개월을 휴직하면 상여금을 지급하지 않는 것으로 정하여져 있고, 퇴사자에 대해서는 근무한 일수만큼 일별로 계산하여 지급하도록 정하여져 있다.

그런데 Y회사는 설·추석상여금과 하기휴가비, 선물비, 생일자지원금, 개인연금지원금, 단체보험료(이하 '이 사건 설·추석상여금 등')의 지급에 있어서 상여금지급규칙 제6조 소정의 지급기준을 적용하지 아니하고, 지급일 현재 6개월 이상 휴직 중인 자를 제외하고는 재직 중인 근로자 전원에게 이 사건 설·추석상여금을 일률적으로 지급하는 한편 지급일 전에 퇴직한 근로자에게는 이를 지급하지 아니하였다. 이에 X'는 Y를 상대로 연장근로수당, 야간근로수당, 휴일수당, 주휴수당, 연월차수당의 차액분의 지급을 청구하였다. 이에 대해 원심 법원은 위 각 금품 모두 통상임금에 해당한다고 판단하였다.

Ⅱ. 판결 이유와 요지

1. 대법원 2013. 12. 18. 선고 2012다89399 판결(정기상여금 판결)의 이유와 요지

위의 (1) 사건의 정기상여금 판결의 주요 이유와 요지는 다음과 같다:

1) 통상임금이 위와 같이 근로자가 사용자와 사이에 법정근로시간의 범위에서 정한 근로시간 (이하 '소정근로시간'이라고 한다)을 초과하는 근로를 제공할 때 가산임금 등을 산정하는 기준임금으로 기능한다는 점을 고려하면, 그것은 당연히 근로자가 소정근로시간에 통상적으로 제공하는 근로의 가치를 금전적으로 평가한 것이어야 하고, 또한 근로자가 실제로 연장근로 등을 제공하기 전에 미리 확정되어 있어야 할 것이다. 그래야만 사용자와 근로자는 소정근로시간을 초과하여 제공되는 연장근로 등에 대한 비용 또는 보상의 정도를 예측하여 연장근로 등의 제공 여부에 관한 의사결정을 할 수 있고, 실제 연장근로 등이 제공된 때에는 사전에 확정된 통상임금을 기초로 하여 가산임금을 곧바로 산정할 수 있게 되기 때문이다.

2) 어떠한 임금이 통상임금에 속하는지 여부는 그 임금이 소정근로의 대가로 근로자에게 지급되는 금품으로서 정기적·일률적·고정적으로 지급되는 것인지를 기준으로 그 객관적인 성질에 따라 판단하여야 하고, 임금의 명칭이나 그 지급주기의 장단 등 형식적 기준에 의해 정할 것이 아니다.

여기서 소정근로의 대가라 함은 근로자가 소정근로시간에 통상적으로 제공하기로 정한 근로에 관하여 사용자와 근로자가 지급하기로 약정한 금품을 말한다. 근로자가 소정근로시간을 초과하여 근로를 제공하거나 근로계약에서 제공하기로 정한 근로 외의 근로를 특별히 제공함으로써 사용자로부터 추가로 지급받는 임금이나 소정근로시간의 근로와는 관련 없이 지급받는 임금은 소정근로의 대가라 할 수 없으므로 통상임금에 속하지 아니한다.

3) 통상임금에 속하기 위한 성질을 갖춘 임금이 1개월을 넘는 기간마다 정기적으로 지급되는 경우, 이는 노사간의 합의 등에 따라 근로자가 소정근로시간에 통상적으로 제공하는 근로의 대가가 1개월을 넘는 기간마다 분할지급되고 있는 것일 뿐, 그러한 사정 때문에 갑자기 그 임금이 소정근로의 대가로서의 성질을 상실하거나 정기성을 상실하게 되는 것이 아님은 분명하다. 따라서 정기상여금과 같이 일정한 주기로 지급되는 임금의 경우 단지 그 지급주기가 1개월을 넘는다는 사정만으로 그 임금이 통상임금에서 제외된다고 할 수는 없다.

4) 본 바와 같이 통상임금이 연장·야간·휴일 근로에 대한 가산임금을 산정하는 기준임금으로 기능하기 위하여서는 그것이 미리 확정되어 있어야 한다는 요청에서 도출되는 본질적인 성질이다.

'고정성'이라 함은 '근로자가 제공한 근로에 대하여 그 업적, 성과 기타의 추가적인 조건과 관계없이 당연히 지급될 것이 확정되어 있는 성질'을 말하고, '고정적인 임금'은 '임금의 명칭 여하를 불문하고 임의의 날에 소정근로시간을 근무한 근로자가 그 다음 날 퇴직한다 하더라도 그 하루의 근로에 대한 대가로 당연하고도 확정적으로 지급받게 되는 최소한의 임금'이라고 정의할 수 있다.

고정성을 갖춘 임금은 근로자가 임의의 날에 소정근로를 제공하면 추가적인 조건의 충족 여부와 관계없이 당연히 지급될 것이 예정된 임금이므로, 그 지급 여부나 지급액이 사전에 확정된 것이라 할 수 있다. 이와 달리 근로자가 소정근로를 제공하더라도 추가적인 조건을 충족하여야 지급되는 임금이나 그 조건 충족 여부에 따라 지급액이 변동되는 임금 부분은 고정성을 갖춘 것이라고 할 수 없다.

5) 근속수당의 지급조건에 일정 근무일수를 기준으로 그 미만은 일할계산하여 지급하고 그 이상은 전액 지급하기로 정해진 경우 그 일할계산하여 지급되는 최소한도의 임금은 고정적인 임금이라고 보아야 하는데도, 이와 달리 이를 지급 여부 및 그 지급액이 실제 근무성적에 의하여 달라진다는 이유로 비고정적인 임금으로 통상임금에 해당하지 아니한다고 판단한 대법원 1996. 3. 22. 선고 95다56767 판결과 문제가 된 복리후생적 명목의 급여가 지급일 당시 재직 중일 것을 지급조건으로 하는지 여부에 관하여 심리하지 아니한 채 해당 급여가 단체협약

등에 의하여 일률적·정기적으로 지급되는 것으로 정해져 있다는 사정만으로 통상임금에 해당한다고 판단한 대법원 2007. 6. 15. 선고 2006다13070 판결 등을 비롯한 같은 취지의 판결들은 이 판결의 견해에 배치되는 범위 내에서 이를 모두 변경하기로 한다.

6) 법률상 통상임금에 해당하는 정기상여금 등을 통상임금 산정에서 제외하기로 하는 노사합의는 근로기준법에 위반되므로 무효이지만, '정기상여금'에 있어서, 노사가 그간의 사회적 인식과 근로관행에 따라 통상임금에 해당하지 않는다고 신뢰하여 이를 통상임금 산정에서 제외하기로 합의하고 이를 토대로 임금총액과 다른 근로조건을 정한 경우에, 임금에 관한 노사 합의시 기업의 한정된 수익 내에서 세부항목별이 아닌 임금총액을 기준으로 임금 등을 정하는 것이 일반적이고, 노사가 정기상여금이 통상임금에 해당함을 알았다면 다른 조건 등을 변경하여 합의된 종전 총액과 실질적인 차이가 없도록 조정하였을 것이며, 만약 정기상여금이 통상임금 산정에서 제외된 부분만을 무효로 주장하면서 근로자가 추가임금을 청구할 수 있다면, 근로자는 임금협상 당시 노사가 서로 합의한 조건에 따른 임금을 모두 지급받으면서 다른 한편으로는 그 합의된 조건이 무효임을 주장하며 기업의 한정된 수익을 넘는 추가임금을 지급받게 되는 결과가 되므로, 근로자의 추가청구로 인해 사용자 측이 예기치 못한 과도한 재정적 지출을 부담하게 됨으로써 기업에 중대한 경영상 어려움을 초래하게 되는 것은 정의와 형평 관념에 비추어 용인될 수 없으므로, 이러한 경우에 한해서는 근로자의 추가임금 청구가 신의성실의 원칙에 위반되어 허용될 수 없다.

2. 대법원 2013. 12. 18. 선고 2012다94643 판결(복리후생비 판결)의 이유와 요지

위의 (2) 사건의 복리후생비 판결의 이유와 요지는 다음과 같다:

1) 고정적인 임금이라 함은 '임금의 명칭 여하를 불문하고 임의의 날에 소정근로시간을 근무한 근로자가 그 다음 날 퇴직한다 하더라도 그 하루의 근로에 대한 대가로 당연하고도 확정적으로 지급받게 되는 최소한의 임금'을 말하므로, 근로자가 임의의 날에 소정근로를 제공하면 추가적인 조건의 충족 여부와 관계없이

당연히 지급될 것이 예정되어 지급 여부나 지급액이 사전에 확정된 임금은 고정성을 갖춘 것으로 볼 수 있다.

여기서 말하는 조건은 근로자가 임의의 날에 연장·야간·휴일 근로를 제공하는 시점에 그 성취 여부가 아직 확정되어 있지 않은 조건을 말하므로, 특정 경력을 구비하거나 일정 근속기간에 이를 것 등과 같이 위 시점에 그 성취 여부가 이미 확정되어 있는 기왕의 사실관계를 조건으로 부가하고 있는 경우에는 고정성 인정에 장애가 되지 않지만, 근로자가 소정근로를 했는지 여부와는 관계없이 지급일 기타 특정시점에 재직 중인 근로자에게만 지급하기로 정해져 있는 임금은 그 특정시점에 재직 중일 것이 임금을 지급받을 수 있는 자격요건이 된다. 그러한 임금은 기왕에 근로를 제공했던 사람이라도 특정시점에 재직하지 않는 사람에게는 지급하지 아니하는 반면, 그 특정시점에 재직하는 사람에게는 기왕의 근로 제공 내용을 묻지 아니하고 모두 이를 지급하는 것이 일반적이다. 그와 같은 조건으로 지급되는 임금이라면, 그 임금은 이른바 '소정근로'에 대한 대가의 성질을 가지는 것이라고 보기 어려울 뿐 아니라 근로자가 임의의 날에 근로를 제공하더라도 그 특정시점이 도래하기 전에 퇴직하면 당해 임금을 전혀 지급받지 못하여 근로자가 임의의 날에 연장·야간·휴일 근로를 제공하는 시점에서 그 지급조건이 성취될지 여부는 불확실하므로, 고정성도 결여한 것으로 보아야 한다.

2) 원심판결 이유와 기록에 의하면, 피고와 노동조합이 체결한 단체협약은 "회사는 김장철에 김장보너스를 지급하며, 지급금액은 노사협의하여 지급한다"고 정하고 있고, 이에 따라 이 사건 김장보너스는 지급 직전에 노사협의를 통해 정해졌는데, 2007년부터 2009년까지는 220,000원, 2010년에는 240,000원으로 정해진 사실을 알 수 있다. 이처럼 지급액을 결정하기 위한 객관적인 기준 없이 단지 사후에 노사협의를 통해 그 지급액을 정하도록 한 경우라면 그 지급액이 사전에 확정되어 있다고 볼 수 없다. 따라서 이 사건 김장보너스는 고정적인 임금이라고 할 수 없어 통상임금에 해당한다고 볼 수 없다.

3) 지급일 현재 6개월 이상 휴직 중인 자를 제외하고는 재직 중인 근로자 전원에게 이 사건 설·추석상여금을 일률적으로 지급하는 한편 지급일 전에 퇴직한 근로자에게는 이를 지급하지 아니한 사실을 알 수 있고, 위와 같이 피고가 지급일 전에 퇴직한 근로자에게 이 사건 설·추석상여금을 지급하지 않은 것에 대하여 노

동조합이나 근로자들이 특별히 이의를 제기하였음을 인정할 자료는 없다. 근로자가 소정근로를 했는지 여부와 관계없이 지급일 기타 특정시점에 재직 중인 근로자에게만 지급하기로 정해져 있는 임금은 소정근로의 대가로서의 성질을 갖지 못할 뿐만 아니라 고정적 임금으로 볼 수 없다. 나아가 어떠한 임금이 이러한 성격을 갖고 있는지는 그 근로계약이나 단체협약 또는 취업규칙 등에서 정한 내용에 따라 판단하여야 하고, 근로계약 등에 명시적인 규정이 없거나 그 내용이 불분명한 경우에는 그 임금의 성격이나 지급 실태, 관행 등 객관적 사정을 종합적으로 고려하여 판단하여야 할 것이다.

Ⅲ. 대상판결의 주요내용

1. 통상임금의 판단기준에 대한 구체적 기준 제시

대상판결은 '어떠한 임금이 통상임금에 속하는지 여부는 그 임금이 소정근로의 대가로 근로자에게 지급되는 금품으로서 정기적, 일률적, 고정적으로 지급되는 것인지를 기준으로 객관적인 성질에 따라 판단하여야 하고, 임금의 명칭이나 그 지급주기의 장단 등 형식적 기준에 의해 정할 것이 아니다'라는 기본 입장을 명확히 하고 있다. 통상임금의 개념적 징표로 '소정근로의 대가'라는 실체적 요건과 '정기성, 일률성, 고정성'이라는 형태적 요건을 요구하는 점에서는 기존의 입장을 재확인하면서도,[2] '지급주기의 장단'은 원칙적으로 영향을 미치지 못한다는 점을 강조하고 있다. 따라서 고용노동부의 예규에서 강조하는 '1임금 지급기'요건은 더 이상 설 자리를 잃게 되었다.

'소정근로의 대가'란 근로자가 소정근로시간에 통상적으로 제공하기로 정한 근로에 관하여 사용자와 근로자가 지급한 금품을 의미하는 바, 근로계약에서 정한 근로가 아닌 특별한 근로를 제공하고 추가로 지급받은 금품은 당연히 통상임금에서 제외된다. 또한 소정근로의 대가는 통상임금의 기능과 필요성에 비추어 실제로 초과근로를 제공하기 전에 미리 확정되어 있어야 한다.[3] 이는 근로자가 소정근로

2) 이철수(2013), "통상임금에 관한 최근 판결의 동향과 쟁점 — 고정성의 딜레마", 서울대학교 법학 제54권 제3호 참조.
3) 대법원 보도자료(2013.12.18.). 6-7면.

시간에 통상적으로 제공하는 근로의 가치를 금전적으로 평가한 것으로서, 근로자가 실제로 연장근로 등을 제공하기 전에 미리 확정되어 있어야 할 것이다.

'정기성'이란 일정한 간격을 두고 계속적으로 지급되는 것을 의미한다. 따라서 어떤 임금이 1개월을 초과하는 기간마다 지급이 되더라도 통상임금에 포함될 수 있고, 이는 대법원 1996. 2. 9. 선고 94다19501 판결 이후 일관된 대법원의 입장이다.[4]

'일률성'이란 어떤 임금이 모든 근로자 또는 일정한 조건 또는 기준에 달한 모든 근로자에게 지급되는 것을 의미한다. 이는 대법원 1993. 5. 27. 선고 92다20316 판결 이후 일관된 판시 내용이다. 여기서 일정한 조건이란 시시때때로 변동되지 않는 고정적 조건이어야 하고,[5] '소정근로의 가치와 관련된 조건'이어야 한다. 따라서 '부양가족이 있는 근로자'에게만 지급되는 진정 가족수당은 당연히 통상임금에서 제외된다. 그러나 가족이 없는 경우에도 지급되는 부진정 가족수당[6]은 통상임금에 포함된다. 휴직자나 복직자 또는 징계대상자 등에 대하여 특정한 임금의 지급이 제한되어 있다 하더라도, 이는 해당 근로자의 개인적인 특수성을 고려한 것일 뿐이므로 일률성에 영향을 미치지 못한다.

'고정성'이란 초과근로를 제공할 당시에 그 지급여부가 업적, 성과 기타 추가적인 조건[7]과 관계없이 사전에 이미 확정되어 있는 것을 의미한다. '고정적인 임금'은 '임의의 날에 소정근로시간을 근무한 근로자가 그 다음 날 퇴직한다 하더라도 그 하루의 근로에 대한 대가로 당연하고도 확정적으로 지급받게 되는 최소한의 임금'을 의미한다. 고정성과 관련하여 대상 판결문에서는 "이 요건은 통상임금을 다른 일반적인 임금이나 평균임금과 확연히 구분 짓는 요소로서 통상임금이 연장·야간·휴일 근로에 대한 가산임금을 산정하는 기준임금으로 기능하기 위하여서는 그것이 미리 확정되어 있어야 한다는 요청에서 도출되는 본질적인 성질이다"라고 설시하고 있다. 이는 기존의 대법원 판결에서 고정성의 유무를 '실제 근

---

4) 통상임금에 관한 판례의 변화에 관해서는 이철수(2004), "통상임금에 관한 판례법리의 변화", 노동법연구 제17호 참조.

5) 대법원 보도자료, 7면.

6) 대상판결에서도 모든 근로자에게 가족수당 명목으로 기본금액을 지급하면서 실제로 부양가족이 있는 근로자에게는 일정액을 '추가로' 지급하는 경우, 그 기본금액은 통상임금에 해당된다고 보고 있다.

7) 추가적인 조건이란 초과근무를 하는 시점에 그 성취 여부가 불분명한 조건을 의미한다.

무성적에 따라 지급 여부 및 지급액이 달라지는지의 여부'8)에 따라 판단한 것에 비하여 진일보한 입장을 취한 것으로, 대상판결의 가장 큰 의의라 할 수 있다.

또한 대상판결은 이러한 해석론을 설시하여 근무 일수나 근무실적에 따라 지급액의 변동이 발생하도록 임금체계가 설계되어 있더라도 고정성이 인정될 수 있도록 길을 열어 놓았다고 볼 수 있다.

> "매 근무일마다 일정액의 임금을 지급하기로 정함으로써 근무일수에 따라 일할계산하여 임금이 지급되는 경우에는 실제 근무일수에 따라 그 지급액이 달라지기는 하지만, 근로자가 임의의 날에 소정근로를 제공하기만 하면 그에 대하여 일정액을 지급받을 것이 확정되어 있으므로, 이러한 임금은 고정적 임금에 해당한다."(정기상여금 판결문 12면)
> "지급 대상기간에 이루어진 근로자의 근무실적을 평가하여 이를 토대로 지급여부나 지급액이 정해지는 임금은 일반적으로 고정성이 부정된다고 볼 수 있다. 그러나 근무실적에 관하여 최하 등급을 받더라도 일정액을 지급하는 경우와 같이 최소한도의 지급이 확정되어 있다면, 그 최소한도의 임금은 고정적 임금이라고 할 수 있다."(정기상여금 판결문 14면)

이에 따르면, 일반적인 정기상여금의 경우 이미 사전에 확정되어 있어 당연히 고정성이 인정된다고 보아야 한다.

그런데 지급일 기타 특정시점에 재직 중인 근로자에게만 지급하기로 정해진 임금과 관련하여, 대법원은 복리후생비 판결에서 기존의 입장과 달리 색다른 해석론을 개진하고 있다. 특정시점에 재직 중일 것을 요구하는 재직요건부 임금은, 특정 시점에 그 성취 여부가 이미 확정되어 있는 근속연수요건 등과 달리 그 성취 여부가 불분명하기 때문에 소정근로의 대가로 보기 힘들고, 고정성도 결여하였다는 것이다. 이는 기왕에 근로를 제공했던 사람이라도 특정시점에 재직하지 않는 사람에게는 지급하지 아니하고, 그 특정시점에 재직하는 사람에게는 기왕의 근로 제공 내용을 묻지 아니하고 모두 이를 지급하는 것이라면, 이러한 조건은 임금청구권의 발생을 위한 일종의 '자격요건'으로 파악하여야 하고 자격의 발생이 장래

---

8) 대법원 1996. 2. 9. 선고 94다19501 판결; 대법원 2012. 3. 15. 선고 2011다106426 판결 등 참조.

의 불확실에 사실에 의존하기 때문에 비고정적이라는 논리로서, 복리후생비 판결에서 명절상여금을 고정상여금과 달리 비고정적인 임금으로 판단한 이유이다. 이 논리에 따를 경우, 향후 대부분의 복리후생비가 통상임금에 포함되지 않게 될 것이다. 1임금 지급기를 초과해서 지급되는 복리후생비의 경우 중도에 퇴사하면 그 지급을 청구하지 않는 것이 일반적인 관행이기 때문이다.

　　대상판결에서 설시한 통상임금의 개념적 징표와 요건을 종합하면, 다음과 같이 종합할 수 있다.

　　"어떤 수당이 야간·휴일·연장근무 등 초과근로수당 산정 등의 기준이 되는 통상임금이 되기 위해서는 초과근무를 하는 시점에서 판단해 보았을 때 근로계약에서 정한 근로의 대가로 지급될 어떤 항목의 임금이 일정한 주기에 따라 정기적으로 지급이 되고(정기성), '모든 근로자'나 '근로와 관련된 일정한 조건 또는 기준에 해당하는 모든 근로자'에게 일률적으로 지급되며(일률성), 그 지급 여부가 업적이나 성과 기타 추가적인 조건과 관계없이 '사전에 이미 확정되어 있는 것(고정성)이어야 하는데, 이러한 요건을 갖추면 그 명칭과 관계없이 통상임금에 해당함(대법원 보도자료 9면)."

　　이러한 법리를 토대로 통상임금성이 문제되는 수당별로 구체적으로 판단하면 다음과 같이 정리할 수 있다.[9]

〈표〉 통상임금인지 문제되는 임금유형별 정리

임금명목	임금의 특징	통상임금 해당여부
기술수당	기술이나 자격보유자에게 지급되는 수당 (자격수당, 면허수당 등)	통상임금 ○
근속수당	근속기간에 따라 지급여부나 지급액이 달라지는 임금	통상임금 ○
가족수당	부양가족 수에 따라 달라지는 가족수당	통상임금 × (근로와 무관한 조건)
	부양가족 수와 관계없이 모든 근로자에게 지급되는 가족수당 분	통상임금 ○ (명목만 가족수당, 일률성 인정)

---

9) 대법원 보도자료, 20면.

성과급	근무실적을 평가하여 지급여부나 지급액이 결정되는 임금	통상임금 × (조건에 좌우됨, 고정성 인정 ×)
	최소한도가 보장되는 성과급	그 최소한도만큼만 통상임금 ○ (그 만큼은 일률적, 고정적 지급)
상여금	정기적인 지급이 확정되어 있는 상여금 (정기상여금)	통상임금 ○
	기업실적에 따라 일시적, 부정기적, 사용자 재량에 따른 상여금 (경영성과분배금, 격려금, 인센티브)	통상임금 × (사전 미확정, 고정성 인정 ×)
특정시점 재직 시에만 지급되는 금품	특정시점에 재직 중인 근로자만 지급받는 금품(명절귀향비나 휴가비의 경우 그러한 경우가 많음)	통상임금 × (근로의 대가 ×, 고정성 ×)
	특정시점 되기 전 퇴직 시에는 근무일수 비례하여 지급되는 금품	통상임금 ○ (근무일수 비례하여 지급되는 한도에서는 고정성 ○)

2. 신의성실의 원칙 도입과 추가수당 청구의 제한

정기상여금 판결에서는 강행법규를 위반하는 노사합의가 무효라는 것을 확인하면서도, 예외적인 경우에 그 무효를 이유로 하는 추가수당의 청구를 신의성실의 원칙(이하 '신의칙')에 따라 제한하고 있다.

정기상여금 판결은 "단체협약 등 노사합의의 내용이 근로기준법의 강행규정을 위반하여 무효인 경우에, 그 무효를 주장하는 것이 신의칙에 위배되는 권리의 행사라는 이유로 이를 배척한다면 강행규정으로 정한 입법취지를 몰각시키는 결과가 될 것이므로, 그러한 주장이 신의칙에 위배된다고 볼 수 없음이 원칙이다."는 기존의 법리를 재확인하면서도, "신의칙을 적용하기 위한 일반적인 요건을 갖춘 한편 근로기준법의 강행규정성에도 불구하고 신의칙을 우선하여 적용하는 것을 수긍할만한 특별한 사정이 있는 예외적인 경우에 한하여 그 노사합의의 무효를 주장하는 것은 신의칙에 위배되어 허용될 수 없다."라고 추가로 설시하여 그 예외를 인정하고 있다.

판례가 설시하는 신의칙의 일반 요건은 ① 상대방에게 신의를 공여하였거나 객관적으로 보아 상대방이 신의를 가지는 것이 정당한 상태에 이르러야 하고, ② 이와 같은 상대방의 신의에 반하여 권리를 행사하는 것이 정의 관념에 비추어 용인될 수 없는 정도의 상태에 이르러야 한다는 점을 들고 있다. 나아가 노사합의의 무효를 주장하는 것이 예외적으로 신의칙에 위배되는 '특별한 사정'은 다음과 같다.

① 정기상여금에 관한 청구일 것,
② 노사가 정기상여금이 통상임금에 해당되지 않는다고 신뢰한 상태가 존재할 것,
③ 정기상여금을 통상임금에서 제외한다는 노사합의가 존재할 것,
④ 노사합의의 무효를 주장하며 추가임금을 청구할 경우 기업에게 중대한 경영상 어려움을 초래하거나 기업의 존립을 위태롭게 할 사정이 존재할 것.

따라서 기존에 노사합의가 없었거나, 노사합의가 있었다고 하더라도 정기상여금이 아닌 기타 수당에 관한 합의일 경우에는 신의칙을 적용할 수 없기 때문에 추가수당을 청구할 수 있다. 이때 노사합의가 단체협약을 통해 형성된 질서에 국한되는 것인지, 아니면 취업규칙 또는 근로계약, 노동관행 등을 통해서 형성된 합의까지 포괄하는 것인지 논란이 있을 수 있다.[10] 한편 대상판결의 선고일 이후 진행되는 노사합의에는 위의 두 번째 사정이 존재하지 않기 때문에 신의칙이 적용되지 않는다.

Ⅳ. 대상판결에 대한 평가

1. 고정성에 대한 진일보한 해석

대상판결은 '사전확정성'을 고정성 판단에 있어 핵심적 요소로 삼고 있어 지급액의 절대고정성에 함몰되어 있던 기존의 논의를 극복할 수 있는 길을 열어 준 점에서 보다 진일보한 해석론을 개진한 것이라 평가할 수 있다. 지급액의 변동 여부에 따라 기계적으로 고정성 유무를 판단하던 다수의 하급심 판결들은 더 이상 지지될 수 없게 되었다.[11] 대상판결이 발표되기 전 금아리무진 판결[12]을 평석하

---

10) 대법원의 보도자료에서는 단체협약 등 명시적인 합의 이외에도 묵시적 합의나 근로관행도 포함된다고 풀이하고 있다(대법원 보도자료, 17면).
11) 문제되는 하급심 판결들에 대한 소개는 이철수(2013), 893면 이하 참조.
12) 대법원 2012. 3. 29. 선고 2010다91046 판결.

면서 필자가 지적한 논지와 동일한 맥락이다.[13)]

　　"통상임금은 법정수당을 산출하기 위한 도구개념이기 때문에 그 기능을 제대로 수행하기 위해서는 사전에 미리 확정되어야 한다. 그리고 통상임금이라는 개념을 도입한 입법취지에 맞게 근로의 가치를 적정하게 반영하여야 한다. 통상임금의 개념 요소 중의 하나인 '고정성'도 이러한 통상임금의 사전확정성[14)]과 근로가치의 적정반영 필요성이라는 요청에 부합하는 방향으로 해석되어야 한다. 이와 관련하여 정인섭 교수는 고정성을 사전확정성으로 이해하면 족하고, 앞으로 소정근로를 제공하면 받게 될 '현재의 시점에서 확정할 수 있는 임금'이면 고정성의 요건이 충족된 것으로 보아야 한다고 주장하는데,[15)] 이는 통상임금의 취지를 정확히 반영한 의견이다. 따라서 사전확정성을 저해할 소지가 있도록 임금의 지급조건을 규정하였다 하더라도, 이를 이유로 임금 또는 통상임금의 본질에 영향을 미칠 수 없도록 법해석이 이루어져야 할 것이다. 당사자의 주관적 의지로 인해 객관적 법질서가 형해화되어 법적안정성을 심각하게 훼손될 수 있기 때문이다."

　　이에 따라, 일정 근무일수를 기준으로 계산방법 또는 지급액이 달라지는 경우에도, 소정근로를 제공하는 경우 적어도 일정액 이상의 임금이 지급될 것이 확정되어 있다면 그 '최소한도로 확정되어 있는 범위'에서는 고정성을 인정할 수 있다. 예컨대 근무일수가 15일 이상이면 특정 명목의 급여를 전액 지급하고, 15일 미만이면 근무일수에 따라 그 급여를 일별로 계산하여 지급하는 경우, 하루의 소정근로를 제공하기만 하면 받을 수 있는 최소한도의 금액은 확정적이므로 그 한도에서 고정성이 인정된다. 또한 근무일수를 기준으로 계산방법을 달리 정하지 않고, 단순히 근무일수에 따라 일별로 계산하여 지급하는 경우도 앞서 본 매 근무일마다 지급하는 경우와 실질적인 차이가 없어 고정성을 인정할 수 있다. 이처럼 근무일수에 따라 지급액의 변동이 초래되는 경우에도 최저한도로 보장하고 있는 임금부분은 통상임금에 포함된다.

---

13) 이철수(2013), 899-900면.
14) 미국에서도 전년도 성과를 반영하여 다음 연도 연봉에 반영하면 가산임금의 산정기초 임금 (regular rate of pay)에 산입된다는 견해가 있다. 권순원(2013), "미국 기업의 임금구조 관련제도", 임금제도개선위원회 발표문 참조.
15) 정인섭(2007), "임금법상 비교대상임금과 통상임금", 노동법연구 제21호, 138면 참조.

그러나 이하의 내용과 같이 재직요건을 이유로 정기상여금도 통상임금에서 제외하여야 한다는 주장이 제기되는 만큼, 고정성의 요건을 "소정근로를 제공하는 것을 전제로 사전에 확정되어 있는 임금"으로 정의하는 것이 보다 바람직하다.

2. 임금이분설의 환생(?) — 재직요건을 이유로 한 복리후생비 제외

1) 대법원은 복리후생비 판결을 통해 '지급일 기타 특정 시점에 재직 중일 것'이라는 재직요건이 부과된 복리후생비는 통상임금에 포함되지 않을 수 있다는 점을 분명히 하여 기존의 판례법리를 변경하였다. 이러한 재직요건은 임금을 지급받을 수 있는 자격요건이고, 특정시점에서 그 성취 여부가 불분명하기 때문에 소정근로의 대가로 보기 힘들며 고정성도 결여하였다는 것이다. 하지만 이에 따르면 대부분의 복리후생비가 통상임금에 해당하지 않게 될 가능성이 높은데, 1임금 지급기를 초과해서 지급되는 복리후생비의 경우 중도에 퇴사하면 그 지급을 청구하지 않는 것이 일반적인 관행이기 때문이다. 이러한 판시는 1995년 전원합의체 판결을 통해 폐기된 임금이분설을 떠올리게 한다.[16)]

또한 정기상여금 판결에서 '일정한 근무일수를 충족하여야만 하는 임금'의 개념을 도입하고 있는 점이 눈에 띈다. '일정 근무일수를 충족하여야만 지급되는 임금' 소정근로를 제공하는 외에 일정 근무일수의 충족이라는 추가적인 조건을 성취하여야 비로소 지급되는 것이므로 소정근로에 대한 대가로 보기 어렵다는 것이다. 그러면서도 정기상여금 판결에서는 재직요건이 부가되어 있더라도 재직기간까지의 기간에 비례한 만큼의 임금이 지급되는 경우에는 고정성이 부정되지 않는다고 본다.

2) 필자는 재직 요건이 고정성과 관련이 없다는 주장을 다음과 같이 피력한 바 있다.[17)]

"고정성의 해석과 관련하여 자주 거론되는 재직요건은 근무성적과 아무런 관

---

16) 대법원 1995. 12. 21. 선고 94다26721 전원합의체 판결. 임금이분설에 따르면, 임금은 사실상 근로를 제공에 대해 지급받는 교환적 부분과 근로자로서의 지위에 기하여 받는 생활보장적 부분으로 나뉜다.

17) 이철수(2013), 898면.

련이 없다고 보아야 한다. 앞서 살펴본 바와 같이 재직요건은 상여금이나 수당을 지급하기 전에 미리 퇴사한 자를 대상으로 적용되는 것으로 현재 재직 중인 근로자에게는 아무런 상관이 없다. 소정근로에 대하여 그 지급내용이 사전적으로 확정되어 있으면 그것으로 고정성의 요건은 충족된 것으로 보아야 한다. 상여금의 1임금지급기는 예컨대 400%인 경우 3개월로 해석되고 3개월 간 소정근로를 제공한 자에게 임금액의 변동이 있는지를 살피는 것으로 족하지 제3자의 사정을 고려하여 그 고정성 여부를 판단해서는 안된다. 재직 중인 자에게 지급하는 지의 여부는 일률성의 요건과 연관성이 있다고 보아야 한다. 일률성의 요건은 누구에게(to whom)지급할 것인지에 대한 물음이고, 고정성의 요건은 무엇을 어느 정도로(what and how) 지급할 것인가의 물음이다. 일률성 심사를 통해 적용범위가 정해지면, 그 인적범위 내에 있는 개별 근로자의 임금변동 여부를 확인하는 것이 고정성 심사라고 보는 것이 통상임금의 기능과 필요성에 부합하는 해석이라 할 것이다."

임금지급기 이전 중도퇴직자에게 수당을 지급하는 경우는 재직기간에 비례하여 지급하는 경우와 아예 지급하지 않는 경우로 구분할 수 있다. 전자의 경우를 대상판결이나 금아리무진 판결에서 고정성을 강화하는 요소로 적극적으로 해석한 것은 타당하다. 재직기간에 비례하여 지급하는 경우 시간당 지급되는 금액이 일정하게 산출되므로, 고정적이기 때문이다. 문제는 중도퇴직자에게 재직기간과 무관하게 상여금이나 수당 등을 전혀 지급하지 않는 약정이 현행법상 효력이 있는가라는 점인데, 이에 대해 필자는 다음과 같은 견해를 피력한 바 있다.[18]

"상여금이나 수당을 예컨대 3월, 6월, 9월, 12월 지급하였다 하더라도 이는 당해 달에 제공한 근로의 대가가 아니고 3달치 근로의 대가가 쌓인 것이고 다만 그 지급방식을 3달에 한 번꼴로 한다는 것이다. 상여금이나 수당의 임금성이 인정된다면, 중도퇴직자에게는 최소한 재직기간 또는 근무기간에 상응하여 비례적으로 수당이 지급되어야 하는 바, 이를 무시하고 수당청구권을 전면적으로 부정하는 약정은 강행법규 위반으로 무효로 될 가능성을 배제할 수 없다. 이 점을 별론으로 하더라도 이러한 약정을 계기로 고정성이 결여된다는 이유를 들어 통상임금에의 해당성을 부정하는 것은 본말이 전도된 것이다. 이러한 접근방식은 임금제

---

18) 이철수(2013), 899면.

도의 취지, 통상임금의 기능과 필요성, 통상임금의 기본원리에 반한다고 하지 않을 수 없다."

3) 대상판결의 선고 이후에도 필자의 종전의 견해와 문제의식에는 변함이 없다. 대상판결에서 '일정 근무일수를 충족하여야만 지급되는 임금'의 개념을 도입한 것을 필자는 이해하기 힘들다. 더군다나 이러한 임금은 소정근로의 대가가 아니라는 설시는 더더욱 이해하기 힘들다. 소정근로의 대가가 아니라면 임금성 자체가 부정되는 것인가? 판결문의 전체 맥락을 보면 임금성 자체를 부정하는 것으로까지 읽히지는 않고, 통상임금성을 부정하기 위해 고정성의 결여라는 이유와 함께 방론으로 설시한 것으로 보인다.

그렇다면 이러한 임금이 소정근로의 대가가 아니라는 것은 무슨 의미인가? 필자는 이러한 표현이 과거 임금이분설에서의 보장적 부분의 관념을 되살리는 것이 아닌지 우려스럽다. 이러한 임금이 소정근로의 대가가 아니라 재직이라는 '지위'에 기초하여 지급된다는 관점과 큰 차이가 없기 때문이다.

필자는 대상판결이 왜 종전의 견해를 바꾸었는지도 이해하기 힘들다. 기존의 대법원 판결 등을 통해 복리후생비의 통상임금성 문제는 일단락되었고, 이에 대해 노사 공히 별다른 이의를 제기하지 않아 분쟁의 여지가 없어진 사안에서, 대상판결과 같이 재직요건의 구체적 내용과 당사자의 명시적, 묵시적 합의나 관행의 존재 등을 들어 달리 해석할 여지를 남기는 것은 통상임금의 사전확정성이나 법적 안정성의 견지에서 바람직하지 않기 때문이다. 대상판결로 인하여 중도퇴직자의 평균임금 계산 시 복리후생비를 포함시켜야 할지, 그 계산을 월할 계산으로 해야 할지, 정기상여금의 경우에도 재직요건의 법리가 적용되어야 할지 등의 해석상의 논란을 부추길 수도 있다.

4) 재직요건과 관련하여 더욱 기이한 현상은, 판결의 내용을 판결문의 일부분을 충실히 기계적으로 해석하여 상여금의 경우에도 근무기간에 비례하지 않고 상여금 지급기에 재직해야만 고정성이 충족된다는 입장이 활개를 치고 있다는 점이다. 노동부의 2014. 1. 23. '통상임금 노사지도 지침'이 대표적이다.

박지순 교수도 노동부의 입장과 유사한데 박 교수의 주장은 다음과 같다:

"상여금의 연원이 은혜적·포상적 이윤배분이나 성과급에서 비롯된 점, 정기적·일률적으로 지급되는 경우가 많다고 하지만 여전히 성과급, 공로보상 또는 계속근로의 차원에서 지급되는 경우도 있고, 그 지급형태나 지급조건이 다양하여 그 성질이 명확하지 아니한 경우가 적지 않다. 따라서 근로자와 사용자는 근로계약이나 노사 간 협약의 방법으로 상여금의 내용과 지급조건을 정할 수 있다고 보아야 한다. 나아가 이를 통하여 통상임금에 해당되는 내용과 지급조건을 갖춘 임금과 그렇지 아니한 임금으로 나누어 정할 수 있으므로 실질적으로 통상임금에 해당하는 임금의 구체적인 범위는 노사합의나 근로계약을 통하여 정하여지거나 변경된다는 점을 부정할 수 없다."[19]

권혁 교수도 이와 유사한 견해를 취하면서도 전원합의체 판결이 '지나치게 논리적 일관성과 명확성을 기한 나머지, 그러한 점이 노동현실에서 어떻게 작동할 것인지에 대하여는 충분한 고려를 하지 못한 것'을 비판하면서 기존의 복잡한 임금체계를 더욱 왜곡하고 변질시킬 위험도 내포하고 있다고 우려한다.[20]

이에 반해 김홍영 교수는 재직요건을 이유로 통상임금성을 부정하는 경우는 극히 제한적이고 예외적으로 인정되어야 한다고 전제한 뒤[21], 전원합의체판결에서 간취할 수 있는 예외적인 경우로 "특별한 목적과 필요에 대응하는 복리후생 성격이 높은 수당이며 사용 내지 지급이 필요한 특정시점이 노동의 제공과는 다른 사정에서 이미 존재하는 수당"으로 이해하면서 다음과 같이 주장한다:

"설 추석 하계휴가, 근로자의 날, 창립기념일, 생일, 보험료 납부일 등 그러한 수당이 필요한 특정한 시점이 원래 있어서 그 시점의 재직을 중시하는 것이다. 이와 달리 다양한 형태의 직무수당, 근무수당, 장려수당, 조정수당 등을 재직자 기준으로 그 지급여부를 달리하는 것, 즉 퇴직하였다고 지급하지 않는 것은 유노동유임금의 원칙상 임금의 본질에 어울리지 않는다."[22]

---

19) 박지순(2014), "통상임금에 관한 대법원 판결의 쟁점과 정책과제", 임금체계 개편 대토론회 자료집, 121면 참조.

20) 권혁(2014), "2014 한국노동법학회 학술대회 지정토론문", 통상임금 대법원 전원합의체 판결의 의미와 과제 학술대회 자료집, 47면 참조.

21) 김홍영(2014), "통상임금에 관한 대법원 전원합의체 판결의 의의", 한국고용노사관계학회 2014 동계학술대회 자료집, 208-211면.

22) 김홍영(2014), "통상임금의 의의 및 법,제도 개선방안", 임금체계 개편 대토론회 자료집,

대상판결문을 통해서 알 수 있듯이 이번 전원합의체는 재직요건 자체의 유효성 여부를 판단하지 않았고, 복리후생적 금품에 재직요건이 추가된 경우를 직접적 판단대상으로 삼고 있다. 정기상여금, 근무수당, 나아가 기본급의 경우에도 이러한 문법을 구사할 지는 판결문상 분명하지 않고 논란의 여지가 많은 부분이다. 이런 점에서 노동부가 정기상여금의 경우에까지 재직요건을 고정성 판단의 일 요소로 단정하는 것은 행정기관으로서 현명하지 못할 뿐만 아니라, 삼권분립의 원리에 비추어 보면 일종의 월권을 행한 것이 아닌가 싶다. 앞서 언급한 바와 같이 대상판결문에서는 재직요건 이외에 소정근로의 대가가 아니라는 이유를 추가하여 고정성을 부정하고 있는데, 대상판결의 고민을 헤아릴 필요가 있다. 후속 대법원 판결의 입장을 좀 더 지켜보아야 할 사안이라고 생각된다. 권혁 교수가 지적한 대로 임금체계의 왜곡을 초래할 우려가 있고 향후 노사관계에 미치는 부정적 파급효과를 감안하면, 노동부가 왜 이렇게 성급한 판단을 하였는지 그 사정이 사뭇 궁금하기도 하다.

박지순 교수는 정기상여금의 경우에도 재직요건이 적용될 수 있는 논거로, 상여금의 연혁적 성격과 노사자치의 존중을 들고 있다. 박교수가 상여금의 제도개선 방안으로 제시하고 있는 세 가지 유형 중 두 번째 유형,[23] — 박교수의 표현을 빌면 '명절상여나 그 밖에 특수한 사정에 의하여 지급이 인정된 전통적 의미의 보너스'— 까지 고려한 논법으로 보인다. 우선 현재 논의되는 정기상여금은 첫 번째 유형, 즉 기본급에 포함될 성질의 임금에 관한 논의이기 때문에 전통적 의미의 보너스나 성과상여는 인식의 대상에서 제외시켜야 할 것이다. 왜냐하면 성과상여는 사후에 변동적으로 지급되는 금품이라 임금성이 아예 부정되고, 복리후생비[24]는 과거 임금이분설의 입장을 취하던 시절에는 소정근로의 대가가 아니라고 평가되었거나 대상판결처럼 특정한 시점을 중시하여 고정성 판단에 있어 특별취급을 한 것이기 때문이다. 대상 판결문에서 정기상여금과 복리후생비에 해당하는 명절상

138면 참조.

23) 박지순 교수는 정기상여금은 한국적 상황이 상당이 반영된 톡특한 임금항목으로 비정상의 정도가 가장 심한 부분이라 진단하면서, 이를 매월 기본급에 포함해야 할 부분, 명절상여나 그 밖에 특수한 사정에 의하여 지급이 인정된 전통적 의미의 보너스, 경영성과나 개인성과를 반영한 성과상여로 3분화되는 것이 바람직하고 주장한다. (위의 발표문 132면 참조).

24) 박교수가 표현하는 '전통적 의미의 보너스'의 의미가 분명하지 않아, 필자는 이를 복리후생비의 범주에 포함되는 것으로 일응 이해하고자 한다.

여금의 차이를 먼저 장황하게 설시한 이유를 눈여겨보아야 할 것이다. 기본급에 준하는 첫 번째 유형의 정기상여금에 국한시켜 본다면, '은혜적·포상적 이윤배분이나 성과급에서 비롯'되었다거나 '성과급, 공로보상 또는 계속근로의 차원에서 지급'된 것이라는 연혁적 사정을 들어, 소정근로의 대가가 아니라고 법적 평가를 내릴 수 있는 것인가? 또 이러한 성격의 상여금의 경우 지급시기까지 근로하지 않고 중도 퇴직한 근로자에게는 기왕의 근무일에 대해 일체 상여금을 지급하지 않는다는 약정이 유효한가? 우리 대법원은 일찍이 상여금이 임금의 성질을 띤 것이라면 "상여금지급기간 만료 전에 퇴직한 근로자라도 특단의 사정이 없는 한 이미 근무한 기간에 해당하는 상여금은 근로의 대가로서 청구할 수 있다"[25]고 판시하였고 학계에서도 별다른 이설 없이 받아들여진 사정을 감안하면, 노사합의나 근로계약을 체결하였다는 이유만으로 재직요건의 유효성을 묻지 않는 것은 판단유탈의 오류를 범한 것이다. 이러한 논법대로 하면 극단적으로 기본급의 경우에도 재직요건이 추가되어 있으면 통상임금이 아니라는 우스꽝스러운 결론에 이르게 된다.

권혁 교수는 묘한 논법을 제시하고 있다. 대상판결이 지나치게 일관성이 있기 때문에 정기상여금의 경우에도 재직요건이 적용된다는 식의 논리전개이다. 문리해석을 통해 보면 그렇게 읽을 수밖에 없다는 것이다. 그 결과 정기상여금에 재직요건을 적용하는 것이 통상임금의 기능과 취지에 비추어 타당한 것인가라는 규범적 판단을 하지 않는다. 순환논법 또는 논리상의 트릭이라 생각된다.

필자는 재직요건을 일률성의 요건으로 이해해야 된다는 종전의 입장을 유지하고자 한다. 왜 퇴직이 휴직, 복직, 징계와 다르게 평가받아야 하는지 이해하기 힘들다. 대상판결에서 "단체협약이나 취업규칙 등에 휴직자나 복직자 또는 징계대상자 등에 대하여 특정 임금에 대한 지급 제한사유를 규정하고 있다 하더라도, 이는 해당 근로자의 개인적인 특수성을 고려하여 그 임금 지급을 제한하고 있는 것에 불과하므로, 그러한 사정을 들어 정상적인 근로관계를 유지하는 근로자에 대하여 그 임금 지급의 일률성을 부정할 것이 아니다"[26]라고 설시하고 있는 바, 정상적인 근로자를 생각했을 때 중도 퇴직이라는 것 역시 휴직 등과 마찬가지로 개인적 특수성이 감안된 예외적인 상황이기 때문이다. 도재형 교수가 적확하게 지적하

---

25) 대법원 1981. 11. 24. 선고 81다카174 판결; 대법원 1982. 4. 13. 선고 81다카137 판결.
26) 정기상여금 판결문, 10면.

듯, '오히려 재직 근로자에게 모두 지급한다는 것은 급여의 지급 요건 중 가장 고정적이고 확정적이다.'[27] 중도 퇴직이나 휴직, 징계 등으로 인해 근무일수를 채우지 못한 경우에 대비해 상여금이나 수당 등에 일정한 조건을 부여한 경우에, 이러한 사정은 고정성, 나아가 통상임금성에 영향을 미칠 수 없고 무노동 무임금의 원칙에 따라 임금청구권의 범위를 제한하는 문제로 접근하여야 할 것이다.[28]

요컨대 전합판결에서 다루어진 사안은 명절상여금, 휴가비 등의 이른바 복리후생비에 관한 것이기 때문에 이를 정기상여금의 경우까지 유추하는 것은 신중을 기해야 하고 구체적인 판단은 대법원의 후속 판결을 기다려야 할 것이다.[29] 특히 정기상여금이 대상판결이 표현하는 "일정 근무일수를 충족하여야만 지급되는 임금"인지의 여부, "소정근로의 대가가 아닌 금품"에 해당되는지의 여부에 관한 규범적 판단이 병행되어야 할 것이다.

3. 신의칙이 해법이 될 수 있는가? — 대형로펌의 개가(?)

1) 대상판결이 선고되기 전까지 이 사건에 신의성실의 원칙을 적용하리란 예상은 거의 찾아볼 수 없었기 때문에, 이 부분은 소수의견에서 표현한 것처럼 "너무 낯선 것이어서 당혹감마저 든다."[30] 법률의 부지나 법인식상의 착오가 있다고 해서 강행규범성이 부정될 수는 없다. 대상판결이 말하는 특수한 상황이란 근로자에게 '예상 밖의 이익'[31]을 줌으로써 기업재정의 어려움이 초래된다는 것인데, 이

---

27) 도재형(2014), 통상임금 관련 대법원 전원합의체 판결의 의의와 평가(토론문), 2014 한국노동법학회 학술대회 자료집, 53면 참조.

28) 이철수(2013), 904면.

29) 2023년 8월 현재 재직조건의 유효성 및 이러한 조건이 붙은 급여의 통상임금성에 대해 하급심 판결의 입장이 엇갈리고 있는 상황이다(재직조건의 유효성을 인정하고 통상임금성을 부정한 판결로는 광주고등법원 2016. 7. 8. 선고 2015나15497 판결 등; 재직조건의 유효성은 인정하면서도 통상임금성을 인정한 판결로는 서울고등법원 2020. 12. 2. 선고 2016나2032917 판결 등; 재직조건을 무효로 보아 통상임금성을 인정한 판결로는 서울고등법원 2018. 12. 18. 선고 2017나2025282 판결 등). 결국 이와 관련된 쟁점은 대법원 전원합의체로 회부되어(대법원 2019다204876호로 계류중) 해결 될 것으로 보인다.

30) 정기상여금 판결 중 이인복, 이상훈, 김신 대법관의 반대의견.

31) '예상 밖의 이익'에 대한 인식도 소수설과 다수설의 입장은 극명하게 대비된다. 다수설의 입장은 현실적으로 계산되는 근로자의 이익 — 사용자측에서 보면 인건비 추가 부담 — 을 고려한 반면, 소수설은 규범적 의미를 강조한다: "근로자가 초과근로를 함으로써 얻는 초과근로수당청구권은 근로기준법이 명시적으로 인정하는 근로자의 권리이다. 예상 외의 이

러한 사정을 고려하지 않았다고 해서 근로자가 추가적인 임금을 청구한 것이 정의 관념에 비추어 도저히 용인될 수 없다는 것인가? 이러한 특수상황은 근로자의 이해와 양보를 통해 노사관계에서 풀어야 할 것이지, 법원이 파사현정(破邪顯正)의 각오로 옳고 그름을 판단해서는 안 되는 성질의 것이다.

어떻게 해야 신의에 따라 성실히 청구권을 행사한 것으로 평가받을 수 있다는 것인가? 본 사안의 경우 일부의 근로자가 자신의 권리를 적법하게 행사하였을 뿐인데, 나머지 근로자들 모두가 권리를 행사할 것을 예상하여 기업재정의 파탄을 상정하는 것이 소송이론상 가능한지도 의문이다. 그리고 다수의 근로자들이 회사의 재정상황을 감안하여 3년 분 추가수당이 아니라 1년 분의 추가수당만을 청구하거나, 또는 일부 인원만이 추가수당을 청구하기로 하고, 나머지는 권리 위에 잠자기로 합의한 상태에서 소송을 제기한 경우에도 신의칙이 적용되는가? 권리는 개별적으로 행사하는 것인데, 권리행사자가 제어할 수 없는 외생변수로 인해 자신의 성실성(in good faith)이 판가름 난다면, 이는 법적안정성을 심각하게 훼손하는 결과를 초래한다.

판례의 문법을 따라가다 보면, 한국GM과 같이 상여금 소송에 대비해 거액의 자금을 비축한 사업장의 경우에는 그렇지 않는 사업장과 달리 재정파탄의 위험이 없다고 평가하여야 하는지,[32] 신뢰가 존재하고(정당한 신뢰인지는 불문하고) 기업재정의 어려움이 있으면 다른 노동법현상에도 이 원칙을 계속 적용할 것인지 등등 법학자로서 헤아리기 힘든 온갖 의문들이 떠오른다. 신의칙은 추상적이고 난해한 담론이라 이에 대한 분석은 필자의 능력 밖의 일이고, 이에 대해서는 향후 민법학계나 법이론상의 논의를 기대해 봐야 하겠으나 여전히 생소한 감을 떨치기가 힘

익, 즉 뜻밖의 횡재가 아니다. 근로자가 과거에 마땅히 받았어야 할 것을 이제 와서 받으려는 것일 뿐이다. 이것은 근로기준법이 당사자의 합의에 의하여서도 박탈하지 못하도록 굳이 강행규정을 두어 보장한 근로자의 정당한 권리이다. 노사합의 당시 정기상여금이 통상임금에 포함된다는 사정을 알았더라면 사용자로서는 초과근로시간을 줄이고 근로자로서도 초과근로를 적게 하였을 것이므로, 사용자가 정당한 대가를 치르지 않고 근로자의 초과근로를 제공받은 것이 오히려 다수의견의 표현마따나 '예상 외의 이익'인 셈이다. 근로자가 받았어야 할 임금을 예상 외의 이익으로 취급하여 이를 되찾는 것을 정의와 형평관념에 반한다고 하는 것 자체가 정의관념에 반한다."

32) 한국 GM 사건에서는 회사로서 예측하지 못한 새로운 재정적 부담을 지게 되어 중대한 경영상의 어려움이 초래될 수 있다는 이유로 근로자들의 임금청구가 신의칙에 위배된다고 보았다. 대법원 2014. 5. 29. 선고 2012다116871 판결.

들다.

정기상여금 판결에서는 원심판결의 파기환송사유로 "통상임금에 산입될 경우 피고가 부담하게 될 추가 법정수당액과 전년도 대비 실질임금 인상률 및 그에 관한 과거 수년간의 평균치, 피고의 재정 및 경영상태 등"에 관한 심리를 다하지 못한 점을 지적하는데, 신의칙에 대한 법관들의 해석재량을 어느 정도로 허용할 것인지도 불분명하다. 소송당사자의 입장에서 보면 법적 리스크와 소송비용은 증대하고, 대리인들의 소송수행 능력에 따라 결론이 달라지게 될 개연성이 높은데, 이것이야말로 '참을 수 없는 부정의'가 아니겠는가.

2) 신의칙의 해석을 둘러싼 논란도 존재한다. 우선 신의칙이 단체협약을 통한 질서나 합의 형성 이외의 경우에도 적용될 것인가가 문제된다. 이는 본 사안과 같이 단체협약을 통한 합의와 그에 터잡은 관행33)이 존재한다고 평가받는 경우 이외에, 사용자가 일방적으로 취업규칙을 작성하고 근로자가 아무런 이의를 제기하지 않은 경우에도 신의칙을 적용할 수 있는가의 문제이다. 대상판결은 임금협상 과정을 거쳐 합의된 임금총액의 범위 내에서 정기상여금을 통상임금 제외 인식 아래 법정수당의 규모 등을 정한 경우를 상정하고 있는데, 이때 근로자들이 임금교섭의 과정을 통해 사용자에게 신의를 제공하거나 신의를 갖게 하였다는 점에 주목하여야 한다. 취업규칙의 경우에는 사용자에게 신의를 제공할 어떠한 구체적 행위가 매개되지 않았기 때문에, 이런 경우에도 대상판결과 같이 보충적, 제한적으로 적용되어야 하는 신의칙이 관여하는 것은 바람직하지 않다.34)

다음으로 대상판결의 선고일인 2013. 12. 18. 이후 신규 발생하는 임금채권

---

33) 본 사안에서 단협이 적용되지 않는 관리직에게도 신의칙이 적용되는 이유는, 단체협약에서 형성한 제도를 관리직들의 명시적 또는 묵시적으로 합의하였거나 이에 따른다는 관행이 존재하기 때문인 것으로 필자는 이해하고자 한다. 이는 일반적 구속력의 적용결과 단협의 질서가 확대되는 상황과 유사하다.

34) 대법원 2008. 5. 29. 선고 2004다33469 판결 등 참조. 양창수 교수는 신의칙의 기능을 인정하면서도, 신의칙을 통한 일반조항으로의 도피(Die Flucht in die Generalklauseln)가 법적사고의 유약화(Verweichlichung), 법적불안정성(Unsicherheit), 자의(Willkuer)의 폐해를 유발할 가능성이 있음을 경계하면서, 우리나라의 경우 보충적 법원으로서의 '조리'의 이름으로 행해진다는 것을 명확하게 인식하여야 하며 입법자가 명확히 결단을 내리지 않는 부분에 대해서만 신의칙이 적용될 여지가 있다고 주장한다(양창수(2010), "신의칙 총론", 민법주해 Ⅰ, 박영사, 305-306면 참조).

에도 신의칙이 적용될 수 것인가? 대상판결의 논지나 대법원의 보도자료에 비추어 보면, 판결일 이후 새로운 합의가 있을 경우 신의칙이 적용되지 않는다는 점은 명확하다. 그러나 노사가 대상판결의 취지에 부합하는 새로운 합의를 시도하지 않은 채 기존의 단체협약이나 취업규칙이 유지되는 경우에는 신의칙의 적용 여부가 문제될 수 있다. 이 경우 종전 임금협약의 유효기간까지는 신의칙이 적용될 수 있다는 주장도 제시되나, 필자는 이에 대해 부정적이다. 우선 고용노동부는 단체협약이나 취업규칙 시정명령을 발할 공법상의 의무를 부담하기 때문에 새로운 노사합의를 게을리하고 있는 법상태를 보호해서는 안 될 것이고, 합의의 체결에 이르지 못하더라도 노조가 재교섭을 요구하는 것은 그 자체로 기존의 신의 제공을 철회할 의사가 표현된 것으로 보아야 한다.

 3) 이후 대법원 판결은 신의칙 항변의 적용과 관련하여 "근로관계를 규율하는 강행규정보다 신의칙을 우선하여 적용할 것인지를 판단할 때에는 근로조건의 최저기준을 정하여 근로자의 기본적 생활을 보장·향상시키고자 하는 근로기준법 등의 입법 취지를 충분히 고려할 필요가 있고, 또한 기업을 경영하는 주체는 사용자이고, 기업의 경영 상황은 기업 내·외부의 여러 경제적·사회적 사정에 따라 수시로 변할 수 있으므로, 통상임금 재산정에 따른 근로자의 추가 법정수당 청구를 중대한 경영상의 어려움을 초래하거나 기업 존립을 위태롭게 한다는 이유로 배척한다면, 기업 경영에 따른 위험을 사실상 근로자에게 전가하는 결과가 초래될 수 있으므로, 따라서 근로자의 추가 법정수당 청구가 사용자에게 중대한 경영상의 어려움을 초래하거나 기업의 존립을 위태롭게 하여 신의칙에 위반되는지는 신중하고 엄격하게 판단하여야 한다."는 법리를 추가하였고,[35] 이후 판결들 또한 대부분 신의칙 항변을 배척하여 오고 있다.[36]

---

35) 대법원 2019. 2. 14. 선고 2015다217287 판결.

36) 대법원 2019. 4. 23. 선고 2014다27807 판결; 대법원 2019. 4. 23. 선고 2016다37167, 2016다37174(병합) 판결; 대법원 2019. 5. 10. 선고 2015다75179 판결 등.

V. 맺으며: 후속판결 및 입법을 기다리며

2013년 전원합의체 판결은 그동안 논란이 되어왔던 통상임금의 판단기준을 구체적으로 제시하고, 근로자의 추가수당청구가 신의칙에 위배되어 제한되는 요건을 설시하였다는 점에 그 의의가 있다. 판결문의 구석구석에서 임금의 법리와 법현실, 미래와 과거를 조화시키기 위한 고민이 여실히 드러난다. 사법적극주의(?)의 정신을 살리기 위한 일종의 고육지책이 아닌가 싶다.[37]

대상판결은 앞으로 사업장 내의 임금체계를 설계하는 데 있어 나침반으로 기능할 것이다. 통상임금의 고정성과 정기성에 관한 단호한 입장은 당분간 변함이 없을 것이기 때문에, 대상판결은 이에 관해서는 논란의 여지를 없앴다는 점에서 한층 진일보한 판결이라 평가할 수 있을 것이다. 그러나 기왕의 추가수당청구에 관련한 과거사 정리를 신의칙에 문의한 점은 오히려 논란을 증폭시킬 가능성을 잉태하고 있으며, 재직요건이 정기상여금에도 적용되는지 여부 등의 문제가 대상판결의 의미를 오해한 일부 견해와 고용노동부의 지침으로 인하여 불거지고 있다.

필자가 우려하였던 것처럼 최근 노동현장에서는 정기상여금에 재직요건을 추가로 부과하여 통상임금성을 회피하려는 시도가 이어지고 있으며, 신의칙의 적용에 대해서도 노사의 주장이 엇갈리고 있다. 이에 대한 하급심의 판결 또한 마찬가지로 재판부에 따라 엇갈리고 있다.[38] 또한 대상판결의 선고 직후에는 크게 주목받지 않았던 '일정 근무일수 조건'이 부과된 수당의 통상임금성이 하급심에서 쟁점으로 부각되고 있다. 결과적으로 대상판결이 남긴 숙제를 후속 대법원 판결이 풀어야 하는 상황이 된 것이다. 다만, 대상판결의 선고일 이후로는 강행법규에 위반되는 노사합의의 성립을 인정할 수 없으므로 선고일 이전 발생한 추가수당청구

---

37) 다수의견의 고충에 대한 소수의견의 반박은 흥미롭다. "대법원은 최고의 법해석 기관으로서 통상임금에 관한 법리를 법에 따라 선언해야 한다. 그에 따른 경제적 우려를 최소화하는 것은 정부와 기업의 역할이다. 대법원은 통상임금의 법원칙을 바로 세우고, 정부는 대법원판결의 결론이 연착륙할 수 있도록 다양한 노동정책을 펼치면 되는 것이다. 그렇지 않고 대법원이 앞으로 시행될 노동정책까지 고려하여 현행 법률의 해석을 거기에 맞추려 한다면, 이는 법해석의 왜곡이다."(정기상여금 판결문, 36면)

38) 재직요건부 정기상여금의 통상임금성과 신의칙 적용에 관련하여 엇갈리고 있는 하급심 판례를 소개한 논문으로는 김홍영(2016), 전합판결 이후 제기되는 통상임금의 해석상의 쟁점, 성균관법학 제28권 제3호, 641-671면 참조.

권만이 문제로 남아있고, 이러한 임금채권의 소멸시효는 3년이므로 시간이 경과할수록 통상임금을 둘러싼 소송의 숫자는 줄어들 것으로 보인다. 물론 대상판결에 대한 잘못된 이해로 추가적인 소송이 이어질 수도 있다.

　　지난 2015. 9월의 '노동시장 구조개선을 위한 노사정 합의문'에서는 통상임금 제도에 대한 명확한 기준을 입법화하기로 하면서 통상임금을 "명칭 여하를 불문하고 소정근로에 대하여 사용자가 근로자에게 정기적, 일률적으로 지급하기로 사전에 정한 일체의 금품"으로 정의하였고, 노사는 "근로자의 안정적인 소득 확보와 기업의 생산성 향상에 기여할 수 있도록 임금구성 단순화와 지급요건 명확화"가 이루어질 수 있도록 협력하기로 한 바 있다. 통상임금 문제는 우리의 임금체계가 복잡하고 기형화되어 있는 현실에서 기인한 문제이고, 장시간 근로 관행과도 밀접하게 연결되어 있는 문제이기 때문에 법원의 판결과는 별개로 임금제도 개선논의가 이루어질 필요가 있다. 앞으로 노사의 자율적 임금체계 개편과 국회의 입법을 통해 합리적인 해법이 모색되기를 기대해 본다.

제 7 장

2006년 개정 해고법제의 주요 내용과 그 평가[1]

Ⅰ. 서론

노동의 유연화는 세계적 추세로 노동법학계에서도 이 흐름을 거역할 수 없을 것이다. 1990년대에 들어와 노동의 유연성을 제고시키기 위한 법제도 개선논의가 시작된 이후 탄력적 근로시간제·파견근로·정리해고 등의 법 개정이 있어 왔다. 전통적인 보호법제만으로는 새로운 노동환경의 변화에 대응할 수 없고 기업경쟁력의 제고가 전제되지 않고는 근로자 보호를 기대할 수 없다는 사정을 감안한 것이라 풀이할 수 있을 것이다. 노동시장의 유연성을 제고하면서도 근로자의 고용안정과 근로조건 보호를 조화시키는 방안에 대한 고민이 이 시대 노동담론의 중심 테마가 되고 있다.[2]

노동시장 유연화론과 관련하여 주된 표적이 되는 것이 정규직 근로자를 대상으로 하는 고용보호법제(Employment Protection Legislation: EPL)이다. 고용보호법제는 다의적인 개념으로서 넓게는 노동관계법 전반을 가리키기도 하지만, 통상적으로는 해고규제를 중심으로 하는 좁은 의미의 근로조건 보호법제를 의미한다. 우

---

1) 본 장은 이철수(2007), "개정 해고법제의 주요 내용과 평가", 노동법연구 제22호를 그대로 수록하였다. 위 논문이 발표된 이후 계속근로기간이 6개월 미만인 월급근로자를 해고예고의 적용에서 제외한 규정에 대해 헌법재판소의 위헌결정(헌법재판소 2015. 12. 23. 선고 2014헌바3 결정)이 내려짐에 따라 법률 개정(2019. 1. 15.)이 있었고, 근로계약기간의 만료 등으로 원직복직이 불가능한 근로자에 대해서도 노동위원회가 금전보상을 내릴 수 있도록 하는 근로기준법 제30조 제4항이 신설되는 법개정(2021. 5. 18.)이 있었으므로 참고하기 바란다.

2) OECD, 「OECD Employment Outlook 2004」, 61면 이하 참조.

리나라의 경우 근로기준법 제30조 내지 제33조에서 정하고 있는 해고제한 법규
정이 핵심이다. 우리의 해고법제는 미국식의 해고의 자유(employment at will
doctrine)를 인정하고 있지 않는 바, 경영계 및 학계 일각에서는 이로 인해 우리나
라의 노동시장이 매우 경직적이기 때문에 해고법제의 제한을 푸는 것이 노동시장
현대화의 관건이라고 주장하기도 한다.

그러나 우리나라의 노동시장이 경직적인지의 여부에 관해 논란이 있을 뿐만
아니라[3] 해고제한법제 자체의 타당성 여부는 전체 법질서와 연계되어 있는 문제
이니만큼 입법정책적으로 간단하게 결정할 문제는 아니다. 따라서 현행법제의 기
본은 그대로 유지하면서도 규제의 합리화를 모색하는 것이 보다 생산적일 것이다.
이런 점에서 최근 해고관련법제가 대폭적으로 개정되었는바, 이를 검토하고 발전
적인 대안을 모색하는 것이 필요할 것이다. 본고는 이러한 목적에서 쓰여졌다.

Ⅱ. 해고법제 개정의 경위와 주요내용

1. 2003년 노사관계법 · 제도 선진화 방안

2003년 노사관계법 · 제도 선진화 방안[4]은 선진적 노사관계의 정립을 위해
법 · 제도 개선에 있어서의 로드맵 제시를 목표로 하였다. 이를 위해 동 방안에서
는 노사관계 영역을 3개 분과로 나누고 기존 법제도의 문제점을 분석한 후 그 개
선방향을 제시하였다. 그 중 근로기준법제 영역에 있어서 해고와 관련된 논의의
내용을 살펴보면 다음과 같다.

우선 해고제도와 관련된 기존 부당해고 구제제도는 부당해고시 사용자 형사
처벌[5]과 원직복직을 명하도록 되어 있는데, 이와 관련하여 국제적으로 해고에 대

---

3) 이와 관련하여 노동연구원 노동시장 포럼에 의하면, OECD(2004) 28개 회원국과 비교할
　때 우리 노동시장의 유연성은 전체적으로 12위로 중상위권에 속하는 것으로 나타나는데,
　상대적으로 파견근로는 가장 떨어지지만(22위) 집단해고(3위), 기간제 근로(8위)는 유연한
　편이다. 그러나 정규근로자를 대상으로 한 개별 해고 규제의 경우 16위로 중하위권에 속한
　다. 한국노동연구원(2005), 「제3차노동시장포럼 — 노동시장 현안과 정책과제」, 17-19면
　참조.
4) 노사관계제도선진화연구위원회(2003), 「노사관계법 · 제도 선진화 방안」.
5) 5년 이하 징역, 3천만원 이하 벌금.

한 형사처벌의 입법례를 찾아 볼 수 없고, 복직명령은 사용자가 거부하거나 원직복직을 기대하기 어려운 경우 실효성이 없다는 문제가 제기되었다. 또한 정리해고 요건과 관련하여 OECD 등을 통해 노조와의 획일적이고 오랜 협의기간(2개월 이상)이 문제점으로 지적되어 왔다. 이러한 문제인식하에 "첫째, 화해에 의한 우선적 해결 근거규정 마련 및 실효성 제고, 예외적인 경우 금전보상제도 도입 등 부당해고 구제방식의 다양화를 도모한다. 둘째, 신속한 처리, 확정된 구제명령 이행 담보장치 마련 등 부당해고 구제명령의 실효성 제고방안을 강구한다. 셋째, 상습적 부당해고에 대해서만 처벌규정을 두거나, 부당해고에 대한 벌칙 조항을 삭제하는 등 부당해고에 대한 벌칙을 정비한다. 넷째, 근로계약시 기본 근로조건의 내용을 서면화하고 해고시 해고사유를 명시하여 서면통지한다. 다섯째, 정리해고시 노조와의 협의기간은 60일을 상한으로 해고 규모·비율을 감안하여 법령으로 차등 설정한다.[6] 그리고 정리해고시 재고용노력의무규정은 기존법제와 같이 유지하거나 또는 의무화한다"는 개선방안을 제시하였다.

위와 같은 2003년 노사관계·법제도 선진화 방안 제시 후 이에 대한 활발한 논의가 있었다. 관련 논의를 살펴보면 다음과 같다.

문무기 박사[7]는 부당해고시 형사처벌규정 삭제에 대해 찬성하고 있으나 해고와 관계된 금지규정 위반에 대한 처벌규정[8]은 우선 그대로 유지하되 벌칙내용의 통일성 내지 균형성을 고려하여 정비할 필요가 있다고 주장하고 있다. 그리고 해고통지의 서면화와 관련하여 동 규정 위반시 사법적 효과의 실질적 적절성에 대한 검토가 더 필요하고 또한 서면에 의한 해고통지가 없는 경우 해고의 효력을 다투는 방법으로 '근로관계존부확인의 소'에 한정된다는 점도 검토가 더 필요하다고 보고 있다.

김홍영 교수[9]는 구제명령은 내려진 즉시 그 이행이 이루어져야 하므로, 그

---

6) 소수의견으로 사전통보기간을 현행 60일 이상에서 30일로 단축하자는 견해도 있었다.

7) 문무기(2003), "개별적 근로관계법·제도", 「정부의 '노사관계법·제도 선진화방안' 토론회 자료」, 서울대학교 노동법연구회, 27-46면.

8) 부당노동행위로서의 해고와 이에 대한 처벌규정, 차별적 대우로서의 해고와 이에 대한 처벌규정, 산재 또는 산전후 휴업기간에 대한 해고 금지와 이에 대한 위반으로서의 처벌규정, 해고예고기간의 위반에 대한 처벌 규정, 보복적 해고금지 및 이에 대한 처벌규정, 남녀고용평등법상의 성차별적 해고금지와 이에 대한 처벌규정 등을 예로 들고 있다.

9) 김홍영(2005), "부당노동행위, 부당해고구제제도 개선", 「노사관계 선진화방안 주요쟁점 및

이행을 확보하기 위한 체계에서 불복절차의 진행에 따른 구별을 두지 않도록 재
구성되어야 한다는 의견을 피력하고 있다. 또한 구제명령에 대한 확정, 미확정을
구분함이 없이 적법하게 취소되기 전까지는 사용자에게 이행의무를 부여하고, 이
에 따라 노동위원회는 노·사 당사자로부터 구제명령의 이행상태를 파악하여 불
이행한 사용자에 대해 조속히 임의 이행하도록 적극적으로 행정지도 감독을 행하
여야 하며, 사용자의 이행거부에 대해 구제명령 위반으로 과태료 또는 이행강제금
을 부과하여 제재함으로써 구제명령이 전체적으로 실효성 있게 이행될 수 있도록
개선해야 한다고 주장하고 있다. 또한 부당해고를 예방하는 방법으로 형사처벌 외
에 구제절차와 관련하여 경제적 제재를 강화하는 방법을 제안하고 있다.

김영문 교수[10]는 해고제도 개선과 관련하여 노사관계의 신뢰관계라는 상징적
의미를 고려하여 화해우선해결조항을 둘 것을 제안하고 있다. 또한 사용자의 금전
보상 남용에 대한 통제장치의 존재를 전제로 하여 금전보상이 원칙이고 원직복직
은 예외라고 파악하는 것이 오히려 실태에 적합하다고 한다. 부당해고 등에 벌칙
삭제 및 해고시 서면명시제도에 대하여서는 찬성 입장이지만, 정리해고 요건과 관
련하여 재고용 의무화 규정에 대하여 이를 법률로 강제하는 것보다 사업장의 사
정에 따라 단체협약으로 이를 정하거나 개별약정에 의하여 재고용의무를 정하는
것이 바람직할 것이라는 의견을 제시하고 있다.

선진화 방안에 대하여 민주노총[11]은 금전보상제도의 경우 사용자가 악용할
경우 결과적으로 일방적 해고의 결과가 생길 수밖에 없을 것이라고 우려하면서,
화해제도의 활성화나 금전배상보다 구제명령의 실효성을 확보하는 길이 더 시급
하다고 주장하였다. 이를 위하여 부당해고시 형사처벌 규정을 유지·강화하고 확
정된 구제명령의 불이행시 과태료 가중부과 등 이행강제제도를 마련할 것을 요구
하였다. 그리고 정리해고시 사전통보기간 차등설정에 대하여 정리해고를 아예 폐
지하거나 오히려 요건을 강화할 것, 그리고 60일 사전통보기간의 기업규모별 차
등설정에 반대 입장을 표명하였다.

입법대안 모색」(제1차 공개토론회 자료), 한국노동연구원, 23-33면.

10) 김영문(2004), 「노사관계 법·제도 선진화 방안에 대한 비판적 고찰」, 노동경제연구원,
37-48면.

11) 민주노총(2006), 「노사관계로드맵과 민주적 노사관계 구축의 방향」(2006. 7. 8. 토론회 자
료), 47-52면.

2. 2006년 9월 노사정대표자 합의[12)]

2006년 9월 11일 민주노총을 제외한 노사정대표자들은 해고와 관련하여 다음과 같이 최종 합의하였다:

취약근로자 보호와 노동시장의 유연성이 조화와 균형을 이룰 수 있는 방향으로 '근로기준법'을 개정키로 한다.[13)]

가. 노동위원회가 부당해고 판정시에 근로자가 신청하면 직장에 복직토록 명령하는 대신 금전보상을 명할 수 있도록 한다.

나. 부당해고 벌칙조항을 삭제하되, 노동위원회가 구제명령에 대해 이행을 명하도록 하고 이행담보 수단으로 이행강제금을 부과하며, 확정된 이행명령을 이행하지 않을 경우 형사처벌 또는 과태료를 부과하도록 한다.

다. 경영상 해고시 현행 60일인 사전통보기간을 기업규모 등을 기준으로 60일에서 30일까지 차등 설정키로 한다.

라. 근로자가 희망하는 경우 3년 이내, 동일업무에 국한하여 정리해고 된 자에 대한 재고용의무제도를 도입한다.

마. 해고사유와 해고시기를 서면으로 통보토록 의무화하고 서면통보를 하지 않을 경우 해고를 무효화한다.

3. 2006년 노사관계 선진화 입법

앞서 살펴본 바와 같이 2006년 9월 11일 민주노총을 제외한 노사정대표자는 직권중재제도 폐지를 비롯한 선진화 방안에 대해 합의안을 마련하였고, 동 합의내용을 토대로 관계부처 협의를 거쳐 관련 법안이 11월 7일 국회에 제출되었다. 동 법안은 2006년 12월 8일 국회 환경노동위원회에서 정부안을 일부 수정·처리하고

---

12) 2006년 9월 11일에 노동부장관 이상수, 한국노총위원장 이용득, 한국경총회장 이수영, 대한상의회장 손경식, 노사정위원회 조성준이 합의하였다(해고를 중심으로 한 근로기준법 개정외에 노동기본권 신장과 불합리한 노사관계 관행과 제도를 개선하는 방향으로 노동조합 및 노동관계조정법의 개정, 노사협의회의 역할을 강화하기 위한 근로자참여 및 협력증진에 관한 법률을 개정키로 합의하였다. 자세한 합의사항에 대하여는 노사정위원회(2007), 「2006년도 연차보고서」, 75~77면 참조).

13) 해고관련 사항 외에 근로기준법 개정과 관련하여 "채용시 서면으로 명시할 근로조건의 범위를 확대"할 것을 합의하였다.

법제사법위원회를 거쳐 12월 22일 본회의를 통과하게 되었다. 해고 법제와 관련하여서 노사관계선진화 입법에서는 노사정대표자 회의의 합의내용을 그대로 반영하였고, 다만 정리해고 시 사전통보기간을 일률적으로 50일로 규정하였다.[14]

1) 부당해고 구제제도 개선

(1) 해고의 서면통지

근기법 제32조의2는 제1항 및 제2항에서 "① 사용자는 근로자를 해고하고자 하는 경우에는 해고사유 및 해고시기를 서면으로 통지하여야 한다. ② 근로자에 대한 해고는 제1항에 따라 서면으로 통지하여야 효력이 있다"고 규정하여 사용자는 근로자를 해고하고자 할 경우에는 해고사유, 시기 등을 서면으로 통지해야 하며, 해고사유를 서면으로 통지해야 그 효력이 발생토록 하였다.

(2) 금전보상제 도입

근기법 제33조의3 제3항은 "노동위원회는 제1항에 따른 구제명령(해고에 대한 구제명령만을 말한다)을 하는 때에 근로자가 원직복직을 원하지 아니하는 경우에는 원직복직을 명하는 대신 근로자가 해고기간 동안 근로를 제공하였더라면 지급받을 수 있었던 임금상당액 이상의 금품을 근로자 에게 지급하도록 명할 수 있다"고 규정하여 부당해고에 대한 구제방법으로 근로자가 원직복직을 희망하지 않는 경우 '원직복직' 이외에 노동위원회 구제명령으로 '임금상당액 이상의 금품'을 지급하고 근로관계를 종료할 수 있는 '금전보상제'를 도입하였다.

(3) 부당해고 등에 대한 벌칙조항 삭제

근기법 제110조에서 부당해고의 벌칙조항을 삭제하였다. 다만, 선진화 방안의 제안과 같이 부당해고 등에 대한 노동위원회 구제명령의 실효성 담보를 위해 벌칙 및 이행강제금 제도를 도입하였다. 제30조 제2항에 의한 산전·산후 해고금지 규정은 궁박한 처지로부터 절대적 보호가 필요하므로 현행과 같이 처벌조항을

---

14) 정부는 사전통보 기간을 기업규모 등을 기준으로 60일, 45일, 30일 전까지로 차등 설정하는 안을 제출하였으나, 환경노동위원회에서는 중소기업 근로자 보호를 감안하여 사전통보 기간을 일률적으로 50일 전으로 설정하는 수정안을 마련하였다.

존치하였다.

(4) 구제명령 불이행시 이행강제금 부과

근기법 제33조의6 제1항은 "노동위원회는 구제명령을 받은 후 이행기한까지 구제명령을 이행하지 아니한 사용자에 대하여 2천만원 이하의 이행 강제금을 부과한다"라고 규정하여 이행강제금 제도를 신설하였다.

2) 경영상 해고제도 개선

(1) 경영상 해고시 사전통보기간의 단축(제31조 제3항)

근기법 제31조 제3항은 "사용자는 … 해고를 하고자 하는 날의 50일전까지 통보하고 성실하게 협의하여야 한다"고 규정하여 경영상 해고의 사전통보기간을 50일로 단축하였다.

(2) 재고용 의무

근기법 제31조의2 제1항은 "제31조에 따라 근로자를 해고한 사용자는 근로자를 해고한 날부터 3년 이내에 해고된 근로자가 해고 당시 담당하였던 업무와 동일한 업무에 근로자를 채용하고자 하는 때에는 제31조에 따라 해고된 근로자가 원하는 경우 그 근로자를 우선적으로 고용하여야 한다"고 규정하여 정리해고 후 3년 이내에 해고된 근로자가 담당하던 동일 업무에 근로자를 채용할 경우 해고된 근로자를 우선적으로 고용할 의무를 명시하였다. 다만, 동 규정 위반시 형사처벌로 이행을 강제하지 않고 민사상의 권리의무만을 확정시켜, 사용자가 재고용의무 불이행시 근로자에게 민사상 청구권이 발생토록 하였다.

Ⅲ. 개정법상 신설된 구제제도의 주요 내용 ─ 금전보상제와 이행강제금을 중심으로

개정 해고법제의 가장 큰 특징은 부당해고 자체에 대한 형사처벌을 폐지하고 구제명령의 실효성을 확보하기 위해 금전보상제와 이행강제금을 도입한 점이라 할 수 있다.

종전의 형사처벌에 대해서는 민사상 법률분쟁에 국가가 형벌권으로 개입하는 것은 지나치고 외국에서도 예를 찾기 어려우며, 실무상으로도 법해석과 적용상 상당한 문제가 있다는 등의 지적이 있어 왔다.[15] 앞에서 언급한 바와 같이 2003년의 선진화 방안에서도 벌칙 규정의 삭제를 제안한 바 있다.[16] 개정법에서는 이러한 사정을 반영하여 근로기준법 제110조 상의 부당해고 등에 대한 벌칙조항을 삭제하는 대신 금전보상제와 이행강제금 제도를 통해 구제명령의 실효성을 제고시키고자 하고 있다.

1. 금전보상제

1) 의의

부당해고에 대한 금전보상제는 부당해고 구제명령에 대해 근로자가 복직을 희망하지 않는 경우 노동위원회가 원직복직에 대신하여 금전보상 지급의 구제명령을 할 수 있도록 한 제도이다. 통상 부당해고 판정을 받은 경우 노동위원회는 원직복직과 해고기간중의 임금상당액을 지급하도록 판정하도록 되어 있으나 이와 같은 현행 제도는 해고된 근로자가 원직복직을 원하지 않더라도 이를 대신하는 경제적 보상 장치가 없어 당사자간 합의로 금전 보상을 받거나 해고 무효에 따른 별도의 보상을 청구하는 민사 소송을 제기하여야 하는 등 구제방법상 한계가 있었다. 금전보상제는 정당한 이유없는 해고에 대한 구제방식을 다양화함으로써 권리 구제의 실효성을 제고하고 근로관계 단절상태의 장기화를 방지하여 근로관계를 조속히 안정시키는 효과가 기대되고 있다.[17]

2) 법적 성질

금전보상제는 근로기준법에 규정된 부당해고 구제절차에서 노동위원회가 사용자에게 내리는 구제명령의 하나로서 인정된다. 즉 노동위원회 구제절차라는 공법관계하에서 사용자에게 이행의무가 부과되는 공법상의 구제조치에 해당된다.

---

15) 이정(2003), "부당해고 처벌규정의 실효성에 관한 연구", 외법논집 제15집, 21면.
16) 노사관계제도선진화연구위원회(2003), 145면.
17) 노동부(2007), 「노사관계 선진화 입법 설명자료」, 83면.

따라서 금전보상 명령이 내려졌다 하더라도 근로자와 사용자간의 사법(私法)상의 권리의무관계에 직접적인 영향을 미치는 것은 아니다.[18] 예컨대 보상금 지급 이행 명령을 사용자가 이행하지 않는 경우에 근로자가 노동위원회의 명령을 권원(權原)으로 민사소송상 이행청구를 구할 수 없다고 보아야 할 것이다.[19]

3) 보상금 지급의 요건
(1) 부당해고의 성립
금전보상은 부당해고 구제신청에 대해 노동위원회가 부당해고가 성립한다고 판정하여 구제명령을 내리는 경우에만 해당되고, 해고 그 외의 휴직, 정직, 전직, 감봉 기타 징벌에 대한 구제명령은 해당되지 않는다. 금전보상제가 금품을 지급하고 근로관계를 종료하려는 취지로 도입되었기 때문이다.

(2) 근로자의 신청의사
금전보상은 근로자가 원직복직을 원하지 아니하는 경우에만 인정된다. 선진국에서는 사용자의 신청 또는 사회통념상 근로관계의 유지가 객관적으로 어려운 경우 폭넓게 '금전보상제'를 운영하고 있으나, 우리나라 노사관계의 여건상 사용자에 의한 해고의 남용이 우려된다는 지적이 있어 '근로자가 원직복직을 희망하지 않는 경우'로 제한하여 운영하려 한다. 즉 사용자에게 금전보상제 신청권을 부여할 경우 복직을 회피하기 위한 수단으로 금전보상제도를 악용할 가능성이 있다는 우려가 있어 근로자에게만 신청권을 부여한 것이다.[20]

4) 보상금액의 산정
(1) 노동위원회의 재량권 인정
노동위원회가 보상금 지급명령을 내리는 경우 보상금액의 정확한 액수를 명

---

18) 노조법에 규정된 노동위원회의 사용자에 대한 구제명령절차는 부당노동행위에 대 한 해고 등 불이익처분에 대한 공법상의 권리구제절차로서 사용자와 근로자 사이 의 사법상 법률관계에 직접 영향을 미치는 것은 아니다. 대법원 1988. 12. 13. 선고 86다204, 86다카1035 판결; 대법원 1996. 4. 23. 선고 95다53102 판결 등 참조.
19) 같은 취지로 김홍영(2006), "부당해고에 대한 금전보상제의 도입에 따른 쟁점사항", 조정과 심판 제28호, 5면.
20) 노동부(2007), 82-84면.

령서에 기재하여야 하는데, 개정 근기법 제33조의3 제3항 규정에서는 '근로자가 해고기간 동안 근로를 제공하였더라면 지급받을 수 있었던 임금 상당액 이상의 금품'이라고만 정하고 있을 뿐이며 더 자세한 산정기준에 대해 하위법령(예를 들면 근기법시행령이나 근기법시행규칙)에 정하도록 위임되어 있지도 않다. '해고기간 동안의 임금상당액'은 어느 정도 객관적으로 산정될 수 있겠지만, '그 이상'이 되도록 추가되는 금액은 어느 정도여야 하는가에 대해 법령상 아무런 기준이 제시되어 있지 않기 때문에 보상금액을 정함에 있어 노동위원회는 상당한 재량권을 갖는다고 해석된다. 노동위원회는 재량권한의 행사에 있어 적절성을 기해야 하므로 내부적인 기준을 형성할 필요가 있다.[21]

(2) 해고기간 동안의 임금상당액

종래의 원직복직명령과 함께 임금상당액지급명령을 내리는 방식에서는 임금상당액지급의 대상이 되는 기간이 해고시부터 원직복직시까지로 명확히 판단될 수 있다. 반면 금전보상제의 경우 임금상당액지급의 대상기간이 '해고기간'인데, 그 시작 시점은 해고시로 명확하나 그 종료 시점은 언제까지로 하는가가 불명확하다.[22]

한편 해고기간 동안의 임금상당액이란, '근로자가 해고기간 동안 근로를 제공하였더라면 지급받을 수 있었던 임금에 상당하는 금액'을 말한다. 실제로 근로한 것은 아니므로 근로의 대가인 '임금'은 아니며, 가상의 근로를 전제로 임금에 상당하는 금액을 정하는 것이다. 따라서 임금상당액이 임금에 정확히 일치하는 것은 아닐 수 있으며, 임금에 상당한지 여부의 판단 또한 노동위원회의 전문성을 기초로 한 재량에 맡겨 있다고 보아야 할 것이다.[23]

---

21) 김홍영(2006), 7면.
22) 이에 대해 김홍영 교수는 해고의 종료 시점으로 (1) 구제신청시점, (2) 노동위원회의 구제명령 시점, (3) 구제명령이 확정된 시점(불복절차와 관련), (4) 보상금 이 실제로 지급되는 시점, (5) 판정의 기준으로 별도로 정해지는 특정 시점 등 다양한 시점을 산정, 검토하고 있다. 자세히는 김홍영(2006), 7-8면 참조.
23) 김홍영(2006), 8면.

(3) 추가되는 액수

또한 임금상당액을 추가하는 액수를 산정하는데 고려할 항목에 대해 근기법은 전혀 규정하고 있는 바가 없다는 점에서 노동위원회가 재량권을 행사함에 오히려 어려움이 발생한다.[24)]

노동부의 입법 설명자료를 보면, 보상금은 해고기간 동안의 '임금상당액' 과 '위로금'을 포함하여 원직복직을 대신한 것으로, 노동위원회가 근로자의 귀책사유, 해고의 부당성 정도 등을 고려하여 결정한다고 설명하고 있다.[25)] 그러나 이러한 설명만으로는 추가되는 액수가 구체적으로 어떻게 산정되는지를 가늠하기 힘들다.[26)]

참고로 외국의 보상금액 산정례를 소개하면 다음과 같다.

가. 영국

노동법원은 복직의 구제명령 대신 당해 불공정해고에 대한 보상을 명령할 수 있는데, 이 금전보상은 기본보상금과 손실보상금으로 구성된다.

기본보상금은 피해고자의 직업상실에 대한 보상으로 근로자의 연령,[27)] 근속기간 및 임금을 기초로 결정된다(Employment Rights Act 1996(이하 고용권리법이라 함) 제119조), 근로자가 정리해고수당을 지급받았다면 지급받은 금액만큼 공제되고 해고가 근로자에게 일정부분 책임이 있다면 감액될 수도 있다. 또한 기본보상금액

---

24) 보상금액의 산정에 있어서 해고의 태양, 근로자의 대응, 사용자 책임정도 외에 각 기업의 지불능력도 좌우되기 때문에 일률적으로 결정할 수 없고, 사전에 개별 기업 내 노사간 합의로써 정한 금액으로 결정하는 등의 방식도 가능할 수 있을 것이라는 의견도 있다. 官野和夫(2005), 「以後の勞動契約法制の在り方に關する硏究會報告書」. 일본의 근로계약법제의 자세한 내용에 관해서는 이정(역)(2007), 「주요 선진국의 근로계약법제」, 한국경영자총협회, 491면 이하 참조.

25) 노동부(2007), 82면.

26) 이와 관련하여 민사법상 손해배상 법리로써 판단하는 방법도 제고될 수 있을 것이나, 그러나 김홍영 교수는 금전보상제도의 도입의 취지가 부당해고에 따른 실제 손해에 대한 배상을 하는 것이 아니라 원직에 복직하지 않음으로써 발생하는 고 용상의 이익을 적절하게 보상하겠다는 점을 고려하여 볼 때 적절치 않다고 본다. 김홍영(2006), 12−13면.

27) 그러나 2006년 '고용평등(연령)규칙'을 제정하면서 연령계수는 연령차별금지 차원 에서 폐지되었다. 조용만(2007), "해고법제의 개정과 평가 토론문", 「2006−2007 개정 노동법의 법리적 검토」, 서울대학교 노동법연구회 2007년 춘계공개학술대회 자료집, 36면.

의 상한선이 정해져 있는데 2005년의 경우 8400파운드였다.[28]

손실보상금은 부당해고로 피해고자가 입은 금전적 손해의 보상으로 해고로 인한 이익의 상실 및 비용의 지출이 포함된다(고용권리법 제123조 제1항, 제2항 및 제3항). 통상 ① 노동법원의 판결 전까지의 임금손실(즉 근로하였다면 받게 될 임금 손실분), ② 판결 후의 미래임금손실,[29] ③ 해고의 결과로서 발생한 비용,[30] ④ 법정 고용보호 권리의 손실이나 연금손실의 4가지 경제적 손실을 고려한다. 이러한 기준에 의해 책정된 손실보상금 중 당해 해고와 관련하여 근로자의 잘못이 인정되면 그에 상응하는 만큼 공제된다(제123조 제6항). 그러나 해고로 야기되는 감정의 손상, 스트레스 등의 비경제적 손실은 고려되지 않는다. 손실보상금 또한 기본보상금과 마찬가지로 상한선이 정해져 있는데, 2005년의 경우 56,800파운드에 불과하였다. 이러한 보상수준에 대해 비경제적 손실을 제외하고 있다는 점 및 근로자가 실제로 입은 손실에 미치지 못하고 있다는 점 등에서 비판이 가해지고 있다.[31]

또한 2002년에 개정된 고용권리법(이하 고용권리법 2002라 한다)[32]에 의해, 해고 및 징계절차가 사용자의 잘못으로 준수되지 못한 경우 손실보상액의 10%~50%까지 추가로 부과될 수 있고 반대로 근로자의 잘못으로 이행되지 못한 경우 손실보상액의 10%~50%까지 감액할 수 있다.

나. 프랑스

노동법전 L.122-14-4조 제1항에 의하면 실체위반의 해고의 구제로서 법원

---

28) 이철수(2006), "상시적 구조조정에 따른 외국의 법/제도 사례연구 ― 금융부문을 중심으로", 노사정위원회, 190면.

29) 해고된 근로자가 새로운 일자리를 찾을 때까지의 임금 손실분으로, 이미 새로운 일자리를 갖고 있고 그 일자리에서의 임금이 이전 일자리보다 적지 않으면 미래 임금손실은 없는 것으로 본다. 그러나 임금이 이전 일자리보다 적거나 일자리를 갖지 않고 있는 경우 새로운 일자리를 찾을 전망을 고려해 노동법원이 미래임금 손실액을 결정한다.

30) 새로운 일자리를 찾는 데 소비된 금액이나 새로운 일자리를 찾기 위해 거주지를 옮긴 경우 이사비용 등이 포함된다.

31) 이철수(2006), 192면.

32) 이 법은 해고의 절차적 요건을 강화하기 위한 것이다. 사용자가 근로자를 해고하려고 할 때 동법 부칙 2에서 규정된 최소한의 절차규정을 준수하지 않으면 해고된 근로자는 불공정하게 해고된 것으로 간주된다. 동법을 시행하기 위해 세부규정(고용권리법 2002 분쟁조정 규정 2004(SI. 2004/752))이 만들어진 후 2004년 10월부터 시행되고 있다. 이철수(2006), 187면.

이 근로자의 복직을 제안할 수 있으나 소송당사자 중 어느 일방이 이를 거부하는 경우에는 금전배상을 선고하게 된다.[33] 프랑스의 경우 특이한 점은 기업규모와 근로자의 재직기간에 따라 배상책임을 구별하는데,[34] 통상 11인 이상의 근로자를 사용하는 기업으로 2년 이상 재직한 근로자의 해고에 대해서는 실손해액과 관계없이 일정액 이상의 법정배상을, 10인 이하의 근로자를 사용하는 기업 또는 2년 미만 재직한 근로자의 해고에 대해서는 민법상 원칙에 따른 일반손해배상이 인정된다.

법정배상의 최저한도액은 해고 이전 6개월 임금 상당액으로(L.122-14-4 조 제1항), 재직기간은 해고통지서의 발송일을 기준으로 하여 산정되고 산정기초가 되는 임금은 근로계약 종료일 이전 6개월간의 총임금액이 된다. 근로자의 실손해를 넘어서는 이러한 법정 배상은 사용자의 고의과실에 대한 징벌적 제재로서의 기능을 갖는다.[35] 한편, 일반적 손해배상의 경우라도 법정 배상액과 동일하거나 그 이상의 배상을 인정받을 수 있으나 근로자가 자신이 입은 경제적·정신적 손해에 대해 입증하여야 한다.

다. 독일

해고보호법(Kndigungsschutzgesetz)에 따라 근로자에 대한 해고가 규율되는데, 동법 제9조에서 '금전보상제'를 규정하고 있다. 보상금 지급의 최고한도는 원칙적

---

33) 프랑스의 경우 위법해고에 대한 금전배상 외에 해고수당제도(정당한 해고의 경우에도 지급)가 별도로 존재한다. 해고수당은 위법해고에 따른 금전보상과는 별개로 지급되는 것이다. 근속년수뿐만 아니라 해고의 종류에 따라 달리 산정된다. 참고로 해고수당 계산식은 다음과 같다.
  * 해고수당액(일반해고)=[임금월액×근속년수×1/10(10년 이하의 근속년수)]+[임금월액×근속년수×1/15(11년 이상의 근속년수)]
  * 해고수당액(정리해고)=[임금월액×근속년수×2/10(10년 이하의 근속년수)]+[임금월액×근속년수×2/15(11년 이상의 근속년수)] 위의 내용은 조용만, 앞의 토론문, 37면.
34) 이러한 구별은 일정 규모 이상의 기업에서 일정한 재직기간을 갖는 근로자의 부 당해고에 대해서는 그 구제를 강화하는 한편, 영세한 소기업이나 재직기간이 짧은 근로자의 경우 사용자의 과중한 배상책임을 경감시키려는 의도가 있으나, 차별적 배상제도라는 비판이 있다. 김소영·조용만·강현주(2003), 「부당해고 구제의 실효성 제고방안」, 한국노동연구원, 97-98면.
35) 김소영·조용만·강현주(2003), 97면.

으로 12개월 분 임금으로 정하되(제10조 1항), 장기근속 고령 근로자에 대해서는 별도의 규정을 두어 근로자가 50세 이상이고 근속 기간이 15년에 달하는 경우 15개월 분 임금에 해당되는 보상금, 근로자가 55세 이상이고 근속기간이 20년에 달하는 경우 18개월 분 임금에 해당되는 보상금을 지급할 수 있도록 한다(동조 제2항).[36]

2. 이행강제금

1) 입법취지

개정 근로기준법은 제33조의6에서 노동위원회의 부당해고 구제명령을 이행하지 아니한 사용자에 대하여 이행강제금을 부과하는 제도를 신설하였다.[37] 이는 종래 노동위원회의 부당해고 구제명령에 관하여 적절한 이행확보수단이 마련되지 않아 구제의 실효성이 적었다는 비판을 입법적으로 수용한 것이라 할 수 있다. 즉 정당한 이유 없는 해고 등에 관하여 노동위원회가 구제명령을 명하였음에도 사용자가 이를 이행하지 아니한 경우에 사용자에게 이행강제금을 부과함으로써 구제명령의 신속한 이행을 확보하려는 데 그 규정 취지가 있다 할 것이다.

2) 의의 및 법적 성질

이행강제금은 정해진 기한까지 의무를 이행하지 않을 때에는 일정한 금전적 부담을 과할 뜻을 미리 계고함으로써 의무자에게 간접적·심리적 압박을 주어 장래에 그 의무를 이행하게 하려는 행정상 강제집행의 하나이다.[38] 종래 행정법학계의 전통적 입장에서는 행정행위의 실효성 확보를 위한 행정법상의 수단으로서 행정벌과 행정강제를 논의의 중심으로 삼아 왔으며, 행정강제는 행정상 의무의 부과가 있었는지 여부와 관련하여 행정상 강제집행과 행정상 즉시강제(행정조사)로 구분하였다. 행정상 강제집행은 다시 대집행, 행정상 강제징수, 집행벌, 직접강제로 구분하였으며 이행강제금은 집행벌에 해당하는 것으로 설명되어 왔다.

개정 근로기준법상의 이행강제금의 법적 성격을 명확히 하기 위해서는 특히

---

36) 이철수(2006), 81면.
37) 개정 근로기준법 부칙 제3항에 따라 이행강제금 규정은 법 시행 후 최초로 발생한 부당해고 등부터 적용된다.
38) 헌법재판소 2004. 2. 26. 선고 2001헌바80, 84, 102, 103, 2002헌바26(병합) 결정.

이행강제금과 행정벌과의 차이점이 검토되어야 할 필요가 있다. 개정 근기법 제113조의2에서는 확정된 구제명령에 대한 처벌 조항[39]을 규정하고 있는데 이는 행정벌, 특히 행정형벌의 성격을 가지고 있기 때문에[40] 이로써 두 제도의 상이점을 비교할 수 있다는 논의의 실익이 있다.[41]

먼저 이행강제금은 장래에 있어서 의무 이행을 확보한다는 점에서 과거의 의무 위반에 대한 제재로서의 행정벌과 구별된다. 그 결과 과거의 의무 위반 상태가 해소되어도 부과가 가능한 행정벌과는 달리 이행강제금은 현재 존재하고 있는 의무 위반을 대상으로 하기 때문에 의무의 이행이 있거나 의무의 이행이 불능상태가 되었을 때 또는 의무의 이행을 강제할 필요가 없게 되었을 경우에는 이행강제금의 부과는 허용되지 않는다.[42] 또한 행정벌에 대하여는 일사부재리의 원칙이 적용되어 동일한 의무위반사항에 반복적으로 부과될 수 없지만 이행강제금은 의무 이행이 있을 때까지 계속적으로 부과가 가능하다.[43] 행정벌은 의무위반에 대한 제재이므로 의무위반행위에 대한 위반자의 주관적인 인식, 즉 고의·과실을 필요로 하는 데에 반하여 이행강제금은 행정상의 의무 불이행이 있는 경우에 장래에 의무의 이행을 강제하는 수단이므로 의무불이행이라는 객관적 사실만을 전제로 할 뿐 주관적 요건을 필요로 하지 않는다.[44]

---

39) 근기법 제113조의2(벌칙) : 제33조의4제3항에 따라 확정되거나 행정소송을 제기하여 확정된 구제명령 또는 구제명령을 내용으로 하는 재심판정을 이행하지 아니한 자는 1년 이하의 징역 또는 1천만원 이하의 벌금에 처한다.

40) 행정벌은 일반적으로 형법상에 형명(刑名)이 있는 벌칙(형벌)이 과하여지는 "행정형벌"과 범칙금, 과태료 등 형법상의 형벌이 아닌 제재가 과하여지는 "행정질서벌"로 나누어진다. 행정형벌과 형사벌과의 구별 및 행정형벌의 특수성에 관한 상세한 논의로는 최봉석(2002), "행정형벌에 관한 일고", 법조 제51권 제2호 참조.

41) 예컨대 이행강제금은 의무자가 스스로 의무를 이행하도록 하는 간접적·심리적 강제라는 점에서 행정청이나 제3자가 직접적·물리적 실력을 가하여 그 의무를 실현하는 대집행(代執行)과 구별된다. 물론 의무자가 이행강제금의 반복된 부과에도 불구하고 행정위반상태를 시정하지 않는 경우에는 종국적으로 대집행을 할 수밖에 없을 것이나, 부당해고 구제명령 불이행에 대한 대집행은 상정하기 힘들다는 점에서 이행강제금과 대집행의 법적 성격을 논하는 것은 실익이 별로 없다고 할 수 있다.

42) 김원주(2000), "집행벌", 한국행정법학의 어제·오늘·내일(문연 김원주 교수 정년논문집), 419면.

43) 권준현(1991), "이행강제금", 법제 제343호, 27면.

44) 김원주(2000), 419면.

3) 부과 대상

이행강제금은 구제명령의 이행 기한까지 구제명령(구제명령을 내용으로 하는 재심판정을 포함)을 이행하지 아니한 사용자에 대해 부과하도록 하고 있다(제33조의6 제1항). 이행강제금의 대상이 되는 구제명령은 초심 구제명령과 재심 구제명령 모두 포함된다. 그리고 구제명령의 확정 여부를 묻지 않는다.

중앙노동위원회의 결정 또는 법원의 확정 판결에 의하여 노동위원회의 결정이 취소된 경우, 사용자의 신청 또는 노동위원회의 직권에 의해 이행강제금의 부과를 즉시 중지하고 이미 징수한 이행강제금을 반환하여야 한다. 이때 이행강제금을 납부한 날부터 환급일까지의 기간에 대해「국세기본법시행규칙」제13조의2에 따른 국세환급가산금의 이율을 곱한 금액을 가산하여 반환하여야 한다.[45]

4) 효과

(1) 부과금액

개정 근기법에서 도입되는 이행강제금은 1회 부과 한도를 2,000만원 이하로 하고, 1년에 2회까지 2년 동안 부과할 수 있다(제33조의6 제1항). 그러나 이와 같이 통산 부과횟수나 통산 부과상한액의 제한을 둘 경우 노동위원회의 구제명령을 이행하지 아니한 사용자에게 불이행 상태를 고착시킬 수 있는 길을 열어주게 됨으로써 이행강제금의 본래의 취지를 달성할 수 없게 된다. 이행강제금은 위법한 상태의 원상회복을 궁극적인 목적으로 하고, 그 궁극적인 목적을 달성하기 위해서는 불이행 상태가 존재하는 한 계속 부과하는 것이 타당하다.[46]

현행법상 이행강제금 규정을 도입하고 있는 다른 개별적 법률과 비교해 보더라도 위와 같은 개정 근로기준법의 입법형식은 예외적인 것이다. 즉 건축법 제69조의2 제4항 본문, 대덕연구개발특구등의육성에관한특별법 제70조 제4항, 농지법 제65조 제4항, 교통약자의이동편의증진법 제34조 제5항, 금융지주회사법 제69조의2 제2항 등에서 볼 수 있듯이 이행강제금의 부과에 관한 원칙적인 규정형식은 당해 위반행위가 시정될 때까지 반복적으로 부과하는 것이라 할 수 있다.[47] 물론

---

45) 근로기준법 시행령(안) 제10조의7 제1항 내지 제2항, 근로기준법시행규칙(안) 제6조의3.
46) 대법원 2005. 8. 19.자 2005마30 결정.
47) 건축법 제69조의2 제4항 본문 : 허가권자는 최초의 시정명령이 있은 날을 기준으로 하여 1년에 2회이내의 범위 안에서 당해 시정명령이 이행될 때까지 반복하여 제1항의 규정에

통산부과횟수나 통산부과상한액의 제한을 두는 입법이 존재하고 그와 같은 규정이 필요한 경우도 있다. 현행법 체계하에서도 건축법 제69조 제4항 단서, 부동산실권리자명의등기에관한법률 제6조, 독점규제및공정거래에관한법률 제17조의3 제1항, 주차장법 제32조 제4항 등은 이행강제금의 통산부과횟수 내지는 통산부과상한액을 제한하고 있다.[48] 그러나 이러한 규정의 취지는 일반적으로 이행강제금의

의한 이행강제금을 부과·징수할 수 있다. / 대덕연구개발특구등의육성에관한특별법 제70조 제4항 : 과학기술부장관은 제41조 제1항의 규정에 따른 양도명령이 있은 날을 기준으로 하여 매년 1회 그 양도명령이 이행될 때까지 반복하여 제1항의 규정에 따른 이행강제금을 부과하고 징수할 수 있다. / 농지법 제65조 제4항 : 시장·군수 또는 구청장은 최초의 처분명령이 있는 날을 기준으로 하여 당해 처분명령이 이행될 때까지 제1항의 규정에 의한 이행강제금을 매년 1회 부과·징수할 수 있다. / 교통약자의이동편의증진법 제34조 제5항 : ⑤ 교통행정기관은 최초의 시정명령이 있은 날을 기준으로 하여 매년 1회 당해 시정 명령이 이행될 때까지 반복하여 제1항의 규정에 의한 이행강제금을 부과·징수할 수 있다. / 장사등에관한법률 제38조 제4항 : 시장·군수·구청장은 최초의 이전 또는 개수명령이 있은 날을 기준으로 하여 당해 명령이 이행될 때까지 1년에 2회의 범위안에서 반복하여 제1항의 규정에 의한 이행강제금을 부과·징수할 수 있다. / 옥외광고물등관리법 제20조의2 제4항 : 처분권자는 제10조 제1항의 규정에 의한 최초의 명령이 있은 날을 기준으로 하여 1년에 2회 이내의 범위안에서 당해 명령이 이행될 때까지 반복하여 제1항의 규정에 의한 이행강제금을 부과·징수할 수 있다. / 금융지주회사법 제69조의2 제2항 : 이행강제금은 주식처분명령에서 정한 이행기간의 종료일의 다음날부터 주식처분을 이행하는 날(주권교부일을 말한다)까지의 기간에 대하여 이를 부과한다. / 국토의계획및이용에관한법률 제124조의2 제3항 : 시장·군수 또는 구청장은 최초의 이행명령이 있은 날을 기준으로 하여 1년에 1회씩 당해 이행명령이 이행될 때까지 반복하여 제2항의 규정에 의한 이행강제금을 부과·징수할 수 있다. 은행법 제65조의9 제2항 : 이행강제금은 주식처분명령에서 정한 이행기간의 종료일의 다음날부터 주식처분을 이행하는 날(주권교부일을 말한다)까지의 기간에 대하여 이를 부과한다. / 전기통신사업법 제7조의2 제2항 : 제1항의 규정에 의한 이행강제금의 부과 대상 기간은 시정명령에서 정한 기간의 종료일 다음날부터 시정명령을 이행하는 날까지로 한다.

48) 건축법 제69조의2 제4항 단서 : 다만, 제1항 각호 외의 부분 단서에 해당하는 경우에는 총 부과회수 5회를 넘지 아니하는 범위 안에서 당해 지방자치단체의 조례로 부과 회수를 따로 정할 수 있다. / 부동산실권리자명의등기에관한법률 제6조 제1항 : 제5조 제1항 제1호의 규정에 의한 과징금을 부과받은 자는 지체없이 당해 부동산에 관한 물권을 자신의 명의로 등기하여야 한다. 다만, 제4조 제2항 단서에 해당하는 경우에는 그러하지 아니하며, 자신의 명의로 등기할 수 없는 정당한 사유가 있는 경우에는 그 사유가 소멸된 후 지체없이 자신의 명의로 등기하여야 한다. 제2항 : 제1항의 규정을 위반한 자에 대하여는 과징금부과일(제1항 단서 후단의 경우에는 등기할 수 없는 사유가 소멸한 때를 말한다)부터 1년이 경과한 때에 부동산평가액의 100분의 10에 해당하는 금액을, 다시 1년이 경과한 때에 부동산평가액의 100분의 20에 해당하는 금액을 각각 이행강제금으로 부과한다. / 독점규제및공정

부과가 비례원칙에 따라야 한다는 취지에 따라 위반건축물의 시가(건축법, 주차장법의 경우), 명의 신탁부동산의 시가(부동산실권리자명의등기에관한법률의 경우), 기업결합으로 인한 이득액(독점규제 및 공정거래에관한법률의 경우) 등 위반행위로 인하여 얻은 경제적 이득이나 위반행위 대상의 경제적 가치 등을 고려하여 이행강제금의 통산부과횟수 내지는 통산부과상한액을 합리적으로 제한한 것이라고 설명될 수 있다. 그런데 개정 근로기준법에서는 사업장의 규모나 해고 근로자의 임금 액수 등 합리적 기준없이 이행강제금의 통산부과횟수와 통산부과상한액을 제한하고 있는바, 이는 기왕에 도입된 이행강제금 제도의 의의를 반감시킨다 할 것이다.

　다만 이와 같은 입법형식을 채택한 것은 근로기준법 제113조의 2에서 규정한 확정된 구제명령에 대한 처벌 규정을 감안하여 구제명령이 확정된 경우에는 행정형벌로서의 규제를 염두에 둔 것이라고 할 수 있으나, 이 경우에도 뒤에서 살펴보는 바와 같이 이중처벌과 관련하여 이론상의 문제가 여전히 남는다.

　이행강제금을 부과하는 위반행위의 종류 및 위반정도에 따른 금액은 대통령령으로 정하도록 하고 있다(동조 제4항). 근로기준법 시행령(안)에 의하면 이행강제금의 산정기준으로써 위반행위의 유형과 사업장 규모(시행령 (안) 별표 2)에 의하되, 그 구체적인 금액은 동기·고의·과실 등 사용자의 귀책정도 구제명령 이행을 위한 노력의 정도,[49] 구제명령 불이행 기간 등을 고려하여 결정하도록 정하고 있다.

거래에관한법률 제17조의3 제1항 : 공정거래위원회는 제7조(기업결합의 제한) 제1항 또는 제3항의 규정에 위반하여 제16조(시정조치)의 규정에 의하여 시정조치를 받은 후 그 정한 기간내에 이행을 하지 아니하는 자에 대하여 매 1일당 다음 각호의 금액에 1만분의 3을 곱한 금액을 초과하지 아니하는 범위 안에서 이행강제금을 부과할 수 있다. / 주차장법 제32조 제4항 단서 : 이행강제금의 총 부과횟수는 당해 시설물의 소유자 또는 부설주차장의 관리책임이 있는 자의 변경여부와 관계없이 5회를 초과할 수 없다.

49) 참고로 영국의 경우 고용법원의 복직명령을 사용자가 이행하지 않을 경우 부가적 금전보상을 행하도록 정하고 있는데(고용권리법 제117조 제3항), 금액의 부과에 있어 그 이행의 정도에 따라 달리함이 흥미롭다. 사용자에게 부과되는 부가적 금전보상액은 해당 근로자의 13~26주급에 해당되지만 해고의 이유가 특히 차별적 취급에 의한 것일 때에는 26~52주급으로 늘어난다(동법 제117조 제5항). 한편, 사용자가 고용법원의 명령을 불완전하게 이행한 경우 예컨대 근로자가 복직되었으나 그에 정한 요건이 완전하게 충족되지 못한 경우에도 해당 근로자가 입은 손해를 고려하여 일정액의 금전보상이 이루어진다(동법 제117조 제1항). 김소영·조용만·강현주(2003), 83-84면.

(2) 부과절차

이행강제금의 부과절차는 처분청이 이행강제금을 부과하기 전에 문서로 서 알리고 기간 내에 이행하지 않는 경우 이행강제금을 부과한다.

개정 근기법상 이행강제금도 구제명령을 내린 처분청인 노동위원회가 1) 이 행강제금을 부과하는 날의 30일 전까지 이행강제금을 부과·징수한다는 뜻을 사 용자에게 미리 서면으로써 알려야 하고(제33조의6 제2항), 2) 그 서면에는 이행강 제금의 금액, 부과사유, 납부기한, 수납기관, 이의제기방법 및 이의제기기관 등을 명시하여 사용자에게 통지한다(동조 제3항). 이때 15일 이내의 납부기한을 정하여 고지되어야 하고,[50] 사용자에게 10일 이상의 기간을 정하여 구술 또는 서면(전자 문서 포함)에 의한 의견진술의 기회를 주어야 한다.[51] 3) 구제명령을 계속 불이행 하는 경우 반복해서 부과할 수 있으며(최초의 구제명령이 있은 날을 기준으로 매년 2 회의 범위 안에서 구제명령이 이행될 때까지 반복하여 이행강제금을 부과·징수할 수 있 되, 2년을 초과하여 부과·징수하지 못한다)(동조 제5항), 4) 구제명령을 이행한 때에는 새로운 이행강제금의 부과를 즉시 중지하되, 구제명령을 이행하기 전에 이미 부과 된 이행강제금은 징수하도록 규정하고 있다(동조 제6항). 한편, 5) 근로자는 구제 명령을 받은 사용자가 그 이행기한까지 구제명령을 이행하지 아니하는 경우에는 이행기한이 경과한 때부터 15일 이내에 그 사실을 노동위원회에 알려줄 수 있다 (동조 제8항).

구체적인 이행강제금 징수 및 반환절차는 「국고금관리법 시행규칙」을 준용 한다.[52]

(3) 예외[53]

이행강제금은 위반행위의 종류별로 해고 근로자의 임금을 감안하여 그 부과 기준을 정하되, 일정한 경우 이행강제금 이행의 면제 또는 부과 유예 등의 예외가 허용된다.

이행강제금은 ① 사용자의 신청 또는 노동위원회의 직권으로 구제명령 이행

---

50) 근로기준법 시행령(안) 제10조의4 제2항.
51) 근로기준법 시행령(안) 제10조의4 제1항.
52) 근로기준법 시행규칙(안) 제6조의2, 제6조의3.
53) 이는 근로기준법 시행령(안)의 내용에 근거한 것임.

기한이 지나지 않거나 노동위원회가 이행강제금을 부과하기 전에 ② 사용자와 근로자와 합의하여 분쟁이 종결된 경우 또는 ③ 「채무자회생및파산에관한법률」에 의한 파산의 선고 및 회생절차개시의 결정, 그 밖에 이에 준하는 사유가 존재하는 경우 노동위원회에 의해 면제될 수 있다(근로기준법 시행령(안) 제10조의5).

한편, 노동위원회는 사용자가 ① 구제명령 이행을 위한 객관적인 노력을 하였으나 근로자의 소재불명 등으로 구제명령을 이행하기 어려운 것이 명백한 경우, ② 이행강제금을 부과하기 전에 천재·사변, 그 밖의 부득이한 사유로 이행명령을 이행하기 어려운 경우에 해당함을 노동위원회에 신청한 경우 당해 사유의 해당기간만큼 유예하여 이행강제금을 부과할 수 있다. 다만 그 사유가 없어진 때에는 즉시 이행강제금을 부과하여야 한다.

또한 이행강제금의 납부기한이 지나기 전에 천재·사변, 그 밖의 부득이 한 사유가 발생하여 이행강제금을 납부하기 어려운 경우에 사용자의 신청이 있는 때에는 그 해당기간만큼 납부기한을 연장할 수 있다.

5) 이행강제금과 행정벌의 병과(竝科) 가부 — 확정구제명령 불이행에 대한 처벌과의 관계

개정 근로기준법상의 이행강제금의 대상이 되는 구제명령은 초심 구제명령과 재심 구제명령을 모두 포함하여 확정 여부를 묻지 아니한다. 한편 확정된 구제명령을 이행하지 아니한 사용자에 대하여는 1년 이하의 징역 또는 1천만원 이하의 벌금에 처하도록 규정하고 있다(제113조의2). 이에 대하여는 이처럼 이행강제금과 행정형벌을 병과할 수 있는가라는 이론적 문제가 제기된다.

일반적으로 이행강제금은 동일한 사건에 있어서 과태료 또는 형사벌과 병과될 수 있으며 이러한 경우 헌법 제13조 제1항에서 규정하고 있는 이중처벌금지의 원칙에 위반되지 않는다고 보는 것이 일반적이다.[54] 헌법재판소 2004. 2. 26. 선고 20이헌바80, 84, 102, 103, 2002헌바26(병합) 결정에서도 "건축법 제78조에 의한 무허가 건축행위에 대한 형사처벌과 건축법 제83조 제1항에 의한 시정명령 위반에 대한 이행강제금의 부과는 헌법 제13조 제1항이 금지하는 이중처벌에 해당한다고 할 수 없다"고 판시한 바 있다.

---

54) 권준현(1991), 23면; 김원주(2000), 418면.

그러나 위 헌법재판소에서 판시한 건축법의 입법형식과 개정 근로기준법의 입법형식이 다르다는 점에 유의할 필요가 있다. 헌법재판소는 위 결정에서 "이중처벌금지의 원칙은 처벌 또는 제재가 '동일한 행위'를 대상으로 행해질 때에 적용될 수 있는 것이고, 그 대상이 동일한 행위인지의 여부는 기본적 사실관계가 동일한지 여부에 의하여 가려야 할 것"임을 전제로 한 후 "건축법 제78조에 의한 형사처벌의 대상이 되는 범죄의 구성요건은 당국의 허가없이 건축행위 또는 건축물의 용도변경행위를 한 것이고, 건축법 제83조 제1항에 의한 이행강제금은 건축법령에 위반되는 위법건축물에 대한 시정명령을 받고도 건축주 등이 이를 시정하지 아니할 때 과하는 것이므로 양자는 처벌 내지 제재대상이 되는 기본적 사실관계로서의 행위를 달리하는 것이다. 그리고 전자가 무허가 건축행위를 한 건축주 등의 행위 자체를 위법한 것으로 보아 처벌하는 것인데 대하여, 후자는 위 법건축물의 방치를 막고자 행정청이 시정조치를 명하였음에도 건축주 등이 이를 이행하지 아니한 경우에 행정명령의 실효성을 확보하기 위하여 제재를 과하는 것이므로 양자는 그 보호법익과 목적에서도 차이가 있고, 또한 무허가 건축행위에 대한 형사처벌시에 위법건축물에 대한 시정명령의 위반 행위까지 함께 평가된다고 할 수 없다"는 점을 근거로 제시하였다.

그런데 이행강제금 제도를 규정한 근로기준법 제33조의6과 형사처벌조항을 규정한 근로기준법 제113조의2는 모두 확정된 구제명령을 이행하지 아니한 사용자의 행위를 그 제재의 대상으로 하고 있어 그 기본적 사실관계가 동일하다. 이와 관련하여 노동부는 "확정된 구제명령을 이행하지 않은 자에게는 벌칙과 이행강제금의 부과가 가능하나, 향후 제도 운영시 구제명령을 이행하지 않는 자에게는 우선적으로 이행강제금을 부과하고 부과 이후에도 이행하지 않는 경우 벌칙을 부과할 예정"이라고 설명한다.55) 그러나 이는 제도의 현실적 운용 기법에 불과하고, 이론적인 의문은 여전히 남는다. 노동부가 상정한 것과는 반대로 확정된 구제명령을 이행하지 아니한 사용자에게 이미 근로기준법 제113조의 2에 의거하여 행정형벌이 내려졌음에도 불구하고 사용자가 여전히 구제명령을 이행하지 않을 경우 다시 사용자에게 근로기준법 제33조의6 소정의 이행강제금을 부과할 수 있을 지는 더욱 의문이다. 이 부분에 관하여는 향후 이론적 검토와 논의가 필요하다.

---

55) 노동부(2007).

입법론적으로는 확정된 구제명령에 대한 형사처벌을 규정하고 있는 근로기준법 조항을 삭제하고 이행강제금제도로 구제명령에 대한 이행확보수단을 통일시키되, 이행강제금의 부과횟수에 제한을 두지 아니하고 사용자가 구제명령을 이행할 때까지 이행강제금을 반복적으로 부과하는 방안도 고려할 수 있을 것이다. 다만, 확정된 구제명령에 대한 형사처벌규정에 신체적 제재를 가하는 징역형이 포함되어 있으므로 그 점에 유의하여 논의를 전개하여야 할 것이다.

Ⅳ. 해고제도 합리화 방안

1. 해고 개념의 확대 — 의제 해고 관념의 도입과 관련하여

1) 문제의 소재

최근 기업의 경영환경 변화와 더불어, 해고의 외관을 갖추지 않으면서 근로자에게 다양한 압력을 행사하여 사직 또는 합의해제의 방식으로 근로관계를 종료시키는 현상이 자주 나타나고 있다. 심지어 경영상의 어려움을 들어 조기퇴직을 권고하고 근로자가 이에 응하지 아니하는 경우 신설 부서에 집단적으로 배치한 후 비정상적인 업무환경에서 높은 영업실적을 강요하거나 퇴출시키는, 이른바 신종 구조조정 프로그램이 확산되기도 한다.

이러한 경우 근로기준법상의 해고제한법리를 전면적으로 적용하기란 쉽지 않기 때문에, 이와 관련하여 근로자의 본의에 기하지 않은 퇴직을 규제하는 방법이 중요한 문제로 제기되고 있다. 이러한 유형의 문제에 대해 지금까지의 접근 방식은 해고에 이르기까지의 종합적인 사정을 고려하지 않은 채, 사직의사의 진정 성립의 문제 또는 근로조건 변경의 정당성의 문제로 분리하여 접근해 왔기 때문에, 해고법제의 취지가 몰각될 우려가 없지 않았다.

지금과 같은 상시적 구조조정 과정 하에서는 근로조건의 변경과 근로관계의 종료가 기능적 연관성을 지닐 수밖에 없기 때문에, 양자의 상호관계를 종합적으로 고려하여 당해 법률행위의 당·부당을 검토하여야 탈법적인 해고를 방지할 수 있을 것이다. 독일의 변경해약고지, 영국의 의제해고, 프랑스의 근로계약변경론의 관점들은 바로 이러한 유형을 문제를 해결하기 위한 법제도적 노력이라 할 수 있다.

의제해고는 미국의 판례법을 통하여[56] 형성된 개념이라고 할 수 있다. 즉 자유해고원칙에 대한 예외적 법리[57]가 발전되던 과정에서, 외형적으로는 근로자의 자발적 사직에 의한 고용관계의 종료처럼 보이지만 실질적으로는 사용자의 근로조건 변경으로 인한 비자발적 사직의 성격[58]을 띠는 행위를 법리적으로 해결하기 위해 안출된 개념이다. 미국에서는 의제해고(constructive discharge)를 "근로자의 근로조건이 매우 가혹하여 근로자가 직장을 떠나지 않을 수 없도록 함으로써 야기되는 고용관계의 종료"로 이해한다.[59]

일본에서는 小西國友 교수가 의제해고설을 주장한 바 있다. 小西國友에 따르면, 사용자의 발의(주도권, 이니셔티브)에 의해 근로관계가 종료하는 것도 해고에 포함된다고 전제한 후, 합의해지나 사직 등이 '사용자에 의한 고용계약의 종료의 사가 구체화되어 나타났을 때 그 지배적 영향 하에 이루어진 경우'에는 해고로 취급되어야 한다고 하면서 이를 의제해고라는 개념으로 파악하고 있다. 그는 사용자의 주도권에 의한 해고를 제한하고 근로자 보호를 도모하는 법이나 판례의 목적에 비추어 그렇게 하는 것이 합목적적이기 때문이라고 주장한다.[60] 그리고 일부 판결이 이러한 의제해고설에 가까운 입장을 취하고 있다고 보기도 한다.[61]

---

56) 이 의제해고는 원래 NLRA 제8조의 부당노동행위 사건들을 판단함에 있어서 NLRB가 사용한 개념으로서 처음으로 '의제해고'라는 문구를 사용한 것은 1938년 In Matter of Sterling Corset Co. 사건이다. 이 사건에서 NLRB는 근로자가 받아 들일 수 없을 정도의 적대적인 근로조건의 변경을 통하여 사용자가 부당노동행위 법제를 회피할 수 있게 된다면 부당노동행위를 방지하고자 하는 법의 목적과 취지가 몰각될 수 있게 되므로, 의제해고라는 개념을 도입함으로써 이러한 법의 사각지대를 방지하고자 하였다. C. Shuck(2002), "That's It, I Quit: Returning to First Principles in Constructive Discharge Doctrine", Berkeley Journal of Employment and Labor Law Vol.23 No.2, 401면.
57) 1980년대 이후 현재까지 판례를 통해 정립된 해고자유원칙의 예외는 크게 ① 공공 정책(public policy)적 예외, ② 묵시적 계약에 의한 예외(implied-contract exception), ③ 계약상 신의성실의 원칙(covenant of good faith and fair dealing)에 의한 예외로 나눌 수 있다. Charles J. Muhl(2001), "The employment-at-will doctrine: three major exceptions", Monthly Labor Review, 4면.
58) 미국 판례법상의 '홉슨의 선택'(Hobson's Choice)으로 표현된다.(Multimatic Products, 288 NLRB No. 1279, 1348(1988)) '홉슨의 선택이란' 표면적으로는 선택권을 가지고 있지만, 실질적으로는 선택할 수 없는 상황을 의미한다.
59) Black's Law Dictionary(8th edition), WEST, 2004, 495면.
60) 小西國友(1995), 解雇と勞働契約の終了, 有斐閣, 169면 이하.
61) 이러한 입장의 대표적인 판결로, 丸一商店事件, 大阪地裁 平10. 10. 30.이 종종 언급된다.

이에 반해 영국에서는 제정법상 의제해고 개념을 도입하고 있는 바, 이하에서는 영국의 의제해고 법리를 원용하여 해고제도의 합리화 방안을 모색해 보고자 한다.

2) 영국에서의 의제해고의 법리[62]

(1) 의제해고의 의의

고용권리법(Employment Rights Act) 제95조 제1항 (c)에서는 의제해고에 관해 명시적으로 규정하고 있는데, 이에 따르면 의제해고란 '근로자가 사용자의 행위를 이유로 예고없이 근로계약을 종료시킬 수 있는 권리가 부여될 수 있는 상황에서 근로자가 근로계약을 종료하는 것'을 말한다. 예컨대 임금을 삭감한다거나 부당한 전직을 명한 경우 등에 있어 근로자는 당해 사용자 처분의 당·부당을 다투지 않고 바로 사직의 의사표시를 함으로써 주도적으로 근로관계를 종료시키는 행위를 의미한다. 의제해고제도의 취지는 사용자의 의무위반행위로 인하여 고용관계를 더 이상 존속시키기 힘들다고 판단한 근로자가 스스로 근로관계를 종료시키고 이를 해고라고 주장하면서 필요한 구제를 받을 수 있도록 하자는 데에 있다.

의제해고는 영국 제정법상의 불공정해고 제도[63] 아래에서 규정된 해고 개

동 판결은 향후에 대한 잔업수당의 지급 중지 계획을 사용자가 일방적으로 통고하면서 싫다면 퇴직할 것을 종용하고, 이에 대해 근로자가 퇴직한 사례로서, 이러한 상황에서 퇴직을 선택한 것이 자발적 의사에 의한 것이라고는 할 수 없다는 것을 이유로 실질적으로는 해고의 의사표시에 해당한다고 해석한 바 있다.

62) 이하 Income Date Service(2000), Constructive Dismissal: IDS Employment Law Supplement 및 Robert Upex/Nick Humphreys(2006), The Law of Termination of Employment(7th ed.), Jordans의 자료를 활용하여 재구성한 것임. 각주에 인용된 판결명 등은 위의 문헌에서 재인용한 것임.

63) 불공정해고(unfair dismissal)는 사용자의 자의적 해고권한을 제한하기 위해 제정법상 도입된 개념으로 현재 고용권리법 제9장과 제10장에서 규율하고 있는 바, 이는 보통법(판례법)상 부당해고(wrongful dismissal)와 구별되는 개념이다. 판례법상의 부당해고와 달리 해고의 실체적 공정성뿐 아니라 절차적 공정성을 중시함으로써 근로자를 보다 넓은 범위에서 보호하고 구제절차가 일반법원을 통한 보통의 재판 절차를 거치지 않고 노동법원을 통해서만 가능하기 때문에 비용과 시간이 적게 든다. 한편, 해고제한은 동법 제98조 제2항에서 열거하는 사유에 해당하면 당해 해고는 잠정적으로 공정함이 추정되며, 몇 가지 단계를 거쳐 해고의 공정성 여부가 판단된다. 또한 동법 제100조 내지 제105조에서는 해고가 자동적으로 불공정하게 되는 사유도 다양하게 열거하고 있어 이러한 사유에 해당하면 어떠한 판단기준이나 단계를 거칠 필요 없이 당해 해고는 불공정한 것으로 된다.

념[64] 중의 하나인데, 의제해고로 인해 사용자와 근로자의 근로관계는 종료되고 노동법원(Employment Tribunal)을 통해 일반적인 불공정해고와 같이 구제를 받을 수 있다는 점에 특징이 있다. 1971년 노사관계법에서 최초로 불공정해고 제도를 도입할 당시에는 의제해고 개념이 도입되지 않았으나 1974년 노사관계법에서 삽입되어 그 이후 법률을 재정비하는 과정을 거쳐 현재 고용권리법 제93조와 제136조 3항에 이 개념이 규정되어 있다.[65]

(2) 성립요건

의제해고가 성립하기 위해서는 두 가지 요건을 충족해야 한다. 우선 근로자의 사직을 초래한 사용자의 계약위반 행위가 있어야 하고 두 번째로 이러한 사용자의 행위를 이유로 근로자가 근로계약을 종료시켜야 한다.

가. 근로자의 사직을 초래한 사용자의 행위
① 근로계약의 근본적 위반

사용자의 어떤 행위가 근로자가 근로계약을 종료시킬 수 있는 이유가 될 수 있는가에 대한 논란이 있었지만 현재는 근로계약의 취지와 내용에 따라 판단하여야 하는 것으로 보고 있다(계약기준설). 즉, 사용자가 근로계약을 근본적으로 위반(significant breach)할 경우에는[66] 근로자는 예고없이 사직을 할 권리를 가지며 의제해고로서의 보호를 받을 수 있다는 것이다. Western Excavating(ECC) Ltd v Sharp 사건[67]에서 고등법원(Court of Appeal)은 이 점을 확인하고 있다:

---

64) 고용권리법 제1장 5편에서 불공정 해고(unfair dismissal)에 관해 규정하고 있는 바, 이는 해고의 자유 법리가 지배하는 보통법상의 부당해고(wrongful dismissal)와 구별되고 제정법상 새로이 창설된 개념이다. 고용권리법상의 해고의 개념에 관해 제95조 제1항에서는 3가지 종류로 나누어 규정하는 바, 첫째 사용자의 일방적 의사표시로 행해지는 해고, 둘째 기간의 정함이 있는 근로계약의 경우 기간이 도과하였으나 사용자가 계약 갱신을 하지 않은 경우, 셋째 의제해고가 그것이다. 두 번째의 경우를 해고로 표현한 점에 비추어 보면 고용권리법상의 dismissal은 우리 의 해고 개념보다는 넓고 근로관계의 종료라는 법현상을 서술하려는 데에 초점을 맞춘 개념이 아닌가 싶다.

65) 자세한 내용은 Diane Rowland(2001), "Discrimination and Constructive Dismissal", Industrial Law Journal, Vol. 30, No. 4, 382면 이하 참조.

66) 계약법적 용어로 이행거절적 계약위반(repudiatory breach of contract)으로 표현되기도 한다. Brown v Merchant Ferries Ltd[1998]IRLR682.

'사용자가 근로계약의 기초를 흔들 정도로 심각하게 계약을 위반한 행위를 하거나 근로계약의 핵심적 조건(essential terms of contract)에 더 이상 구속받지 않으려는 의도를 나타내는 행위를 한 경우에는, 근로자는 자신을 계약상의 의무로부터 벗어날 수 있는 권리를 가지게 된다.'[68]

결국 어느 정도의 계약 위반행위가 근본적 위반이 되는지가 해석상 다투어진다. 이에 관한 명시적인 기준은 없고 노동법원이 그 판단에 있어 상당한 재량권을 가진다. 노동법원은 근로시간이나 임금 근로계약에 명시된 조항을 사용자가 위반한 경우 근로계약이 근본적으로 위반되었다고 대체적으로 인정하였다. 우선 임금과 관련해서는 임금체계를 일방적으로 바꾸려는 행위,[69] 시간당 임금률을 동의없이 바꾼 경우,[70] 회사차와 유류비용의 지원을 중단한 경우,[71] 관할하는 지역의 판매실적에 따라 임금이 지급되는 근로자에게 그 관할 지역을 줄인 경우[72] 등이 근로계약의 근본적 위반으로 인정되었다. 그러나 회사의 현금유동성 문제 때문에 정해진 날짜에 임금을 지급하지 않는 것은 근본적 위반이 아니라고 보았다.[73] 다음으로 근로시간과 관련해서는 근로시간을 늘리거나,[74] 교대조를 바꾸는 것[75] 등이 근로계약의 근본적 위반에 해당된다. 또한 근로계약상 서면경고를 받은 지 하루 만에 징계청문회를 개최하는 것은 징계절차를 무리하게 적용하는 것으로 근로계약의 근본적 위반에 해당한다.[76]

② 계약상의 묵시적 의무 위반

사용자가 근로계약의 명시적 규정을 위반한 경우에는 해당되지 않지만 근로계약에 암묵적으로 포함되어 있다고 인정되는 묵시적 의무를 위반한 경우에도 근

---

67) [1978] ICR 221.

68) Ibid, p.226.

69) R F Hill Ltd v Mooney [1981] IRLR 258, EA.

70) Thomas v Eastonways Ltd ET Case No. 1101402/98.

71) Triton Oliver (Special Products) Ltd v Bromage EAT 709/9.

72) Star Newspapers Ltd v Jordan EAT 344/9.

73) Adams v Chrles Zub Associates Ltd [1978] IRLR 551, EA.

74) National Semiconductor (UK) Ltd v Church & ors EAT 252/9.

75) Burnell v Wykes ET Case No. 1701053/98.

76) Alexandar Russell plc v Holness, EAT 677/9.

로자는 근로관계를 종료시킬 수 있다고 해석된다.[77] 노동법원이 인정해 온 묵시적 의무는 다양하지만 대표적으로 상호신뢰의무와 근로자에 대한 배려의무를 들 수 있다.

가) 상호신뢰의무 위반

계약상의 묵시의무 중 판례상 괄목할 만한 발전을 이룬 것은 상호신뢰의무라고 할 수 있다. 상호신뢰의무란 근로계약관계가 지속되기 위해 상호신뢰관계를 훼손시키지 않는 방식으로 행동할 일반적 의무[78]를 의미한다. 이러한 상호신뢰의무 위반에 대해 노동법원은 계약의 이행거절에 해당된다고 보아 근로자의 사직의 자유를 인정하고 있다.[79]

상호신뢰의 묵시적 의무를 인정한 사례는 아주 다양하다. 사용자가 근로자에게 욕설하고 모욕을 주거나,[80] 근로자에게 충분한 근거 없이 절도혐의를 두거나,[81] 정당한 이유없이 근로자가 의학적인 심리검사를 종용하거나,[82] 사소한 위반에 대해 근로자를 전근시키거나,[83] 근로자를 회사에 출입하지 못하게 하고 고객들에게 근로자가 더 이상 일하지 않는다고 말하거나,[84] 근로자에게 특정 인종의 고객에 차별대우할 것을 지시하거나,[85] 임금수령액의 감소에 대한 근로자의 고충제기를 적절히 처리하지 못하거나,[86] 정당한 이유없이 과도하게 업무를 부과하거나,[87] 가벼운 잘못에 대해 최종 경고의 징계를 내리는[88] 등의 행위는 상호신뢰의무를 위반한 것으로 판단되었다. 또한 사용자의 근로자에 대해 한 일련의 행위 중

---

77) S. Deakin & G. Morris,Labour Law, Hart Publishing: Oxford, 2005, p.45.
78) Malik v BCCI [1997] IRLR 462, para 1.
79) Morrow v Safeway Stores plc [2002] IRLR,EAT; London Borough of Waltham Forest v Omilaju [2005] IRLR 35, CA, para 14.
80) Palmanor Ltd v Cedron [1978] ICR 1008, EA.
81) Robinson v Crompton Parkinson Ltd [1978] ICR 401, EA.
82) Bliss v South East Thames Regional Health Authority [1985] IRLR 308, C.
83) BBC v Beckett [1983] IRLR 43, EA.
84) Brown v JBD Engineering Ltd [1993] IRLR 568, EA.
85) Weathersfield Ltd (t/a Van & Truck Rental) v Sargent [1999] IRLR 94, C.
86) WA Goold (Pearmak) Ltd v McConnell [1995] IRLR 516, EA.
87) Hellman International Forwarders Ltd v Cooper, EAT/1040/9.
88) Stanley Cole (Wainfleet) Ltd v Scheridan [2003] IRLR 52, EAT.

마지막 행위는 신뢰의무 위반에 해당할 정도의 것이 아니더라도 사용자의 여러 행위를 종합해서 보았을 때, 일련의 행위가 전체로서 상호신뢰의무를 위반할 수 있다.[89]

나) 건강과 안전 등에 대한 배려 의무

근로자들의 건강과 안전에 대한 사용자의 배려의무는 일반적으로 인정된다. 따라서 계약상 배려의무가 특별히 명시되지 않았다 하더라도 계약상 내재되어 있는 것으로 간주된다. 이 의무는 우선 근로자의 신체나 건강에 직접적으로 위해를 가하는 업무환경에 관련되어 인정된다. 예를 들어 업무 수행 도중 심각한 강도를 당한 교사가 재배치를 요구하였으나 받아들여지지 않은 채 근무하다가 건강상의 이유로 사직한 사건에서 노동법원은 사용자는 근로자의 건강과 안전을 배려할 묵시적 의무를 위반했다고 판단하였다.[90] 동료들부터의 괴롭힘 없이 근무할 수 있는 환경을 조성해 줄 의무도 포함한다. 노동법원은 동료들부터의 괴롭힘이나 방해 때문에 사직한 경우 사용자가 이 의무를 위반한 것으로 보아 의제해고를 인정하였다.[91] 아울러 근무환경과 관련해 근로자가 여러 차례 고충을 제기했는데도 이를 적절하게 다루지 않아 의제해고가 인정된 사례도 있다. 예컨대 직장 내에서 협박을 당한 고충을 적절하게 처리하지 못한 경우,[92] 옆 사무실의 흡연으로 고통을 겪는 근로자가 여러 차례 고충을 제기했으나 회사가 이를 무시한 경우[93] 배려의무 위반으로 판단하였다.

나. 사직

사용자가 근로계약을 근본적으로 위반하였더라도 의제해고가 성립하기 위해서는 근로자의 사직의 의사표시가 행해져야 한다. 근로자가 근로계약 이 위반되었음에도 불구하고 근로계약을 유지하려는 의사를 보였다고 믿어질 수 있지 않도록 하기 위해서는 사직은 가능한 한 조속히 이루어져야 한다. 초기에 판결례에서는

---

89) Lewis v Motorworld Garage Ltd [1985] IRLR 465, C.
90) Nottinghamshire County Council v Perez, EAT/951/9.
91) Wigan Borough Council v Davies [1979] ICR 411, EA.
92) Reed & anor v Stedman EAT 443/9.
93) Walton & Morse v Dorrington EAT 69/9.

사용자의 위반 행위 직후에 사직의 의사표시를 행하여야 하여야 한다는 사례도[94] 있었지만, 현재의 주류적 경향은 근로자가 별도의 행동을 취하지 않은 채 단순히 사직을 지체하였다는 이유로 바로 사용자의 위반행위를 인정하였다고 보지 않는다.[95] 아울러 사용자의 근로계약 위반에 대해 근로자가 분명히 반대한 경우에는 일정기간 임금을 수령하면서 근무하더라도 위반행위를 인정한다고 볼 수 없다는 실례도 있다.[96]

사직의 방법은 구두에 의하건 문서로 이루어지든 이를 묻지 않는다. 사용자가 사직의 의사표시를 수용했는지 여부는 근로계약의 종료에 영향을 미치지 않는다.[97] 얼마간의 기간을 예고하면서 사직하겠다는 의사표시를 한 경우 의제해고가 일어나는 시점은 그 기간이 경과했을 때이다.[98]

(3) 의제해고의 공정성 판단

의제해고는 사용자의 근본적 계약위반이 개재되어야 인정되기 때문에 그 속성상 대부분 불공정한 해고로 판정될 가능성이 많다.

그러나 불공정해고의 법리상 의제해고에 해당할지라도 공정하게 판단될 수도 있다. 즉 사용자의 계약 위반행위가 있다 하더라도 고용권리법 제98조 제1,2항에서 열거한 해고의 정당 사유에 해당되면 의제해고가 불공정하지 않을 수 있다. 따라서 사용자는 자신의 계약위반의 이유가 근로자의 능력·자격 또는 행위와 관련되거나, 경영상의 필요와 같은 '다른 실질적 이유' 등을 제시함으로써 의제해고의 공정성을 주장할 수 있다. 항소법원은 Savoia v. Chiltern Herb Farms Ltd 사건[99]에서 고용권리법 제95조의 해석상 이것이 가능하다는 점을 확인했다.

예컨대 Ross v. What Every Woman Wants 사건[100]에서 근로자의 잘못된 행동을 이유로 사용자가 임금삭감과 더불어 전보조치를 취하자 동 근로자는 사직

---

94) Lord Denning MR in Western Excavating (EC) Ltd v Sharp197 ICR 221, C.
95) W E Cox Toner (International) Ltd v Grook [1981] ICR 823, EA.
96) Jones v F Sirl Son (Furnishers) Ltd [1997] IRLR 493; Waltons and Morse v Dorrington [1997] IRLR 488, EA.
97) Hogan v ACP Heavy Fabrications Ltd EAT 340/9.
98) Peterborough Regional College v Gidney EAT 1270/97 & 1270A/9.
99) [1982] IRLR 166, C.
100) EAT 474/8.

하고 불공정해고 구제신청을 한 사건에서, 노동법원은 전보조치가 근로계약의 근본적 위반에 해당되지만 근로자의 행위가 해고 사유가 되기에 충분하다는 이유로 의제해고가 공정하다고 판단하였다. 대체로 의제해고의 공정성이 자주 논란되는 상황은 조직개편·사업이전·인원과잉 등의 경영상의 이유로 행한 의제해고의 경우이다. 예컨대 경영상의 필요성이 있어 근로조건을 불이익하게 변경하고 이를 이유로 근로자가 사직하는 상황이 자주 발생할 수 있다.

(4) 의제해고의 구제

일반적 해고와 의제해고 간에 구제의 내용과 보상액 등에 차별을 두고 있는 규정은 발견되지 않는다. 따라서 의제해고의 경우에도 이론상으로는 일반해고와 마찬가지로 복직 또는 보상 명령을 발할 수 있다. 그러나 영국에서 복직 명령이 거의 활용되지 않는 점[101] 및 사직을 전제로 하는 의제해고의 특성상 대부분의 구제는 보상 방식으로 행해지고 있다.

그리고 의제해고의 경우에도 법정 고충처리 절차를 준수하여야 한다. 고용권리법 2002 제32조에서는 의제해고의 경우에도 근로자가 의제해고 구제신청을 하기에 앞서 법정 고충처리절차를 거쳐야 한다고 규정하고 있다. 따라서 근로자는 의제해고 구제신청에 앞서 자신이 사직하거나 사직을 고려하게 만드는 사용자의 행동에 대해 서면으로 사용자에게 고충을 제기하고 사용자가 법정 고충처리절차[102]에 따라 이를 처리하는 일정 기간 동안 기다려야 한다.

보상수준과 보상방식에 관해서 의제해고에 관한 특칙이 존재하지 않기 때문에 일반해고와 마찬가지로 기본보상[103]과 손실보상[104]의 방식이 행해진다. 다만

---

101) 노동법원 보고서에 따르면 2003/4년에 부당해고로 결정된 사건 4363건 중 단 11건이 원직복직과 재고용을 포함한 복직명령이 내려졌다. Employment Tribunal Service Report and Accounts 2003-2004, DTI, App 3, 25면(S. Deakin and G. Morris, Labour Law, Bloomsbury, 522면에서 재인용).

102) 표준적인 법정 고충처리절차는 다음과 같다: 첫 번째 단계는 근로자가 서면으로 서 자신이 고충을 제기하는 것이다. 두 번째 단계에서는 고충사항에 관해 사용자와 당해 근로자가 협의하는 과정이다. 이 과정에서 사용자는 자신의 결정을 근로자에게 알리고 근로자가 이의제기할 수 있다는 사실을 통지해야 한다. 세 번째 단 계로 근로자가 재심을 원하면, 이를 위한 협의절차를 거쳐 사용자는 자신의 최종 결정을 근로자에게 알려야 한다. 근로자는 첫 번째 단계를 거치지 않으면 의제해고 구제신청을 할 수 없고, 고충제기 이후 28일이 지나야 구제신청을 할 수 있다(동법 제32조 제3항).

과거에는 근로자의 기여과실[105]을 인정함에 있어 의제해고에 대해서는 일반 해고에 비해 소극적이었지만[106] 지금에 와서는 이러한 차이는 없어지고 있다.[107]

3) 소결

1) 이상에서 본 바와 같이 영국에서 의제해고의 법리는 근로관계의 다양한 영역에서 사용자가 자의적으로 근로조건을 불이익하게 변경하는데 대해 근로자를 보호하는 수단이 되고 있음을 알 수 있다. 이 법리는 명시적 근로계약 조건에 대한 위반뿐만 아니라 사용자의 근로자에 대한 유무형의 압박과 불이익으로부터 근로자를 보호한다. 더 나아가 이 법리는 안전이나 건강과 관련한 근로자의 고충에 대해서는 사용자가 적극적인 조치를 취할 것을 요구한다. 이처럼 의제해고의 근로자 보호범위가 확대된 데에는 노동 법원이 상호신뢰의무 등과 같은 근로계약의 묵시적 의무를 도입해 이를 폭넓게 인정한 것이 주요한 요인으로 작용했다.

그렇지만 경영상의 이유와 관련한 근로조건의 불이익 변경에 대해서는 의제해고가 근로자 보호에서 특별히 큰 역할을 하고 있다고 말하기 힘들다. 왜냐하면 이 경우에는 근로조건의 불이익 변경이 근로계약의 근본적 위반에 해당되어 의제해고가 성립함에도 불구하고, 이 의제해고는 경영상의 필요로 공정하다고 여겨질 수 있기 때문이다. 경영상의 이유와 관련된 근로조건의 불이익 변경은 근로자가 이를 거부해서 해고되든, 이에 동의하지 않고 사직해 의제해고가 인정되든 노동법원은 사용자의 경영상의 필요를 고용권리법 제98조 제1항의 '다른 실질적 이유'에 해당한다고 보아 폭넓게 인정하고 있다.

기본적인 한계는 사직을 전제로 한다는 점이다. 영국에서는 근로계약을 유지하면서 사용자의 근로조건의 불이익변경을 구제받을 수 있는 제정법상의 방법[108]이 없기 때문이다. 따라서 사용자의 불이익 변경에 직면한 근로자에게는 의제해고

---

103) 고용권리법 제122조.
104) 고용권리법 제123조.
105) 고용권리법 제122조 제2항 및 제123조 제6항 참조.
106) Holroyd v Gravure Cylinders, Ltd[1984] IRLR 259, EA.
107) 자세한 내용은 Anthony Korn/Mohinderpal Sthi(2005), Employment Tribunal Compensation, Oxford University Press, 253면 참조.
108) 판례법으론 근로조건의 불이익 변경의 구제를 아주 드물게 허용되는 경우가 있으나 실효적인 방법이라고 보기 어렵다.

가 거의 유일한 구제수단이라고 볼 수 있다. 근로자가 직장을 그만두는 것이 상당한 부담으로 작용하는 것이 엄연한 사실인 만큼, 의제해고에 의존하는 근로조건의 불이익 변경에 대한 구제는 현실적으로 제약될 수밖에 없다. 현실적으로 근로자는 사직한 후에 다른 일자리를 찾을 가능성이 있거나 혹은 그러한 가능성이 없더라도 사용자의 행동이 도저히 감내하기 어려운 경우에 비로소 사직을 결심하게 된다. 따라서 사직을 결심할 정도에까지 이르지 못하는 수준에서는 사용자의 근로계약위반을 근로자가 감수할 가능성이 높다고 할 수 있다.

의제해고도 불공정해고의 하나이기 때문에 이론적으로는 노동법원이 의제해고에 대해 복직 명령을 내릴 수 있다. 그러나 앞에서 본 바와 같이 일반해고에 있어서도 불공정해고구제의 제도적 특성 때문에 불공정하게 해고된 근로자가 복직될 가능성이 아주 드물다는 점을 감안하면, 근로자의 사직을 전제로 하는 의제해고에서는 복직명령이 내려질 가능성이 거의 없다고 봐야 할 것이다. 결국 사용자의 근로계약 위반으로 사용자에 대한 신뢰가 더 이상 없고 근로의욕도 생기지 않게 된 근로자에게는 의제해고의 인정과 보상이 적절할 수 있다. 더 나아가 만약 이 근로자가 사직 후 상대적으로 쉽게 다른 일자리를 구할 수 있다면, 의제해고제도는 일정한 정도로의 보상적 정의를 실현하고 있다고 볼 수도 있을 것이다. 노동시장에서 다른 일자리를 찾을 가능성이 높다면 근로자가 잃는 경제적 손실은 생각보다 크지 않을 수 있기 때문이다. 이러한 점에 비추어 보면, 사용자가 근로자의 근로조건을 불이익하게 변경하는 것을 의제해고를 통해서 규율하는 것이 어느 정도 실효적인지 엄밀히 판단하기 위해서는 영국의 노동시장에서 근로자이동이 어느 정도로 자유로운가에 대한 분석이 추가되어야 할 것으로 보인다.

2) 의제해고의 개념이나 도입목적이 나라마다 조금씩 다르다는 점에 주의를 요한다. 미국에서는 해고 자체를 규제하고 있지 않기 때문에 해고의 자유가 보장되는 영역에서는 근로자 보호의 견지에서 의제해고의 개념을 도입할 필요는 없을 것이다. 결국 미국에서 의제해고 개념이 유의미한 경우는 부당노동행위 또는 차별 등과 같이 해고의 자유가 제한되는 영역에서이다. 따라서 의제해고의 유용성은 해고 자체를 제한하고 규제하기 위한 데에 있는 것이 아니라 부당노동행위 또는 차별을 규제하기 위해, 법적 판단의 대상이 되는 탈법적인 '행위'를 발견하기 위한 것이라 할 수 있다. 그 결과 의제해고로 인정된다는 것은 그 자체의 구제에 초점

을 맞추기보다는, 의제해고로 인해 침해되는 질서 —예컨대 부당노동행위 또는 차별— 를 어떻게 회복할 것인가에 관심이 모아진다.

이에 반해 영국에서는 common law상으로는 해고의 자유를 보장하면 서도 제정법 상으로 불공정 해고를 규제하고 불공정해고가 발생한 경우 복직 및 보상의 구제조치를 마련하고 있기 때문에, 의제해고로 인정된다는 것은 그 자체로 공정성 여부가 판단되어야 하고 필요하다면 노동법원의 구제명령의 대상이 된다는 것을 의미한다. 이런 점에서 영국의 의제해고제도가 우리 법제에 상대적으로 친하다고 할 수 있다.

그러나 의제해고의 법리를 우리 법제에 그대로 도입하기는 어렵다고 보아야 할 것이다. 왜냐하면 영국과 미국의 의제해고제도는 근로자가 근로관계를 주도적으로 종료한 후 사용자에게 일정한 책임을 부과하기 위한 제도이기 때문에 한국적 상황에서는 상정하기 힘들 것으로 보인다. 우리나라에서는 영미국가와 달리 이른바 내부노동시장모델[109]을 취하고 있기 때문에, 해고법제 개정과 관련하여 근로계약관계의 유지를 전제로 하는 변경해지제도의 도입이 주로 검토된 이유도 바로 이러한 사정을 감안한 것이라 할 수 있다.

그러나 사용자의 부당한 배치전환이나 처우에 못 이겨 사직서를 제출하더라도 사직의 의사표시가 비진의나 사기·강박 등의 하자가 없으면 사용자에게 아무런 법적 책임을 물을 수 없는 현행의 법운용상의 문제점[110]을 해소하기 위해, 의

---

109) 외부노동시장 모델은 미국과 같이 해고의 자유(employment at will doctrine)가 보장되어 근로계약의 내용을 현상 그대로 유지하지 못하는 이상, 계약을 해지하고 새로운 근로조건에 동의하는 자를 외부노동시장으로부터 새로이 채용하는 방식을 말한다. 이에 반해 우리나라와 일본, 독일 등에서는 해고를 제한하고 있기 때문에 근로조건의 변경에 관한 합의가 성립하지 않는 경우에도 고용을 유지한 상태에서 내부노동시장에서 대처하는 방식(내부노동시장모델)을 법제도적으로 상정하고 있다고 할 수 있다.

110) 우리 판례는 비진의 의사표시 등의 하자를 이유로 사직서의 효력에 제한을 가하고 있지만 실효성은 미흡하다 할 것이다. 민법상의 비진의 의사표시 이론을 엄격하게 해석하게 되면 실제 사안에서 적용될 가능성이 매우 희박하다는 데에 한계가 있다. 즉, 민법상 비진의 의사표시는 표의자가 '외부의 영향이 없는 자유로운 상태에서' 내심의 의사와 표시가 일치하지 않는다는 것을 알면서 하는 의사표시를 의미하는 바, 현실적으로 표의자가 법률행위에서 내심의 의사와 표시가 일치하지 않는다는 것을 알면서 하는 의사표시는 상상하기 어렵다. 또 대부분의 경우 근로자가 사용자의 권유 등에 의하여 (일괄)사직서를 제출함에 있어 내심으로는 사직을 원하지 않지만 사직서를 제출하지 않으면 오히려 불이익을 입을 수도 있다는 판단에 따라 차선책으로 사직서를 제출하는 것이 일반적이므로, 이를 비진의표시

제해고제도의 발상법을 활용할 필요가 있을 것으로 보인다. 아울러 금번 개정법에서 금전보상제를 도입하였지만 앞으로도 구제방식을 다양화하기 위한 노력은 필요할 것으로 보이는 바, 전체적인 당·부당에 판단에 만족하지 않고 근로조건의 변경과 해고의 유기적 연관하에서 노사간의 이해를 합리적으로 조절하는 데에 도움이 될 것으로 보인다.

2. 입법론적 검토사항

1) 부당해고 구제시스템의 효율성 제고

해고를 둘러싼 당사자들의 비용과 부담은 해고에 관한 실체법적 규정에 의해서만 좌우되는 것은 아니다. 비록 실체법이 잘 정비가 되어 있더라도 절차적으로 시간이 많이 걸리거나 비용이 많이 든다면, 근로자측으로서는 해고 소송이나 구제신청을 제기하기 어렵게 되고, 사용자 측으로서는 해고 분쟁으로 인해 겪게 될 어려움으로 인해 해고 자체를 꺼리게 된다. 따라서 분쟁해결의 효율성을 제고할 수 있는 절차적 시스템의 마련은 해고분쟁의 신속한 해결과 함께, 해고 자체의 유연성을 제고할 수 있는 방안이 된다.

현재, 부당해고를 당한 근로자는 법원에 대해 해고무효확인의 소를 제기 하거나 또는 노동위원회에 부당해고구제신청을 제기할 수 있다. 이러한 이원적 시스템(1989년부터 마련되었음)은 그동안 일정한 긍정적 평가를 받았음에도 불구하고, 몇 가지 문제점이 지적되어 왔는데, 그 중 가장 큰 문제는 분쟁의 장기화이다. 우선 법원을 통한 구제는 제소기간의 제한이 없어 해고를 둘러싼 노사간의 불안정한 분쟁상태가 장기화될 수 있고, 노동위원회를 통한 구제 역시 구제신청기간의 제한(3월)은 있지만, 당사자가 계속 다투는 경우 결국 행정소송으로 전환되어 사실상 5심제로 운영(지방노동위원회－중앙노동위원회－행정법원－고등법원－대법원)되어 분쟁이 2년에서 3년까지 지속될 수 있다. 또 다른 문제점은 구제기관의 상이함으로 인해 동일한 사건에 대한 법적 판단과 법적용상 통일성이 침해될 수도 있다.

이런 문제점을 해결하기 위한 방안으로 학계에서는 1) 노동위원회의 전문

_____

라고 보기는 어려움이 있다. 최근의 대법원 판결례나 노동위원회 판정례를 보더라도 근로자의 사직서 제출이 비진의 의사표시에 해당되어 무효라고 판시한 사례는 별로 발견되지 않는다. 이외에 민법 제110조의 강박에 의한 의사표시 이론에 따라 사직서의 유효성 여부를 검토할 수도 있으나 대부분의 판결례에서는 그 인정에 있어 매우 인색한 형편이다.

성·독립성을 제고하여 현재 노동위원회의 문제점을 보완하는 방안, 2) 노동법원을 설립하여 모든 노동분쟁을 맡기는 방안 및 3) 노동법원을 설립하되 해고와 같은 권리분쟁이나 개별분쟁만 노동법원에 맡기고, 단체교섭 등과 관련하여 발생하는 이익분쟁이나 집단분쟁은 현재와 같이 노동위원회에 맡기는 방안 등이 제시되었다. 노동법원의 설치에 대해 노동계는 찬성의 입장을 보이는 반면에, 경영계에서는 장기적으로는 검토 가능하지만 단기적으로는 노동위원회를 강화하자는 의견인 듯하다. 학계에서는 절대 다수가 노동법원의 설치에 찬성하고 있지만, 그 시기와 노동법원의 관할 범위 등 세부적인 문제에 대해서는 논란이 되고 있다. 2003년의 선진화방안에서는 장기적으로 노동법원을 설립하여 해고분쟁은 노동법원에 맡기는 것이 타당하지만, 단기적으로는 노동위원회의 전문성 등을 강화하자는 절충적 의견을 제시한 바[111] 있다. 참고로 사법제도개혁위원회에서도 노동전문 법원에 관한 논의가 있었던 바, 장기적 관점에서 도입이 필요하다는 데에 원론적 공감대가 형성되어 있는 듯하다.[112]

한편, 노동법원에 찬성 여부와 관계없이 시급히 도입해야 할 제도로서 제시한 것이 이른바 대안적 분쟁해결제도(Alternative Dispute Resolution: ADR)의 활성화이다. 대안적 분쟁해결제도란 법원의 소송절차나 노동위원회의 구제절차에 앞서 공적 또는 사적 조정인(또는 조정기관)에 의해 양 당사자의 자율적 해결을 촉진하는 제도를 말한다. 이와 관련 화해를 통한 해결을 유도하고 장려하는 방안을 적극 검토하여야 할 것이다. 화해는 노사 쌍방이 서로 일정 부분을 양보하여 최악의 상황을 회피할 수 있고 조기에 분쟁을 해결한다는 점에서 장점을 가지고 있다. 특히 노사관계에서 비롯되는 분쟁의 경우, 노사를 가릴 것 없이 대법원 판결을 받기까지 장기간 동안 불안정한 법적 지위에 놓이게 되며, 패소한 당사자에게는 돌이킬 수 없는 손해가 발생하는 것은 물론이고 근로자가 승소하여 원직에 복직하더라도 근로계약의 신뢰성에 비추어 회사 생활에 제대로 적응하기 어렵다는 사정을 감안하면, 화해에 의한 신속하고 효율적인 해결은 보다 요망된다고 할 수 있다. 상당수의 해고 사건이[113] 노동위원회를 통해 해결된다는 점을 고려한다면, 노동위

---

111) 노사관계제도선진화연구위원회(2003), 133면.
112) 김선수(2004), "한국에서의 노동분쟁 처리기구로서의 법원의 구조 및 운영실태, 노동법원의 도입방향", 「노동법과 법」, 전국금속산업노동조합연맹 법률원 등 관련 자료.
113) 노동위원회의 구제신청 사건 중 약 50%가 화해 또는 취하에 의해 해결되고 있다. 중앙노동

원회의 화해 기능에 기대를 걸어보아야 할 것이다. 이를 위해서는 우선 화해의 절차와 효력을 법률로 규정하여[114] 화해에 대한 인지도와 신뢰도를 높여야 할 것이다. 아울러 노동위원회가 화해 조서의 작성을 도와주고 그 이행에 대해 지도·감독할 수 있도록 인력의 전문성을 강화할 필요가 있다.[115] 최근 일부 하급심 법원에서 노동사건의 경우 사전에 조정을 거치도록 장려하고 있는데, 아직 그 실효성은 미흡하다 하더라도 바람직한 방향이라 생각된다.

2) 절차적 기준의 마련

현행법은 해고절차와 관련하여 획일적인 해고예고제도의 원칙만을 규정하고 있을 뿐, 소명기회의 부여나 사전협의 등의 중요한 절차적 제한에 관해서는 별도의 규정을 두고 있지 않다.

이와 관련하여 판례는 취업규칙이나 단체협약에서 해고절차를 규정하고 있는 경우 이에 위반하여 이루어진 해고는 원칙적으로 무효로 보고 있으나,[116] 그렇지 않는 경우에는 최소한의 소명기회를 부여하지 않은 경우에도 해고 처분은 유효하다는 견해를 취하고 있다.[117] 나아가 법원은 절차적 제한 규정이 있는 경우에도 그 규정의 해석을 엄격히 하여 적용범위를 축소하려는 경향에 있다. 즉 절차규정이 존재한다 하더라도 징계혐의사실에 대한 사전통지규정이나 피징계자의 진술이 임의적인 것으로서 규정되어 있다면, 사용자에게는 그러한 절차를 행할 의무는 없

위원회, 「노동위원회연보」 참조.

114) 노동위원회규칙 제28조 제3항에서는 화해의 효력에 관하여 "화해조서는 확정판정과 동일한 효력이 있다"고 규정하고 있다. 그러나 노동위원회가 작성한 화해조서라 할지라도 그 법적 성질은 민사상 화해(민법 제731조 참조)에 불과하고 재판상 화해와 같은 기판력과 집행력을 인정하기는 어렵다고 보아야 할 것이다. 왜냐하면 기판력을 인정하게 되면 법률에 의하지 않고 재판청구권을 침해하는 결과가 되기 때문이다. 또한 집행력은 타인의 재산에 대해 직접적인 유형력을 행사하는 것을 의미하는 바, 법률의 규정에 의하여 집행관 및 집행법원에 명확한 집행근거를 부여하지 않고서는 가능하지 않기 때문이다. 따라서 화해의 법적 성질을 분명히 하고 화해의 효력에 관련한 논란을 없애기 위해서는 현행 노동위원회 규칙 제28조 3항을 법률사항으로 규정하여야 할 것이다. 이런 점에서 2006년 노사관계선진화입법안에서 노동위원회가 작성한 화해조서에 재판상 화해의 효력을 부여한 것(동 개정안 제16조의3 참조)에 찬성한다.

115) 김홍영(2005), "노동분쟁에 대한 노동위원회의 역할과 개선과제", 노동법학 제21호, 123면.

116) 대법원 1991. 7. 9. 선고 90다8077 판결.

117) 대법원 1979. 1. 30. 선고 78다304 판결.

다[118]고 한다.

이러한 판례의 태도에 대해 많은 비판[119]이 가해지고 있는 바, 규범적 타당성은 별론으로 하더라도 절차적 규정은 노사 간의 의사소통을 통해 최소비용으로 갈등을 해소할 수 있는 장점을 지니고 있다는 점도 간과되어서는 안 될 것이다. ILO "고용주 주도하의 고용종료에 관한 협약"(158호 협약) 제7조에서도 변명권의 부여를 개별적 해고에서 필요불가결한 절차라고 규정하고 있으며 다수의 입법례에서 해고절차와 관련한 규정을 두고 있다는 점 등도 고려되어야 할 것이다. 요컨대 해석상의 다툼을 줄이고 적법절차의 원리를 해고법제에 반영하기 위해서는 절차적 제한을 명시적으로 규정할 필요가 있다고 할 것이다.

3) 해고예고기간의 재정비

근로기준법 제32조에 따르면 사용자가 근로자를 해고하고자 할 때에는 적어도 30일 전에 그 예고를 하도록 하고 있다. 다만 이러한 해고예고를 하지 않은 경우에는 30일 분 이상의 통상임금을 지급하여야 한다고 규정하고 있다. 이러한 해고예고제도의 취지는 근로자로 하여금 미리 새로운 직장을 구하는 등 직장 상실에 대비할 수 있는 시간적 여유를 가질 수 있게 하자는 데에 있다.

그런데 우리나라 해고예고의 특징은 근로자의 개별적 특성, 예컨대 당해 근로자의 근속연수 등을 고려함이 없이 획일적으로 규율한다는 점에서 찾을 수 있는데 이는 제 외국의 예에 비추어 이례적이라 할 수 있다.

〈표〉 해외의 해고예고기간 입법례

독 일 (민법 제622조)	영 국 (고용권리법 제86조)	프랑스 (노동법전 제122-5조)
근로자의 근속기간에 따라 차별화	근로자의 근속기간에 따라 차별화	근로자의 근속기간에 따라 차별화

---

118) 대법원 1991. 4. 9. 선고 90다카27042 판결.
119) 대표적으로 도재형(2005), "정리해고의 절차적 제한", 노동법연구 제18호, 162-163면. 이흥재(2003), "해고의 절차적 제한", 「절차적 정의와 법의 지배」, 서울대학교 법학연구소, 91-92면. 특히 절차적 정의는 실체적 정의를 확보하기 위한 수단으로서 준수되어야 하는 것이 아니라 정의의 한 축으로서 실체적 정당성과 구별되는 독자적인 역할과 기능을 수행한다는 비판은 경청할 만하다(정태욱(1995), 「절차적 정의에 관한 연구」, 서울대학교 박사학위논문, 59면).

해지 기간	근속 2년 이하=1개월 근속 5년 이하=2개월 근속 8년=3개월 근속 10년=4개월 근속 12년=5개월 근속 15년=6개월 근속 20년=7개월 시용근로자=2주	근속 2년 미만=1주 근속 2년 이상=2주 근속 3년 이상=3주 등 매 1년마다 1주일 가산 단, 최대 12주	원칙상 근속 6개월 미만= 해지기간 없음 근속 6개월 이상=1개월 근속 2년 이상=2개월

해고예고기간을 어느 정도로 할 것인가는 입법정책적인 문제이긴 하지만, 장기 근속자에게 1개월 만의 해고예고기간을 부여하는 것은 가혹하다는 점, 장기 근속자는 오랜 기간 동안 동일한 직장에 머물러 있었으므로 구직의 경험이 적을 뿐만 아니라 연령상으로 구직이 쉽지 않다는 점, 장기 근속자는 사용자에 대하여 근로계약관계의 지속성에 대한 보다 강한 신뢰가 존재하며 그러한 한도에서 양 당사자는 보다 긴밀한 인적 유대관계를 형성하여 왔다는 점[120] 등을 고려하면 보편적인 입법추세에 맞추어 현행법제를 재검토할 필요가 있다 할 것이다.

4) 사직 철회기간(이른바 cooling off system)의 법정화

근로자가 사직의 의사표시를 한 경우에 두 가지의 경로로 계약관계가 종료한다. 즉 사용자가 그 사직서 제출에 따른 사직의 의사표시를 수락하여 합의해지(의원면직)가 성립하거나 민법 제660조 소정의 일정기간의 경과로 그 사직서 제출에 따른 해지의 효력이 발생함으로써 근로관계가 종료된다. 그간의 판결례를 보면 근로자가 사직서를 제출하는 경우 이를 해지의 통고로 볼 것인지, 합의해약의 청약으로 볼 것인지 여부는 전적으로 의사표시의 해석문제로 파악된다.

그런데 근로자의 사직서가 근로계약관계의 해지를 청약하는 경우로 해석될 경우에는 사용자의 승낙의 의사표시가 근로자에게 도달하기 이전에는, 사용자에게 예측할 수 없는 손해를 주는 등 신의칙에 반한다고 인정되는 특별한 사정이 있는 경우를 제외하고는, 그 의사표시를 철회할 수 있는 것이 원칙이다. 그러나 사직서가 해지의 통고로 해석될 경우에는 사직의 의사표시가 사용자에게 도달한 이상 근로자로서는 사용자의 동의 없이는 비록 민법 제660조 제3항 소정의 기간이

---

120) 임종률 외(2006), 「해고보호제도의 유효성과 실효성 제고방안」, 노동부 용역 보고서, 73면.

경과하기 이전이라 하여도 사직의 의사표시를 철회할 수 없다.[121]

결국 사직서를 제출한 경우 사용자의 태도 여하에 따라 그 철회 여부가 결정될 뿐만 아니라 근로관계의 종료 시점도 달라지기 때문에 법적 안정성의 견지에서 바람직하지 않다. 따라서 사직의 의사표시 이후의 일정 기간 내에 그 법적 성질을 묻지 않고 철회할 수 있는 기간을 법정화하는 것이 바람직할 것이다.

Ⅴ. 결론 — 종합적 평가

금번 해고법제의 개정 중 가장 특징적인 내용은 이행강제금 제도와 해고보상금제도를 도입한 것이라 할 수 있다. 노동위원회의 구제명령의 실효성을 확보하고 구제방식의 탄력성을 제고시키기 위한 것으로 긍정적으로 평가할 수 있을 것이다.

해고보상금제도의 도입에 관해 노동계가 남용의 우려를 들어 반대의 입장을 표명해 왔으나 개정법에서 근로자가 신청할 경우에만 이를 허용하도록 함으로써 다소 절충적인 해법을 선택한 것이라 할 수 있다. 생각건대 해고제한의 목적이 근로관계의 존속을 보장하려는 데 있기는 하나, 신뢰관계를 중시하는 근로계약의 속성 상 근로관계 존속에 대한 기대가능성이 없는 경우에는 금전보상에 의한 해결이 오히려 효과적일 수 있을 것이다. 개정법에서는 이 제도의 남용을 막기 위하여 근로자가 신청한 경우에만 활용될 수 있도록 설계하고 있는데 현실적 사정을 고려하면 수긍이 간다고 할 수 있다. 다만 노동위원회에 상당한 재량권을 부여하고 있으나 예측 가능성을 높이기 위해 보상기준, 보상절차, 보상수준 등에 관한 보다 구체적인 규정의 정비가 필요하다 할 것이다.

기존의 부당해고에 대한 형사처벌 조항은, 행위 유형을 묻지 않고 부당 해고를 일반적으로 처벌 대상으로 삼는 것은 외국의 예에서 유례를 찾기 힘들 뿐더러 사용자가 정당한 이유가 있는 것으로 잘못 인식하고 해고의 의사표시를 한 경우도 처벌될 수 있다는 점에서, 그 합리성을 인정하기 힘들기 때문에 이를 폐지한 것은 타당한 방향이라 생각된다. 그러나 부당노동행위나 성차별적 해고 등과 같이 일반적으로 사회적 비난가능성이 높은 특별한 해고 유형의 경우에는 처벌 규정을

---

121) 대법원 2000. 9. 5. 선고 99두8657 판결; 대법원 2002. 4. 26. 선고 2001다1269 판결.

존치할 필요는 있을 것이다. 실효성의 관점에서 보더라도 형사처벌보다는 이행강제금이 보다 효과적일 것으로 기대된다.

해고처분의 존부와 해고사유와 시기 등 사실관계의 확정을 둘러싸고 당사자 간의 분쟁이 적지 않게 발생하였기 때문에, 이러한 불필요한 분쟁을 줄이기 위해 해고사유·시기를 서면으로 통지하도록 개정한 것은 바람직하다고 할 수 있다. 해고는 형성권의 일종으로 근로자의 의사 여하에 상관없이 사용자의 의사표시만으로 근로관계가 종료하게 되므로 고도의 법적 안정성이 요구되기 때문에 강한 요식성이 요구된다고 할 수 있다. 독일 민법 제623조에서 근로관계의 해지나 합의해약의 경우 반드시 서면으로 이루어지도록 요구하는 것도 이러한 이유에서이다. 그러나 서면 통지를 해고의 효력요건으로 규정하고 있기 때문에 법운용상 경직적인 상황이 발생할 수 있을까 우려된다. 대규모 사업장에서는 현재에도 서면통지가 대부분 관행화되어 있기 때문에 별 문제가 없을 것으로 보이나, 영세 소규모 사업장의 경우 이에 대한 인식이 없어 선의의 피해자가 나올 가능성을 배제할 수 없기 때문이다. 더구나 법원에 해고무효확인의 소를 제기하는 경우 현행법상 제소기간의 제한이 없는 사정을 감안하면 더욱 그러하다고 볼 수 있다.

본고에서는 최근의 법 개정에서 반영되지 않는 관점을 지적하고 있다.

첫째, 우선 의제해고 개념은 이를 직접적으로 도입할 수 없다 하더라도 합목적적 해석론을 개진하거나 구제방식의 다양성을 도모하는 데 있어 이 개념을 원용할 수 있을지에 관해 검토할 필요가 있을 것으로 보인다.

둘째, 해고구제시스템의 개선과 관련하여 사실상의 5심제 및 노동법원 도입 문제가 논의되고 있는 바, 필자의 소견으로는 현재 노동위원회가 가지는 긍정적 기능에 비추어 볼 때 보다 신중한 접근이 요구된다고 할 것이다. 그러나 장기적으로는 노동법원의 도입이 필요하다고 본다. 이러한 논의와는 별개로 분쟁해결에 있어 화해가 보다 적극적으로 활용될 수 있는 방안을 모색하는 것이 보다 현실적인 대안이라 할 수 있다.

셋째, 적법절차의 원칙을 수용하고 노사 간의 이해관계를 합리적으로 조절하기 위해 해고의 절차적 요건을 명문화할 필요가 있을 것이다.

넷째, 해고예고가 가지는 기능에 적합하게 근속년수에 따라 예고기간을 조정하여야 할 것이다.

다섯째, 사직의 의사표시를 행한 이후에는 사용자의 지위가 일방적 우위에 있고 법적 안정성이 저해되는 것을 방지하기 위해 일정기간 철회기간을 법정화할 필요가 있다.

이외에도 본고에서 자세히 다루지 않았지만 변경해지제도 도입문제, 해고제 소기간의 제한[122]문제 등도 검토되어야 할 것이다. 나아가 금전보상제 방식을 확대하여 해고의 당·부당 판단을 전제로 하지 않고 노동위원회의 재량에 의해 문제를 해결하는 방식[123]을 검토해 보아야 할 것이다.

---

122) 우리나라의 경우 해고무효확인의 소 경우 제소기간의 제한이 없지만 독일의 경우 3주, 영국의 경우 3개월의 제소기간을 설정하고 있다.

123) 예컨대 단순 절차 위반의 해고 사건, 또는 극히 짧은 기간 동안 근무한 근로자에 대한 해고 사건의 경우를 상정해 보라. 이외에도 당·부당의 판단이 쉽지 않은 사례 또는 법감정과 형식논리적 결론이 상치되는 사례도 생각해 볼 수 있을 것이다.

제 8 장

사내하도급의 법적 쟁점에 대한 검토[1]

I. 들어가며

기업조직을 최소화하고 핵심 업무에만 집중하여 기업의 전문성과 효율성을 제고하기 위한 방안으로 사내하도급이 광범위하게 확산되고 있다. 이는 외부의 근로자들이 도급회사에 투입되어 업무의 일부를 수행하는 이른바 '업무수행형 하청' 또는 노무도급의 형태로 이루어진다는 점에서, 일정한 부품 등의 생산을 외부 기업에 맡겨 해당 부품생산과 부품조달이 사실상 외부 근로자에 맡겨지게 되는 이른바 '납품형 하청'과는 다른 특성을 가진다. 납품형 하청에서는 수급인으로부터 일정한 부품을 조달받는 것이 도급의 목적이며, 이 경우 수급인이 독립적인 생산시설을 가지고 자신의 사업장에서 근로자를 직접 고용하여 부품을 제조하는 방식이 일반적이기 때문에 노동법적인 규율 가능성이 희박하다.

이에 반해 사내하도급은 전형적인 도급계약과는 이질적인 특성을 지니고 있

---

1) 본 장은 이철수(2011), "판례를 통해 본 사내하도급의 법적 쟁점", 『노동법실무연구 ― 김지형대법관퇴임기념논문집』, 사법발전재단)을 기초로 하여 이후의 판례 등을 수정 보완하여 작성한 것이다.

　　2011년 당시만 하더라도 묵시적 근로계약관계의 법리 및 불법파견에 대한 고용간주(의무)규정 적용여부 등이 문제가 되고 있었으나, 이에 대해서는 입법적 보완이 이루어지는 등 제도적인 발전이 있었다. 또한 대법원은 2015. 2. 26.에 선고한 네 건의 판결을 통해 파견과 도급의 구분기준을 설시하였기에 이를 함께 소개하였다. 나아가 당시 필자가 제기하였던 고용간주(의제)규정 적용 시의 근로관계의 병존, 파견근로자에 대한 차별금지와 안전배려의무, 집단적 노사관계법에서의 사용자책임의 확대론 등 다양한 쟁점들이 현재도 하급심 판결을 통해 다투어지고 있다.

고, 근로자 파견에 대한 법적 규제를 회피하기 위해 탈법적으로 사용되는 경우가 많기 때문에 많은 노동법적 쟁점을 제공하고 있다. 아울러 자동차, 조선 등 대기업 사업장에서 일반화된 사내하도급 관행이 파견법의 적용대상이라는 법원 판결이 잇달아 내려지면서, 생산현장에서는 근로자 직접고용으로 인한 다양한 문제가 발생하고 있다. 이와 관련하여, 경영계에서는 사내하도급 근로자를 직접고용(고용간주)할 경우 매년 약 5조 4,000억 원 이상의 추가비용(2011년 시점)이 발생하고 이는 11만 여명의 근로자를 추가 고용할 수 있는 비용이라는 점을 들어 결과적으로 기업의 신규 채용이 위축되고, 기업경쟁력이 하락할 것이라 주장하고 있다.[2]

이처럼 사내하도급의 문제가 우리 노사관계의 '태풍의 눈'으로 부상하고 있는 상황에서, 이 글에서는 최근의 사내하도급 관련 주요 판결례에서 발견되는 주요 법적 쟁점을 소개·평가하고자 한다.

Ⅱ. 사내하도급 관련 주요 판결의 소개 및 평가

1. 현대미포조선사건(대법원 2008. 7. 10. 선고 2005다75088 판결)

1) 판결요지

이 사건에서는 피고 회사의 사내하청업체에 고용되어 피고 회사의 사업장에서 근무한 원고들과 피고 회사 사이에 근로계약관계가 성립한 것으로 볼 수 있는지 여부가 쟁점이 되었고 대법원에서는 다음과 같이 판시하였다.

"원고용주에게 고용되어 제3자의 사업장에서 제3자의 업무에 종사하는 자를 제3자의 근로자라고 할 수 있으려면, 원고용주는 사업주로서의 독자성이 없거나 독립성을 결하여 제3자의 노무대행기관과 동일시할 수 있는 등 그 존재가 형식적, 명목적인 것에 지나지 아니하고, 사실상 당해 피고용인은 제3자와 종속적인 관계에 있으며, 실질적으로 임금을 지급하는 자도 제3자이고, 또 근로제공의 상대방도 제3자이어서 당해 피고용인과 제3자간에 묵시적 근로계약관계가 성립되어 있다고 평가될 수 있어야 한다. … 형식적으로는 피고 회사와 도급계약을 체결하고 소속 근로자들인 원고들로부터 노무를 제공받아 자신의 사업을

2) 변양규(2011), "하내하도급 직접고용의 영향 분석", KERI Brief, 한국경제연구원, 3-4면.

수행한 것과 같은 외관을 갖추었다고 하더라도, 실질적으로는 업무수행의 독자
성이나, 사업경영의 독립성을 갖추지 못한 채, 피고 회사의 일개 사업부서로서
기능하거나, 노무대행기관의 역할을 수행하였을 뿐이고, 오히려 피고 회사가 원
고들로부터 종속적인 관계에서 근로를 제공받고, 임금을 포함한 제반 근로조건
을 정하였다고 봄이 상당하므로, 원고들과 피고 회사 사이에는 직접 피고 회사
가 원고들을 채용한 것과 같은 묵시적인 근로계약관계가 성립되어 있었다고 보
는 것이 옳다."

2) 검토

대상판결에서 제시하고 있는 '묵시적 근로계약 법리'는 이미 대법원 2002.
11. 26. 선고 2002도649 판결(경기화학 사건)과 대법원 2003. 9. 23. 선고 2003두
3420 판결(인사이트코리아 사건)에서 적용된 바 있다. 그러나 기존의 판결들이 이른
바 '소사장 법인'이나 그룹 내 모회사와 자회사간에 근로계약 관계를 인정한 것인
반면, 대상판결은 개인 하도급 업자의 근로자와 도급인 사이에 근로계약 관계를
인정한 것이라는 점에 의의가 있다.[3]

대상판결에서는 하도급 업체의 근로자들과 원청회사 사이에 직접 고용관계가
형성된 것으로 인정할 때 그 판단 기준으로서 원청회사의 하도급 업체 소속 근로
자에 대한 실질적 지배력을 강조한 것으로 보인다. 즉, 근로자의 채용과정, 승진과
징계 등에 관한 실질적 권한행사, 근로자들에 대한 지휘·감독권의 행사, 임금 및
수당지급에 대한 실질적 영향력의 행사, 사업경영상 독립적인 물적 시설의 보유
여부 등을 종합적으로 고려하였다. 다만 묵시적 근로관계론은 외형상 근로계약을
체결하지 않은 두 당사자 사이에 직접적인 고용관계의 성립을 긍정할 수 있는 유
용한 이론임에는 틀림없지만 그 요건의 엄격성으로 인하여 실제 실무에서 그 성
립이 인정될 가능성은 그다지 크지 않다는 한계 또한 존재한다.[4]

---

3) 박제성(2010), "사내하도급과 묵시적 근로계약 법리"(대법원 2008. 7. 10. 선고 2005다
75088 판결 평석), 『노동판례리뷰 2010』, 132면 참조.
4) 조용만·김홍영(2011), 『로스쿨 노동법 해설』, 도서출판 오래, 41면 참조.

2. 예스코 사건(대법원 2008. 9. 18. 선고 2007두22320 전원합의체 판결)

1) 판결요지

본 사건은 원고 근로자들이 도시가스 판매 소매업체인 주식회사 예스코에 파견되어 3년 7개월 근무한 다음, 직접 1년씩 2년간 기간제 근로계약을 체결하는 식으로 총 5년 7개월 동안 예스코에서 근로한 후 계약기간 만료를 이유로 근로제공을 거절당하자, 위법한 파견이 2년 경과한 시점에서 근로자들과 예스코 사이에 직접고용간주 규정에 의해 기간의 정함이 없는 직접적인 근로계약 관계가 성립하기 때문에 예스코가 일방적으로 기간만료를 주장하여 노무수령을 거절하는 것은 일방적 계약해지로서 위법하다'고 주장한 사건이다. 이에 대해 대법원에서는 다음과 같이 판시하였다.

> "구 파견법상 직접고용간주의 규정은, …… 이른바 '적법한 근로자파견'의 경우에만 적용된다고 축소하여 해석할 것은 아니다. …… 구 파견법상 직접고용간주의 규정은 사용사업주가 파견기간에 관한 제한 규정을 위반하여 계속적으로 파견근로자를 사용하는 행위에 대하여, 행정적 감독이나 형사처벌과는 별도로 사용사업주와 파견근로자 사이의 사법관계에서도 직접고용관계 성립을 의제함으로써 근로자파견의 상용화·장기화를 방지하고 그에 따른 파견근로자의 고용안정을 도모하는 데에 그 입법취지가 있다."

2) 검토

구 파견법 제6조 제3항에서는 "사용사업주가 2년을 초과하여 계속적으로 파견근로자를 사용하는 경우에는 2년의 기간이 만료된 날의 다음날부터 그 파견근로자를 고용한 것으로 본다."는 규정을 두고 있었다. 그런데 매우 기이하게도 동 규정의 적용과 관련하여, 구 파견법 제5조 제1항의 파견허용업무에 한정하여 합법적으로 2년을 사용한 경우에만 적용되는 것인지 아니면 파견근로의 불법성 여부를 묻지 않고 2년 이상 사용하면 모두 적용되는지가 다투어지고 있었다.

하급심에서는 서로 상반된 견해가 제시된 바 있다. 대표적으로 인사이트코리아 제1심 판결(서울행정법원 2002. 1. 25. 선고 2001구43492 판결)에서는 적용을 부정하였으나, 현대자동차 사건(서울중앙지방법원 2007. 6. 1. 선고 2005가합114124 판결)

이나 인사이트코리아 제2심 판결(서울고등법원 2003. 3. 14. 선고 2002누2521 판결)에서는 적용을 긍정하고 있었다. 대상판결은 불법파견의 경우에도 구 파견법상의 고용간주조항이 적용된다는 대법원의 입장을 명확히 밝히고 있다.

구 파견법 제6조 제3항의 취지는 파견근로자의 고용안정을 위하여 2년을 초과한 장기간의 파견근로를 정규직근로자를 전환시키고자 하는 데 있는 바, 이는 장기파견을 반가치적 행위유형으로 전제하고 이를 치유하기 위한 방안으로 정규직 전환이라는 입법정책을 선택한 것으로 보아야 한다. 따라서 합법적 장기파견보다 더 비난가능성이 높은 불법적 장기파견은 보다 심한 '행위 반가치성'을 지니기 때문에 치유의 필요성은 보다 더 크다 할 것이다. 더구나 파견법은 불법적 파견근로가 발생할 경우 파견근로자에 대한 고용안정을 보장할 것을 도모하고 있고(파견법 제1조 참조) 사용사업주와 파견사업주의 책임을 강화하고 있는 사정을 감안하면, 파견의 '불법성'을 이유로 파견근로자에 대한 보호가 약화될 이유가 없다. 또한 불법파견에 대해 근로자파견법을 적용하지 않을 경우 근로자파견사업 허가를 받은 사업자는 근로자파견법상 엄격한 규제를 준수하여야 하나, 파견사업 허가를 받지 않고 실질적으로 근로자파견사업을 하는 경우 이러한 규율로부터 자유롭게 되어버리는 우스꽝스러운 결과가 초래된다는 점에서[5] 대상판결의 입장이 타당하다.

3. 현대중공업사건(대법원 2010. 3. 25. 선고 2007두8881 판결)

1) 판결요지

본 사안은, 현대중공업 사내하청업체들 소속 근로자를 조직대상으로 하는 노동조합이 설립된 직후부터 근로자들이 소속된 사내 하청업체들이 폐업을 하자 관할 지방노동위원회에 부당해고 및 부당노동행위(불이익취급 및 지배·개입)의 구제신청을 한 사건이다.

사안의 쟁점은 참가인 근로자들과 근로계약관계가 없는 원고 회사가 부당노

---

5) 최홍엽(2001), "파견기간 초과시 고용간주규정의 해석", 노동법연구 제10호, 211면. 同旨: 박제성(2010), "미완의 3부작 그 완성을 위하여", 인권법의 이론과 실제 제2호, 285면. 박제성 박사는 예스코 판결의 의의에 대해 "파견법 적용론은 적용 부정론의 부정의함, 법을 위반한 자가 법을 준수한 자보다 더 유리한 지위에 서게 된다는 부정의함을 교정함으로써 법적 정의를 확보하는 데 큰 기여를 하였다."고 평가하고 있다.

동행위(지배·개입)의 주체인 사용자에 해당하는지 여부, 사내하청업체의 폐업 등과 관련하여 원고 회사의 부당노동행위(지배·개입)를 인정할 수 있는지 여부, 지배·개입에 해당하는 행위를 금지하는 부작위명령이 노동위원회의 구제명령으로서 적법한 것인지 여부 등이고, 대법원은 다음과 같이 판시하였다.

> "근로자의 기본적인 노동조건 등에 관하여 그 근로자를 고용한 사업주로서의 권한과 책임을 일정 부분 담당하고 있다고 볼 정도로 실질적이고 구체적으로 지배·결정할 수 있는 지위에 있는 자가, 노동조합을 조직 또는 운영하는 것을 지배하거나 이에 개입하는 등으로 노동조합 및 노동관계조정법 제81조 제4호에서 정한 행위를 하였다면, 그 시정을 명하는 구제명령을 이행하여야 할 사용자에 해당한다. … 원청회사가 개별도급계약을 통하여 사내 하청업체 근로자들의 기본적인 노동조건 등에 관하여 고용사업주인 사내 하청업체의 권한과 책임을 일정 부분 담당하고 있다고 볼 정도로 실질적이면서 구체적으로 지배·결정할 수 있는 지위에 있고 사내 하청업체의 사업폐지를 유도하는 행위와 그로 인하여 사내 하청업체 노동조합의 활동을 위축시키거나 침해하는 지배·개입 행위를 하였다면, 원청회사는 노동조합 및 노동관계조정법 제81조 제4호에서 정한 부당노동행위의 시정을 명하는 구제명령을 이행할 주체로서의 사용자에 해당한다. … 현실적으로 발생하는 부당노동행위의 유형은 다양하고, 노사관계의 변화에 따라 그 영향도 다각적이어서 그에 대응하는 부당노동행위 구제의 방법과 내용도 유연하고 탄력적일 필요가 있는바, 사용자의 지배·개입 행위가 사실행위로 이루어진 경우 그 행위 자체를 제거 내지 취소하여 원상회복하는 것이 곤란하며 또한 사용자의 행위가 장래에 걸쳐 계속 반복하여 행하여질 가능성이 많기 때문에 사용자의 지배·개입에 해당하는 행위를 금지하는 부작위명령은 적절한 구제방법이 될 수 있다."

2) 검토

대상판결은 원청회사가 지배개입의 부당노동행위의 주체가 될 수 있다는 법리를 택한 최초의 대법원 판결이라는 점에 의의가 있다. 또한 이 판결은 부당노동행위 구제명령의 대상자인 사용자의 범위와 관련하여, 구제명령을 이행할 수 있는 법률적 권한이나 능력을 갖는 자뿐만 아니라 구제명령을 이행할 수 있는 '사실적인' 권한이나 능력을 가지는 지위에 있는 자도 사용자에 해당함을 인정한 점에서, 나아가 구제명령의 내용과 관련하여 부당노동행위의 유형에 대응하는 유연하고

탄력적인 구제명령을 인정한 점에서도 유의미하다.[6]

4. 현대자동차(울산공장) 사건(대법원 2010. 7. 22. 선고 2008두4367 판결)

1) 판결요지

원고인 근로자 K1, K2는 각각 2002. 3. 13.과 2005. 1. 1.에 현대자동차(원청, 피고보조참가인)의 사내협력업체인 S1, S2와 근로계약을 체결하고 현대자동차와 S 들 사이의 업무도급계약에 따라 현대자동차의 사업장에서 일하다가 S1, S2로부터 무단결근, 작업장 무단이탈 등의 이유로 해고를 당하였다. K들은 부산지노위에 협력업체 S들은 경영상의 독립성이 없는 회사로서 현대자동차가 실질적인 사용자이고 현대자동차가 K들의 노조활동을 혐오하여 S들로 하여금 자신들을 해고하도록 했다고 하면서, 현대자동차와 S들을 상대로 부당해고 및 부당노동행위 구제신청을 하였다. 부산지노위는 현대자동차는 K들의 사용자가 아니라는 이유로 신청을 각하하였고 S들에 대한 구제신청도 폐업 등의 사유를 들어 각하하였다. K들은 중노위에 현대자동차만을 상대로 하여 재심신청을 하였고 중노위 역시 부산지노위와 같은 이유로 기각하였다.

K들은 서울행정법원에 재심판정의 취소를 구하는 소를 제기하였는데, ㉠ 자신들과 현대자동차 사이에 묵시적 근로계약관계가 성립하였다는 점, ㉡ 현대자동차와 S들 사이의 업무도급계약은 실질적으로는 근로자파견계약이라는 점, ㉢ 구 파견법 제6조 제3항에 따라 사용사업주인 현대자동차가 2년을 초과하여 사용함으로써 현대자동차와 K들 사이에는 직접 근로계약관계가 성립하였다는 점 등을 주장하였다. 서울행정법원에서는 ㉠, ㉡ 주장을 배척하는 한편, 가정적 판단으로서 ㉢에 대해서도 적용부정설(위법한 근로자파견에는 직접고용간주 규정이 적용되지 않는다는 견해)을 취함으로써 현대자동차가 K들의 사용자가 아니라고 판단하였다. 서울고법에서도 1심 판결이 유지되었다.

그러나 대법원은 이러한 법적 쟁점들에 대해 다음과 같이 판시하였다.

"원심은, 원고들과 고용계약을 체결한 피고 보조참가인(이하 '참가인'이라 한다)의 울산공장 내 사내협력업체들이 사업주로서의 독자성이 없거나 독립성을 상실

---

6) 조용만 · 김홍영(2011), 574면 참조.

하였다고 볼 수 있을 정도로 그 존재가 형식적·명목적인 것으로 볼 수 없다고 보고, 이와 달리 원고들과 참가인 사이에 묵시적 근로계약관계가 성립되어 있다는 원고들의 주장을 배척하였다. 이러한 원심의 판단은 원심이 인정한 사실관계를 위 법리에 비추어 보면 정당한 것으로 수긍할 수 있다. … 원심이 확정한 사실관계에 의하면 다음의 각 사정을 알 수 있다. ① 참가인의 자동차 조립·생산작업은 대부분 컨베이어벨트를 이용한 자동흐름방식으로 진행되었는데, 참가인과 도급계약을 체결한 이 사건 사내협력업체 소속 근로자들인 원고들은 컨베이어벨트를 이용한 의장공정에 종사하는 자들이다. ② 원고들은 컨베이어벨트 좌우에 참가인의 정규직 근로자들과 혼재하여 배치되어 참가인 소유의 생산 관련 시설 및 부품, 소모품 등을 사용하여 참가인이 미리 작성하여 교부한 것으로 근로자들에게 부품의 식별방법과 작업방식 등을 지시하는 각종 작업지시서 등에 의하여 단순, 반복적인 업무를 수행하였다. 이 사건 사내협력업체의 고유 기술이나 자본 등이 업무에 투입된 바는 없었다. ③ 참가인은 이 사건 사내협력업체의 근로자들에 대한 일반적인 작업배치권과 변경 결정권을 가지고 있었고, 그 직영근로자와 마찬가지로 원고들이 수행할 작업량과 작업 방법, 작업 순서 등을 결정하였다. 참가인은 원고들을 직접 지휘하거나 또는 이 사건 사내협력업체 소속 현장관리인 등을 통하여 원고들에게 구체적인 작업지시를 하였는데, 이는 원고들의 잘못된 업무수행이 발견되어 그 수정을 요하는 경우에도 동일한 방식의 작업지시가 이루어 졌다. 원고들이 수행하는 업무의 특성 등을 고려하면, 사내협력업체의 현장관리인 등이 원고들에게 구체적인 지휘명령권을 행사하였다 하더라도, 이는 도급인이 결정한 사항을 전달한 것에 불과하거나, 그러한 지휘명령이 도급인 등에 의해 통제되어 있는 것에 불과하였다. ④ 참가인은 원고들 및 그 직영근로자들에 대하여 시업과 종업 시간의 결정, 휴게시간의 부여, 연장 및 야간근로 결정, 교대제 운영 여부, 작업속도 등을 결정하였다. 또 참가인은 정규직 근로자에게 산재, 휴직 등의 사유로 결원이 발생하는 경우 사내협력업체 근로자로 하여금 그 결원을 대체하게 하였다. ⑤ 참가인은 이 사건 사내협력업체를 통하여 원고들을 포함한 이 사건 사내협력업체 근로자들에 대한 근태상황, 인원현황 등을 파악·관리하였다. 이러한 사정을 앞서 본 법리에 비추어 살펴보면, 원고들은 이 사건 사내협력업체에 고용된 후 참가인의 사업장에 파견되어 참가인으로부터 직접 노무지휘를 받는 근로자파견 관계에 있었다고 할 것이다. 그렇다면 원심이 그 판시와 같은 사정만을 들어 이 사건 사내협력업체들이 원고들을 고용하여 참가인의 지휘·명령을 받아 참가인을 위한 근로에 종사하게 하는 근로자파견에 해당한다고 보기 어렵다고 본 것은 근로자파견관계에 관한 법리를 오해하였거나 심리를 다하지 아니한 잘못이 있다. …… 직접고용간주 규정은 파견근로자보호법 제2조 제1호에서 정의하고 있는 '근로자 파견'이 있고 그 근로자파견이 2년을 초과하여 계속되는 사실로부터 곧바로 사용사업주와 파견근로자 사이에 직접근로관계가 성립한다는 의미를 가지므로, 이와 달리 위 규정이 이른바 '적법한 근로자파견'의 경우에만 적용된다고 축소하여 해석하는 것은 그 문언이나 입법 취지 등에 비추어 아무런 근거가 없다(대법원 2008. 9. 18. 선고 2007두22320 전원합의체판결 등 참조)."

2) 검토

대상판결에서는 그 동안 대법원이 발전시켜 온 위장도급의 법리가 여러 측면에서 다루어졌다. 앞서 소개한 현대미포조선 사건에서의 묵시적 근로관계 성립에 관한 엄격한 요건과 예스코 사건에서의 불법파견관계에도 파견법이 적용된다는 법리가 다시 한번 확인되었다. 그러나 무엇보다도 대상판결은 현장에서 가지는 실제적 중요성 때문에 다양한 평가가 뒤따랐다.

학계에서는 대상판결에 대하여 긍정하거나 비판하는 견해들이 다수 등장하였고 각각의 입장들에서 그 근거와 법리가 다양하다. 이에는 사내하도급 근로자와 원청기업 사이에 지휘명령권을 매개로 하여 파견근로관계가 인정되기는 매우 용이해졌지만 근로관계를 너무 강제하는 것이 아닌가라는 입장,[7] 사내하청 근로자의 법적 지위를 한 단계 향상시킨 것으로 보면서도 근본적인 원인은 파견대상업무를 제한하는 것에 있으므로 이에 관한 입법론적 방안을 모색하자는 입장,[8] 사내하청 근로자들에게 해고구제 및 차별적 근로조건 시정신청의 길을 열어주었다는 점에서도 그 의의가 적지 않다고 평가하는 입장,[9] "대법원의 판결에 관해 사실관계 관한 판단에서 불법파견으로 인정한 것에는 동의하면서도 구 파견법상 직접고용간주조항의 적용대상에 불법파견의 경우도 포함하는 것으로 해석한 점과 불법파견이라도 직접고용간주조항의 적용을 받는 경우는 적어도 2년 이상의 파견기

7) 김영문(2010), "사내하도급 근로자와 원청기업의 노동력 제공관계", 월간노동법률, 39면.
8) 조성혜(2010), "사내하청 근로자에 대한 직접고용간주규정의 적용", 월간노동법률, 75면.
9) 조경배(2010), "현대자동차 사내협력업체 불법파견(위장도급) 사건 판례평석", 노동법연구 제29호, 116면.

간이 경과한 후라는 점을 적시한 점에는 수긍할 수 없다"며 특히 불법파견의 효과에 대해 대법원의 입장을 비판적으로 검토하는 것으로 이해되는 입장,[10] 대법원 판결에는 동의하는 것 같으면서도 묵시적 근로계약론의 협소함과 불법파견에 파견법의 적용긍정설에 대해서도 비판하는 입장,[11] 파견기간의 장단에 따라 근로자보호 여부가 달라지게 되고 이는 종전부터 학계가 강하게 비판하여 온 결론으로 받아들이기 어렵다는 입장,[12] 대상판결은 묵시적 근로관계의 성립을 부정하고 근로자파견을 인정하면서도 파견근로의 판단기준에 관한 법리를 구체적으로 제시하지 않은 채 원심이 인정한 사실관계를 토대로 파견근로관계라고 판시하는 판단방법을 비판하는 견해[13] 등이 개진되었다.

사회적 차원에서도 대상판결의 영향력은 매우 컸다. 특히 현대자동차는 우리나라의 대표적인 글로벌 자동차 제조업체로서 대상판결에서는 컨베이어벨트를 이용한 생산공정에서의 사내하도급이 불법파견으로 판단됨에 따라 현대자동차와 유사한 완성차 제조업,[14] 나아가 컨베이어벨트 방식을 이용해 생산하는 제조업 전반에 사내하도급 문제가 사회적 의제로 급부상하였다.

---

10) 박종희(2010), "사내하도급과 파견의 구별기준 및 불법파견의 법률효과", 조정과 심판 2010 가을, 40면.

11) 강성태(2010), "사용자의 개념에 대한 최근 판례의 동향", 법무법인 화우가 2010. 10. 20. 개최한 근로자와 사용자의 개념에 관한 심포지움 자료집 72면 이하에 기재된 내용 참조(특히, 불법파견에 파견법의 적용을 비판하는 것은 파견법의 적용으로 2년이 경과한 시점이 아니라 불법파견시부터 직접고용을 해야 한다는 시각으로 이해된다).

12) 전형배(2010), "대법원 판례와 위장도급의 유형 판단기준", 민변 노동위원회와 한양대 공익소수인권센터가 2010. 11. 2. 개최한 근로자파견의 판단기준에 대한 토론회 자료집 51면 이하에 기재된 내용 참조.

13) 전형배(2014), "근로자 파견에 대한 판례 법리 분석", 인권과 정의 Vol.443, 79면.

14) 현대자동차의 불법파견 인정 판결은 이후 지엠대우(대법원 2013. 2. 28. 선고 2011도34 판결), 쌍용자동차(수원지방법원 평택지원 2013. 11. 29. 선고 2011가합1752 판결; 원고와 피고가 모두 서울고법에 항소했으나 2016. 2. 1. 소 취하로 사건이 종결되었음), 기아자동차(서울고등법원 2017. 2. 10. 선고 2014나49625, 2014나49632(병합), 2014나49649(병합), 2014나49656(병합), 2014나49663(병합)) 등 완성차 3사의 사내하도급 사건에도 영향을 미쳐 2017년 현재 현대자동차, 지엠대우, 쌍용자동차, 기아자동차 4개의 완성차 제조공장에서 행해진 사내하도급계약이 모두 근로자파견으로 인정되었다.

5. 2015. 2. 26. 선고된 4건의 대법원 판결

① 현대자동차(아산공장) 사건(대법원 2015. 2. 26. 선고 2010다106436 판결)

② 남해화학주식회사 사건(대법원 2015. 2. 26. 선고 2010다93707 판결)

③ 한국철도공사 사건(대법원 2015. 2. 26. 선고 2011다78316 판결 / 대법원 2015. 2. 26. 선고 2012다96922 판결)

1) 사건의 개요

2015. 2. 26. 동일자에 행해진 위 3건(4개의 판결, 이하 '2015년 대법원 판결'이라 함)의 사건개요를 살펴보면 다음과 같다.

① 현대자동차(아산공장) 사건은 현대자동차와 업무도급계약을 체결한 사내협력업체의 근로자로 입사한 후 의장공정을 비롯해서 차체(프레스)공정, 엔진공정과 엔진서브라인에서 근무하던 협력업체 소속 근로자들이 현대자동차를 상대로 근로자지위확인소송을 제기한 사건으로, 원고들은 협력업체로부터 해고당한 후 그 소속업체를 상대로 부당해고 구제신청 및 부당해고 구제 재심판정 취소소송 등을 제기하여 모두 패소하였으나 다시 현대자동차를 상대로 묵시적 근로관계 또는 불법파견에 따른 고용의제 등을 주장하며 근로자지위확인소송을 제기하였다.

② 남해화학 사건은 남해화학과 사내하도급계약을 맺고 있는 하청업체 A회사에서 근무하다가 A회사의 모든 근로조건을 승계한 B회사로 소속이 변경된 후 다시 A회사로 소속을 변경한 근로자들(원고들)이 남해화학을 상대로 불법근로자파견에 따른 고용의제를 주장하면서 근로자지위확인소송을 제기한 사건이다.

③ KTX 사건의 경우, KTX 여객서비스 제공을 위하여 한국철도공사와 업무도급계약을 체결한 한국철도유통(구 홍익회) 소속 34명의 승무원들이 2008년에 철도공사를 상대로 법원에 근로자지위확인소송을 1차로 제기하였고, 2009년에 118명이 추가로 근로자지위확인 소송을 제기한 사건이다. 하지만 1차 소송의 2심에는 한국철도공사와 승무원들 간의 묵시적 근로관계가 인정되었으나, 2차 소송의 2심에서는 묵시적 근로관계 및 파견근로관계가 모두 부정되어 적법한 도급으로 판단되었다. 결국 대법원의 최종 판단을 구하게 되었다.

2) 판결요지

이상의 사건들에서는 모두 도급인과 사내하청업체 소속 근로자들간에 묵시적 근로관계 또는 근로자파견관계가 성립하는지 여부, 그리고 불법파견시 구 파견법 상의 2년 초과시 고용의제조항의 적용 여부 등이 쟁점이 되었다.

먼저 묵시적 근로계약관계 성립 여부에 관한 판단기준에 대해, 2015년 대법원 판결은 "원고용주에게 고용되어 제3자의 사업장에서 제3자의 업무를 수행하는 사람을 제3자의 근로자라고 하기 위해서는, 원고용주가 사업주로서의 독자성이 없거나 독립성을 결하여 제3자의 노무대행기관과 동일시할 수 있는 등 그 존재가 형식적 · 명목적인 것에 지나지 아니하고, 사실상 당해 피고용인은 제3자와 종속적인 관계에 있으며 실질적으로 임금을 지급하는 주체가 제3자이고 근로 제공의 상대방도 제3자이어서, 당해 피고용인과 제3자 사이에 묵시적 근로계약관계가 성립하였다고 평가할 수 있어야 한다."는 종전의 견해를 유지하였다.

나아가 불법파견 시 고용의제조항 적용여부와 적용시점에 대해, 2015년 대법원 판결은 "직접고용간주(의제) 규정이 적법한 근로자파견에 대하여만 한정하여 적용되는 것은 아니"라는 기존 대법원 판결(예스코 사건)의 법리를 재확인하면서, "적법하지 아니한 근로자파견의 경우에도 사용사업주가 2년을 초과하여 계속적으로 파견근로자를 사용할 때에는 그 2년의 기간이 만료된 날의 다음날부터 사용사업주와 파견근로자 사이에 직접적인 근로관계가 형성된다고 볼 수는 있으나, 더 나아가 위법한 근로자파견이라는 사정만으로 적법한 근로자파견과는 달리 위와 같은 2년의 기간 경과 여부와 관계없이 곧바로 사용사업주와 파견근로자 사이에 직접적인 근로관계가 성립한다고 해석할 수는 없다"는 이유로, 불법파견 시 고용의제조항의 적용시점은 사용사업주를 위해 근로를 제공한 시점이 아니라 2년을 초과하여 근로자를 사용한 시점이라고 판시하였다.[15]

2015년 대법원 판결의 가장 큰 의의는 그동안 논란이 되어오던 근로자파견의 성립여부에 관한 판단기준, 즉 근로자파견과 도급의 구분기준을 제시하였다는 점이다. 대법원은 "원고용주가 어느 근로자로 하여금 제3자를 위한 업무를 수행하

---

15) 다만 2012년 파견법 개정을 통해 근로자 파견대상업무에 해당하지 아니하는 업무(제조업 직접생산공정업무 등)에서 파견근로자를 사용하는 경우 사용기간과 관계없이 직접고용의 무가 발생하도록 제도가 개선되었으므로(파견법 제6조의2 제1항 제1호), 이 법리가 적용될 수 있는 범위는 제한적일 것이다.

도록 하는 경우 그 법률관계가 위와 같이 파견법의 적용을 받는 근로자파견에 해당하는지는 당사자가 붙인 계약의 명칭이나 형식에 구애될 것이 아니라, 제3자가 당해 근로자에 대하여 직·간접적으로 그 업무수행 자체에 관한 구속력 있는 지시를 하는 등 상당한 지휘·명령을 하는지, 당해 근로자가 제3자 소속 근로자와 하나의 작업집단으로 구성되어 직접 공동 작업을 하는 등 제3자의 사업에 실질적으로 편입되었다고 볼 수 있는지, 원고용주가 작업에 투입될 근로자의 선발이나 근로자의 수, 교육 및 훈련, 작업·휴게시간, 휴가, 근무태도 점검 등에 관한 결정권한을 독자적으로 행사하는지, 계약의 목적이 구체적으로 범위가 한정된 업무의 이행으로 확정되고 당해 근로자가 맡은 업무가 제3자 소속 근로자의 업무와 구별되며 그러한 업무에 전문성·기술성이 있는지, 원고용주가 계약의 목적을 달성하기 위하여 필요한 독립적 기업조직이나 설비를 갖추고 있는지 등의 요소를 바탕으로 그 근로관계의 실질에 따라 판단하여야 한다.”고 명시하고 있다.

3) 검토

2015년 대법원 판결은 사내하도급을 둘러싼 법적 분쟁에 시사하는 바가 크다. 먼저 묵시적 근로계약관계의 법리는 이번 대법원 판결에서 인정되지 않았고, 남해화학 사건에서는 당초에 원고들이 이를 주장하지도 않았다는 점은 묵시적 근로계약관계법리가 실제 소송에서 활용되기가 어렵다는 점을 보여준다. 묵시적 근로계약의 성립요건이 엄격하고, 실제 산업현장에서도 독립성이 부정될 정도로 실체가 없는 하청업체가 많지 않기 때문이다.

현대자동차(아산공장)사건의 경우, 지난 현대자동차(울산공장) 사건[16]에서 의장공정의 불법파견을 인정했던 것을 넘어 아산공장의 의장공정, 차체(프레스)공정 엔진공정 등 주요 공정뿐만 아니라 엔진서브라인과 같은 보조공정 모두에서 불법파견이 이루어졌다고 보았는데, 이는 사실상 자동차 제조업에서 행해지는 사내하도급 대부분이 불법파견으로 인정될 수 있음을 시사한다.

KTX 사건의 경우, 제조업이 아닌 서비스업에서의 사내하도급에 관련된 분쟁이라는 점에서 주목할 필요가 있다. 다만 이 판결에 대해서는 철도유통과 승무원들의 관계를 중심으로 판단이 이루어졌다는 점, 실제 업무가 이루어지는 모습을

---

16) 대법원 2010. 7. 22. 선고 2008두4367 판결.

관찰한 것이 아니라 서면 상 업무 분리에만 주목하였다는 점 등으로 인해 많은 비판이 이루어지고 있다.[17]

그러나 무엇보다도 위 4개의 대법원 판결은 도급과 근로자파견의 판단을 위한 기본원칙을 제시하였다는 점에서 중요한 의의를 갖는다. 지금까지 많은 대법원 판결은 하급심에서 인정된 사실관계를 토대로 '제반사정을 종합해 보면 근로자파견관계를 인정한 원심의 판단은 정당하다'는 취지의 판결을 하는 경우가 많았다. 그래서 학계에서는 도급과 근로자파견의 구별이 문제되는 사건에서 대법원이 판단원칙 내지 일반적 기준의 제시 없이 하급심에서 인정된 사실관계를 열거하면서 판단하는 방식에 대해서 대법원이 법원으로서 수행해야 할 본연의 임무를 다하지 않는다는 비판이 제기되어 왔다. 2015년 대법원 판결들은 근로자파견의 판단을 위한 기본원칙을 제시함으로서 향후 사내하도급의 불법파견 여부 등이 다투어지는 사건에서 중요한 판단기준이 될 것으로 보인다.[18]

대법원은 도급과 근로자파견의 판단기준에 대하여, "원고용주가 어느 근로자로 하여금 제3자를 위한 업무를 수행하도록 하는 경우 그 법률관계가 위와 같이 파견법의 적용을 받는 근로자파견에 해당하는지는 당사자가 붙인 계약의 명칭이나 형식에 구애될 것이 아니라, ① 제3자가 당해 근로자에 대하여 직·간접적으로 그 업무수행 자체에 관한 구속력 있는 지시를 하는 등 상당한 지휘·명령을 하는지, ② 당해 근로자가 제3자 소속 근로자와 하나의 작업집단으로 구성되어 직접 공동 작업을 하는 등 제3자의 사업에 실질적으로 편입되었다고 볼 수 있는지, ③ 원고용주가 작업에 투입될 근로자의 선발이나 근로자의 수, 교육 및 훈련, 작업·휴게시간, 휴가, 근무태도 점검 등에 관한 결정 권한을 독자적으로 행사하는지, ④ 계약의 목적이 구체적으로 범위가 한정된 업무의 이행으로 확정되고 당해 근로자가 맡은 업무가 제3자 소속 근로자의 업무와 구별되며 그러한 업무에 전문

17) 이 판결에 대한 비판적 검토로는 강성태(2016), "사내하청에 관한 세 가지 판단", 노동법연구 제40호, 39-85면; 양승광(2015), "철도공사는 KTX 여승무원의 사용자가 아닌가?, 노동법연구 제39호, 189-221면 참조.

18) 유사한 취지의 논의로 김기선(2016), "근로자파견의 판단 —대법원 2015. 2. 26. 선고 2010 다93707 판결—", 「노동판례리뷰 2015」, 한국노동연구원, 248-249면; 강선희(2016), "H자동차 아산공장 모든 공정의 사내하도급근로자는 도급으로 위장된 파견근로자이다 —대법원 2015. 2. 26. 선고 2010다106436 판결—", 「노동판례리뷰 2015」, 한국노동연구원, 254-255면 참조.

성·기술성이 있는지, ⑤ 원고용주가 계약의 목적을 달성하기 위하여 필요한 독립적 기업조직이나 설비를 갖추고 있는지 등의 요소를 바탕으로 그 근로관계의 실질에 따라 판단하여야 한다."라고 명시하고 있다. 도급인의 수급인 근로자에 대한 지휘명령에 따른 근로자파견의 징표(①~②), 수급인의 인사노무관리상의 독립성 및 사업경영상의 독립성에 관한 징표(③, ⑤), 도급계약으로서 적절성(④)과 같은 판단기준을 병렬적으로 나열하고, 이를 종합적으로 검토하여 근로자파견에 해당하는지 여부를 판단하는 것이다. 이하에서 따로 자세히 살펴본다.

Ⅲ. 사내하도급을 둘러싼 법적 쟁점

1. 사내하도급 분쟁의 유형과 변화

우리의 상황에서 발생할 수 있는 사내하도급 분쟁은 크게 네 가지로 유형화해 볼 수 있다.

첫째, 원청회사가 기존 업무를 하도급하는 과정에서 발생할 수 있는 분쟁이다. 이 경우 업무를 외부로 도급하는 결정(외주화)이 단체교섭의 대상사항이 되는지가 문제되며, 한편으로는 경영상 해고 법리 및 고용승계 문제가 발생할 수 있다.

둘째, 원청회사(사용사업자)의 법적 책임을 둘러싼 분쟁인데, 최근 발생한 사내하도급 분쟁의 대부분이 이에 해당한다. 우리의 경우 실질적인 근로(파견)관계가 있음에도 이를 도급의 형식으로 위장하는 탈법적 사내하도급이 많이 활용되기 때문이다. 이러한 분쟁의 경우 우선 원청업체와 하도급근로자 사이의 묵시적 근로계약관계 또는 근로자파견관계가 성립하는지가 중요한 쟁점으로 다루어지고, 이러한 묵시적 근로계약관계 또는 근로자파견관계가 성립하는 경우 사용사업주의 법적 책임을 인정하는 방식으로 이루어진다. 이때 파견사업주와 사용사업주는 파견근로자에 대해서 차별적 처우를 해서는 안 되고(파견법 제21조), 이러한 파견이 불법파견에 해당하거나 2년의 사용기간을 초과한 경우 사용사업주는 파견근로자를 직접 고용할 책임을 진다.

셋째, 근로계약관계 또는 근로자파견관계의 성립 여부와 무관하게 원청회사가 법적 책임을 부담하는 경우가 있을 수 있다. 예컨대 원청업체를 상대로 하도급업체 소속 근로자들이 단체교섭을 요구하거나, 부당노동행위 책임을 묻는 경우가 이에 해당한다. 이는 이른바 사용자책임의 확대 이론과 연결되어 있다.

넷째, 원청회사와 하청회사간의 불공정거래에 대한 분쟁인데, 이는 기본적으로 경제법의 영역에서 다루어질 성질의 문제로서 현재는 '하도급거래 공정화에 관한 법률'을 통해 규율되고 있다.

이하에서는 위의 두 번째와 세 번째의 분쟁유형을 중심으로 사내하도급의 법적 쟁점을 살펴보고자 한다. 이와 관련된 구체적인 쟁점으로는 묵시적 근로계약관계의 성립과 사용자책임의 전환(either A or B), 근로자파견과 도급의 구별, 고용간주 또는 고용의무조항 적용에 따른 법적 효과, 집단적 노사관계법에서의 사용자책임 확대론(both A and B) 등을 생각해 볼 수 있다. 다만 묵시적 근로계약관계의 성립과 사용자책임의 전환(either A or B)에 관련된 쟁점은 자세히 다루지 않을 것이다. 묵시적 근로계약관계의 성립요건이 엄격한데다, 관련된 법리가 확립되고 널리 알려지면서 하청업체에 최소한의 독립성은 부여하도록 생산조직이 설계되고 있기 때문이다.

앞으로도 '치밀하지 못한' 사용사업주가 자신이 진정한 사용자임을 의심할 여지없이 드러내는 경우는 드물 것이며,[19] 앞서 소개한 남해화학 사건의 원고들이 묵시적 근로계약관계의 성립을 주장하지 않고 근로자파견관계의 성립을 주장했다는 점도 묵시적 근로계약법리의 한계를 보여준다. 2012년 파견법이 개정되어 불법파견의 경우에도 2년 초과여부와 관계없이 고용의무가 발생하므로, 묵시적 근로계약관계를 주장하는 것이나 위법한 근로자파견관계를 주장하는 것이 법적효과에 있어 큰 차이가 없게 되었다는 점도 고려하여야 한다.

2. 근로자파견과 도급의 구별

1) 일부 하급심 판결의 판단기준

일부 하급심 판결에서는 도급인과 사내협력업체 사이에 체결된 업무도급계약이 진정한 도급계약관계에 해당하는지, 근로자파견 관계에 해당하는지 여부에 대하여 그 계약의 외관이나 형식이 아니라 계약의 내용, 업무수행의 과정, 계약당사자의 적격성 등의 제반 사정을 종합하여 판단하여야 한다고 하면서 구체적으로

---

19) 박제성(2010), 281-282면.

다음과 같은 기준을 제시하고 있다.[20)]

> 1) 계약의 목적 : 구체적인 일의 완성에 대한 합의 존재 여부(계약 목적이 명확한지 여부, 계약 목적에 대한 시간적 기한이 명확히 정해져 있는지 여부), 일의 완성 후 인도와 수령의 필요 여부, 일의 완성 이전까지 대가 청구를 할 수 있는지 여부(파견의 경우는 객관적인 일의 진척정도와 관계없이 업무시간의 양에 따라 대가 지급청구 가능), 일의 불완전한 이행이나 결과물의 하자가 있을 경우에 이에 따른 담보책임을 부담하는지 여부(파견사업주는 인력조직이나 선발에 과실이 있는 경우에만 책임 부담)
> 2) 업무수행의 과정 : 수급인이 작업현장에서 근로자에 대한 구체적인 지휘·감독과 이에 수반하는 노무관리(출근 여부에 관한 감독, 휴가와 휴게에 관한 관리, 감독, 근로자에 대한 교육 및 훈련에 대한 부담)를 직접 행하는지 여부, 수급인의 업무수행 과정이 도급인의 업무수행 과정에 연동되고 종속되는지 여부, 즉 업무영역에 따른 조직적 구별이 있는지, 아니면 직영근로자와 부분적인 업무의 공동수행을 하는지, 계약대상이 되는 일 이외의 사항에 노무제공을 하는지 여부
> 3) 계약당사자의 적격성 : 도급계약의 목적이 된 일을 할 수 있는 능력(전문적 기술능력, 고도의 전문인력 보유, 작업복이나 기타 보호복 제공, 노무작업 재료의 공급, 독립된 사업시설 보유)을 보유하는지 여부, 전문화된 영역으로 특화가 가능한지 여부

사내하도급 관련 사례의 일부 하급심에서는 동 판단기준에 근거한 사실관계를 종합적으로 고려하여 진정도급인지 근로자파견인지를 판단하고 있다. 그리고 대법원에서는 이러한 하급심의 판단기준을 명시적으로 채택한 사례가 보이지는 않지만 하급심에서 인정한 사실관계를 토대로 도급과 근로자파견 여부를 구별하고 있다.

한편, 이러한 일부 하급심의 판단기준에 대해서는 많은 논의나 평가가 있지는 않으나 대법원 판결에 비해 판단기준을 구체화하고 있다고 보는 견해가[21)] 있

20) 서울고등법원 2010. 10. 1. 선고 2009나117975 판결; 서울고등법원 2010. 11. 12. 선고 2007나56977 판결; 서울중앙지방법원 2014. 9. 18. 선고 2010가합112450; 수원지방법원 2016. 12. 21. 선고 2014가합4417, 2016가합9089 등.
21) 권영국(2010), "현대자동차 사내하청에 관한 법원 판결의 의미와 과제", 대기업의 사내하청 고용구조 개선을 위한 긴급토론회 자료집, 16면 참조.

는가 하면 도급계약의 본질에 충실한 분류라고 보이지 않으며, 동 기준이 물량도급이 아니라 노무도급의 경우에도 일반적으로 적합한 기준인지 의심스럽다라고 비판하는 견해도 있다.[22]

생각건대, 하급심의 위 판단기준은 사실상 엄격한 판단기준이라기보다는 도급과 근로자파견을 판단함에 있어서 고려해야 할 요소들을 그 내용별로 구분해 놓은 것으로 보인다. 그래서 하급심 판결에서도 위의 판단기준을 제시하기는 하지만 결국은 동 기준과 관련한 사실관계를 열거하면서 이를 종합적으로 판단하는 방식을 취하고 있음을 볼 수 있다. 그러나 동 기준에서는 계약의 목적, 업무수행의 과정, 계약당사자의 적격성이라는 도급과 근로자파견 판단시 핵심적인 요소들을 제시하고 있다는 점에 의의가 있다.

2) 2015. 2. 26. 전후의 대법원 판단기준

2015년 2월 26일 대법원에서는 3건의 판결이 내려졌다. 현대자동차(아산공장) 사건(대법원 2015. 2. 26. 선고 2010다106436 판결), 남해화학주식회사 사건(대법원 2015. 2. 26. 선고 2010다93707 판결), 한국철도공사 사건(대법원 2015. 2. 26. 선고 2011다78316 판결 / 대법원 2015. 2. 26. 선고 2012다96922 판결) 판결이 그것인데, 이 세 판결이 있기까지 대법원은 주로 하급심에서 인정한 사실관계를 종합적으로 고려하여 진정도급과 근로자파견관계를 판단해 왔다. 그리고 이러한 방식에 대해서는 대법원이 도급과 파견을 구분하는 문제에 대하여 기본원칙을 제시하지 않고 있다는 비판이 있어 왔다.

그러다가 대법원은 2015. 2. 26. 3건의 판결을 통해 도급과 근로자파견의 판단기준에 관한 통일적인 원칙을 제시하였다. 물론 이것이 완전히 새로운 것은 아

---

22) 박재우(2015), "사내하청직원의 근로자성 —현대자동차 제1심 판결을 중심으로—", BFL 제 70호, 24-25면 참조. 동 견해에 따르면 하급심의 기준은 도급계약관계에서 직영근로자와 '부분적인' 업무의 공동수행이 있으면 업무가 구별되지 않는다고 보는 것인지, 수급인에게 도급업무를 수행할 수 있는 능력 이외에 반드시 전문영역으로 특화될 만한 그 무엇이 필요한지, 도급보수의 지급방식자체가 도급과 파견을 구별하는 기준인지 등은 이것이 왜 도급과 파견의 구별기준인지 선뜻 납득되지 않는다고 하거나 특히 계약 목적에 대한 시간적 기한이 명확히 정해져 있는지 여부, 일의 완성 후 인도와 수령의 필요 여부 등은 현실에 존재하는 다양한 도급계약관계에서 일반적으로 적용 가능한 도급과 파견의 판단기준은 아니라고 비판한다.

니어서 그 이전에 상당수 대법원 판결들에서는 대법원 2012. 2. 23. 선고 2011두
7076 판결(현대자동차 사건)에서 기술한 판단기준을[23] 인용하고 있기는 하지만, 대
법원이 명시적으로 도급과 파견을 구분하는 통일적인 원칙을 제시하였다는 점에
서 의미를 갖는다고 볼 수 있다.

이하에서는 대법원의 판단기준을 2015. 2. 26. 전후로 구분하여 대표적인 두
판단기준의 내용을 개괄적으로 살펴보고, 2015. 2. 26.자 대법원의 판단기준을 중
심으로 검토하도록 한다.

(1) 개요

우선 2015. 2. 26. 전후에 나타난 대법원의 도급과 근로자파견의 구분에 관한
두 가지 판단기준은 다음과 같다.

〈2015. 2. 26. 이전의 대법원 판단기준〉[24]

> 근로자보호법이 적용되는 근로자파견에 해당하는지 여부는 당사자들이 붙인
> 계약의 명칭이나 형식에 구애받을 것이 아니라, ① 계약의 목적 또는 대상에 특
> 정성, 전문성, 기술성이 있는지 여부, ② 계약당사자가 기업으로서 실체가 있는지
> 와 사업경영상 독립성을 가지고 있는지 여부, ③ 계약 이행에서 사용사업주가 지
> 휘·명령권을 보유하고 있는지 여부 등 그 근로관계의 실질에 따라 판단하여야
> 한다.

---

23) 다만, 대법원 2012. 2. 23. 선고 2011두7076 판결에서 인용한 근로자파견여부의 판단기준
은 그 원심인 서울고등법원 2011. 2. 10. 선고 2010누23752 판결에서 기술한 판단기준을
인정한 것이다.

24) 따름판례 : 대법원 2012. 2. 23. 선고 2011두7076 판결; 대법원 2013. 11. 28. 선고 2011다
60247 판결; 광주지방법원 순천지원 2013. 1. 25. 선고 2011가합2198 판결; 서울고등법원
2013. 1. 25. 선고 2012나10302 판결; 광주지방법원 2013. 9. 26. 선고 2012가합51068 등.
한편, 그 이후 일부 하급심 판결들에서는 2015. 2. 26. 대법원 판결 이전까지 대법원
2012. 2. 23. 선고 2011두7076 판결에서 인정한 기준을 기본원칙으로 하고, 상기한 '일부
하급심 판결의 판단기준'을 구체적인 기준으로 하여 두 기준을 모두 인용하기도 하였다(서
울중앙지방법원 2014. 9. 18. 선고 2010가합112481 판결; 서울중앙지방법원 2014. 9. 25.
선고 2011가합75831 판결; 서울중앙지방법원 2014. 9. 25. 선고 2011가합75848 판결 등).

〈2015. 2. 26. 이후의 대법원 판단기준〉[25]

> 원고용주가 어느 근로자로 하여금 제3자를 위한 업무를 수행하도록 하는 경우 그 법률관계가 위와 같이 파견법의 적용을 받는 근로자파견에 해당하는지는 당사자가 붙인 계약의 명칭이나 형식에 구애될 것이 아니라, ① 제3자가 당해 근로자에 대하여 직·간접적으로 그 업무수행 자체에 관한 구속력 있는 지시를 하는 등 상당한 지휘·명령을 하는지, ② 당해 근로자가 제3자 소속 근로자와 하나의 작업집단으로 구성되어 직접 공동 작업을 하는 등 제3자의 사업에 실질적으로 편입되었다고 볼 수 있는지, ③ 원고용주가 작업에 투입될 근로자의 선발이나 근로자의 수, 교육 및 훈련, 작업·휴게시간, 휴가, 근무태도 점검 등에 관한 결정 권한을 독자적으로 행사하는지, ④ 계약의 목적이 구체적으로 범위가 한정된 업무의 이행으로 확정되고 당해 근로자가 맡은 업무가 제3자 소속 근로자의 업무와 구별되며 그러한 업무에 전문성·기술성이 있는지, ⑤ 원고용주가 계약의 목적을 달성하기 위하여 필요한 독립적 기업조직이나 설비를 갖추고 있는지 등의 요소를 바탕으로 그 근로관계의 실질에 따라 판단하여야 한다.

대법원의 두 판단기준에서는 근로자파견 여부에 대하여 "당사자가 붙인 계약의 명칭이나 형식에 구애될 것이 아니라, …… 등의 요소를 바탕으로 그 근로관계의 실질에 따라 판단하여야 한다."라고 함으로써 실질적 판단원칙을 취하고 있다는 점, 판단기준이 되는 요소들을 병렬적으로 나열하여 종합적으로 검토하여 판단하는 종합적 판단방법을 취하고 있다는 점에서 동일하다. 다만, 구체적인 판단요소와 관련하여 2015. 2. 26. 이후의 대법원 판결이 그 이전의 기준보다 좀더 구체적이고 최근의 판례에서 문제되어 왔던 공동작업 등에 관한 문제를 근로자파견의 요소로 지적하고 있음을 볼 수 있다. 그러나 전체적으로는 2015. 2. 26. 전후의 대법원 판례나 일부 하급심 판례에서 제시하고 있는 구체적인 기준은 모두 업무수행 과정에서의 도급인의 지휘명령관계, 수급인의 계약당사자로서의 독자성, 도급계약의 목적·대상 등 도급계약으로서의 적절성을 기본적인 판단요소로 들고 있다는 점에서는 공통적이다. 2015. 2. 26. 전후의 대법원의 판단기준을 비교하여

---

25) 본문에서 언급한 2015. 2. 26.자 3건의 대법원 판결의 따름판례로는 대법원 2017. 1. 25. 선고 2014다211619 판결; 대법원 2016. 7. 22. 선고 2014다222794 판결 및; 서울고등법원 2016. 7. 6. 선고 2015나2023411 판결; 광주고등법원 2015. 4. 24. 선고2012나4823 판결 등 다수의 하급심 판결들이 있다.

정리하면 다음과 같다.

〈표〉 2015년 판결 전후 파견과 도급의 판단기준 비교

	판단기준	2015. 2. 26. 이전	2015. 2. 26. 이후
원칙	실질적 판단원칙	"근로자파견에 해당하는지는 당사자가 붙인 <u>계약의 명칭이나 형식에 구애될 것이 아니라</u>, … 등의 요소를 바탕으로 <u>그 근로관계의 실질에 따라 판단하여야 한다</u>."	
구 체 적 인 판 단 기 준	도급인의 지휘명령	③ 계약이행에서 사용사업주가 지휘·명령권을 보유하고 있는지 여부	① 제3자가 당해 근로자에 대하여 직·간접적으로 그 업무수행 자체에 관한 구속력 있는 지시를 하는 등 상당한 지휘·명령을 하는지 ② 당해 근로자가 제3자 소속 근로자와 하나의 작업집단으로 구성되어 직접 공동 작업을 하는 등 제3자의 사업에 실질적으로 편입되었다고 볼 수 있는지
	수급인의 독자성	② 계약당사자가 기업으로서 실체가 있는지 여부	⑤ 원고용주가 계약의 목적을 달성하기 위하여 필요한 독립적 기업조직이나 설비를 갖추고 있는지
		사업경영상 독립성을 가지고 있는지 여부	③ 원고용주가 작업에 투입될 근로자의 선발이나 근로자의 수, 교육 및 훈련, 작업·휴게시간, 휴가, 근무태도 점검 등에 관한 결정 권한을 독자적으로 행사하는지
	도급계약의 적절성	① 계약의 목적 또는 대상에 특정성, 전문성, 기술성이 있는지 여부	④ 계약의 목적이 구체적으로 범위가 한정된 업무의 이행으로 확정되고 당해 근로자가 맡은 업무가 제3자 소속 근로자의 업무와 구별되며 그러한 업무에 전문성·기술성이 있는지
판단방법	종합적 판단	판단기준이 되는 요소들을 병렬적으로 나열하여 종합적으로 검토하여 판단	

이와 같이 여러 가지 기준을 종합적으로 고려하여 근로자파견을 판단하는 방식은 개별 사건별로 능동적 대처가 가능하여 개별 사건의 구체적 타당성을 확보할 수 있다는 점, 법원이 제시하는 기준은 실무상 '체크리스트'의 기능을 하기 때문에 사전 경고적 기능 등이 가능하다는 장점이 있다. 반면, 개개 판단요소 중에

서 무엇이 주된 요소인지 부수적 요소인지 명확하지 않기 때문에 그 중요도를 판단하기 어렵고, 개개 판단기준이 가지는 의미가 사건마다 달라질 수 있기 때문에 각 사건별로 판단을 예측하기 어렵다는 법적 불안정성의 문제를 야기할 수 있는 단점이 있다.[26] 그래서 근로자파견이나 근로관계를 판단할 때에는 근로자개념의 판단방법과 마찬가지로 근로관계의 본질적 요소(사용종속관계)와 부수적 징표 등 여러 요소를 종합하여 판단하여야 한다는 주장이 제기되기도 한다.[27]

실제 2015. 2. 26. 이후에 나온 하급심 판결들에서는 동종 업종으로서 유사한 업무형태로 이루어지는 사내하도급관계에서(한국타이어－금호타이어 사건)[28] 동일한 근로자파견의 판단원칙을 적용했음에도 불구하고 각각 적법한 도급관계와 불법파견이라는 상반된 결과가 도출되기도 하였다.

(2) 2015. 2. 26. 대법원 판결의 판단기준 검토

이하에서는 2015. 2. 26.에 선고된 대법원의 근로자파견의 판단원칙에서 가장 핵심적인 내용으로서 실제 사업장에서 체크리스트의 기능을 하는 판단요소를 검토해 보고자 한다.

가. 제3자가 당해 근로자에 대해 직·간접적으로 상당한 지휘·명령을 하는지 여부

대법원은 "제3자가 당해 근로자에 대하여 직·간접적으로 그 업무수행 자체에 관한 구속력 있는 지시를 하는 등 상당한 지휘·명령을 하는지"라는 판단기준을 제시하고 있다. 이는 도급과 근로자파견의 구별기준에서 가장 중요한 제3자인 도급인과 수급인 소속 근로자들간에 사용종속관계가 있는지 여부에 관한 것이다.

---

26) 김기선(2016), 251면 참조.

27) 최은배(2011), "위장도급의 판단 — 파견과 도급의 준별", 노동법연구 제31호, 36면 이하.

28) 한국타이어사건(서울중앙지방법원 2015. 4. 17. 선고 2014가합550098 판결(원고패) / 서울고등법원 2016. 7. 6. 선고 2015나2023411 판결(항소기각) / 대법원 2016다240406 계류 중)에서는 사내하도급이 적법한 도급으로 인정된 반면, 금호타이어사건(광주고등법원 2015. 4. 24. 선고2012나4823 판결 / 대법원 2015다217911 계류 중)에서는 불법파견으로 판정되었다. 구체적인 사실관계에서도 '하청업체들이 도급인이 작성한 업무계획서에 따라 작업한 점', '하도급업체의 작업장소가 정규직 근로자들과 다소 분리되어 있다는 점', '도급인이 하도급업체에 사무실과 생산설비를 무상 지원하고 연차휴가수당 또는 근로자 복지후생비를 지급한 점' 등 사실관계가 동일 또는 유사하고, 여기에 동일한 판단원칙을 적용했음에도 불구하고 서로 다른 결론이 도출되었다.

특히 2015. 2. 26. 대법원 판단기준에서 강조된 것은 그 이전의 대법원 판결에서는 단순히 '계약이행에서 제3자가 지휘·명령권을 보유하고 있는지'라고 제시되었던 것에서 '직·간접적으로', '상당한' 지휘명령이라는 기준을 제시함으로써 직접적이고 구체적·개별적인 지휘명령뿐만 아니라 간접적인 지시 등 상당한 정도의 구속력 있는 지휘명령으로 인정된다면 근로자파견으로 판단될 수 있음을 시사하고 있다.

실제 사례에서도 도급인 관리자가 사내하청 근로자를 직접 업무지시하는 경우는 물론이고 도급인이 제시하는 업무표준이나 매뉴얼(현대자동차 사건), 작업표준서와 사양서(주식회사 포스코), 공정흐름도·공정별 제조공정기술지침·관리표준(금호타이어), 과업지시서(한국도로공사) 등을 통한 업무지시를 직접적인 작업지시로 해석한 사례가 있는가 하면,[29] 수급인이 현장대리인을 통해 근로자들에게 구체적인 업무지시를 하는 경우에도 현장대리인이 사실상 도급인이 결정한 사항을 전달하는 것에 불과하거나 그러한 지휘명령이 도급인에 의해 통제된 것으로 볼 수 있는 경우에는 도급인이 상당한 지휘명령을 한 것으로 인정된다.[30] 특히 최근에는 도급인이 수급인에게 제공하는 전산관리시스템을 통해 수급인 소속 근로자들의 작업내용과 작업순서 등이 결정되는 업무수행방식이 문제되는데, 이에 대해 법원은 도급인이 제공한 전산관리시스템은 협력업체 근로자들에 대한 작업을 지시하고 관리할 수 있는 측면의 기능이 강화된 시스템으로서 이를 통한 업무수행방식도 도급인의 상당한 구속력 있는 작업지시로 보았다.[31]

대법원의 판단기준에서는 도급인의 '그 업무수행 자체에 관한' 구속력 있는 지시를 근로자파견에서의 상당한 지휘명령으로 보고 있다. 그런데 민법 제669조에 의하면 목적물의 하자담보책임 등과 관련하여 목적물의 하자가 도급인이 제공한 재료의 성질 또는 도급인의 지시에 기인한 때에는 적용하지 않도록 하고 있다. 즉, 도급계약에서도 도급인은 도급계약의 완성을 위해 일정부분 지시를 할 수 있

---

29) 그러나 모든 사건에서 도급인이 제시한 업무매뉴얼 성격의 업무지시서가 도급인의 직·간접적인 업무지휘명령으로 인정된 것은 아니다. 즉, 한국철도공사사건(대법원 2015. 2. 26. 선고 2011다78316 판결)에서는 'KTX 승무원 서비스 매뉴얼'에 대해 위탁협약 당사자 지위에서 업무의 표준을 제시한 것에 불과한 것으로 보기도 하였다.

30) 대법원 2010. 7. 22. 선고 2008두4367 판결; 광주고등법원 2015. 4. 24. 선고 2012나4847 판결; 수원지방법원 평택지원 2016. 12. 21. 선고 2014가합4417/2016가합9089(병합) 판결 등.

31) 광주지방법원 순천지원 2016. 2. 18. 선고 2011가합5128 판결(현대제철 주식회사).

다고 본다. 그러나 도급계약의 목적은 일의 완성에 있으므로, 도급인은 자신이 원하는 결과를 얻기 위하여 도급계약의 목적인 '일의 완성' 그 자체에 관하여 지시권을 행사할 수 있으며, 이는 도급계약의 본질적 특성에 비추어 당연하다. 반면, 근로자파견관계에서의 지시권은 파견근로의 특성에 비추어 근로계약에서의 사용자의 지시권에 해당하는 것으로 해당 근로자의 '근로제공 그 자체'에 향해져 있고, 노무를 제공하는 내용, 방법 또는 장소 등을 결정하는 것을 내용으로 한다.

대법원 판결이 제시한 '업무수행 자체에 대한 구속력 있는 지시 등 상당한 지휘 · 명령'이라는 기준은 결국 근로관계에서의 사용자의 지시권과 일맥상통하는 것으로서 도급계약에서의 일의 완성에 대한 지시와의 구별을 분명하게 하고 있는 것이라고 할 수 있다.

나. 제3자의 사업에의 '실질적 편입' 여부

실제 사내하도급관계에서 수급인의 근로자가 수급인의 지시를 받아서 일하는 것인지, 도급인에 의하여 업무수행이 통제되고 있는 것인지는 수급인 소속 근로자의 근로제공의 외형만을 가지고는 판단이 어려운 경우가 많다. 이에 대법원은 제3자의 사업에의 '실질적 편입'이라는 판단기준을 제시하고 있고, 여기서의 '실질적 편입'은 '수급인의 근로자가 도급인의 근로자와 하나의 작업집단으로 구성되어 직접 공동 작업을 하는 경우'와 같은 정도에 이르러야 한다고 밝히고 있다.

예컨대, 수급인의 근로자가 도급인의 사업과 외형적으로는 결합하였지만 실질적으로는 편입되어 있다고 보지 않을 수도 있고, 반대로 장소적으로는 도급인 근로자들과 수급인 근로자들이 별도의 공간에서 근무하지만 실질적으로는 편입된 것으로 볼 수 있는 경우도 있을 것이다. 실제로 법원은 KTX 여승무원 사건에서는 비록 같은 작업공간에서 원 · 하청 근로자가 함께 근무를 하더라도 승무분야 업무 중 안전부문은 원청 소속의 열차팀장이, 승객서비스 부문은 위탁협약에 따른 협력업체 소속 여승무원들이 담당하기 때문에 업무가 명확히 구분된다는 점 등을 이유로 사업에 실질적으로 편입된 것으로 보지 않았다.[32] 또한 KT&G 사건에서도 도급인 소속 근로자들과 협력업체 소속 근로자들이 함께 중앙제어실에서 근무하였지만 업무의 내용이 서로 다르고, 협력업체가 도급받은 지원설비 운전 등의 업

---

32) 대법원 2015. 2. 26. 선고 2011다78316 판결(한국철도공사 사건).

무는 도급인의 주된 업무인 제품생산과 무관하게 독립적으로 이루어지며, 도급인 소속 근로자들의 결원이 생겨도 협력업체 소속 근로자들이 그 대체업무를 수행하지 않은 점 등으로 인해 실질적인 편입여부가 부정되기도 하였다.[33] 반면, 협력업체 근로자들의 작업장소가 도급인 소속 근로자들의 작업장소와 방실을 달리하거나 일부 이격거리를 두고 떨어져 있다고 하더라도 도급인이 제공하는 자재, 설비를 사용해 도급인 직원들의 근무시간에 맞추어 작업을 하고, 일련의 제조공정 중 하나 또는 하나의 공정 중 세분화된 작업 단계에 참여하고, 도급인의 직원들과 혼재되어 특정한 공정을 협업하여 수행하며, 협력업체 소속 근로자들의 과오로 작업에 장애가 생길 경우 도급인의 직원들이 해결하기도 하고, 협력업체 직원들이 사실상 도급업무 외의 작업을 수행하기도 하는 경우에는 협력업체 소속 근로자들이 실제로는 도급인의 사업에 실질적으로 편입된 것으로 보았다.[34] 또한 법원은 도급인 소속 근로자들 중 결원이 생길 경우 협력업체 소속 근로자들이 대체투입되거나 도급인 소속 근로자들과 같은 종류의 업무를 구간별, 부위별로 나누어 수행하는 것은 도급인의 근로자들과 협력업체 소속 근로자들이 실질적으로는 하나의 작업집단을 이루어 공동작업을 하는 것으로서 도급인의 사업에 실질적으로 편입되었다고 보아야 한다고 판시하기도 하였다.[35]

요컨대 수급인의 근로자들이 도급인의 사업에 실질적으로 편입되었는지 여부를 판단함에 있어서는 도급인 소속 근로자들과 수급인 소속 근로자들간의 혼재근무나 장소분리 등의 외형적인 사정만으로 단순하게 판단할 수 없으며, 업무내용의 명확한 구별, 도급인 소속 근로자들의 결원시 협력업체 근로자들의 대체근무 여부, 특정한 공정을 협업하여 수행하는지 여부 등 실질적으로 같은 작업집단을 구성하여 직접 공동작업을 하였는지 등의 제반 구체적인 사정을 충분히 검토하여야 한다.

다. 수급인의 독자적인 권한 행사 여부

도급계약에서는 수급인이 약정상의 서비스 또는 약속한 일의 완성에 대하여

---

33) 대법원 2017. 1. 25. 선고 2014다211619 판결(KT &G 사건).
34) 광주고등법원 2015. 4. 24. 선고 2012나4847 판결(금호타이어사건).
35) 서울고등법원 2017. 2. 10. 선고 2014나49625 판결(현대자동차사건) 등.

책임을 지기 때문에 일의 완성을 위하여 필요한 행위를 독자적으로 계획하고 수행하는 것이 원칙이다. 따라서 일의 완성을 위하여 필요한 행위에 관하여 수급인이 스스로 결정할 권한을 행사하는지가 도급과 근로자파견을 구별하는 한 기준이될 수 있다. 그래서 대법원 판결에서는 "원고용주가 작업에 투입될 근로자 선발, 근로자의 수, 교육 및 훈련, 작업·휴게시간, 휴가, 근무태도 점검 등에 관한 결정권한을 독자적으로 행사하는지"라는 기준을 도급과 구별되는 근로자파견의 판단기준 중의 한 요소로 제시하였다.

    이는 주로 수급인의 인사·경영상의 독립성과 관련된 사항으로서 이러한 독자적인 인사·경영권 '자체'가 부정된다면 자칫 수급인의 실체가 부정될 수도 있다. 그러나 도급과 근로자파견을 구분하는 판단기준으로서의 인사·경영상의 독자적인 결정권행사에 관한 문제는 근로자파견관계에서 파견근로자에 대한 업무수행과정에서의 인사권을 사용사업주가 행사하는 것과 같이 업무수행과정에서 투입될근로자의 수, 교육 및 훈련, 작업·휴게시간, 휴가, 근무태도 점검 등에 관한 결정권한을 수급인이 독자적으로 행사하지 못하고 도급인의 영향 내지 개입하에 행사하는지 여부에 관한 문제이다.

    법원에서도 수급인이 근로자들에 대한 최종 인사권한을 행사하였다고 하더라도 '피고의 협력업체가 작업에 투입될 근로자의 선발이나 근로자의 수, 작업·휴게시간, 근무태도 점검 등에 관하여 '피고의 영향을 받지 아니한 채' 전적으로 결정권한을 행사하였다고 보기는 어렵다'라고[36] 하거나 또는 '원청이 근로자들에 대한 채용절차에 '개입'하였고, 실질적으로는 원고들의 근무장소와 업무의 배치 또는변경에 관한 일반적인 권한을 가지고 있었다.'라고[37] 판시한 바 있다.

라. 계약의 목적 확정 및 업무의 전문성·기술성이 있는지

    2015. 2. 26. 대법원 판결에서는 근로자파견의 판단기준으로 "계약의 목적이구체적으로 범위가 한정된 업무의 이행으로 확정되고 당해 근로자가 맡은 업무가제3자 소속 근로자의 업무와 구별되며 그러한 업무에 전문성·기술성이 있는지"여부를 들고 있는 바, 이는 사내하도급으로 이루어지는 계약의 대상이 도급계약으

---

36) 광주고등법원 2015. 4. 24. 선고 2012나4847 판결(금호타이어주식회사 사건).
37) 서울고등법원 2015. 7. 1. 선고 2013나2015966 판결(국민은행 사건).

로서 적절한지 여부에 관한 문제라고 할 수 있다.

현행법에서 도급대상업무와 관련하여 도급계약에 제한규정을 두고 있는 것은 건설산업기본법[38]과 산업안전보건법[39]뿐이고, 그 밖에 법률상 명시적인 제한이 없다. 따라서 도급의 대상이 되는 '일의 완성'에는 구체적인 유체물의 완성만이 아니라 일정한 업무나 공정을 완수하는 노무도급도 포함된다고 할 수 있다.[40] 다만, 노무도급의 경우에는 근로관계 또는 근로자파견관계와의 구별이 문제되는 경우가 발생하게 되는데, 이때에도 그러한 노무도급이 도급계약의 본질에 맞게 수행되고 있는지를 판단해야 할 것이다.

우선 대법원은 도급과 근로자파견과의 구별기준으로서 '계약의 목적이 구체적으로 범위가 한정된 업무의 이행으로 확정'될 것을 요구하고 있다. 기본적으로 도급계약은 '일의 완성'을 목적으로 하기 때문에 일의 성격이 무엇이든 사전에 그 목적과 내용, 범위가 구체적으로 확정되어야[41] 하고, 수급인은 그와 같이 확정된 업무의 이행을 부담할 수 있을 때에만 도급이라고 할 수 있다. 반면 근로자파견의 경우에는 파견대상업무가 법에 정해져 있기는 하지만(적법한 근로자파견의 경우) 구체적인 노무제공의 내용이 무엇인지까지 사전에 확정되어야 할 필요는 없으며, 파견근로자의 노무제공시 사용사업주의 지휘명령에 의해 결정된다는 점에서 도급계

---

38) 건설산업기본법 제22조 내지 제38조의3(제3장 도급계약 및 하도급계약) 참조.

39) 산업안전보건법 제28조(유해작업 도급금지).

40) 우리 대법원에서도 도급계약상의 사용자로서의 배상책임과 관련하여 '일반적으로 도급인과 수급인 사이에는 지휘·감독의 관계가 없으므로 도급인은 수급인이나 수급인의 피용자의 불법행위에 대하여 사용자로서의 배상책임이 없는 것이지만, 도급인이 수급인에 대하여 특정한 행위를 지휘하거나 특정한 사업을 도급시키는 경우와 같은 이른바 노무도급의 경우에는 비록 도급인이라고 하더라도 사용자로서의 배상책임이 있다'라고 함으로써 노무도급 자체가 금지되는 것은 아니라는 것을 전제하고 있다(대법원 2005. 11. 10. 선고 2004다 37676 판결).

41) 도급계약의 구체성과 관련하여 계약의 목적이 추상적·포괄적으로 기술되어 있을 경우에는 근로관계 내지 근로자파견으로 볼 가능성이 크다고 보는 입장이 있는가 하면(최은배, 앞의 글, 39면) 도급계약의 대상이 되는 업무가 그 특성상 구체적으로 사전에 확정할 수는 없지만, 추상적으로 확정될 수 있는 경우도(예컨대 갑자기 날씨가 추워져서 비상업무가 발생할 가능성이 있을 때 기존의 도급업무 외에 필요에 따라 발생하는 업무수행을 목적으로 하는 포괄적 도급계약을 예비적으로 체결하는 경우) 도급계약의 목적이 구체적이지 않다고는 할 수 없으며, 수급인의 업무범위가 그 업무수행 이전에 확정되어 있으면 충분하다고 보는 견해도 있다(박지순·권혁(2013), 「현대자동차의 사내도급 실태와 법해석」, 무지개문화사, 140-142면 참조).

약과 구별된다.

한편, 계약 목적의 확정과 관련하여 판례 중에는 "이 사건 용역계약에서 정한 위탁업무의 내용은 차량운전, 관리업무라는 것 외에 운행횟수, 노선 등이 구체화되어 있지 않다. 게다가 "기타 피고가 차량 운전 및 관리에 필요하다고 인정하여 위탁하는 업무"라는 포괄적인 규정까지 두어 업무의 범위를 확정하기 어렵다"라고 하거나[42] "도급계약에 의하면, 사내협력업체는 원칙적으로 엔진조립 업무를 수행하는 것으로 되어 있으나, 사내협력업체 소속 근로자들은 이 사건 도급계약에 기재된 엔진조립 업무 이외에 가공업무, 출하검사, 자재검수, 외주검사, 내구시험, 개선반, CKD 파견, 품질 파견, 설비청소, 공장 청소나 도색 작업 업무 등을 수행하였다."라고 판단함으로써[43] 계약의 목적 확정과 관련하여 상당히 구체적으로 업무의 내용이 한정될 것을 요구하고 있고, 또한 실질적으로도 업무 수행이 사전에 한정된 범위 내에서 이행되어질 것을 요구하고 있음을 볼 수 있다.

다음으로 법원은 사내하도급계약상의 업무와 관련하여 '당해 근로자가 맡은 업무가 제3자 소속 근로자의 업무와 구별되며 그러한 업무에 전문성·기술성이 있는지' 여부를 판단하도록 하고 있다. 즉, 수급인 소속 근로자가 수행해야 할 업무가 도급인 소속 근로자의 업무와 구별될 수 있어야 하는데, 거기에 전문성·기술성이 있다면 도급으로 볼 여지가 클 것이다. 여기서 업무의 전문성·기술성은 단순 노무에 대비되는 것으로서 장기간 동일한 업무를 반복하여 근로자들의 업무 숙련도가 높다는 것과는 다른 것이다. 또한 수급업체가 업무의 전문성·기술성을 보유하고 그것을 기반으로 근로자들이 사내하도급하에서 노무를 제공한다면 수급인이 독자적으로 작업을 진행할 여지가 많기 때문에 도급인 근로자들의 업무와 구별됨을 입증하는 데에도 용이할 것이다.

마. 계약 목적 달성을 위한 독립적 기업조직 또는 설비를 구비하고 있는지 여부

'수급인이 도급의 목적을 달성하기 위하여 필요한 독립적 기업조직 또는 설비를 갖추고 있는지'에 관한 문제는 수급인의 실체, 즉 계약당사자로서의 적격성

---

42) 서울고등법원 2015. 7. 1. 선고 2013나2015966 판결(국민은행 사건).

43) 수원지방법원 평택지원 2016. 12. 12. 선고 2014가합4417 / 2016가합9089(병합) 판결(현대위아사건).

에 관한 문제이다. 그런데 수급인의 실체에 관한 문제는 도급과 근로자파견의 구별문제뿐만 아니라 묵시적 근로관계 여부를 판단하는 판단기준이기도 하다. 즉, 수급인의 존재가 형식적, 명목적인 것에 지나지 않는다고 판단될 때에는 도급인과 수급인 소속 근로자간에 묵시적 근로관계가 존재하는 것으로 판단된다.

그러나 도급과 근로자파견의 구별문제에서 수급인의 실체에 관한 기준은 원고용주(수급인)가 '계약의 목적을 달성하기 위하여 필요한' 정도의 기업조직이나 설비를 갖추고 있을 것을 요구하는 것이기 때문에 수급인의 조직 자체가 형식적, 명목적인 것에 지나지 않을 정도의 실체가 없는 경우와는 구별된다.

실제로 판례에서는 '수급인이 별다른 인적, 물적 시설을 갖추지 아니한 채 다수의 근로자들로만 구성되어 있다는 점', '특유의 전문성을 갖추고 있는 것도 아닌 점', '그 설립 및 폐업과정에서 도급인으로부터 상당한 영향을 받으며 오로지 도급인과의 도급계약을 위하여 설립되었다가 그 종료 이후에는 곧바로 폐업한 것으로 보이는 점', '협력업체 대표자는 대부분 도급인의 퇴직자 등 도급인과 관련된 사람들인 점', '수급인과 도급인은 수의계약 방식으로 계약을 체결하였고, 수급인이 변경되는 경우에도 기존에 근무하던 근로자의 대부분은 신규 업체에 고용이 승계된 점', '수급인이 사용하는 사무용 소모품, 청소용품 등을 조달할 뿐, 도급인으로부터 사무실 등 영업시설을 비롯하여 사무실집기, 주방용집기 등 비품 등을 무상으로 제공받고 있다는 점', '수급인이 그 운영을 위하여 고유기술이나 설비, 별다른 자본을 투자하지 아니한 점' 등의 사정은[44] 수급인이 계약의 목적을 달성하기 위하여 필요한 독립적 기업조직이나 설비를 갖추고 있다고 보기 어려운 것으로 판단되는 근거가 되었다.[45]

---

44) 광주고등법원 2015. 4. 24. 선고 2012나4847 판결(금호타이어 사건); 서울동부지방법원 2015. 1. 6. 선고 2013가합2298 판결(한국도로공사 사건); 서울고등법원 2015. 7. 1. 선고 2013나2015966 판결(국민은행 사건); 수원지방법원 2016. 12. 21. 선고 2014가합4417, 2016가합9089 판결(현대위아 사건) 등.

45) 그러나 이러한 사실이 인정되는 경우에도 상당수 사례들에서는 수급인들이 별도의 사업자 등록을 마치고 그 명의 또는 대표명의로 4대 보험을 가입하고 그 보험료를 지급하여 온 점, 수급인이 독자적인 취업규칙을 마련하고 이에 근거하여 채용 및 일련의 근태관리 등을 행사한 점, 수급인이 소정의 근로계약 또는 취업규칙이 정하는 바에 따라 근로자들에게 임금 등을 지급하고 세금 및 보험료를 원천징수한 점, 도급계약의 이행을 담보하기 위하여 도급인에게 상당한 담보를 제공하기도 한 점, 수급인이 그 소속 근로자들 노동조합과 임금 단체교섭을 한 점 등의 사정이 있을 경우에는 수급인이 독립된 사업주로서 그 존재가 형식

3. 고용간주조항 또는 고용의무조항의 적용에 따른 효과

이상의 판단기준에 따라 근로자파견관계가 인정되는 경우, 사용사업주는 고용의무(간주)조항의 적용에 따라 파견근로자에 대한 직접고용책임을 부담하게 된다. 하지만 이러한 법적 효과의 내용에 대해서는 여전히 해석상 논란이 있을 수 있다. 만약 근로자지위확인소송을 통해 파견근로자가 사용사업주의 근로자로 확인된 경우 파견근로자와 파견사업주의 근로관계가 여전히 병존한다고 보아야 할까? 나아가 사용사업주로부터 직접고용 된 파견근로자의 근로조건은 어떻게 되는가?

1) 근로관계의 병존

사내하도급의 실질이 근로자파견관계로 인정되면 파견법에 따라 2년의 파견기간 초과한 사용사업주와 파견근로자사이에는 고용간주 또는 사용사업주의 직접고용의무 등의 효과가 발생하는데, 이를 근로자파견으로 미처 인식하지 못한 파견사업주가 그 소속 근로자들을 정당하게 해고한 경우에도 원고(근로자)들은 사용사업주 소속 근로자로서의 지위가 인정되는지가 문제될 수 있다.

이에 대해서는 아직 본격적으로 논의가 전개되지는 않았지만, 일부 하급심판례는 근로관계병존이론을 통해 파견근로자, 사용사업주 및 파견사업주와의 관계를 정리하고 있다. 먼저 앞서 소개한 현대자동차(아산공장) 사건의 원심에서, 재판부는 "근로자파견관계가 인정되는 경우에는 파견사업주와 근로자 사이의 근로계약관계가 원칙적인 것이 되고, 고용간주 규정이 적용되는 경우에는 사용사업주와 근로자와의 관계가 원칙적인 근로관계로 된다. 다만 고용간주규정이 적용되는 경우 사용사업주와의 근로관계만 성립되고 여태까지의 사용자인 파견사업주와의 근로관계가 자동적으로 소멸되는 것으로 보게 되면 근로자의 파견사업주에 대한 법적 지위가 침해될 수 있으므로 그 한도 내에서 근로자와 파견사업주와의 근로관계도 병존하는 것으로 보는 것이 옳다. 결국 고용간주 규정이 적용되는 경우 근로자와 파견사업주와의 근로관계가 예외적으로 병존하는 것은 근로자의 지위를 보호하기 위한 것일 뿐이지 근로자의 지위를 침해하기 위한 것이 아니고, 해당 근로자의 근로관계는 어디까지나 고용이 의제된 사용사업주와의 관계에서 결정되어

적·명목적인 것으로 인정되지는 않는 것으로 판단되었다.

야 한다."고 판시하여 파견근로자에 대한 파견사업주의 해고가 고용간주에 영향을 미치지 않는다고 본 바 있다.[46)]

최근 진행 중인 포스코 사건에서 재판부는 "이 사건 고용의제 조항 본문에 따라 파견근로자와 사용사업주 사이에 법정근로관계의 성립이라고 볼 수 있는 고용의제가 된다고 하더라도 이로써 바로 파견근로자와 파견사업주 사이에 유지되었던 고용관계가 효력을 상실하여 파견사업주가 파견근로자에 대하여 사용자의 지위를 상실한다고 보기는 어렵고, 따라서 파견근로자에 대하여 파견사업주도 여전히 사용자의 지위를 유지한다고 봄이 타당하므로 고용의제 이후 해당 근로자에 대하여 이루어진 파견사업주의 징계면직이 아무런 효력이 없다고는 보기 어렵다." 고 하면서도, "이미 파견근로자와 사용사업주 사이에 고용의제가 되어 고용관계가 설정된 이상, 고용의제 이후 파견사업주의 해당 근로자에 대한 징계면직을 사용사업주에 의한 징계면직으로 볼 수 있는 등의 특별한 사정이 없는 한, 파견사업주의 징계면직이 사용사업주와 해당 근로자 사이의 고용관계에 직접적으로 어떠한 영향을 미친다고는 보기 어렵고, 이러한 해석이 근로자파견의 상용화·장기화를 방지하면서 파견근로자의 고용안정을 도모할 목적으로 규정된 이 사건 고용의제 조항의 입법취지에도 부합한다."고 판시하였다.[47)]

이상의 서울고법 및 광주고법 판결을 종합하면, 근로자파견관계가 인정되는 경우에는 파견사업주와 근로자 사이의 근로계약관계가 원칙적인 것이 되고, 고용간주 규정이 적용되는 경우에는 사용사업주와 근로자와의 관계가 원칙적인 근로관계가 된다. 다만 고용의무간주(의무)규정이 적용되는 경우, 사용사업주와의 근로관계만 성립되고 여태까지의 사용자인 파견사업주와의 근로관계가 자동적으로 소멸되는 것으로 볼 경우에는 근로자의 파견사업주에 대한 법적 지위가 침해될 수 있으므로 그 한도 내에서 근로자와 파견사업주와의 근로관계도 병존하는 것으로 본다는 것이다.

또한 이처럼 고용간주(의무)규정이 적용된 이후에도 근로자와 파견사업주와의 근로관계가 예외적으로 병존하는 것은 근로자의 지위를 보호하기 위한 것일 뿐이지 근로자의 지위를 침해하기 위한 것이 아니고 해당 근로자의 근로관계는

---

46) 서울고등법원 2010. 11. 12. 선고 2007나56977 판결.
47) 광주고등법원 2016. 8. 17. 선고 2013나1128 판결.

어디까지나 고용이 의제된 사용사업주와의 관계에서 결정되어야 한다고 한다. 따라서 고용간주(의무)규정이 적용된 이후에 행해진 파견사업주의 해고조치는 근로자의 지위를 침해하는 것으로서 사용사업주에 의한 징계면직으로 볼 수 있는 등의 특별한 사정이 없는 한, 사용사업주와 해당 근로자 사이의 고용관계에 직접적으로 어떠한 영향을 미칠 수 없다는 결론에 이르게 된다.

이는 불법파견에 따른 법적책임은 사용사업주와 파견사업주가 부담할 문제라는 측면에서 보면, 파견근로자의 보호차원에서 상당히 타당한 결론이라고 할 수 있다. 이와 같이 우리 법원이 집단적 근로관계가 아닌 개별적 근로관계에서 근로관계 병존설을 명시적으로 밝힌 것은 상당히 의미 있는 판결이라고 할 수 있지만,[48] 산업현장에서는 근로자파견관계인지 여부가 불분명한 사내하도급 관계에서 파견사업주로부터 정당하게 해고된 자들에 대해서도 사용사업주가 고용의무를 부담해야 한다는 점, 고용간주 이후 사용사업주의 재징계 가능성 등 분쟁의 소지가 완전히 해결된 것이 아니라는 점을 염두에 두어야 한다. 포스코 사건은 현재 대법원에 계류중이므로, 대법원의 판결을 통해 근로관계 병존과 관련된 논점이 명쾌히 정리되기를 기대해 본다.

2) 고용의사표시 청구권 및 손해배상청구

법원의 판결을 통해 수급인 소속 근로자들이 도급인(사용사업주)의 근로자지위가 확인되고 이에 따라 파견법상 사용사업주의 직접고용의무가 적용된다고 하더라도, 사용사업주가 그 의무를 이행하지 않는 경우가 있을 수 있다. 이에 대해 직접고용의무의 성격은 구 파견법상의 고용간주조항과 달리 사용사업주의 공법상 의무에 불과하므로 근로자들이 사법상 청구권으로서 사용사업주에게 고용의 의사표시를 구할 수는 없다는 주장이 사용사업주(원청)측에서 제기되어 왔다.

그러나 법원에서는 "파견법의 개정취지와 문언에 비추어 보면, 직접고용의무규정에 따라 사용사업주에게 공법상의 의무만을 부과하는 것만 아니라 사법상의 이행의무까지 부과하는 것으로 판단되므로, 사용사업주는 위 규정에 따라 파견근로자를 고용할 의무를 부담하며, 그와 직접적인 사법상의 이해관계를 갖는 파견근로자는 사용사업주를 상대로 직접 고용할 것을 청구할 수 있는 권리를 갖는다고

---

48) 박제성(2011), "사내하도급과 근로관계의 병존", 노동법학 제37호, 248면 참조.

봄이 상당하다."[49]고 보거나, "개정된 파견법 하에서 파견기간 제한을 위반한 사용사업주는 직접고용의무 규정에 의하여 파견근로자를 직접 고용할 의무가 있으므로, 파견근로자는 사용사업주가 직접고용의무를 이행하지 아니하는 경우 사용사업주를 상대로 고용 의사표시에 갈음하는 판결을 구할 사법상의 권리가 있고, 그 판결이 확정되면 사용사업주와 파견근로자 사이에 직접고용관계가 성립한다. 또한 파견근로자는 이와 아울러 사용사업주의 직접고용의무 불이행에 대하여 직접고용관계가 성립할 때까지의 임금 상당 손해배상금을 청구할 수 있다."[50]고 판시하여, 파견근로자의 사용사업주에 대한 고용의사표시 청구권 및 손해배상청구권을 명확히 인정하였다.

이때 손해배상액은 사용사업주가 고용의무를 이행하였더라면 받았을 임금과 파견근로자들이 실제 수급인(사내협력업체)으로부터 받은 임금과의 차액 상당액이 되며, 그 산정시점은 고용의무발생 시점 이후부터 발생한다고 한다.[51][52]

3) 근로조건과 차별금지

(1) 고용형태(근로계약기간)

앞서 살펴본 경우처럼 고용의무(간주)규정이 적용될 때, 파견근로자의 법적 지위 및 근로조건의 내용이 문제될 수 있다. 먼저 그 고용형태가 문제될 수 있는데, 이에 대해 하급심 판결[53]은 구 파견법상의 고용의제규정에 따라 2년의 기간이 만료된 날의 다음날부터 사용사업주와 파견근로자간에는 직접 고용관계가 성립하며, 이 경우 근로관계의 기간은 다른 특별한 사정이 없는 한 기한의 정함이 없는 것으로 보아야 한다'고 하였다. 아울러 사용사업주의 사업장에 해당 파견근로자와

---

49) 서울고등법원 2015. 7. 1. 선고 2013나2015966(국민은행 사건).

50) 대법원 2015. 11. 26. 선고 2013다14965 판결(한국수력원자력주식회사 사건).

51) 서울고등법원 2017. 1. 20. 선고 2014나49625 판결(현대자동차 사건).

52) 그러나 손해배상 산정시점과 관련하여 고용간주와는 달리 사용기간 2년을 초과하면서 당연히 고용 관계가 있는 것으로 인정되는 것이 아니고, 사용사업주가 일방적으로 고용의 의사표시를 하는 것만으로 고용계약관계가 성립되는 것이 아니라 파견근로자의 의사와도 합치되어야 하는데 사용기간 2년 초과로 원고들에 대한 고용의무가 발생하였고 도급인(원청회사)이 이를 이행하지 아니하였다는 사정만을 가지고 그 시점부터 원청회사의 손해배상의무를 정한 부분은 고용의무 불이행과 손해의 발생 사이에 상당한 인과관계가 존재하는지의 측면에서 재고할 여지가 있다고 비판하는 견해가 있다(박재우(2015), 23면 참조).

53) 서울고등법원 2010. 2. 5. 선고 2007나75473 판결(남우관광 사건).

동일한 업무를 수행하는 근로자 또는 전 직원이 기간제 근로자로 채용된다고 하더라도, 이러한 사정만으로는 고용이 의제된 근로자에 대해서 근로관계의 기간을 기한의 정함이 있는 것으로 볼 수 없다고 판시하였다.

따라서 고용간주 또는 고용의무조항이 적용된 파견근로자의 고용형태는 기본적으로 기간의 정함이 없는 근로자가 된다. 근로자파견의 상용화·장기화를 방지하면서 파견근로자의 고용안정을 도모할 목적으로 고용의제조항이 도입되었다는 입법취지를 고려할 때, 이러한 하급심의 결론은 타당하다.

이후 이 사건의 상고심[54]은 파견법 제6조의2 제1항의 입법 취지 및 목적에 비추어 볼 때 특별한 사정이 없는 한 사용사업주는 직접고용의무 규정에 따라 근로계약을 체결할 때 기간을 정하지 않은 근로계약을 체결하여야 하는 것이 원칙이므로 이러한 근로계약 중 기간을 정한 부분은 파견근로자를 보호하기 위한 파견법의 강행규정을 위반한 것에 해당하여 무효가 될 수 있으나, 파견근로자가 사용사업주를 상대로 직접고용의무의 이행을 구할 수 있다는 점을 알면서도 기간제 근로계약을 희망하였다거나, 사용사업주의 근로자 중 해당 파견근로자와 같은 종류의 업무 또는 유사한 업무를 수행하는 근로자가 대부분 기간제 근로계약을 체결하고 근무하고 있어 파견근로자로서도 애초에 기간을 정하지 않은 근로계약 체결을 기대하기 어려웠던 경우 등과 같이 직접고용관계에 계약기간을 정한 것이 직접고용의무 규정의 입법 취지 및 목적을 잠탈한다고 보기 어려운 특별한 사정이 존재하는 경우에는 사용사업주가 파견근로자와 기간제 근로계약을 체결할 수 있고, 이러한 특별한 사정의 존재에 관하여는 사용사업주가 증명책임을 부담한다고 판시하였다.

(2) 근로조건

과거에는 고용이 의제된 근로자들에게 적용되는 근로조건과 관련하여 파견법에 아무런 규정이 없었으나, 2006년 개정법 이후로는 사용사업주가 파견근로자를 직접 고용할 경우 적용되는 근로조건에 대해 명시하였다. 즉, ① 사용사업주의 근로자 중 당해 파견근로자와 동종 또는 유사업무를 수행하는 근로자가 있는 경우에는 그 근로자에게 적용되는 취업규칙 등에서 정한 근로조건을 적용하고, ② 사

---

54) 대법원 2022. 1. 27. 선고 2018다207847 판결.

용사업주의 근로자 중 당해 파견근로자와 동종 또는 유사업무를 수행하는 근로자가 없는 경우에는 당해 파견근로자의 기존의 근로조건의 수준보다 저하되지 않도록 할 것을 명시함으로써(파견법 제6조의2 제3항), 직접 고용되는 파견근로자에 대한 근로조건 결정의 원칙을 입법화한 것이다.

실제 판례에서도 직접고용간주 규정에 따라 사용사업주가 직접 고용한 것으로 간주되는 파견근로자의 근로조건은 사용사업주의 근로자 중 해당 파견근로자와 동종 또는 유사업무를 수행하는 근로자가 있을 경우 그 근로자에게 적용되는 취업규칙 등에서 정한 근로조건과 동일하다고 보고 있다.[55] 다만, 동종·유사한 업무를 수행하는 근로자들이 모두 기간제 근로자로서 그들에게 적용되는 별도의 취업규칙이 있을 경우에는 그 취업규칙이 적용되는 것이 원칙이기는 하지만 기간제 근로자를 전제로 기간제 근로자라는 성격과 밀접한 관련이 있는 부분에 대해서는 이를 그대로 적용할 수는 없으며(고용이 의제된 근로자들은 기한의 정함이 없는 근로자들이기 때문에), 이에 대해서는 기한의 정함이 없는 근로자들에게 적용되는 취업규칙을 적용하는 것이 타당하다고 판시하였다.[56]

또한 단체협약의 적용 여부와 관련하여, 사용사업주의 사업장에 체결되어 있는 단체협약에 일반적 구속력이 인정되고 있을 경우에는 불법파견으로 인해 고용의제된 근로자들에 대해서도 종래 단체협약상의 적용대상에서 해당 업무에 종사하는 근로자들이 명백하게 배제되지 않는 한 단체협약의 일반적 구속력이 적용되어 단체협약이 확장 적용된다고 보아야 한다.[57]

(3) 차별금지

한편, 현행 파견법 제21조에서는 '파견사업주와 사용사업주는 파견근로자임을 이유로 사용사업주의 사업 내의 동종 또는 유사한 업무를 수행하는 근로자에 비하여 파견근로자에게 차별적 처우를 하여서는 아니 된다.'고 규정하고 있고(제1항), 차별적 처우에 대해서는 노동위원회에 그 시정을 신청할 있도록 하고 있

---

55) 대법원 2016. 1. 14. 선고 2013다74592 판결(남해화학 사건); 대법원 2016. 1. 28. 선고 2012다17806 판결(파르나스호텔 사건); 대법원 2016. 3. 10. 선고 2012두9758(한국마사회 사건).
56) 서울고등법원 2010. 2. 5. 선고 2007나75473 판결(남우관광 사건).
57) 서울고등법원 2010. 2. 5. 선고 2007나75473 판결(남우관광 사건).

다(제2항).

이러한 노동위원회의 행정구제절차와 별개로, 파견근로자들이 사법상 차별금지위반에 따른 손해배상을 청구할 수 있는지 여부가 문제된다. 이에 대해서 하급심 판례는 "노동위원회의 행정구제제도는 차별적 처우를 받은 파견근로자의 신속한 구제를 위한 절차로서, 사용자에게 공법상의 의무를 부담시킬 뿐 근로자와 사용자 간의 사법상 법률관계를 발생시키거나 변경시키는 것은 아니기 때문에 이로 인해 파견근로자에 대한 사법적 절차를 통한 구제절차가 배제된다거나 파견근로자에게 차별적 처우로 인한 불법행위에 기한 손해배상청구권 자체가 발생하지 않는다고 할 수 없으며, 오히려 파견근로자의 차별적 처우에 대한 실질적이고 종국적인 구제기능이 제대로 이루어지기 위해서는 행정적 구제절차만으로는 부족하고, 사법적 구제조치가 필요하다"는 취지의 판결을 내렸다.[58] 따라서 불법파견으로 인정된 사내하도급 하에서의 파견근로자는 직접고용의무 발생 이전의 기간에 발생한 사용사업주 및 파견사업주의 차별적 처우에 대하여 법원에 손해배상을 청구할 수 있다.[59]

한편, 차별적 처우에 대한 책임과 관련하여 파견법에서는 임금에 대해서는 파견사업주에게 사용자책임을 부담하도록 하고 있는 반면(제34조 제1항), 파견근로자에 대한 차별금지의무는 사용사업주와 파견사업주 모두에게 부여하고 있기 때문에(제21조 제1항) 두 조문의 해석상 사용사업주가 임금에 관하여 차별금지의무를 부담하는지가 문제될 수 있다.

그러나 이에 대해서 하급심 판결은 "파견사업주에게 사용자책임을 부담하게 한 취지는 중첩적 계약관계 등으로 인해 자칫 현실의 근로제공 과정에서 해당 근로자에 대한 사용자로서 책임 소재가 불분명해질 소지를 막기 위한 목적에 있으며, 차별금지의무를 규정한 취지는 정규직 근로자보다 차별적 처우를 받은 파견근로자의 현실적 불이익을 예방·구제하기 위해 마련되었으므로 두 조문의 입법취지가 다르다고 보아야 하며, 차별금지규정의 실효성을 도모하기 위해서는 도급금액은 물론 그 대부분을 차지하고 있는 인건비의 비율이나 구체적인 액수의 결정에까지 실질적인 영향력을 행사하고 있는 경우 사용사업주인 도급인측의 협조(즉,

---

58) 서울고등법원 2017. 1. 20. 선고 2014나49625 판결(현대자동차 사건).
59) 다만 이 경우에는 손해배상청구의 기산점이 추가로 문제될 수 있을 것이다.

도급금액의 인상)가 전제되어야 한다는 점"[60) 등을 들어, 사용사업주도 임금에 대한 차별금지의무를 부담한다는 점을 분명히 하고 있다.

최근 파견근로자의 차별시정신청사건에서, 서울행정법원은 임금 등 파견사업주에게 1차적 책임이 인정되는 영역에서 사용사업주도 차별시정신청의 피신청인 적격이 인정된다고 판시한 바 있다.[61) 아울러 이 판결에서는 파견근로자가 사용사업주의 근로자와 동등한 임금을 지급받지 못한 차별에 대한 귀책사유가 사용사업주와 파견사업주 중 어느 쪽에 있는지를 가려서, 사용사업주 또는 파견사업주 중 한 쪽에 있는 경우에는 그에게만 시정의무 및 배상의무를 부담하도록 하여야 할 것이나, 양쪽 모두에 있는 경우 차별시정신청자인 파견근로자의 구제를 위하여 사용사업주와 파견사업주가 연대하여 책임을 부담하도록 하여야 한다고 보았다. 또한 이 판결은 중노위가 사용사업주에게 파견근로자들에게 발생한 손해액의 2배에 해당하는 금전배상금의 지급을 명한 것이 정당하다고 본 최초의 사례로서, 향후 파견차별시정절차의 활용을 높이는 계기가 될 것이다.[62)

4) 파견근로자에 대한 안전배려의무

파견법 제35조는 산업안전보건법의 적용에 있어서는 사용사업주를 파견중인 근로자의 사용자로 보도록 하고 있는데(제1항), 파견근로자가 사용사업주의 안전배려의무위반을 이유로 손해배상을 청구할 수 있는지는 불명확했다.

이에 대해 대법원 판결은 "근로자파견관계에서 사용사업주와 파견근로자 사이에는 특별한 사정이 없는 한 파견근로와 관련하여 사용사업주가 파견근로자에 대한 보호의무 또는 안전배려의무를 부담한다는 점에 관한 묵시적인 의사의 합치가 있다고 할 것이고, 따라서 사용사업주의 보호의무 또는 안전배려의무 위반으로 손해를 입은 파견근로자는 사용사업주와 직접 고용 또는 근로계약을 체결하지 아니한 경우에도 위와 같은 묵시적 약정에 근거하여 사용사업주에 대하여 보호의무 또는 안전배려의무의 위반을 원인으로 하는 손해배상을 청구할 수 있다"고 판시

---

60) 서울고등법원 2017. 1. 20. 선고 2014나49625 판결(현대자동차 사건).
61) 서울행정법원 2016. 11. 18. 선고 2015구합70416 판결(모베이스 사건).
62) 이 판결에 대한 평석으로 김홍영(2017), "파견차별시정에 사용사업주의 연대책임과 배액배상", 노동리뷰 2017년 3월호, 102-105면.

한 바 있다.[63] '위험작업의 외주화'를 막아야 한다는 문제의식에서 판결의 결론에는 동의하지만, 그 논거를 사용사업주와 파견근로자사이의 '묵시적 약정'에서 찾는 대상판결의 논리에는 의문이 남는다. 파견법에서 산업안전보건법상 사용자에 대한 특례를 별도로 규정한 취지를 고려하면, 당사자 간의 묵시적인 합의 없이도 안전배려의무가 도출되는 것으로 보아야하기 때문이다.[64]

4. 집단적 노사관계법에서의 사용자책임 확대론(both A and B)

1) 부당노동행위의 수규자로서의 사용자책임 확대

개별적 근로관계에서의 사용자는 근로계약의 당사자로서 임금지급의무를 부담하는 등의 채무를 부담하기 때문에, 원고용주에 대해 사용자 책임을 묻기 위해서는 반드시 근로계약관계가 존재하여야만 한다. 그러나 집단적 노사관계법의 수규자, 또는 공법상 의무의 수규자로서 사용자 책임을 물을 경우에는 반드시 근로계약관계가 존재할 필요는 없다. 예컨대 부당노동행위제도와 같이 건전한 노사관계의 형성을 목적으로 노조법에서 창설한 제도가 합리적으로 운용되기 위해서는 이를 방해하는 행위를 금지하고 제재하기 위해 '사용자'의 범위를 달리 획정할 필요가 있기 때문이다. 앞서 소개한 파견근로자의 임금차별 금지에 대한 사용사업주의 의무를 파견법에 규정한 것도 이와 같은 취지이다.

최근에는 원청회사의 지배·개입의 부당노동행위에 대해 사용자책임을 확대할 수 있는지 논의되어 왔는데, 이에 대해 대법원은 현대중공업사건을 통해 "원청회사가 개별도급계약을 통하여 사내 하청업체 근로자들의 기본적인 노동조건 등에 관하여 고용사업주인 사내 하청업체의 권한과 책임을 일정 부분 담당하고 있다고 볼 정도로 실질적이면서 구체적으로 지배·결정할 수 있는 지위에 있고 사내 하청업체의 사업폐지를 유도하는 행위와 그로 인하여 사내 하청업체 노동조합의 활동을 위축시키거나 침해하는 지배·개입 행위를 하였다면, 원청회사는 노동조합 및 노동관계조정법 제81조 제4호에서 정한 부당노동행위의 시정을 명하는 구제명령을 이행할 주체로서의 사용자에 해당"[65]한다고 판시하여 집단적 노사관계법에

---

63) 대법원 2013. 11. 28. 선고 2011다60247 판결(평화산업 사건).

64) 김기선(2016), "사용사업주의 안전배려의무 및 산업안전보건법 제29조의 한계", 노동리뷰 2016년 4월호, 89-91면.

65) 대법원 2010. 3. 25. 선고 2007두8881 판결(현대중공업사건).

서의 사용자책임을 확대하고 있다. 이러한 대법원 판결은 대부분의 학자들이 취하고 있는 '실질적 지배력설'의 입장에서 부당노동행위의 사용자책임을 확대하고 있다는 점에서 긍정적으로 평가할 수 있다.[66)

2) 단체교섭의 상대방으로서의 사용자범위 확대

(1) 판결례와 학설의 입장

집단적 노사관계법에서의 사용자책임을 확대하는 경우, 부당노동행위 이외에 단체교섭의 상대방으로서 사용자의 범위도 확대되는지가 문제될 수 있다. 하청업체 소속의 노조원들이 원청업체를 상대로 단체교섭을 요구하는 경우가 있을 수 있기 때문이다.

이에 대해서 하급심의 가처분 결정 중에는 "하청업체의 근로자가 원기업체의 생산과정에 투입되어 원기업체의 지휘·명령 하에 근로를 제공하고 있고, 원기업체가 하청업체의 근로자에 대하여 실질적인 사용종속관계를 가지고 영향력 또는 지배력을 행사할 수 있는 경우에는 원기업체 역시 단체교섭의 상대방이 된다고 봄이 상당하다."고 본 바 있고,[67) 또한 "단체교섭의 당사자로서의 사용자라 함은 근로계약관계의 당사자로서의 사용자에 한정하지 않고 비록 근로계약관계의 당사자가 아니라고 하더라도 단체교섭의 대상이 되는 근로조건에 관한 사항의 전부 또는 일부에 관하여 그 근로자를 고용한 사업주로서의 권한과 책임을 일정 부분 담당하고 있다고 볼 정도로 실질적이고 구체적으로 지배·결정할 수 있는 지위에 있으면 단체교섭의 당사자로서의 사용자에 해당한다고 볼 것이다."라고 판시하기도 하였다.[68)

이에 대해 대다수의 학설도 단체교섭의 상대방이 확대될 수 있다는 견해를 취하고 있다.

우선 김유성 교수는 단체교섭이 노사 간 주장이 대립하는 사항에 관하여 합의를 형성하려는 사실행위라는 점을 감안하여, 변화하는 노사관계의 실태, 고용형태의 측면을 고려하여 단체교섭의 원래 목적에 적합한 근로조건의 실효성 있는

---

66) 관련된 학설에 대해서는 이철수(2011) 참조.
67) 전주지방법원 군산지원 2006. 4. 12. 선고 2005카합411 결정.
68) 대전지방법원 2011. 11. 6. 선고 2011카합782 결정.

규제를 위해서는 당해 노동관계에 대하여 실질적 지배력을 가지는 상대방을 단체교섭의 상대방으로서의 사용자로 볼 수 있다고 한다.[69]

임종률 교수는 근로계약상의 사용자는 아니지만, 그와 비슷한 지위에 있는 자도 교섭을 요구한 노동조합의 조합원의 근로조건에 대하여 현실적·구체적인 지배력을 행사하는 예외적인 경우에는 단체교섭상의 사용자가 될 수 있다고 보고 모자기업의 사례, 사외근로자의 사례[70] 및 사실상 계속취업의 사례의 세 가지가 이에 해당한다고 한다.[71] 부당노동행위의 경우에도 사용자 개념이 확대되어 문제된 근로자의 근로계약상 사용자가 아니라도 이와 근접·유사한 지위에 있는 자이면 사용자로 인정된다고 보고 단체교섭의 경우의 설명과 마찬가지라고 하고 있다.[72]

김형배 교수는 단체교섭의 당사자로서의 사용자라 함은 외부적인 계약형식에 관계없이 해당 근로자들과의 실제적 관계를 고려할 때 실질적으로 사용자 권한을 행사하는 자로서 근로조건의 전부 또는 일부에 대하여 구체적 영향력 내지 지배력을 미치는 자라고 해석해야 할 것이라고 한다. 구체적인 사용자의 판단기준으로서는 i) 업무에 대한 지휘·명령권 내지 작업의 계속성의 유무, ii) 해당 근로자가 기업조직의 틀 속에 편입되는지 여부, iii) 해당 근로자의 노무에 대한 대가의 지급유무 등을 들 수 있다고 한다.[73]

이병태 교수도 단체교섭의 상대방은 반드시 근로계약의 당사자임을 요하지 않으므로 당해 노동조합 구성원의 근로조건에 영향을 미칠 수 있는 모든 사람이 포함된다고 본다.[74]

---

69) 김유성(1999), 「노동법Ⅱ」, 법문사, 132면.
70) 임종률 교수는 "'사외근로자'의 사례는 어느 기업이 업무도급계약이나 근로자파견계약 등에 근거하여 자기가 고용하고 있는 근로자를 다른 기업의 사업장에 보내 그 업무에 종사하게 하는 경우를 말한다. 이 경우 사용기업이 사외근로자의 근로조건에 대하여 현실·구체적으로 지배력을 행사해 왔다면, 사용기업도 사외근로자에 대하여 단체교섭상의 사용자로 인정된다. 그리고 제공기업이 기본적인 근로조건만 지배·결정하고 사용기업이 취업에 관한 근로조건을 재배·결정하는 경우에는 사용자의 지위는 이들 지배력의 비율에 따라 분담해야 한다."고 한다.
71) 임종률(2008), 「노동법」, 박영사, 113-114면.
72) 임종률(2008), 261면.
73) 김형배(2011), 「노동법」, 박영사, 839면.
74) 이병태(2008), 「최신 노동법」, (주)중앙경제, 212면.

(2) 소결

필자는 단체교섭의 상대방으로서 사용자개념을 확장하는데 있어서는 보다 신중을 기해야 한다고 생각한다. 왜냐하면 단체교섭의 결과물인 단체협약은 근로계약을 매개로 규범력을 발휘하기 때문에, 근로계약의 당사자가 아닌 원청회사에게 교섭의무를 부담시킬 실익이 있는지 의문이 들기 때문이다. 특히 우리나라 대법원의 입장은 단체교섭중심설을 취하면서도 단체교섭을 단체협약을 체결하기 위한 사실적 과정으로 이해하고 있기 때문에, 단체교섭의 제도적 의미는 단체협약의 규범력을 매개로 해서 실현된다고 보아야 한다.

이러한 난점을 해결하기 위해서는 단체교섭의 법제도적 기능이 반드시 단체협약의 전(前) 단계로서만 의미를 지니는 것이 아니라, 근로자집단의 집단적 목소리(collective voice)를 보장함으로써 노사관계의 질서형성에 기여한다는 측면을 부각하는 등 단체교섭의 독자적 존재의의를 규명하는 이론적 작업이 선행되어야 할 것이다.

3) 도급인 사업장에서의 단결활동에 대한 수인의무

한편, 사내하도급이 증가하면서 하도급근로자 또는 그 노동조합이 원도급인의 사업장에서 조합활동 또는 쟁의행위를 하는 경우가 증가하여 이를 둘러싼 법적 분쟁이 증가하고 있다.

이와 관련하여 과거 판결은 수급업체 소속 조합원들이 도급업체 소유이면서 업무수행장소인 로비에 침입하여 이를 점거한 행위는 도급인을 포함한 로비 관리자의 의사에 반하여 이루어진 것으로 위법하다고 판단하였으나,[75] 최근 대법원은 용역업체 직원들로 구성된 노동조합이 원도급인의 사업장을 점거하면서 쟁의행위를 한 사안에서 사용자인 수급인에 대한 정당성을 갖춘 쟁의행위가 도급인의 사업장에서 이루어져 형법상 보호되는 도급인의 법익을 침해한 경우에도 그것이 항상 위법하다고 볼 것은 아니고, 법질서 전체의 정신이나 그 배후에 놓여 있는 사회윤리 내지 사회통념에 비추어 용인될 수 있는 행위에 해당하는 경우에는 형법 제20조의 '사회상규에 위배되지 아니하는 행위'로서 위법성이 조각될 수 있다고 판시하였다.[76]

---

75) 대법원 2010. 3. 11. 선고 2009도5008 판결.

76) 대법원 2020. 9. 3. 선고 2015도1927 판결(이러한 경우에 해당하는지 여부는 쟁의행위의

Ⅳ. 결론을 대신하며 — 새로운 방법론의 모색

1) 그간 근로자파견을 판단하기 위한 다양한 논의가 전개되어 왔고, 법원에서도 그 동안 하급심과 대법원에서 혼재되어 있던 판단기준을 최근 2015년 대법원 판결을 통해 통일적으로 제시하였다. 그러나 이러한 기준들을 현실에 그대로 적용하기에는 한계가 있다. 사내하도급의 경우 근로계약적 요소와 도급계약적 요소가 비정형적으로 혼합되어 있을 뿐만 아니라 기업, 업종 및 산업마다 매우 유동적인 형태를 취하고 있기 때문이다.

그런데 소송이 제기된 경우 관련된 요건사실들을 종합적으로 고려하여 근로자파견인지 도급인지의 규범적 선택을 해야 하므로, 그 선택의 결과에 따라 법현실이 새로이 규정된다. 40%의 파견적 요소가 존재하더라도 60%의 도급적 요소가 보다 우세하다는 이유로 노동법적 보호는 전무한 결과가 초래되는 것이다. 이처럼 우리의 인식 지평에서 근로자파견과 도급을 모순적인 개념으로 이해되는 한, 노동법의 보호관념이 법해석을 통해 반영되기는 어려울 것이다. 그래서 최근에는 경제법과 상법을 통해 사내하도급을 규율해야 하는 것은 아닌지도 고민이 된다.

2) 사내하도급의 다양한 법적쟁점에 대해, 판례는 위장도급의 경우에 수급사업자의 실체성이 부인된다면 원사업자와 수급사업자의 근로자 간에 묵시적으로 근로계약이 성립한 것으로 해석하거나(묵시적 근로계약론), 수급사업자의 실체성은 인정된다면 이를 근로자파견으로 보아 파견법상의 사용자 책임을 묻고 있다. 종래 후자의 경우 위법한 근로자공급사업으로 보아 고용의제규정 또는 고용보호규정을 적용할 필요없이 원사업자가 수급사업자의 근로자를 사용한 시점부터 직접 근로계약관계가 존재한 것으로 보아야 한다는 유력한 비판론이 제기되었다. 그러나 결국 2012년 파견법 개정을 통해 불법파견시에도 사용기간 2년의 초과여부와 관계없이 사용사업주가 파견근로자를 직접고용해야 할 의무가 있는 것으로 개정됨으

목적과 경위, 쟁의행위의 방식·기간과 행위 태양, 해당 사업장에서 수행되는 업무의 성격과 사업장의 규모, 쟁의행위에 참여하는 근로자의 수와 이들이 쟁의행위를 행한 장소 또는 시설의 규모·특성과 종래 이용관계, 쟁의행위로 인해 도급인의 시설관리나 업무수행이 제한되는 정도, 도급인 사업장 내에서의 노동조합 활동 관행 등 여러 사정을 종합적으로 고려하여 판단하여야 한다).

로써 묵시적 근로관계가 인정되는 위장도급의 경우나 불법파견인 경우나 사실상 그 법적효과 면에서는 큰 차이가 없게 되었다.

또한 집단적 노사관계의 경우에는 사용자 개념의 외연을 확대하여 근로계약 관계가 존재하지 않는 경우에도 부분적으로 사용자 책임을 물을 수 있도록 하고 있다(사용자책임의 확대론). 사용자책임의 확대가 지배·개입의 경우에 국한되는지 아니면 단체교섭에까지 미치는 지에 관해서는 아직 대법원 판결을 통해 본격적으로 다루어지지 않았지만, 다수설은 이를 적극적으로 해석하고 있다.

이처럼 판례와 학설에서 사용사업주(원청업체)에게 파견법상의 책임을 묻기 위해서는 추가적인 검토가 이루어져야 한다. 먼저 사용사업주와 파견근로자간의 계약관계가 성립하였다는 법해석을 통해 법적 책임을 발생시키는 경우, 당사자의 의사에 반해 계약관계 당사자가 되도록 강제하여 각종 책임을 부담하게 만드는 것이기 때문에 그 해석재량을 일탈해서는 안 된다.

특히 최근의 사내하도급 관련 판례들에서는 도급인지 근로자파견인지에 대한 판단의 문제를 넘어 근로자파견으로 인정될 경우 수급인 소속 근로자들에 대한 차별적인 근로조건의 문제, 수급인이 행사한 징계의 효력, 손해배상의 문제 등 다양한 이슈들이 제기되고 있다. 앞으로도 고용의제 또는 고용의무 조항의 효력 발생시 수급사업자 소속 근로자들과 원사업자 및 수급사업자간의 근로관계병존으로 인해 파생되는 원사업자와 수급사업자의 책임 귀속 내지 배분 문제를 어떻게 해결할 것인지에 관한 보다 심도 있는 이론적, 실무적 해명이 필요하고, 기존의 수급사업자와 근로자간에 형성된 각종 법률관계(대표적으로 임금)를 어떻게 재해석하여야 하는지가 해석론적 과제로 남게 된다. 또한 파견법제를 통한 규제방식은 우선 고용간주나 고용의무 규정을 두어 계약을 강제하는 방식을 취하고 있기 때문에 계약자유의 원칙을 침해할 소지가 있어 여전히 위헌성 여부가 논란될 여지가 있다.[77]

3) 위와 같은 이유로, 사내하도급에 대한 입법론적 대응방안을 특별히 강구

---

77) 구 파견법의 고용간주조항에 대해 헌법재판소의 결정이 내려진바는 없으나 서울고등법원 2010. 12. 5. 선고 2010카기1782 판결; 부산고등법원(창원) 2016. 1. 21. 선고 2015나130, 147 판결(한국지엠 사건) 등에서는 구 파견법상의 고용간주조항이 합헌이라고 보았다.

할 필요가 있다. 이 때 입법론은 노동법 아니면 상법(경제법)이라는 양자택일의 이분법(all or nothing)을 지양하는 데에서 출발해야 한다. 이는 근로자 개념 획정의 어려움을 타개하기 위한 한 방편으로 ILO가 권고하는 이른바 '계약노동'(contract labor)에 관한 해법과 유사하다. 사내하도급의 문제를 노동시장과 재화시장의 중간영역에 존재하는 회색지대(gray zone)로 규정하고, 이러한 법현상에 대해서는 해석론을 통한 현상의 재규정을 지양하고 '있는 사실 그대로(as it is)' 실태에 즉응할 수 있는 해법을 제시해야 한다.

　일례로 원청회사의 장소적 공간에서 발생하는 근로조건의 문제, 예컨대 근로시간, 산업안전, 성희롱 방지 등의 배려의무, 산업재해 등에 대해서는 원청회사에 사용자 책임을 부여하고, 이러한 사항과 관련하여 하청근로자에게 집단목소리(collective voice) —그것이 단체교섭이든 경영참가의 방법이든— 를 보장하는 방법을 생각해 볼 수 있을 것이다. 다면적 근로관계의 외양을 띠면서 규범의 세계에서는 양면적 근로관계로 평가받기도 하는 사내하도급은 '히드라'와 같은 존재이다. 앞서 소개한 최근의 판결과 논의들이 축적되면서 법원의 해석론을 통한 해결방법이 발전하기는 했지만, 이 이상한 생물체를 잘 추스르기 위해서는 국회와 정부도 진지한 고민을 기울여야 할 것이다.

제3부

집단적 노사관계의 변화와 새로운 방법론의 모색

제 9 장

산별노조 체제로의 전환과 법률적 쟁점의 재조명[1)]

I. 들어가며

최근 10여 년 동안 우리 노사관계에서 일어난 가장 큰 변화는 '산별노조'(혹은 초기업별 노조)와 관련된 것이다. 1990년대 말 IMF 경제위기는 기업별노조 체제의 한계를 극명하게 보여주었고, 이에 따라 노동계는 노동조합의 조직형태를 기존의 기업별노조 중심에서 산별노조 중심으로 전환하는 운동에 속도를 냈다. 이처럼 노동조합이 자율적으로 진행한 최근의 산별노조 전환은 적어도 외견상으로는 상당한 성과를 거두었다.[2)]

그러나 산별노조로의 전환속도, 경과, 정도 등에 있어서는 총연맹들 사이뿐만 아니라 산별노조들 사이에서도 상당한 차이를 보이고 있다. 이 점은 산별노조 전환을 주도한 민주노총의 사례에서 두드러진다.[3)] 노동계는 이 시기 산별노조 전환의 특징을 다음과 같이 요약한다.

"현재 민주노총 산하노조에서 진행되고 있는 산별노조 전환은 다음과 같은 특

---

1) 본 장은 이철수(2011), "산별체제로의 전환과 법률적 쟁점의 재조명", 노동법연구 제30호의 내용을 보완 및 재구성한 것이다.
2) 노동부 발표에 따르면 2009년 기준 산별노조 등 초기업별 노조(지역 및 업종 포함)의 조합원 비중은 전체의 52.9%(조합원 수 868,467명)를 차지한다. 또한 최근 고용노동부의 '2021 전국노동조합조직현황' 자료에 따르면 산별노조 등 초기업별 노조 소속 조합원 수는 전체 조합원 수의 60.4%(1,770,640명)으로서, 이는 2014년 56.5%에 비해 점차적으로 증가해온 것으로 평가할 수 있다.
3) 유병홍(2009), "산별노조 전환 연구 시론", 노동연구 제17집, 44면.

징을 갖고 있다. 첫째, 노조 자체의 목적의식적 전략적 선택에 따라 비교적 단기간에 조직변화가 나타나고 있다. 둘째, 그러나 실제 진행은 연맹별로, 연맹 안에서도 노조별로 차이를 보이고 있다. 셋째, 비교적 이른 시기에, 쉽게 이루어지고 있는 통합과 달리 산별노조 전환은 상대적으로 기간이 더 걸리고 많은 어려움을 겪고 있다.

이러한 특징을 보이고 있는 현재 한국 산별노조 전환은 다음과 같은 점에서 다른 사례와 비교된다. 첫째, 외국노조들이 위기에 대한 대응으로 통합을 하고 있는 것과 비교된다. 둘째, 함께 진행되고 있는 연맹통합이 비교적 쉽게, 이른 시기에 이루어지는 것과 대비된다. 셋째, 산별노조 전환이 노조 자체의 목적의식적 노력에 따라 이루어지고 있다는 점에서 과거 한국 노조 조직변화가 정책적, 법적 강제에 따라 이루어진 것과 대비된다."[4]

산별노조 전환이 가져온 변화는 이와 함께 추진된 산별(업종별) 연맹 사이의 통합과 비교할 때 더욱 두드러진다.

〈표〉 연맹 통합과 산별노조 전환의 비교[5]

	연맹 통합	산별노조 전환
변화 수준	연맹	기업별 노조
교섭권, 체결권	변화 없음	권한 이동
통제권, 대외대표권	변화 없음	권한 이동
조직구조	변화 없거나 작음	변화 큼
재정구조	변화 없거나 작음	변화 큼
인력운용	변화 없거나 작음	변화 클 것으로 예상됨
법, 행정상 난점	없음	초기에 있었으나 후기에 거의 없어짐
사측 거부	없거나 작음	큰 편임
노조 명칭	변화 없음	변화 있음
간부 호칭	변화 없음	변화 있음
잠재적 저항 집단	–	대규모, 좋은 노동조건 노조(간부) 기업별 노조에 익숙해진 조합원
논의 사항	새로운 논의사항 거의 없음	대부분 새로운 논의사항임
조직변화 성격	양적 변화	질적 변화

4) 유병홍(2009), 67면.
5) 유병홍(2009), 63면의 <표 5>를 참조함.

산별노조로의 전환과정이 단선적으로 이루어진 것은 아니다. 예를 들어 민주노총에 비해 산별노조 전환이 느렸던 한국노총이 최근 산별노조 전환을 서두르고 있는 반면, 민주노총 소속 산별노조에서는 산별 반대 또는 조직 이탈의 움직임도 나타나기도 한다.

이러한 산별노조 체제로의 전환으로 인해 새로운 유형의 법적분쟁이 발생할 가능성이 높기 때문에, 기존의 이론을 현실에 맞게 재구성하는 작업이 실무적 및 학문적 차원 모두에서 요구된다. 아울러 산별노조 중심의 조직형태는 전세계적으로 보편적인 현상이지만 각 국가별로 이를 규율하는 법제가 상이하기 때문에, 이를 타산지석으로 삼아 우리의 법해석과 제도형성에 활용할 필요가 있다. 제도론적인 측면에서 보면, 초기업별 산별노조와 사업장 내 의사결정시스템(예컨대 기업 내 노동조합, 노사협의회, 근기법상의 근로자대표 등) 간의 관계가 검토되어야 할 것이다. 그리고 법해석론적 측면에서는 산별노조 지부·분회의 의사결정능력·협약체결능력(교섭당사자성)·쟁의행위능력, 산별 단체협약과 지부·분회 단체협약간의 충돌, 조직형태의 변경, 지부재산에 대한 처분권의 귀속, 산별노조 간부의 사업장 출입권, 쟁의행위에 있어서의 산별노조의 책임, 부당노동행위의 주체 및 구제 신청권자, 산별노조 활동과 업무상 재해의 인정 여부, 산별노조와 창구단일화의 관계 등의 쟁점에 관해 법리를 재조명해 보고 기존의 판례를 비판적으로 분석할 필요가 있을 것이다. 본고는 이러한 법해석적 작업의 일환으로 쓰여졌다.

II. 산별조직화와 관련된 법률적 쟁점

1. 산별노조 하부조직의 단체교섭 당사자성

1) 문제의 소재

우리의 경우 조직형태의 변경절차를 통해 기존의 기업별 노조가 산별노조의 하부조직으로 변경된 경우가 흔하기 때문에, 하부조직의 당사자성 문제가 중요한 쟁점으로 부각된다. 산별노조 하부조직의 교섭은 단위노동조합의 전체 의사와 사업장 내 현장근로자들의 개별적 요구를 잇는 가교로 기능하기 때문에,[6] 이는 노

---

6) 門田信男(1981),「下部組織の團體交涉權 : 現代勞働法講座 4 團體交涉」, 総合労働研究所,

동조합의 통제력 강화와 하부조직의 기능적 · 권한적 독자성 승인이라는 긴장관계를 드러낸다. 우리의 산별체제의 모습이 해외의 사례와 같이 산별단위노조에 권력이 집중될 것인지, 아니면 과거 60년대의 경험처럼 사업장 차원의 하부조직으로 권력이 분산될지는 지금으로서는 현재로서는 예측하기 어렵지만, 하부조직의 단체교섭 당사자성을 둘러싼 논의는 크게 2가지 논점으로 정리할 수 있을 것이다.

첫째, 단위노조로의 교섭권한의 위임 여부와 상관없이 하부조직 그 자체가 독자적인 단체교섭권을 가지는가? 둘째, 하부조직에 독자적인 단체교섭권이 인정될 경우, 단위노조의 통제권한에 따라 제약되는 하부조직의 교섭권한은 어느 정도로 제약받는가?

이 때 독자적 단체교섭권이라 함은 단위노조 규약상의 명문규정에 의하거나 조합총회의 결의에 의하여 교섭권한이 위임되는지의 여부 또는 직장교섭이 관행화되어 있는지의 여부에 관계없이 직장조직 또는 지부, 분회의 실태에서 고유한 사항에 대해 독자적인 교섭능력이 인정된다는 것을 의미한다.

전자는 하부조직의 단체교섭의 당사자성에 관한 문제이고 후자는 교섭권의 내재적 한계에 관한 문제이기 때문에 이하에서는 전자의 논점에 초점을 맞추고자 한다.

2) 지부 · 분회의 교섭능력에 관한 판례와 학설
(1) 판례

대법원은 지부 · 분회가 독자적인 단체교섭권 및 단체협약 체결 능력을 가질 수 있다고 해석하여 왔고, 그 판단기준은 다음과 같다.[7]

"노동조합의 하부단체인 분회나 지부가 독자적인 규약 및 집행기관을 가지고 독립된 조직체로서 활동을 하는 경우 당해 조직이나 그 조합원에 고유한 사항에 대하여는 독자적으로 단체교섭하고 단체협약을 체결할 수 있고, 이는 그 분회나 지부가 노동조합 및 노동관계조정법 시행령 제7조의 규정에 따라 그 설립신고를 하였는지 여부에 영향받지 아니한다."

35면.

7) 대법원 2001. 2. 23. 선고 2000도4299 판결; 대법원 2002. 7. 26. 선고 2001두5361 판결; 대법원 2011. 5. 26. 선고 2011다1842, 1859, 1866, 1873 판결 등.

(2) 학설

지부의 교섭·협약능력을 인정하는 대법원 판결에 대하여 학설의 대다수는 비판적 입장(부정설)을 취하고 있다. 그 비판의 논거로는 지부의 실체성만을 이유로 하는 단체교섭 당사자의 인정은 조합조직의 원리나 대표성의 원칙에 반하고,[8] 산별노조의 단체교섭권을 형해화한다는 점,[9] 지부는 독자적인 노동조합이 아니기 때문에 산별노조 규약상의 수권이나 위임에 의해서만 단체교섭이 가능하다는 점, 지부의 조직적 실체성 여부와 산별노조 규약에 합치하는 지부의 교섭능력 여부는 별개의 문제라는 점[10] 등이 제시되고 있다.

부정설의 입장에서도 '예외적으로' 지부·분회의 단체교섭 당사자 지위가 인정되는 경우가 있을 수 있다고 본다. 즉, 산하조직이 그 명칭과 달리 상급노조에 대한 가입·탈퇴를 단체로서 하는 등 실질적으로는 단위노조와 다를 바 없는 경우,[11] 산별노조가 형식적으로는 산별 단위노조이지만 실질적으로는 산별 연합단체로서의 지위를 갖는 경우에는 지부의 당사자성을 인정하여야 한다는 것이다.[12]

그러나 이러한 부정설은 실질적으로 지부가 교섭당사자로서 활동하고 있을 뿐만 아니라 단위노조와의 관계상 교섭권(한)의 배분 내지 조정이 이루어지고 있는 현실태를 적절히 반영하지 못하고, 향후 창구단일화의 결과 과반수 지위를 획득한 대표노조에 대해서는 지부의 조직형태를 취하고 있다 하더라도 단체교섭당사자성을 부여할 것을 예정하고 있는 현행법제도를 설명할 수 없기 때문에 법리상 수긍하기 힘들다. 상부연합단체와 단위노조의 관계를 고려해보면 부정설이 주장하는 바와 같이 복수의 당사자가 있다고 해서 반드시 단위노조가 형해화된다고

---

8) 김형배(2010), 「노동법」, 박영사, 812면; 이승욱(2002), "산별노동조합의 노동법상 쟁점과 과제", 노동법연구 제12호, 216면.

9) 임종률(2010), 「노동법」, 박영사, 111-112면; 하갑래(2010), 「집단적노동관계법」, (주)중앙경제, 255-256면.

10) 김기덕(2004), "산업별노조의 단체교섭 주체에 관한 법적검토", 노동과 법 제5호, 132-134면.

11) 임종률(2009), 112면.

12) 이승욱(2002), 217-218면. 이 교수는 이러한 예로 산별노조에서의 지부가 지부의 결성 당시부터 이미 독자적인 조합규약을 가지고 있고 독자적인 활동을 할 수 있는 사단적 조직체를 결성하는 등 독립한 단위노동조합으로서의 성격을 가지고 있고, 그 규약에서 산별노조에 대한 가입 및 탈퇴에 관한 사항을 정하고 있는 등 조직으로서의 지부가 산별노조에 가입하였다고 인정될 수 있는 사정이 있는 경우를 들고 있다.

단정할 수 없을 뿐만 아니라, 설령 이러한 추상적 위험이 존재한다하더라도 이는 지부의 당사자성을 부정함으로써 발생하는 구체적 위험과 비교 형량되어야 할 것이다.

만약 단위노조가 교섭권의 배분·조정에 성공하지 못해 형해화의 결과를 초래한다면, 그 원인은 지부의 당사자성의 유무에서 찾을 것이 아니라 단위노조 자체의 단결력 또는 조정·규제 능력의 미비 등의 다른 실질적 요인에서 찾아야 할 것이다. 또한 조합민주주의의 요청 상 하부조직이라도 사단적 실체를 가지는 단체에 대해서는 그에 상응하는 법률적 지위를 부여하는 것이 바람직하다는 점을 고려하면 지부의 당사자성을 일률적으로 부정할 것은 아니다. 단위노조는 통제권을 통해 구성원의 활동을 규제할 수 있는 무기가 있지 않은가?

단위노조의 위임 여부에 따라 당사자성의 유무가 결정된다는 주장으로는 임종률 교수의 견해[13]와 김형배 교수의 견해[14]가 있는데, 이는 단위노동조합의 위임 또는 수권을 받았을 때 비로소 지부 또는 분회가 단체교섭의 당사자가 된다고 보는 점에서 의견을 같이 한다. 이에 반해 김유성 교수는 지부, 분회가 독자적인 규약과 집행기관을 가지고 독립한 단체로서 활동하는 경우에는 단위노조의 위임 여부와 관계없이 당사자가 될 수 있다고 보고 있으며,[15] 이병태 교수는 구체적인 논거를 제시하고 있지는 않지만 아마 김유성 교수와 동일한 입장인 듯하다.[16]

(3) 소결

필자는 판례의 입장에 기본적으로 찬동한다. 왜냐하면 단체교섭의 당사자 문제는 담당자 문제와 달리 단위노조의 위임에 의존하지 않고, 독자적 규약이나 집행기관의 유무라는 객관적 실태에 따라 판별되어야 하기 때문이다. 사법상으로도 권리능력·의사능력·행위능력·책임능력·불법행위능력 모두 법적 안정성의 견지에서 객관적 실태를 기준으로 그 유무가 판단된다. 단체교섭의 당사자 능력을 특별히 주관적 의지에 따라 판단할 특별한 이유는 발견되지 않는다. 독일에서는 협약체결능력의 본질을 권리능력으로 이해하는 입장, 행위능력으로 이해하는 입장,

---

13) 임종률(2009), 111-112면.
14) 김형배(2010), 811-812면.
15) 김유성(1999), 「노동법Ⅱ」, 법문사, 131면.
16) 이병태(2008), 「최신 노동법」, 현암사, 208면.

단체협약법상의 특수한 능력으로 이해하는 입장으로 나누어져 왔으나,[17] 일찍이 Kaskel이 언명한 바와 같이 이는 '능력'에 관한 논의인 만큼 객관적 실태에 따라 판단되어야 한다는 점에 있어서는 모든 학설이 일치하고 있다.

> "일반적 권리능력의 성질과 마찬가지로 특별한 협약능력의 성질은 개개의 주관적 의지(subjektiven Willen)에 의존하지는 않고 오히려 객관적 지표(objecktive Merkmal)에 따라 법질서에 의해 규정된다. 다시 말해 객관적 지표가 존재하는 경우에 협약능력은 바로 주어지는 것이고, 그렇지 않는 경우에는 협약능력은 결코 존재하지 않는다."[18]

이러한 접근방식은 오래전부터 일본의 대부분의 판례가 취하고 있고,[19] 일본의 학설도 이와 거의 일치하고 있다.[20] 즉 지부·분회라 하더라도 조직적 실태를 갖추었으면 독자적인 단체교섭 능력을 인정하고, 내부 위임의 여부와 관계없이 자신의 이름으로 단체교섭을 요구할 수 있다고 본다. 다만 이 경우 지부 또는 분회는 단위노조의 통제에 따라야 하기 때문에, 교섭권의 내재적 제한이 있을 수 있다.

연합단체의 경우에는 단체인 단위노조를 그 구성원으로 하고 있으므로, 그 연합단체 내에서 단위노조의 단체교섭권의 제약은 단위노조와의 교섭권 중복과 경합의 문제로 다루어지는데 반하여, 산별 단위노조와 하부조직의 경우에는 종업원 등의 자연인이 단위노조의 구성원이면서 동시에 하부조직의 구성원으로 중첩되므로 조합의 통일적인 의사가 존중되지 않을 수 없고, 따라서 단위노조의 통제권 내지 집단의사가 하부조직에 대한 내재적 제약의 근거가 된다. 또한 그 교섭의 결과가 교섭사항의 범위 및 직장교섭의 방법 및 태양에 있어서도 단위노조와 사용자간에 형성된 질서에 모순, 저촉되지 않아야 한다. 대개의 경우 단위노조의 특별한 의사표시가 없는 한, 직장에 특유한 사항에 관해서는 하부조직이 독자적인

---

17) 이철수(1992), "단체교섭의 근로자측 주체에 관한 비교법적 분석", 서울대학교 박사학위논문, 14–24면 참조.

18) Kaskel, "Tariffaehigkeit und Tarifberechtigung", 「Neue Zeitschrift fuer Arbeitsrecht」, 1926, 1–2면.

19) 名古屋 地裁 1949. 12. 8 (豊和工業 事件, 勞判集 제2호 제161항) 判決. 秋田地裁 1950. 9. 5.(日通秋田支店 事件, 勞民集 1-5-683).

20) 官野和夫(1997), 「勞動法」, 1997, 476면

단체교섭의 주체가 된다고 하겠다.

　요컨대, 지부·분회 등의 하부조직이 독자적 단체교섭 주체로 인정 될 수 있으며, 그 판단은 하부조직이 조직으로서의 실체를 갖추고 있느냐의 여부에 달려있지만, 노동조합의 조직원리 상 하부조직의 독자적 단체교섭권은 조합통제와의 관련된 내재적 제약을 받는다 할 것이다.

　최근에는 산별체제로의 전환이 상당히 진전되어 하부조직에 대한 산별 단위노조의 통제가 강화되고 그에 따라 하부조직의 독립성이 약화되고 있다는 점을 고려하여, 판례와 같은 객관설에 더하여 '조합 내부의 실질적 관계'라는 요소를 교섭능력 판단에 있어 추가적으로 고려하여야 한다는 주장이 제기되었다. 예컨대, 조용만교수는 지부의 단체교섭 당사자 지위 여부를 판단함에 있어서 어떤 사항이 추가적인 기준으로 고려되어야 하는지를 기존 판례의 입장을 보완하는 차원에서 "초기업 단위노동조합의 규약 등 조합 내부의 실질적 관계에서 하부단체인 지부나 분회가 독자적인 규약 및 집행기관을 가지고 단체교섭권한의 위임 내지 수권이 없이도 단체교섭을 할 수 있는 독립된 조직체로서 활동을 하는 경우"에 지부의 당사자성을 인정해야 한다고 제안한 바 있다.[21] 또한 유사한 견해로 정인섭 교수도 "어떤 근로자의 단결체가 독립적인 노동조합으로서의 실체를 갖는지 여부는 그 단결체의 조직형태, 그러한 단결체의 조직형태에 대한 근로자의 자유선택, 단결체의 실질적인 관리·운영에서의 독립성 등 제반 요건을 종합적으로 고려하여 판단할 수밖에 없을 것이다."라고 서술하고 있는 바, 객관설의 연장선상에 당사자성을 파악하고 있는 것으로 보인다.[22] 이는 계속 변화중인 산별체제의 화학적 결합실태를 고려할 수 있는 유용한 견해들로 여겨진다.

　이처럼 하부조직이 단체교섭 당사자의 지위를 갖는 경우에는 논리필연적으로 쟁의행위능력도 갖는다고 보아야 한다. 지부가 쟁의행위를 예정하는 경우 찬반투표를 행하여야 하는 조합원의 범위에 대하여, 판례는 쟁의행위를 예정하고 있는 당해 지부나 분회 소속 조합원의 과반수의 찬성이 있으면 절차적으로 적법하다고 보고 있다.[23] 따라서 하부조직이 독자적으로 쟁의행위를 결정한 경우, 이것이 산

---

21) 보다 구체적인 내용은 이철수(2011), 58-60면에서 조용만 교수의 견해 참조.

22) 정인섭(2005), "지부 단위의 조직변경 결의", 노동법연구 제18호, 319면.

23) 대법원 2004. 9. 24. 선고 2004도4641 판결; 전형배(2005), "초기업별 노동조합의 기업별 지부의 쟁의행위 찬반투표", 「2004 노동판례비평」참고.

별 단위노조의 내부관계에서 징계사유에 해당하는지 여부는 별론으로 하더라도, 이 쟁위행위는 절차적으로 적법하다고 보아야 할 것이고 비공인파업으로 정당성을 상실한다고 할 수는 없을 것이다. 또한 하부조직이 사단성을 인정받게 되면 부당노동행위 구제신청에서 신청인적격이 인정될 뿐만 아니라, 행정소송, 민사소송 등에서 당사자능력 또한 인정된다.

2. 조직형태 변경

1) 문제의 소재

앞서 살핀 하부조직의 단체교섭 당사자성의 법리는 하부조직이 조직형태의 변경을 결의할 수 있는 법적 지위를 가지는지의 문제와 연관된다. 조직형태 변경과 관련하여 산별 단위노조의 지부로 편입된 지부가 집단결의를 통해 탈퇴하거나 다른 노조로 편입할 수 있는 독자적 능력을 가지는지의 여부에 대해 입장의 대립이 있는데, 이러한 행위능력을 인정하면 이러한 탈퇴는 조직형태의 변경에 해당된다는 결론에 이를 것이고, 부정하는 경우는 단순한 집단탈퇴에 불과한 것으로 평가하게 될 것이다.

1997년 노조법이 새로이 제정되면서, 그동안 해석론에서만 사용되던 조직형태 변경이라는 용어가 법률상의 용어로 처음 등장한다. 제정 노조법은 제16조 제1항에서 총회의 의결사항 중 하나로 조직형태의 변경에 관한 사항(제8호)을 추가하고, 같은 조 제2항에서 "… 조직형태의 변경에 관한 사항은 재적조합원 과반수의 출석과 출석조합원 3분의 2 이상의 찬성이 있어야 한다"고 규정하였다. 이 규정들은 현재까지 유지되고 있는데, 제16조 제1항(총회의 의결사항)은 조직형태의 변경에 관한 사항(제8호), 연합단체의 설립·가입 또는 탈퇴에 관한 사항(제6호) 및 합병·분할 또는 해산에 관한 사항(제7호)과, 같은 조 제2항은 조직형태의 변경을 '합병·분할·해산'과 독립하여 병렬적으로 규정하고 있다.

1997년 노조법이 조직형태의 변경에 관한 사항을 신설된 취지는 정확히 알 수는 없으나, 필자는 당시 입법에 대한 논의를 주도했던 노사관계개혁위원회 책임 전문위원으로서 조직형태의 변경을 법조문에 삽입할 것을 제안하면서, 그 이유로 산별체제로의 전환을 용이하게 하기 위해 조합의 해산과 설립 절차를 생략하고 법률상의 지위를 그대로 이전시킬 필요성이 있음을 주장했다. '단위노조가 초기업적 단위노조의 지부로 조직형태를 변경하는 경우 또는 상부연합단체가 단위노조로 조직형태를 변경하는 경우 등에 관해 현행법상 관련 규정이 없어서', 노동조합이 '산별체제로 전환하는 경우에 해산절차를 밟고 별도의 설립절차를 거쳐야 하기 때문에 절차상 번거로울 뿐만 아니라 조직이탈을 야기할 우려'가 있다고 보았기 때문이다. 또한 실제로도 조직형태의 변경 방식은 1990년대 후반부터 가속화된 산별노조의 건설 과정 및 이후의 조직이탈 수단으로 가장 널리 사용되었다. 조직형태의 변경이 실무상으로나 학계에서나 논의와 주목의 대상이 된 것은 바로 이 때문이다.

그러나 노조법은 조직형태 변경의 의의나 요건 또는 그 효과에 대해서는 아무런 규정을 두지 않았기 때문에, 조직형태 변경의 실체적 사항들(요건과 효과 등)에 관해서 다양한 입론이 전개되어 왔다.[24]

2) 조직형태 법리에 관한 기존의 논의와 최근 대법원 전원합의체 판결

많은 학설들은 조직형태 변경의 핵심적인 요건으로 '실질적 동일성'을 고려하고 있는데, 이는 현행법상 조직형태의 변경이 산별노조 체제로의 전환 등의 경우 조합의 해산과 설립절차를 생략하고 법률상 지위를 그대로 이전시키기 위해 도입되었다는 점에서 도출되는 요건이다. 또한 현행법이 '조직형태의 변경'을 '합병·분할·해산'과 독립하여 병렬적으로 규정하고 있는 점도, '실질적 동일성'을 조직형태 변경의 개념요소로 파악하는 논거가 된다. 이러한 점에서 조직형태 변경은 다수설과 같이 '노동조합이 존속 중 그 실질적 동일성을 유지하면서 그 조직형태를 변경하는 것'으로 이해하는 것이 적절하다.[25]

이러한 실질적 동일성 판단에 있어 견해의 대립이 가장 심한 부분은 산별 단위노조의 하부조직이 독립하여 기업별 단위노조로 조직형태를 변경하거나, 다른 산별 단위노조의 하부조직으로 편입하는 경우이다. 이에 대해 이승욱 교수는 산별노조의 기업지부가 기업별노조로 조직형태 변경을 하는 것은 원칙적으로 허용되지 않는다고 하면서도, 예외적으로 조직형태의 변경에 해당될 수 있는 경우를 상정하고 있다. 즉 '산별노조의 지부가 조합규약이나 조합의 결정에 의해 독자적인

---

24) 조직형태 변경에 대한 다양한 해석론은 이철수(2011), 63-73면 참조.
25) 김진석(2002), "노동조합의 조직형태 변경", 노동법연구 제13호, 356면.

조직, 규약을 갖추고 독립적으로 단체교섭·단체협약을 행하는 등 독립된 조직적 실체가 인정되는 경우'에 한하여 예외적으로 당해 지부의 조합원에 국한하여 조직형태변경결의를 할 수 있다고 보는 것이다.[26] 김진석 판사도 이와 동일한 주장을 펴고 있다.[27] 이러한 두 견해는 모두 하부조직은 독자적 의사결정능력이 없다는 이유로 조직형태의 변경을 허용할 수 없거나 조직형태의 변경에 해당하지 않는 것으로 보고 있다.

그러나 앞서 살펴보았던 것처럼 하부조직이라 하더라도 교섭능력이 인정될 수 있으므로, 산별 단위노조의 하부조직이 독립하여 기업별 단위노조로 조직형태를 변경하는 경우에도 실질적 동일성이 유지되어 조직형태 변경의 효과, 즉 '재산관계 및 단체협약의 주체로서의 지위 부여'[28]가 발생한다고 보아야 한다.

최근 선고된 대법원 전원합의체 판결도[29] 이러한 견지에서 "산업별 노동조합의 지회 등이라 하더라도, 실질적으로 하나의 기업 소속 근로자를 조직대상으로 하여 구성되어 독자적인 규약과 집행기관을 가지고 독립한 단체로서 활동하면서 해당 조직이나 그 조합원에 고유한 사항에 관하여 독자적인 단체교섭 및 단체협약체결 능력이 있어 기업별 노동조합에 준하는 실질을 가지고 있는 경우에는, 산업별 연합단체에 속한 기업별 노동조합의 경우와 실질적인 차이가 없으므로, 이 사건 규정에서 정한 결의 요건을 갖춘 소속 조합원의 의사 결정을 통하여 산업별 노동조합에 속한 지회 등의 지위에서 벗어나 독립한 기업별 노동조합으로 전환함으로써 그 조직형태를 변경할 수 있다고 보아야 한다."라고 판시하였다.

또한 동 전원합의체 판결에서는 독자적으로 단체교섭을 진행하고 단체협약을 체결하지는 못하더라도, 법인 아닌 사단의 실질을 가지고 있어 기업별 노동조합과 유사한 근로자단체로서 독립성이 인정되는 경우에도 소속 근로자의 조직형태 변경결의를 통하여 종전의 산업별 노동조합의 지회 등이라는 외형에서 벗어나 독립한 기업별 노동조합으로 전환할 수 있다고 보았다. 이는 종전 대법원 판결에서는 명확히 발견되지 않았던 논점으로 보인다. 이러한 논리는 지회 등의 의사능력과 단체협약체결 능력을 나누어 판단할 수 있다는 것인데, 이를 구분하여 판단할 이

---

26) 이승욱(2002) 196-199면 참조.
27) 김진석(2002), 369면.
28) 대법원 1997. 7. 25. 선고 95누4377 판결.
29) 대법원 2016. 2. 19. 선고 2012다96120 전원합의체 판결.

유가 없다는 점에서 해당 판결이 어떠한 의미에서 이러한 법리를 남겼는지는 의문이 남는다.

아울러 동 판결에서는 산업별 노동조합의 지회 등이 산업별 노동조합의 활동을 위한 내부적인 조직에 그친다면 그와 같은 결의를 허용할 수 없을 것이므로, 먼저 독자적인 노동조합 또는 노동조합 유사의 독립한 근로자단체로서의 실질을 갖추고 있는지에 관하여 신중하게 심리·판단하여야 한다는 점을 전제로 하였다.

한편, 조합원 범위를 확대 내지 축소하는 것, 즉 조직대상의 변경이 조직형태의 변경에 해당하는지도 문제될 수 있는데, 이에 대해서는 학설이 나뉘고 있으나 필자가 보기에 이는 입법자가 예정한 통상적인 조직변경에 해당되지 않아 논의의 실익이 없다고 생각한다. 조직형태의 변경에 해당하는지의 여부를 판별하는 실익은 조직형태의 변화를 도모하는 노동조합에게 종전과 같이 동일한 법률상의 지위를 부여할 것인가를 판단하는데 있는데, 조직대상이 변화한 경우는 그 효과로 종전 단체협약의 효력이 승계되는지 또는 협약의 인적 적용범위가 달라지는지 등이 문제되기 때문이다.

조직형태의 변경의 효과로 종전의 법률적 지위가 그대로 유지되므로, 조직형태의 변경이 있더라도 재산관계나 단체협약이 유지 또는 승계된다는 점에서 학설은 거의 일치하고 있다. 다만 조합원 지위의 승계와 관련하여 이승욱 교수는 개별 조합원에게 거부권 행사를 유보하여야 한다고 주장하고 있는데, 노조법 제16조 제1항에서 합병, 분할, 해산과 병렬적으로 조직형태의 변경을 규정하고 있고, 조직형태의 변경결의에 대해서는 특별의결정족수를 규정하고 있으며, 조직형태의 변경이 집단적, 단체적 현상이라는 점을 고려하면 굳이 개별 조합원의 거부권을 논의할 실익은 없다 할 것이다. 만약 개별조합원이 조합의 방침에 반대한다면 개별적으로 탈퇴하면 될 것이고, Union-Shop 협정이 체결되어 있어 이러한 탈퇴의 자유가 사실적으로 봉쇄된 경우라면 거부권을 행사하더라도 결과가 달라지지 않기 때문이다.

3. 단체협약의 경합·충돌

1) 문제의 소재

앞서 살펴본 바와 같이 하부조직의 단체교섭 당사자성이 인정되어 독자적으로 단체교섭을 체결하는 경우, 또는 산별 단위노조로부터 단체교섭권을 위임받아 협약을 체결한 경우에도 그 결과 체결된 기업별 협약이 산별 협약과 경합·충돌하는 경우가 발생할 수 있다. 또한 교섭창구단일화 제도의 시행으로 인하여 사업장 내에 복수의 협약이 병존하는 등 단체협약의 경합·충돌 문제가 발생할 수 있다. 이에 대한 유사판례로, 단위노조가 상부단체인 연합단체에 단체교섭권한을 위임한 경우에도 단위노조의 단체교섭권한이 수임자의 교섭권한과 중복하여 경합적으로 남아있다고 본 판례가 있으나,[30] 이것을 산별 단위노조와 하부조직의 관계에 적용할 수 있을지는 고민이다.

2) 검토

앞서 소개한 대법원 판결의 논법을 그대로 따르면, 산별노조가 지부의 대표자에게 교섭권한을 위임한 경우에도 산별노조의 단체교섭권은 상실되지 않고 수임자의 교섭권한과 중복하여 경합적으로 남아 있게 된다. 따라서 산별노조는 지부의 대표자와 사용자 사이에 이루어지는 단체교섭에 공동으로 참여할 것을 요구할 수 있고, 사용자가 이를 이유로 단체교섭을 거부하는 행위는 다른 특별한 사정이 없는 한 부당노동행위에 해당할 것이다.

또한 산별노조가 단체협약의 체결권한을 제외하고 교섭권한만을 지부의 대표자에게 위임한 경우, 지부교섭의 결과에 따른 협약체결을 거부하면서 새로운 교섭(지부대표자와 사용자간의 새로운 교섭 또는 산별노조와 사용자간의 새로운 교섭)을 요구할 수 있는지 문제될 수 있다. 생각건대, 조합대표자의 협약체결권한을 조합원 총회의 결의로 제한하는 것은 그 권한을 실질적으로 부정하는 전면적·포괄적 제한으로서 위법하다는 판례[31]의 입장을 받아들인다 하더라도, 지부의 대표자에게 교섭권한을 위임한 경우에는 지부의 대표자가 노동조합을 대표하는 자는 아니므로 이러한 판례법리를 적용할 수는 없을 것이다. 따라서 노동조합법 제29조 제2항에 따라 산별 단위노조는 교섭의 상대방인 사용자에게 지부의 대표자가 교섭 또는 단체협약의 체결에 관한 권한을 위임받았다는 사실과 그 권한범위와 교섭사항을

---

30) 대법원 1998. 11. 13. 선고 98다20790 판결.
31) 대법원 1993. 4. 27. 선고 91누12257 전원합의체 판결; 대법원 1993. 5. 11. 선고 91누 10787 판결; 대법원 2000. 5. 12. 선고 98도3299 판결 등.

통보해야 할 것이다. 또한 이 경우 단위노조는 협약체결권을 제외한 교섭권한만을 위임하는 것이 가능하다고 보아야 하고, 사용자는 산별 단위노조가 교섭권한만을 위임했다는 이유로 단체교섭을 거부할 수 없다고 보아야 한다.

교섭권한 및 협약체결권한을 위임받은 지부의 대표자와 사용자 사이에 단체협약이 체결되었음에도 불구하고, 그 협약의 유효기간 중에 산별노조가 해당 협약의 개정을 위한 별도의 교섭을 요구할 수 있는지도 문제될 수 있으나, 단체협약의 유효기간 내에도 새로운 단체협약의 체결을 요구할 수 있기 때문에 이는 단체협약의 경합 또는 충돌이 아닌 새로운 단체협약의 체결(계약의 변경)로 해석하여야 할 것이다.

한편, 산별협약이 성립한 후에 지부협약이 성립하거나(금융노조의 경우) 산별교섭과 지부교섭이 병행되어 산별협약과 지부협약이 거의 동시에 체결되는 경우(보건의료노조의 경우) 및 그 반대의 경우에는 하나의 근로관계에 적용되는 둘 이상의 협약이 있게 되고, 그 내용이 서로 상충하는 경우 단체협약의 경합·충돌의 문제가 발생한다.

산별협약 자체에서 지부교섭을 예정하면서 지부교섭의 기본틀을 정하고 있는 경우(예, 일정한 교섭사항에 대하여 산별협약이 정한 기준의 범위 내에서 지부교섭을 행하도록 하는 경우)에는 정해진 기준과 범위 내에서 성립한 지부협약은 산별협약과 충돌할 여지가 없기 때문에 협약의 경합·충돌 문제는 없을 것이다. 또한 산별노조의 사전승인을 받고 지부의 대표자가 지부협약을 체결하도록 되어 있는 경우나 산별노조가 지부협약에 대한 체결권을 유보하고 지부의 대표자에게 교섭만을 위임한 경우 산별노조는 산별협약에 반하는 지부협약의 성립을 사전에 차단할 수 있기 때문에 협약의 경합·충돌이 발생할 여지는 현실적으로 거의 없을 것이다.

산별협약과 지부협약이 경합·충돌하는 때에 어느 면이 우선되는가는 전적으로 해석론에 맡겨져 있고 그 문제해결의 실마리가 될 수 있는 판결례도 없는 상황이다.

3) 외국의 사례와 시사점

단체협약의 경합·충돌에 관련된 외국의 입법례나 해석론에서는 유리한 내용이 우선적으로 적용된다는 유리규정 우선의 원칙과 공간적·사업적·전문적 근접성이 큰 단체협약이 근접성이 적은 단체협약보다 우선 적용된다는 특별규정 우선의 원칙을 통해 문제를 해결하고 있다.

프랑스의 경우 산업별 협약과 사업장별 협약 사이에는 '유리의 원칙'이 적용된다. 즉, 하나의 근로계약 관계에 산업별 협약 조항과 사업별 협약 조항이 동시에 적용될 수 있는 경우에는, 근로자에게 가장 유리한 내용을 정한 협약의 조항이 적용되는 것이다. 2004년 법개정에서는 이를 다소 완화하여, 협약상 최저임금, 직무분류, 사업장 내 사회보장, 직업훈련기금을 제외한 나머지 모든 사항에 관해서는 사업장별 협약 당사자의 의사에 따라 산업별 협약의 적용을 배제할 수 있도록, 즉 유리의 원칙을 배제할 수 있도록 하고 있다.

독일의 경우 연방노동법원은 하나의 근로관계에 대해서는 하나의 단체협약만 적용할 수 있다는 단일협약원칙(Prinzip der Tarifeinheit)을 고수하고 있다. 독일에서 복수의 단체협약으로 인해 발생하는 전형적인 문제는 한 사업장 내의 근로자들이 가입하고 있는 노동조합이 다수이고, 이들 다수 노동조합과 사용자 또는 사용자단체가 각기 단체협약을 체결하여 결과적으로 복수의 단체협약이 존재하게 되는 경우, 즉 '단체협약 병존(Tarifpluralität)'의 경우이다. 그러나 이는 한명의 근로자 내지 하나의 근로관계에 대해 적용되는 단체협약이 두 개 이상이 되는 이른 바 '단체협약 경합(Tarifkonkurrenz)'의 문제와는 구별되는 것으로, 단체협약 경합의 문제는 초기업별 노동조합의 지부·분회에 속한 근로자에 대하여 초기업별 노조가 체결한 단체협약과 그 지부·분회가 체결한 단체협약이 동시에 존재하는 경우에 발생한다.

독일 연방노동법원과 통설은 특별규정 우선의 원칙에 의해 공간적, 사업적, 전문적 근접성이 있는 단체협약이 근접성이 적은 단체협약에 우선한다고 보고 있다. 즉, 개별 기업이나 개인의 특성 또는 요구가 더 많이 반영된 단체협약이 그렇지 못한 단체협약에 우선하여야 한다는 것이다. 이 원칙에 의하게 되면 산별 노조가 체결한 단체협약보다 지부나 분회가 체결한 단체협약이 당해 사업장에 우선 적용된다.

단체협약의 경우 규범제정 과정에서 당사자들이 직접 참여하고 있으므로 일반 법률보다 당사자의 의지를 존중하는 법해석이 이루어져야 하고, 따라서 일반적 법원리인 신법우선의 원칙이나 특별법 우선의 원칙을 단체협약의 경합·충돌에 그대로 적용하기는 어렵다. 우리의 노조법은 단체협약의 경합·충돌 문제를 예상하여 그 해결의 입법적 근거를 마련하고 있지 않고 있기에 독일과 프랑스에서 논의되는 유리규정 우선의 원칙과 특별규정 우선의 원칙의 타당성을 평가하기 어렵고, 따라서 두 원칙을 모두 고려하여 개별 사안에서 구체적 타당성을 도모할 수 있는 해석론을 택할 수밖에 없을 것이다.

이러한 관점에서 나름의 해석기준을 예로서 제시하여 보면 다음과 같다.

① 예컨대, 산별협약이 성립한 후 그 유효기간 중에 지부협약이 성립하는 때와 같이 산별협약이 최저기준으로서의 성격을 갖고 있다고 인정할 수 있는 경우, 산별협약이 규정하고 있지 않는 사항 또는 산별협약보다 유리한 내용을 정한 지부협약은 산별협약에 우선하는 효력을 갖는다고 해석할 수 있다. 반면 산별협약의 기준을 위반하여 불리하게 규정된 지부협약의 내용은 산별협약에서 그 효력을 인정하는 규정을 두는 등 특별한 사정이 없는 한 산별협약에 반하는 것으로서 그 효력이 부인된다고 보아야 한다.

② 반면에 지부협약이 먼저 성립한 후에 그 유효기간 중에 산별협약이 성립하는 경우에는 위 ①의 경우처럼 산별협약이 최저기준으로서 기능한다고 보기 어렵기 때문에, 산별협약이 지부협약보다 유리한 내용을 규정하고 있더라도 지부협약의 유효기간 동안에는 특별규정 우선의 원칙에 따라 지부협약이 적용되는 것으로 해석할 수 있다. 다만 지부협약에는 존재하지 않는 새로운 내용을 산별협약에서 규정한 경우에는 산별협약의 규정이 적용된다고 해석하더라도 특별규정 우선의 원칙에 반하지 않을 것이다.

4. 산별노조 임원 등의 산하 조직 사업장의 출입권한 여부

1) 문제의 소재

산별노조의 경우 조합활동과 관련하여 해당 사업장의 종업원이 아닌 산별노조의 임원 내지 조합원이 개별 사업장에 출입할 수 있는 권한을 갖는지 여부가 문제된다.

우선 조합활동의 정당성과 관련하여 대법원은 '조합활동이 정당하려면 취업규칙이나 단체협약에 별도의 허용규정이 있거나 관행, 사용자의 승낙이 있는 경우 외에는 취업시간 외에 행해져야 하며, 사업장 내의 조합활동에 있어서는 사용자의 시설관리권에 바탕을 둔 합리적인 규율이나 제약에 따라야 하고, 비록 조합활동이 근무시간 외에 사업장 밖에서 이루어졌을 경우에도 사용자의 이익을 배려해야 할 근로자의 근로계약상의 성실의무가 미친다'고 보고 있다.[32]

이러한 조합활동의 정당성 요건에 관한 판례의 기준에 따를 때 사업장내에서의 조합활동은 사용자의 시설관리권에 바탕을 둔 합리적인 규율이나 제약을 받게 되고, 이러한 원칙은 산별노조의 경우라고 해서 그 적용이 배제되지는 않을 것이다.

2) 학설과 판례

우선 산별노조 임원 등의 산하조직 사업장의 출입권한과 관련한 학설을 살펴보면 다음과 같은 견해들이 있다.

기업별노조의 경우 해고의 효력을 다투는 근로자는 조합원 자격이 인정되기 때문에 그 근로자가 조합원의 자격으로서 회사 내 노조사무실에 들어가는 것은 정당한 행위로서 회사측에서도 이를 제지할 수 없는 것이므로 노조사무실 출입 목적으로 경비원의 제지를 뿌리치고 회사 내로 들어가는 것은 건조물침입죄로 벌할 수 없다고 판단한 판례[33]를 유추하여, 산별노조의 임원 등이 기업 내에서 지부가 지배·관리하는 시설인 노동조합 사무실에의 출입은 가능하다고 보는 견해가 있다.[34] 다만 그 경우에도 산별노조의 조합활동에 필수불가결한 출입의 경우에 한하여 사용자의 수인의무가 발생하고, 출입하는 경우에도 정문의 일반적인 출입통제절차를 밝는다던지 지부사무실과의 최단거리를 이용한다는 제한 하에서만 출입이 가능하다고 보는 견해도 있다.[35]

산별노조의 사업장 내 조합가입권유 활동과 관련하여, 사업장 내에 조합구성원이 없는 경우라도 사업장 밖에서 가입권유 활동을 할 수 있기 때문에 산별노조가입 권유활동을 위한 사업장 출입은 원칙적으로 허용되지 않는다고 보는 견해가 있다.[36]

반대로 단결권은 '근로자'에게 인정되는 권리이지 '종업원'에게만 인정되는 권

---

32) 대법원 1990. 5. 15. 선고 90도357 판결 등.
33) 대법원 1991. 11. 8. 선고 91도326 판결.
34) 이승욱(2002), 221면 참조.
35) 박종희(2004), "산별노조 운영과 활동과 관련한 법적 쟁점", 노동과 법 제5호, 204면 참조.
36) 박종희(2004), 204면.

리가 아니고 동시에 개별 근로자의 권리이기도 하지만 단결체 자체의 권리이기도 하기 때문에 미조직사업장(조합원이 전혀 없는 사업장)에서의 조합활동도 원칙적으로 조직사업장과 동일한 수준에서 보장되어야 하고, 따라서 사용자의 시설관리권을 본질적으로 침해하지 않는 범위, 즉 점심시간 중 운동장이나 식당에서 비종업원인 조합원에 의한 조합가입권유 활동 등은 인정되어야 한다는 견해가 있다.[37]

　　이와 관련하여 최근 대법원 판결은 산별노조 간부의 사업장 진입이 문제된 사안에서 위 간부들이 평소에도 관리자의 별다른 제지 없이 현장순회를 해 왔고, 30분 정도의 시간동안 공장 설비를 눈으로만 살펴보았고, 이 과정에서 물리력을 행사하거나 근로자들의 업무를 방해한 사실도 없었다면 이는 근로조건의 유지·개선을 위한 조합활동으로서의 필요성이 인정되고 회사측의 시설관리권의 본질적인 부분을 침해하였다고도 볼 수 없다는 이유로 무죄를 선고한 원심판결을 수긍하는 한편,[38] 단체교섭 결렬 이후 사업장에서 진행된 적법한 집회에 산별노조 간부가 30분 가량 참석한 것은 조합원들의 쟁의행위를 지원·조력하기 위한 산업별 노동조합의 조합활동으로서의 성격을 가지고, 이러한 공장 출입이 노사합의를 위반하였다거나 사업운영에 지장을 주었다고 보기도 어려워 정당행위에 해당하여 위법성이 조각된다고 본 원심의 결론을 수긍한 판결이 있다.[39]

　　또한 2021년에는 노동조합법이 개정되면서 "사업 또는 사업장에 종사하는 근로자가 아닌 노동조합의 조합원은 사용자의 효율적인 사업 운영에 지장을 주지 아니하는 범위에서 사업 또는 사업장 내에서 노동조합 활동을 할 수 있다"는 노동조합법 제5조 제2항이 신설되었다.

3) 외국의 사례와 시사점

　　독일의 경우, 사업장조직법 제2조 제2항에서 특정 사업장을 대표하는 노동조합은 동법에 의한 임무와 권한을 보장하기 위하여 사업장에의 출입을 보장받을 수 있다는 점을 명시하고 있다.[40] 노동조합은 일반적으로 노조에 대한 홍보, 정보

---

37) 이승욱(2002), 221면.
38) 대법원 2020. 7. 29. 선고 2017도2478 판결.
39) 대법원 2020. 7. 9. 선고 2015도6173 판결.
40) 박귀천(2011), "독일 산별노조의 실태와 주요 법적 쟁점에 관한 고찰", 법학논집 제15권 제3호, 312-314면.

관련 활동 등 노조활동을 위하여 사업장 내에 노조업무수임자(Beauftragte)를 파견할(entsenden) 권리를 갖는다. 판례에 의하면 이는 독일기본법 제9조 제3항에서 규정하고 있는 임무의 이행을 보다 쉽게 할 수 있도록 하기 위한 중요한 수단으로서 인정되고, 이러한 의미에서 사업장소속이 아닌 외부인사인 노조업무수임자는 조합원이 소속되어 있는 사업장에의 출입권(Zugangsrecht)을 보장받게 된다. 연방헌법재판소는 "가능한 보다 더 많은 독립성"이라는 측면에서 사업장구성원이 아닌 노조업무수임자를 용인하고 있다.

한편 노동조합이 미조직사업장에 노조업무수임자를 파견하여 노조 조직을 위한 홍보활동 등을 할 수 있는지 여부가 문제되고 있는데, 이에 대해 다수의 학자들은 정보와 홍보활동을 위한 노동조합원들의 모든 사업장에의 출입권은 사용자가 가지는 보다 우위에 있는 권리를 침해하지 않는 한도 내에서만 허용될 수 있을 것이라는 입장을 취하고 있다고 한다. 이처럼 독일의 경우에는 실정법적 근거(사업장조직법 제2조)를 두어 노동조합의 정보수집과 홍보를 위한 사업장 출입을 원칙적으로 인정하고 있고, 출입 후의 활동 범위도 넓게 보장하는 듯하다. 독일에서는 사업장단위에서의 노조설립을 금지하고 있으므로 노조업무수행자가 정보수집활동 등을 행하기 위한 다른 대안을 찾기가 제도적으로 어렵고, 따라서 단결의 자유 보장 차원에서 사용자의 일정한 수인의무를 인정할 필요가 있을 것이다.

우리의 경우 대부분 사업장 내 산별노조의 지부나 분회가 설치되어 있어 실질적으로 단결권을 효과적으로 행사할 수 있는 조직적 기반을 갖추고 있다는 점을 감안하면, 산별 단위노조의 조합원이 사업장에 출입하여 단결력의 유지, 강화 활동을 하는 것이 헌법 제33조의 단결권을 행사하기 위한 필수적인 수단이라고 단정하기 어려울 것이다. 그리고 사업장은 '종업원'과 자본이 유기적으로 결합하여 노동기술적 목적을 실현하는 조직적 통일체이기 때문에, '근로자'라는 이유만으로 단결권이 이러한 '울타리'를 자유롭게 넘나들 수 있는 자유를 보장하는 우월적 권리라 보기도 어렵다. 또한 독일과 달리 단 2명만 있으면 자유로이 노동조합을 설립할 수 있는 우리의 경우 소수노조의 난립이 제도적으로 허용되어 있으므로,[41)

---

41) 독일에서는 노동조합의 성립요건으로 주장관철능력(Durchfuerungsfaehigkeit)을 요구하고 있고 법원을 통한 실질 심사가 가능하기 때문에 우리에 비해 노조의 난립이 용이하지 않다. 자세한 내용은 이철수(1992), "독일법상의 노동조합", 노동법연구 제2권 제1호 참조.

사용자로 하여금 다수의 산별, 직종별, 지역별 노조가 사업장에 출입할 것을 무차별적으로 수인하도록 기대하기는 힘들 것이다. 따라서 비종업원의 사업장출입권은 원칙적으로 허용하기 힘들지만, 다만 행위의 성질상 지부와 분회 등의 하부조직을 통한 단결활동을 기대하기 힘든 경우, 또는 단체교섭 준비를 위해 노동조합 사무실을 방문하는 경우 등 예외적·보충적으로 허용되어야 할 것이다.

Ⅲ. 맺으며

이상의 내용을 통해 산별노조 체제로의 전환과정에서 발생할 수 있는 다양한 법적 문제들에 대하여 살펴보았다.

현실에서는 산별협약과 지부별 협약의 기능적 분화가 어느 정도 정착되어 가고 있으나, 산별화의 정도와 방식·산별교섭의 진행 정도·사용자단체의 결성 여부·쟁의행위의 결정단위·조합비 배분방식 등에 있어서 산업별마다 일정한 편차를 보이고 있다. 현재에도 산별체제로의 전환은 진화 과정 중인 것으로 보아도 무방하다. 또한 복수노조가 허용되고 교섭창구단일화 제도가 시행되고 있기 때문에 산별체제로의 전환이 새로운 쟁점을 야기할 수도 있다.

산별노조 체제로의 전환과정에서 발생하는 분쟁의 핵심은 산별 단위노조 지부나 분회의 단체교섭 당사자성에 대한 것이다. 앞서 살펴본 바와 같이 대법원 판결은 지부나 분회도 단체교섭의 당사자성을 인정할 수 있는 길을 열어두고 있으며, 필자도 이에 찬동하는 바이다. 이러한 대법원의 입장은 최근 조직형태 변경에 대한 전원합의체 판결로도 이어지고 있는데, 해당 판결에서 독자적인 교섭체결능력이 없는 지부분회의 경우라도 의사능력은 갖추었다고 설시한 부분은 쉽게 납득하기는 어렵지만 하부조직의 당사자 능력이라는 관점에서는 타당한 것으로 보인다. 판례가 이런 입장을 취할 경우, 하부조직의 독자적 이탈을 방지하기 위해서는 산별노조가 하부조직의 단체성을 더 이상 유지시키지 않으려는 조치(판례의 문법에 따르면 예컨대 단위노조와 하부조직의 규약 통일 또는 독자적 집행기구의 해체)가 필요할 것이다.

어찌 보면 이 문제의 발단은 산별노조에서 조직의 재정비를 적극적으로 시도

하지 않은데서 비롯된 것으로 평가할 수 있겠다. 우리 노동계가 조직형태 변경 등의 제도를 통해 기업별체제에서 산별체제로의 전환을 시도했고 일정 정도의 성과를 이루기도 하였으나, 기업별 노조들이 '물리적'으로 산별체제에 편입된 이후에도 지회 단위에서 독립적인 재정운영권을 향유하고, 사업장차원에서의 교섭이 주를 이루는 등 내부에서의 '화학적' 융합이 부족한 상황을 타개하지 못한 결과가 이러한 판단으로 이어진 것으로 보이기 때문이다. 대상판결과 유사한 사건이 법원에 다수 계류 중이나, 대상판결의 논지를 봤을 때 유사한 사건에서도 이러한 법논리를 뒤집는 것은 쉽지 않을 것으로 보여, 향후 산별노조 체제가 어느 정도 타격을 입을 것으로 보인다. 그러나 이는 산별노조체제 내부의 내실을 다지는 기회로 삼아 조직의 재정비를 강화하는 방안을 모색하여야 한다.

제10장

미국의 배타적 교섭대표제와 한국적 함의[1]

Ⅰ. 서론

복수노조 시대에 대비한 교섭창구단일화 방안으로 과반수 교섭대표제(사업장 내 선거 등을 통해 다수 근로자의 지지를 받은 노조에만 교섭권을 부여하는 방안), 비례적 교섭대표제(조합원수에 비례하여 교섭위원단을 구성하는 방식), 교섭단일화 의무제(노동조합이 자율적으로 교섭위원단을 구성토록 하고, 단일화가 된 경우에만 사용자에 교섭에 응할 의무를 부과하는 방식), 단순다수대표제(사업장 내 근로자의 과반수 여부에 관계없이 최대 노조에 배타적 교섭권을 주는 방식) 등이 거론되어 왔으나, 노사관계개혁위원회나 노사정위원회에서 유력한 방안으로 논의된 것은 과반수 교섭대표제도이다.

노사관계개혁위원회(이하 노개위)와 노사정위원회의 공익위원안 및 1999년 정부입법안 모두가, 구체적 방법에 있어 약간의 차이가 존재하지만, 과반수교섭대표제를 선호하고 있다. 2002년 노사관계선진화위원회에 의한 노사관계선진화방안

---

1) 본 장의 내용은 이철수(2005), "미국의 배타적 교섭대표제와 한국적 함의", 산업관계연구 제15권 제2호를 그대로 수록한 것이다. 2005년 당시에는 복수노조 시대에 대비한 단체교섭제도 정비 방안이 논의되고 있었는데, 필자는 관련 사회적 대화에 적극적으로 참여하여 교섭창구 단일화 제도의 도입을 주장하였고 이후 2010년에 노동조합법이 개정되어 2011. 7.부터 교섭창구 단일화 제도가 실시되고 있다.

교섭창구 단일화 제도의 위헌성 논란은 헌법재판소 결정을 통해 일단락 된 것으로 볼 수 있으나(헌법재판소 2012. 4. 24. 선고 2011헌마33 결정), 실제 제도 운용과정에서 많은 분쟁이 발생하고 있을 뿐만 아니라 특히 공정대표의무의 범위를 둘러싸고 많은 논의가 이루어지고 있다. 이러한 논의에 본 글에서 소개한 미국의 배타적 교섭대표제와 공정대표의무의 내용이 도움이 될 것으로 기대한다.

(이하 선진화방안)에서는 과반수대표제와 비례대표제를 선택적으로 제안하고 있다.

교섭단위와 관련하여 서는 창구단일화가 요구되는 경우는 노동조합의 조직대상이 중복 되는 경우로 한정하는 방안과, 조직대상의 중복과 무관하게 하나의 사업장 내에서는 창구 단일화가 되어야 한다는 방안으로 나뉘어진다. 전자의 입장에 선 것이 2000년 노사정위 공익위원안이며, 후자의 입장에 선 것이 노개위 제2기 공익위원안과 정부입법안("근로조건의 결정권이 있는 사업 또는 사업장")이다.

또한 창구단일화 방안과 관련하여 과반수를 대표하는 노동조합이 있을 경우 곧바로 배타적 교섭권을 부여할 것인지에 대하여도 차이가 있다. 노개위 제2기, 1999년 노사정위 공익위원안, 정부입법안 및 노사관계선진화방안은 과반수 노조가 있으면 교섭권을 우선 부여하고 과반수 노조가 없을 경우에만 선거를 통해 대표노조를 선출하도록 하고 있다. 이에 반해 2000년 공익위원안은 과반수 노조가 있더라도 선거를 통해 대표노조를 선출할 것을 제안하고 있다.

이 두 가지 차이점을 제외하고 지금까지의 논의를 참조하면, 우리나라에 도입이 예상되는 창구단일화의 방안은 대체로 아래와 같이 정리할 수 있다.[2]

《지금까지 논의된 창구단일화 방안의 종합》

1. 노동조합 간에 교섭창구의 자율적 단일화가 이루어지는 경우에는 사용자가 교섭의무를 부담한다. 각 노조가 연대하여 교섭단을 구성하거나 2개 이상의 노조가 연합하여 과반수를 차지하는 경우 교섭대표권을 갖는 방안 등은 전적으로 노조의 자율에 맡긴다.

2. 노조가 자율적으로 단일화를 이루지 못할 경우 사업장 내 조직근로자의 과반수를 대표하는 노조가 교섭대표권을 가지며 이 경우 사용자는 과반수 노조와 교섭할 의무를 진다(이견 있음).

3. 적정기간 내 노조 자율에 의한 단일화가 실패하거나 과반수 노조가 존재하지 않을 경우 노동위원회 등의 공적기구의 관장하에 조합원 선거를 통해 대표노조를 선출한다.

---

2) 노사관계개혁위원회(1998), 「노사관계개혁 백서」; 노사정위원회(2003), 「복수노조의 교섭창구 단일화 논의자료」; 노사관계제도선진화연구위원회(2003), 「노사관계법·제도 선진화방안」 자료 참고.

4. 교섭대표권자가 체결한 단체협약의 근로조건 등에 관한 사항은 여타의 다른 노조의 조합원에게도 적용되며 교섭대표권자가 사업(장) 내의 다른 노조 및 그 노조원의 이익까지 공정하게 대변할 수 있도록 공정대표의무를 부담한다.

이렇듯 창구단일화에 대한 논의가 10여 년간 진행되어 왔지만, 창구단일화의 도입여부 및 창구단일화의 방법에 관한 규범적이고 총론적인 논의에 집중되었다. 2007년부터 사업장 차원의 복수노조 시대가 열린다는 점을 감안하면 우리의 준비는 매우 소홀하다고 할 수 있다. 본고의 일차적 목적은 창구단일화제도의 합리적 정비를 위해 입법·정책적 제안을 하는 데에 있다. 이를 위해 미국의 배타적 교섭제도를 분석하고 이를 원용하는 것은 매우 긴요하다. 일정한 교섭단위 내의 교섭대표를 단일화하는 제도는 미국이 효시를 이루고 있고 오랜 경험을 바탕으로 대표선출과 관련하여 세부적인 절차를 마련하고 있고 공정한 법 운영을 위해 독자적 법리를 발전시켜 왔기 때문이다. 제Ⅱ장에서 교섭대표 선출절차와 공정대표의무제도를 소상히 소개하는 것은 이런 이유에서이다. 제Ⅲ장에서는 창구단일화에 수반되어 발생할 소지가 있는 법률적·제도적 쟁점들을 정리해 보고자 한다. 미국의 경험에서 추출된 제도적 관점을 활용하여 예상되는 문제 상황에 효율적으로 대처하기 위한 방안을 모색하기 위해서이다.

Ⅱ. 미국의 배타적 교섭대표제도의 주요 내용[3]

1. 배타적 교섭대표의 선출

1) 일반론

1) 배타적 교섭대표제도는 일정 교섭단위 내의 종업원의 다수에 의해서 지지

---

3) 이하의 대표절차는 Mark Adams(1998), 「Labor Law」, Emanuel Publishing Corp., pp.46-56; Robert A. Gorman(1976), 「Basic text on Labor Law – Unionization and Collective Bargaining」, West Publisliing Co., pp.40-132; Julis G. Getmann & Bertrand B. Pogrebin(1988), 「Labor Relations – The basic processes law and practice」, Hie Foundation Press, pp. 16-34; Teny L. Leap(1994), 「Collective Bargaining and Labor

되고 있는 조합이 그 단위 내의 모든 종업원의 배타적인 유일의 대표가 되는 제도이다.

배타적 교섭대표는 적정 교섭단위(a appropriate bargaining unit)[4] 내의 종업원 과반수의 지지를 얻어 의해 지명(designated) 또는 선출(selected)된다.[5]

교섭대표의 선출은 NLRB가 주관하는 선거절차를 통해서 교섭대표를 결정하는 경우를 의미하고, 그 구체적 절차에 대하여는 동법 제9조(c)에서 규정하고 있다.

교섭대표의 지명과 관련하여 실정법상 명확한 개념규정이 없으나, 사용자가 임의로 교섭대표로 승인하는 경우, 또는 부당노동행위 판정을 통해 특정 노조에게 대표 지위를 인정하는 경우 등을 의미하는 것으로 이해하는 것이 일반적이다.

그 구체적 내용은 장을 바꾸어 자세히 살펴보기로 한다.

2) 전국노동위원회(National Labor Relations Board: NLRB)는 1935년에 의회에 의해 창설된 연방기구로서 부당노동행위 판정과 배타적 교섭대표의 인증을 실시한다.

전국노동위원회는 위원회(Board)와 사무총장(General Counsel) 및 지역사무소장(regional directors) 및 행정법판사(administrative law judges)로 구성된다. 위원회는 다섯 명의 위원[6]으로 구성되고 부당노동행위 판정을 행하는 준사법기구로서 활동한다. 사무총장[7]은 NLRB의 51개 지역사무소(regional office)의 운영을 통할하고 법원에서 전국노동위원회를 대표하며 부당노동행위의 조사와 고발조치를 행할 권한을 가진다. 지역사무소장[8]은 사무총장의 부당노동행위의 조사와 고발을 행하

Relations」(second edition), Prentice hall, pp.154-160; 中窪裕也(1995), "アメリカ團體交涉法の構造 — 排他的交涉代表制度とそれを支える二つの義務(1)", 弘文堂, p.57.를 참고하여 정리한 것이다.

4) 적정교섭단위는 근로자 조직운동의 공식적인 장이고 단체교섭의 전 과정에 있어 상호교섭 의무의 기본 단위이다. 이는 미국의 특유한 개념으로 당사자간의 다툼이 있을 경우 NLRB가 결정한다. 적정교섭단위의 결정기준 및 적용사례에 관해서는, 이철수(1992), "단체교섭의 근로자측 주체에 관한 비교법적 연구", 서울대학교 법학박사학위논문, p.100 이하.

5) NLRA 제9조(a) : 단체교섭의 목적을 위하여 적정한 단위 내의 종업원 다수에 의하여 선출되거나 지명된 대표는 단체교섭의 목적의 범위 내에서 당해 단위 내의 종업원 모두의 배타적 대표가 된다.

6) 위원회의 위원들은 5년 임기로 상원의 동의를 거쳐 대통령이 임명한다.

7) 사무총장도 상원의 동의를 거쳐 대통령이 임명한다.

는 외에도 교섭대표 선출 업무를 관장한다.[9]

NLRB는 부당노동행위 및 대표선출과 관련하여 통일적 법집행을 위해 필요한 지침(National Labor Relations Board Casehandling Manual)을 마련하고 있다.

2) 지명에 의한 교섭대표의 결정

NLRA 제9조(a)는 과반수의 지지를 얻어 지명 또는 선출된 대표를 배타적 교섭대표라고 하고 있으므로 지명에 의해서도 교섭대표가 결정될 수 있다.

지명에 의한 교섭대표가 인정되는 경우로 a) 사용자가 조합의 교섭대표를 임의로 승인한 경우 b) 사용자가 공정한 선거를 불가능하게 할 정도의 부당노동행위를 하여 NLRB가 그에 대한 구제명령으로서 단체교섭명령을 발한 경우를 들 수 있다.[10]

(1) 사용자에 의한 임의의 승인(voluntary recognition)

전국노동관계법 제9조(c)는 NLRB가 주관하는 선거절차를 규정하고 있지만, 이것이 배타적 대표권한의 확립을 위한 유일한 방법이라고 해석되지는 않는다. 조합이 어떤 단위 내의 종업원의 다수의 지지를 증명하는 충분한 증거를 제시한 때에는, 사용자는 그 단위를 적절한 것으로 인정하고, 위 조합을 당해 단위 내의 종업원의 배타적 교섭대표로서 승인하는(recognize) 것이 가능하다. 승인요구를 받은 사용자는, 반드시 이에 응하여야 하는 것은 아니고 승인을 거부할 수도 있다.[11]

---

8) 지역사무소장은 사무총장이 임명한다.
9) Douglas L. Leslie(2000), 「Labor Law」(4th Ed), West Group, pp.8-9 참고.
10) Mark Adams(1998), p.54 참고.
11) NLRB는 초기에 '성실성의 의문(good faith doubt)' 법리를 채택하여 노동조합이 과반수 수권카드를 제시하면 원칙적으로 사용자가 승인해 줄 것을 선호하였으나 현재에는 이 방침은 변경되었다. 즉 1949년의 Joy Silk Mills, Inc.(85 N.L.R.B. 1263(1949), enforce as modified, 185 F. 2d 732(D. C. Cir. 1950) 사건에서 이 기준이 채택된 바 있다. 예를 들어 노동조합이 과반수 이상의 수권카드를 보이고 승인을 요구하였다 하더라도 사용자는, 예컨대 부당한 방법으로 카드가 작성되어 종업원의 의사를 적절하게 반영하고 있지 않다고 항변하는 경우와 같이, 다수의 지지에 대한 '성실한 의문'에 근거한 것이라면, 당해 조합과 단체교섭을 거부할 수 있다고 판시하였다. 다시 말해 성실성에 관한 합리적 이유가 없으면 (lack of adequate reasons for the doubt) 다수노조의 승인신청을 받아들여야 한다는 것이다.

결국 노동조합이 다수가 지지를 얻었다고 주장할 때 사용자는 세 종류의 선택, 즉 ① 노조의 요구를 받아들여 교섭대표로 승인하는 방법, ② 스스로 NLRB[12]에 대표선거를 신청하는 방법, ③ 노조가 NLRB에 대표선거를 신청하는 것을 기다리는 방법을 취할 수 있다.[13]

다수종업원의 지지를 나타내는 증거로서 통상 그 조합에 의해 대표될 것을 바라는 취지를 기입한 조합 수권 카드(authorization card) 혹은 그 조합에 가입한다고 하는 조합원 카드(membership card)가 이용된다. 통상적으로 조합은 조직화 활동을 하면서 각 종업원이 서명한 카드를 모으고, 이러한 카드가 과반수에 달하면 사용자에게 제시하여 승인을 요구하는 방식을 취한다.

NLRB에 대표선거를 신청하려면 30% 이상의 지지가 필요하기 때문에, 30%의 지지를 확보하지 못한 노동조합이 경쟁 노조의 승인을 방해하여서는 안 된다.[14] 또한 사용자가 다수의 지지를 받지 않는 소수조합을 배타적 교섭대표로서 승인하는 것은 종업원의 권리 행사를 방해하고 조합에 위법한 원조를 하는 것으로서, 8조(a)(1), (a)(2)위반의 부당노동행위가 성립할 수도 있다. 사용자의 승인에 의한 교섭대표조합은 9조(a)에 규정한 완전한 배타적 대표권한을 얻는다.

(2) 부당노동행위 구제신청을 통한 대표지위의 인정

부당노동행위 절차를 통하여 교섭대표지위를 획득하는 방법도 가능하다. 노동조합이 승인 요청을 거부하고 별도의 반조합활동을 통해 선거에 영향을 미친 경우, 당해 행위를 부당 노동행위로 판정하는 것과는 별개로, NLRB가 재량으로 대표조합 자격을 인정할 수 있다.

현재의 NLRB의 입장에 따르면 과반수의 수권카드를 제시하더라도 사용자는

그러나 '성실성의 의문'에 대한 입증책임 문제를 둘러싸고 논란이 벌어지는 등의 문제가 발생하여 현재에는 뒤에서 살펴보는 바와 같이 사용자의 부당노동행위가 개재되지 않으면 사용자는 자유로이 승인을 거부할 수 있도록 하였다. 대표선출절차를 통해 문제를 해결하는 것이 산업평화를 더욱 촉진 할 것이라는 정책적 판단을 한 것이라 볼 수 있다. Robert A. Gorman(1976), pp.105-107 참고.

12) 뒤에서 살펴보는 바와 같이 실질적으로는 NLRB 지역사무소(regional office)가 선거를 관장한다.
13) Mark Adams(1998), p.46 참고.
14) Mark adams(1998), p.46 참고.

자유로이 노동조합의 승인을 거부할 수는 있다. 즉 사용자가 별도의 부당노동행위를 범하지 않는 한 조합이 과반수의 지지를 증명하였다 하더라도 NLRB는 단체교섭명령을 발하지 않는다. 이러한 방침은 종전의 '성실성의 의문'(good faith doubt) 법리를 변경한 것으로 1974년의 Linden Lumber Division, Summer & Co. v. NLRB[15]에서 연방대법원에 의해 지지되었다.[16] 그러므로 사용자가 독립의 부당노동행위를 하지 않고 승인요구를 거부하는 경우에 조합은 스스로 선거신청을 하여 NLRB의 인증을 구하거나 또는 적법한 경제적 압력수단에 호소할 수밖에 없다.

그러나 사용자가 조합으로부터 승인 요구를 받고 선거에 영향을 미치기 위해 조합 지지 종업원을 해고하거나 협박하는 등의 위법한 반조합활동을 행한 경우에 당해노조가 부당노동행위의 구제를 신청하는 경우는 사정이 다르다. 이와 관련하여 연방대법원은 1969년의 Gissel Packing Co. 사건[17]에서, 사용자의 반조합활동에 대하여 통상의 구제명령을 발함과 동시에 다수의 지지가 추정되는 노조에게 대표지위를 부여할 수 있다는 원칙을 확립하였다. 사용자의 부당노동행위가 개재된 결과 조합이 선거에서 패배한다 하더라도, 조합수권 카드 등으로 과거에 조합이 다수종업원의 지지를 얻었던 것이 확인된다면 동 조합이 현재 선거에서 다수의 지지를 얻지 못하였더라도 그 조합은 배타적교섭대표로 인정될 수 있다.[18]

15) 419 U. S. 301 (1974). 조합이 종업원 다수의 서명을 받은 카드를 사용자에게 제시하고 승인을 요구 하였으나 사용자가 별도의 부당노동행위를 행하지 않고 그 요구를 거부하여 노동조합이 단체교섭 거부의 부당노동행위 구제를 신청 한 사건이다. NLRB는 부당노동행위의 성립을 부정하고 항소법원은 이 명령을 파기하였으나, 연방대법원은 5대4로 원심을 파기하고 NLRB의 입장을 지지하였다. 中窪裕也(1995), p.1490 참고.

16) Getmann Pogrebin(1988), 「Labor Relations – The basic processes law and practice」, The Foundation Press, p.28.

17) NLRB v. Gissel Packing Co. 395 U.S. 575 (1969). 조합이 과반수의 조합 수권카드를 제시하여 승인을 요구하였으나 사용자가 이를 거부하고 반조합활동을 행함에 따라 당해 조합이 부당노동행위의 구제를 신청한 사건이다. 동 사건은 4개의 사건이 병합된 것이다(1건에서는 선거신청을 하지 않았고, 다른 1건은 신청을 했으나 사용자의 위법행위로 선거가 보류되었고, 다른 2건에서는 선거는 행하였으나 조합이 패하였다). NLRB는 4건 모두 부당노동행위가 성립하였다고 인정하고 단체교섭명령을 발하였으며, 연방대법원도 이를 지지하였다. 이 판결을 계기로 공정한 선거를 방해하는 독립된 부당 노동행위가 행해진 경우 사용자는 당해 조합을 자동적으로 승인할 의무를 갖는다는 것이 명백해졌다. Robert A. Gorman(1976), pp.93-96 참고.

18) 최근 1993년 네바다 플라밍고 호텔의 부당노동행위 사건이 대표적이다.(Flamingo Hilton-Laughlin, 324 NLRB. No. 14 (1997)). 회사는 조합 선거 전후로 입사자들의 조합 선호도

노조의 승인요구가 없더라도 사용자의 불법행위가 개재되어 선거에 영향을
미친 경우에도 NLRB가 교섭대표의 지위를 부여한 사례도 있다.

3) 선거에 의한 교섭대표의 결정

NLRB가 관리하는 선거에 의해서 교섭대표를 결정하는 방법은 조합이 배타
적 교섭대표로서의 지위를 확정하는 가장 확실한 방법이다. NLRB는 근로자 또는
사용자로부터 대표 선거의 신청이 있으면 그 내용을 조사하고 대표문제(question
of representation)가 있다고 믿을 만한 합리적 근거가 있다면 NLRB는 비밀투표에
의한 선거를 명하고 그 선거결과를 인증한다(NLRA 제9조 (c)(2)).

선거의 신청, 조사 및 청문, 선거의 실시와 이의제기의 전체적인 과정을 도표
로 표시하면 다음과 같다.[19]

(1) 선거신청
가. 신청의 종류

NLRA 제9조(c)(1)(A)에 따르면 종업원이 행하는 선거 신청의 종류로 인증신
청(certification petitions)과 역인증신청(decertification petitions)으로 나누어 규정하
고 있다. 인증신청은 개인 내지 노동조합이 특정 노조가 다수의 지지를 얻고 있는
것을 NLRB가 확인하여 교섭대표로서 인증하는 것을 구하기 위해 행하는 신청이
고, 역인증신청은 현재 존재하는 대표조합이 다수 종업원의 지지를 받지 않아 교
섭대표로서 권한을 가지지 않는다는 확인을 구하는 신청이다.

를 심사한다거나, 조합의 선거 승리 여부에 따라 임금인상 여부를 결정하고 조합에 대해
종업원들이 얘기를 나누는 것을 금지하는 등 위법적 부당노동행위를 통해 선거에서 조합
을 패배하게 하였다. 이에 NLRB는 그 선거를 무효로 하고 회사에 대해 조합을 승인하고
교섭을 할 것을 명하였다. Harry C. Katz, Thomas A. Kochan, An Introduction to
Collective Bargaining and Industrial Relations, Irwin, 2004, p.151(box 7 ~ 3) 참고.
19) Mark Adams(1998), p.55 참고.

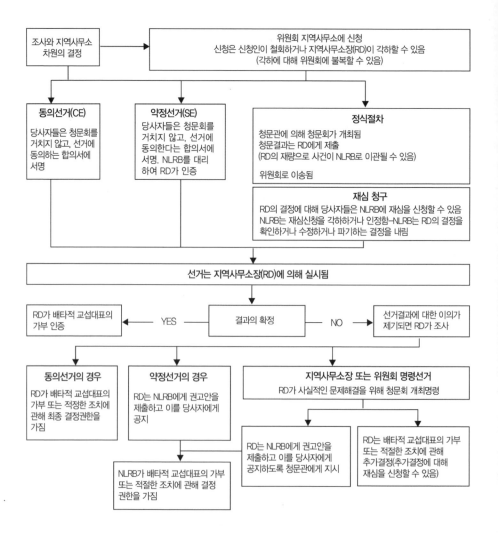

선거신청이 있는 경우 NLRB는 신청자에게 그가 적정한 것으로 생각하는 교섭단체를 명시할 것과 그 단위 내의 종업원의 상당수가 노동조합을 교섭대표로서 지지하고 있음을 나타내는 증거의 제시(showing of interest)를 요구한다. 종업원의 30% 이상이 지지하고 있음을 증명할 것을 요구한다.[20] 선거 이익의 증명은 통상적으로 수권카드를 제시하는 방법이 사용된다.

그리고 사용자도 노동조합으로부터 승인 신청을 받은 경우 선거신청을 행할

---

20) NLRB Manual, Part Two. Representation Proceedings, 11023. 참고.

수 있다(동 법 제9조(c)(1)(B)). 이 경우에는 근로자로부터 승인의 요구를 받았다는 사실을 입증하여야 하는데, 신청 후 48시간 이내에 증거자료를 제출하여야 한다.[21]

나. NLRB의 조사

NLRB의 지역사무소(regional office)는 선거신청을 받으면 이틀 이내에 노사관계자에게 선거신청이 있었음을 통지하고 지역사무소장은 현지 조사관으로 하여금 NLRB의 관할권의 유무, 대표문제의 존부, 신청 시기의 적부 등을 조사하게 한다.[22]

NLRB가 조사한 결과 선거의 요건이 충족되었다고 인정되면 선거 단계로 절차를 밟게 되지만 조합이 제안한 교섭단위가 적정치 못하다거나 이미 타조합과의 사이에 단체협약이 체결되었다거나 하여 선거를 할 필요가 없다고 판단될 때에는 신청자에게 신청의 철회를 권고하며 이에 불응하면 신청을 각하한다.

다. 신청 시기의 제한

선거신청 시기에 관하여는 NLRA 제9조(c)(3)의 규정과 NLRB의 결정을 통해서 형성된 몇 가지의 룰이 있다.

① 선거 후 1년간의 선거명령이 금지된다(Election Bar).

NLRA 제9조(c)(3)는 유효하게 행해진 선거 이후 12개월 이내에서는 동일 교섭단위 또는 그 일부에서 새로운 선거를 할 수 없도록 규정하고 있다. 이 규정은 1947년 태프트 하틀리 법에서 신설된 것이다.

NLRB는 전회의 선거 후 1년이 되는 날의 60일 전부터 선거신청을 받아 절차를 진행하지만[23] 이 기간 전에 제출된 신청은 각하한다. 이 경우에 선거는 만 1년이 경과한 후에 실시한다.

제9조(c)(3)가 금지하고 있는 선거는 전회와 동일한 교섭단위 또는 그 일부

---

21) NLRB 위 Manual(주 19) 11003.1. 참조; Robert A. Gorman(1976), pp.41-42.
22) 만약 이에 관해 논쟁이 있다면, 이 문제를 해결하기 위해 청문회를 개최한다. 관련하여, Terry L. Leap(1994), p.155 참고.
23) NLRB Manual, 'An Outline of Law and Procedure in Representation Cases', Chapter 10-100. 참고.

에서 행해진 선거에 국한하고 있으므로, 전회에서의 교섭단위를 포함하는 큰 교섭단위에서의 선거에는 동 규정이 적용되지 않는 것으로 해석된다.[24]

② 대표인증 후 1년간 선거신청이 금지된다(Certification Bar).

전회의 선거에서 노동조합이 종업원의 다수로부터 지지를 얻어 교섭대표로서 인증을 받은 경우에는 그 인증 시부터 1년간은 NLRB가 그 조합의 교섭대표로서의 지위를 존중하여 선거신청을 인정하지 않는다는 것이 원칙이다.[25] 이 원칙은 위의 Election Bar가 신설되기 전에 인증조합의 지위를 보장해 주는 역할을 하였다.

사용자에 의해 임의로 승인된 대표조합의 경우에는 위 원칙이 적용되지 않는다.

③ 단체협약의 유효기간 중에는 선거신청이 인정되지 않는다(Contract Bar).

대표인증을 받은 노동조합이 사용자와 단체협약을 체결한 경우에는 당해 단체협약의 유효기간 중에는 새로운 선거신청을 할 수 없다는 원칙으로서 이것을 '협약장벽(Contract Bar)'이라고 한다. 그리고 이 협약장벽을 인정하는 기간은 최대 3년이다.[26]

협약장벽은 문서로 합의된 단체협약에만 인정되고 협약기간을 정하지 않은 단체협약에 대해서는 인정되지 않는다.[27] 그리고 단체협약의 내용 중 클로즈드숍 또는 인종차별에 근거한 조합보장규정(union security clause)이 있을 경우에도 협약장벽은 인정되지 않는다.[28] 이외에도 대표조합이 단체교섭 또는 고충처리 과정에서 종업원의 이익을 대변하지 않은 경우, 조합이 분열한 경우, 기존 교섭단위의 적정성을 유지하기 힘들 정도로 사업주의 영업이 바뀐 경우에는 협약장벽이 부정될 수 있다.[29]

---

24) Mark Adams(1998), p.47.
25) 이 룰에 관한 Wagner법 시대부터의 경위에 대해서는, Brooks v. NLRB, 348 U.S. 96 (1954)를 참고.
26) Montgomery Ward & Co., 137 N.L.R.B. 346(1962).
27) Mark Adams(1998), p.47.
28) 그러나 NLRA 제8조 ⓒ에서 금지하고 있는 hot-cargo 조항을 둔 경우에는 협약장벽이 인정된다. Mark Adams(1998), p.47.
29) Mark Adams(1998) pp.47-48.

협약장벽이 있는 경우 선거신청은 협약만료일의 90일 전부터 60일 전까지의 기간에만 가능하다(90/60 rule). 이 30일간의 개방 기간(open-window period)에 경쟁 노조로부터 별도의 선거신청이 없으면 만료 전 60일부터 기존의 대표조합은 새로운 단체협약을 체결하기 위한 교섭을 개시할 수 있다(insulated period). 이 60일의 기간 동안 새로운 단체협약이 체결되면 협약장벽이 인정되지만, 새로운 협약이 체결되지 않은 경우에는 구협약의 만료일부터 선거신청이 가능하다.

다만, 단체협약의 연장 또는 자동갱신을 통해 협약의 효력이 연장된 경우에는 협약장벽이 인정되지 않는다.[30]

(2) 청문절차의 진행

종업원 또는 사용자측으로부터 교섭대표의 선거신청이 있는 경우에 NLRB는 전술한 바와 같이 그 내용을 조사하여 선거요건이 충족되었다고 인정하는 경우에는 당사자에게 선거 일시, 장소, 교섭단위의 범위, 투표자격 등에 관하여 합의할 것을 권고하고, 그에 따라 합의가 성립되어 NLRB의 지역사무소장이 이를 승인하면 그 합의 내용에 따라 선거를 행하게 된다.

그러나 당사자간에 합의가 성립되지 아니하면 NLRB의 지방사무소장은 청문관(hearing officer)[31]의 주재하에 공개적으로 청문을 행하게 된다. 청문은 청문관의 지휘하에 공개적으로 행해지고, 관련된 모든 사실 증거가 제출된다. 청문은 정식 소송절차에서와 같은 대심절차를 취하지 않고, 통상의 증거법칙을 적용하지 않는다. 청문에서 제출된 증거에 기초하여 지역사무소장은 (경우에 따라서는 위원회가) 신청을 각하할 것인가 선거를 명령할 것인가를 결정한다.[32]

(3) 선거
가. 선거의 종류

교섭대표를 선출하기 위한 선거에는 노사 쌍방의 합의에 의해서 행해지는 선거와 NLRB의 명령에 의해서 행해지는 선거로 나누어진다. 전자에 속하는 것으로

---

30) Mark Adams(1998), p.48.
31) 청문관은 지방사무소장에게 증거의 요약과 쟁점 분석 등의 보고서를 제출하되, 어떠한 권고도 할 수 없다. Robert A. Gorman(1976), p.42.
32) Robert A. Gorman(1976), p.42.

는 동의선거(consent election)[33]와 약정선거[34](stipulated election)가 있다. 전자의 경우 당사자들의 합의에 의해 청문회를 거치지 않고 선거를 실시하나, 후자의 경우에는 청문회 개최 등 정식 절차를 거쳐 선거가 시행된다.

나. 선거절차

① 선거일

선거는 그 종류 여하에 불문하고 NLRB의 주재하에 행해진다. 선거일은 NLRB가 선거하기로 결정한 날로부터 대체로 30일 이내로 결정[35]되는데 이 기간 중에 주로 노사양측은 선거운동[36]을 하게 된다.

교섭대표의 선거는 NLRB가 법률의 규정과 자신이 정한 여러 규칙에 따라 관장한다. 선거절차의 수행과정에서 NLRB가 수행해야 할 임무 중 중요한 것은 역시 종업원의 자유로운 선택을 최대한 보장하는 것이다.

② 선거와 선거인 명부

NLRB가 교섭대표를 선출하기 위한 선거를 하기로 결정하면 그날부터 7일 이내에 사용자로 하여금 교섭단위 내에 있는 투표 자격이 있는 종업원의 주소, 성명을 기록한 표를 NLRB에 제출하도록 한다. 이것을 선거인 명부(excelsior list)라고 하는데 NLRB는 이 명부가 당해 사건에 관련되는 모든 당사자에게 이용되도록 하여야 한다. 만약 사용자가 선거인 명부 제출을 계속 거절할 경우 지역사무소장은 사용자에게 소환장을 발부하거나 선거를 준비하겠다는 선서를 하도록 하는 결정을 내리게 된다.

---

33) 동의선거는 선거 과정에서 발생하는 모든 분쟁에 대해 지방사무소의 결정에 따르고 이 결정을 종국적인 것으로 하는 합의를 말한다.

34) 약정선거는 선거 실시와 관련한 분쟁의 종국적인 판단을 NLRB가 하도록 하는 합의를 말한다.

35) NLRB Manual, Part Two. Representation Proceedings 11302. 참고.

36) 선거운동과 관련하여, 위원회는 투표자들의 선택의 자유를 보장하기 위해 선거 운동에 관해 규율하고 있다. 예를 들어, 사용자가 어떠한 이익 또는 불이익을 유도하거나 당해 조합의 당선이 공장폐쇄를 가져올 위험이 있다거나 하는 등의 협박행위를 금지하고 있다. 또한 투표 개시 전 24시간은 선거에 주는 영향이 크기 때문에 사용자 또는 조합이 종업원을 모아 연설을 하는 것도 금지(소위 24시간 룰)한다. 보다 자세한 내용은 Getmann Pogrebin (1988), pp.61-63 참고.

③ 투표자격자

투표자격자는 당해 교섭단위 내의 종업원 중에서 충분한 이해관계를 갖추어야 한다. 일반적으로 단위 내의 종업원 가운데, 선거명령 직전에 급여지급 기간(payroll period)에 고용되어 있는 자이나, 투표 시에도 여전히 고용되어 있는 것을 조건으로 하여 투표 자격을 갖는다. 이외에도 질병이나 휴가로 일시적으로 직을 떠나 있는 자나, 일시적으로 해고되어 있지만 복귀가 확실한 자도 투표 자격을 갖는 것으로 한다.[37] 법률이나 NLRB의 정책에 반하지 않는 한 당사자인 조합과 사용자는, 투표자격자의 범위에 대해서 특별한 합의를 하는 것이 가능하다. 경제적 파업(economic strike)에 참가하여 영구적으로 대체된(permanently replaced) 종업원도 파업 개시 후 12개월은 투표 자격을 인정받고 있다. 이때, 대체노동자도 앞의 요건을 충족하는 한 투표 자격을 갖는다. 또한 사용자의 부당노동행위에 대항하여 행해지고 있는 파업(unfair labor practice strike)에 참가하고 있는 자는 파업 개시후 12개월 이상 경과하여도 투표 자격을 잃지 않는다.[38]

다. 투표와 옵저버(Observer)

투표는 NLRB의 감독하에 일반적으로는 사업장 내에 마련된 투표소에서 비밀투표의 방식에 의해서 실시되는데 동의선거와 약정선거의 경우에는 노사당사자의 권리로서 당사자가 임명하는 옵저버를 입회시키며, 명령선거의 경우에는 NLRB의 배려로서 옵저버를 입회시킬 수 있다.[39] 동의선거나 약정선거의 경우 옵

---

37) Terry L. Leap(1994), p.156.

38) 이것은 사용자가 파업의 유발 파업 중 대체고용 등으로 조합을 파괴하지 못하도록 하기 위함으로 NLRA 9(c)(3)에서 규정하고 있다. 자세한 내용은 Terry L. Leap(1994), p.156.

39) NLRB Manual, Part Two. Representation Proceedings 11310. 참고 ; 옵저버들은 일반적으로 선거과정을 모니터하고, 투표자에 대해 이의제기하는 중요한 역할을 수행한다. 그들은 또한 선거의 실행에서 선거 담당관을 조력한다. 참가하지 않는 조합은 옵저버를 둘 수 없다. 또한 무노조 그룹을 대표하는 개인들은 옵저버로서 활동하거나 또는 옵저버를 선택할 수 없다.

대부분의 통상의 선거에서는 당사자당 1인 또는 2인으로 제한된다. 그러나 규모가 큰 선거에서는 체크 테이블 및 당사자마다 그리고 투표 박스당 1명의 옵저버를 두되 더욱 안전을 기하기 위하여 필요한 한 옵저버를 더 둘 수도 있다. 옵저버들은 선거 이전에 한 협의에서 규정한 명령에 따라야만 한다. 제안된 옵저버들의 이름은 당해 선거를 책임지고 있는 NLRB Board Agent에게 제출되어야 하고, 다른 당사자들에게도 충분히 일찍 알려야만

저버를 입회시키지 아니하고 투표를 하게 되면 그 선거는 무효로 된다.

라. 투표 중 선거운동의 금지

투표 시간 동안 투표소 또는 그 근처에서 어떠한 선거운동도 허용되지 않고, 투표지역 또는 투표하기 위하여 투표자들이 기다리는 줄에서 투표자와 당해 선거 당사자의 조합 간부 사이에 어떠한 대화도 허락되지 않는다. 실제로 당해 선거 당사자의 간부들은 선거 시간동안 투표지역으로 들어올 수 없다.

선거 옵저버들은, 투표소에서 멀리 떨어진 곳이든 투표소에서든, 옵저버 의무 수행의 시간 동안 선거운동을 하여서는 아니 된다. 선거운동에 대한 가능성을 제거하기 위하여, 투표장소로부터 멀리 떨어져 있는 옵저버는 다른 당사자를 대표하는 옵저버와 함께 수행한다. 또한 옵저버들은 투표자들과 불필요한 대화를 하여서는 아니 된다.[40]

마. 투표 결과

투표 결과는 유효투표수의 과반수를 기준으로 하여 결정한다. 그러므로 투표하지 않은 자는 투표한 자만의 다수의 의사에 따르는 것으로 본다. 그리하여 한 조합만이 선거 신청을 한 경우에는 유효투표수의 과반수를 획득하면 당해 조합이 교섭대표로서 인정된다. 가부동수인 경우는 부결된 것으로 본다. 복수조합이 경선한 경우에는 첫 번째 투표에서 과반수를 획득하면 그 조합이 교섭대표권을 획득하게 되지만 어느 측도 과반수를 얻지 못하면 제9조(c)(3)의 규정에 의해 그 중의 1위와 2위 중의 하나를 선택케 하는 결선투표[41]를 1회에 한하여 하게 된다.

한다.

40) NLRB Manual, Part Two. Representation Proceedings 11326. 참고.

41) 결선투표는 이의신청 기간이 도과한 후 조속히 실시돼야 한다. 또한 결선투표에 자격 있는 사람들은 1차 투표에서 자격이 있었고 결선투표일 현재에도 자격 있는 영역에 속해 있는 사람들이며, 1차 투표에서 자격이 없었던 사람은 결선투표에서 투표할 수 없다. 결선 투표 중에 조합의 투표 참여 철회가 인정되며, 이 경우 투표는 남아 있는 조합에 대한 "찬성" 또는 "반대"의 형태로 이뤄지게 된다. 보다 자세한 내용은 NLRB Manual, Part Two. Representation Proceedings 11350. 참고.

(4) 선거에 대한 이의와 인증

가. 선거에 대한 이의

선거 및 결과에 대하여 이의를 제기할 수 있다. NLRB의 선거 담당관이나 선거 옵저버가 투표 자격에 대하여 이의를 제기하는 경우도 있고, 노사가 NLRB가 소정의 규칙을 따르지 않았거나 종업원이 자유로운 의사를 방해하였다는 사실을 입증하고 이의를 제기하는 경우도 있다

선거 결과에 대한 의의는 선거 후 7일 이내에 위원회(Board)에 제기하여야 하고, 지역사무소장은 이를 조사하여 청문회를 열 수도 있다.[42]

이러한 이의 제기가 이유 있는 것으로 인정되면 NLRB는 선거를 취소하고 재선거를 실시하여야 한다.

나. 인증

선거 결과에 대하여 아무런 이의신청이 없으면 그것은 확정되므로 NLRB는 선거 결과를 공적으로 확인하여야 한다. 이와 같은 선거 결과에 대한 NLRB의 확인을 인증이라 하는데 이러한 인증에는 대표인증(certification of representative)과 선거 결과의 인증(certification of result of election)이 있게 된다. 전자의 인증은 교섭단위 내의 종업원의 다수가 어느 특정 조합을 배타적 교섭대표로서 선출하였다는 것에 대한 공적인 확인이며, 후자는 선거 결과 어느 조합도 종업원의 다수에 의해서 교섭대표로서 선출되지 못하였다는 것에 대한 공적인 확인이다.[43]

4) 대표 지위의 보장

대표조합으로 인정된 노동조합의 법적 지위에 관한 명시적인 규정은 없다. 원리적으로 보면 교섭대표를 변경하거나 배제하는 것도 종업원의 자유로운 선택에 맡겨져야 할 것이다. 그러나 대표지위가 불안하게 되면 안정적인 단체교섭을 기대하기 힘들고 사용자가 성실교섭을 회피하고 조합의 약화를 유도할 원인을 제공할 소지도 없지 않다.

---

42) Mark Adams(1998) p.57.
43) 인증에 하자가 있는 경우 수정 및 철회되는 경우도 있다. 지역사무소장은 이러한 권한을 가지고 있으며 약정 선거 및 명령 선거의 경우 이에 대해 위원회에 재심 신청도 가능하다. NLRB Manual Part Two. Representation Proceedings, 11470-11478.

이러한 상반된 요청을 조화롭게 해결하기 위해 NLRB는 앞에서 언급한 certification bar, contract bar와 같은 선거 시기의 제한 법리를 발전시켰다. 즉 일정 기간 동안 종업원의 교섭대표 변경 자유를 제한하고 그 범위 내에서 대표조합의 안정적 지위를 보장하고자 하고 있다.

다만, 후술하는 바와 같이 대표조합이 종업원의 이익을 성실하게 대변하지 않거나 공정대표의무를 위반하는 경우에 있어 대표 지위가 제한되거나 박탈될 수도 있다.

2. 공정대표의무[44]

1) 공정대표의무의 의의 및 법리의 전개 과정

노동조합 내부 문제의 규율과 직접적 관계는 없지만, 집단과 개인의 이익조정에 관한 문제로 미국 노동법에서 인정되는 독특한 법리가 공정대표의무(duty of fair representation: DFR)의 법리이다. Wagner법에 의하여 제도화된 미국의 단체교섭제도는 다수결원리에 근거한 배타적 교섭대표제도에 의하여 교섭단위 내의 근로자의 다수에 의하여 선출된 노동조합은 해당 교섭단위 내의 모든 근로자를 배타적으로 대표하는 권한을 부여받고 있으며, 교섭단위 내의 모든 근로자는 노동조합이 이 배타적 교섭대표권한에 근거하여 사용자와 행하는 단체교섭 및 그 결과 체결되는 단체협약에 양면적으로 구속된다는 점에 그 특징이 있다. 따라서 노동조합에게 이러한 강력한 권한을 부여하는 반대급부로서 근로자(특히 그 노동조합을 지지하지 않은 소수자)의 이익이 부당하게 침해되는 것을 어떻게 방지할 것인가가 중요한 과제로 되어 왔다.

이와 같이 미국에서 배타적 교섭대표로서의 노동조합에는 교섭단위의 근로자(조합원과 비조합원을 불문한다) 전원을 위하여 공정하게 업무를 처리할 의무가 있다고 하는 공정대표의무는 NLRA가 노동조합에게 근로자 전체를 위하여 교섭권한을 부여하고 있는 것의 논리적 귀결이라고 할 수 있다. 이것은 노동조합의 자의적·차별적인 권한 행사를 방지하기 위한 것이다.

---

44) 이하의 내용은 Mark Adams(1998), pp.155-158; Robert A. Gorman(1976), pp.695-728; Julis G. Getmann & Bertrand B. Pogrebin(1988), pp.107-111; Terry L. Leap(1994) pp.391-394; Douglas L. Leslie(1992), pp.300-307; 中窪裕也(1995), p.57을 참고하여 정리한 것이다.

제정법은 공정대표의무에 관하여 명시적인 규정을 두고 있지는 않지만, 판례는 노동조합에 배타적 교섭대표권한을 부여한 NLRA 제9조(a)[45]를 근거로 이 배타적 대표교섭권한과 불가분한 의무로서 교섭대표에게 공정대표의무가 부과된다고 이론 구성하고 있다. 결국 배타적 교섭대표권은 공정대표의무와 표리일체가 되어 기능하고 있는 것이다.

공정대표의무에 관한 명시적 규정이 없기 때문에 관련 법리는 주로 판례와 NLRB에 의해 발전해 왔다. 초기에는 철도노동법[46] 사건에 대한 민사소송 사건으로 이 문제가 다루어졌다.

1944년의 Steel 사건에서 처음으로 연방대법원은 공정대표의무의 존재를 인정하였다. 동 사건은 노동조합이 흑인을 차별하는 단체협약을 체결하는 것이 연방제정법에 위반되는 지 여부가 다투어진 사안인데,[47] 연방대법원은 인종만을 근거로 하는 차별은 단체협약의 정당한 목적과 무관하고 부당하며(irrelevant and invidious), 노동조합은 단체교섭과 협약 체결에 있어 직종 내의 비조합원이나 소수 조합원을 적대적인 차별 없이 공정하고(impartially) 성실하게(in good faith) 대표하여야 한다고 판시하였다.

이어 1957년의 Conley 사건[48]에서 연방대법원은 공정대표의무는 교섭단계뿐

---

45) "단체교섭을 위한 적정단위 내에 있는 근로자 과반수에 의하여 동 목적을 위하여 선출 또는 지명된 대표자는 보수, 임금, 근로시간 또는 기타의 근로조건에 관하여 동 단위에 속하는 모든 근로자의 유일한 대표자이다"(29 U.S.C. § 159(a)).

46) 철도노동법은 NLRA의 배타적 교섭제도의 효시를 이룬다, 동법 제2조 제4호(45 U.S.C. §152 Fourth)에서 종업원들의 직종(craft or class)의 다수를 대표하는 노동조합에게 배타적 교섭권한을 부여하고 있다.

47) Steele v. Louisville & Nashville Railroad, 323 U.S. 192 (1944). 원고 Steele은 기관차 화부(locomotive fireman)로 고용된 흑인이었는데, 노동조합은 규약상 흑인의 가입을 인정하지 않았다. 회사와 노동조합 간은 흑인 화부의 수를 50% 이하로 제한하고, 흑인 화부의 수가 50% 이하로 될 때까지 신작업이나 빈 일자리를 모두 백인으로 충당한다는 새로운 협약을 흑인 화부에게 사전 통고 없이 체결하였으며, 그 결과 Steele은 종래의 직책을 상실하고 9개월간 불리한 직책에 근무하였다. 이에 Steele은 회사와 노동조합을 상대로 주법원에 단체협약이행금지의 명령 및 손해배상을 구하는 소를 제기하였다. 앨라배마 주대법원은 철도노동법상 교섭대표인 노동조합은 개개의 종업원에 대한 책임을 지지 않고 직종 전체에 관하여 단체교섭할 권한이 부여되어 있으며, 다수의 이익을 위하여 흑인의 선임권(seniority)을 박탈하는 것도 권한 내라고 판시하였다. 이에 대해 연방대법원은 원판결을 파기·환송하였다(Douglas L. Leslie(2000), pp.777-780 참고).

48) Conley v. Gibson, 355 U.S. 41 (1957). 단체협약에 해고나 선임권 상실로부터의 보호를

만 아니라 협약체결 후의 협약 운영, 특히 고충처리 단계에서도 인정된다는 점을 명확히 하였다.

이후 전국노동관계법(NLRA)의 적용에 있어서도 노동조합의 공정대표의무가 인정되었고[49] 특히 1962년 Miranda사건[50]에서 NLRB는 단체교섭에서 공정하게 대표되는 것은 근로자의 권리에 포함되고 조합의 공정대표의무 위반은 제8조 (b)(1)(A)의 부당노동행위를 구성한다는 입장을 피력하였다. 이후 공정대표의무 위반 사건을 둘러싸고 NLRB의 전속 관할권에 의한 선점(법원의 관할권 배제[51])이 문제되었는데 연방대법원은 1976년의 Vaca 사건[52]에서 공정대표의무 법리의 형

규정하고 있으나, 회사는 이에 위반하여 Conley 등 흑인종업원을 해고·강등하고 백인에게 그 직책을 부여하자, Conley 등은 노동조합에 고충을 신청하였으나, 노동조합은 백인 종업원이 고충을 신청한 경우와 는 달리 그들에게 어떤 보호도 부여하려고 하지 않았다. 이에 Conley 등은 노동조합이 종업원을 공정하고 성실하게 대표해야 할 의무를 위반하였다고 주장하면서 자신들의 교섭대인 노동조합(및 간부)을 상대로 소를 제기하였다. 원심 판결에서는 이 사건이 철도노동법상 전국철도조정위원회의 관할이며 법원에는 관할권이 없다고 판시하였으나 연방대법원에서는 이를 파기·환송하였다.

49) Ford Mortor Co. v. Huffman, 345 U.S. 330 (1953); Syres v. Oil Workers Local 23, 350 U.S. 829 (1955); Humphrey v. Moore, 375 U.S. 335 (1964) 등.

50) Miranda Fuel Co., 140 NLRB 181 (1962), enforcement denied, 326 F.2d 172 (2d Cir, 1963). 단체협약상 선임권을 유지한 채로 휴가를 사용할 수 있는 기간은 4월 15일~10월 15일인데, 트럭운전기사 로서 고용되고 있던 조합원 Lopuch는 4월 12~10월 12일 동안 휴가를 사용할 것을 회사로부터 허락 받았다. 10월 12일까지 복귀하는 취지를 고하고 회사로부터 휴가의 허가를 얻었지만, 그러나 Lopuch는 10월 중순에 병이 들어 10월 30일에 복귀하였고 회사는 이를 허락하였다, 그런데 조합은 다른 종업원들이 요구를 하자 Lopuch의 복귀 지연을 이유로 선임권을 최하 정도로 내리도록 회사에 요구하였다. 그 후에 복귀 지연이 병 때문이었다는 것을 알고서 Lopuch가 4월 15일보다 전부터 휴가를 얻은 것을 이유로 그의 연공서열을 내리는 것을 요구했고 회사는 조합의 요구에 따랐다 이에 대해 원고가 조합의 부당노동행위를 주장하였고, NLRB는 이 주장을 인정하였다.

51) 선점의 법리는 NLRB의 배타적 관할권을 존중해 주기 위해 San Diego Building Trades Council v. Garmon, 359 U.S. 236(1959) 사건에서 채택되었다. 이 사건에서 연방대법원은 전국노동관계법 제7조 및 제8조에 따라 보호되거나 금지되는 행위에 대해 주법원은 물론 연방법원도 연방정책에의 주의 개입을 피하기 위해 직접적으로 관할권을 갖지 못한다고 판시하였다. 일부 법원은 법 제8조(b)(1), (2), (3)의 위반인 조합의 자의적, 적의적 차별과 관련하여, 제도상의 충돌을 피하기 위한 Garmon 룰의 취지에 따라 법원이 개입하지 않아야 한다고 하였다(Robert A. Gorman(1976), pp.701-705 참고).

52) Vaca v. Sipes, 386 U.S. 190 (1967). 종업원 Owens가 고혈압으로 수개월간 입원 후 회사에 복직을 요구하였지만 회사는 의사의 진단을 참고하여 근로를 감당할 수 없다고 판단하여 복직을 거부하고 Owens를 해고하였다. 노동조합은 Owens의 고충처리 요청을 받아들

성 경위 및 성격 등을 감안하여 선점원칙의 예외가 된다는 점을 분명히 하였다. 따라서 노동조합의 공정대표의무 위반을 주장하는 종업원은 NLRB에 부당노동행위 구제신청을 하거나 법원에 직접 소송을 제기하는 것이 가능하다.

2) 공정대표의무의 내용

공정대표의무의 일반적 기준을 제시한 1967년의 Vaca사건에 따르면 교섭단위 내의 근로자에 대한 교섭대표조합의 행위가 '자의적·차별적 또는 불성실(arbitrary, discriminatory or in bad faith)'한 경우에 의무위반이 성립한다.

공정대표의 법리는 교섭단계뿐만 아니라 협약의 운영단계, 즉 고충·중재절차에서도 적용된다. 이는 이미 1957년의 Conley 사건에서 확인되었지만, 고충·중재절차에 있어 공정대표의무의 독자적 기능이 확실하게 정립된 것은 1967년의 Vaca 사건에서였다. 이후 1978년의 Hines 사건[53]에서는 고충처리 과정에서의 공정대표의무를 보다 강조하여 단체 협약상 종국적 효력을 가지는 중재재정이 내려졌다 하더라도 고충처리 과정에서 공정대표의무를 위반하였다면 당해 재정의 효력을 부인할 수 있다고 판단하였다.

따라서 고충·중재절차에서도 인종, 성별 등에 근거한 부당한 차별은 공정대표의무 위반이 됨은 물론이다. 또 고충을 무시하거나 가감하는 방법으로 처리하는 경우도 공정대표의무 위반이 되며, 반조합적 발언을 한 종업원의 고충을 거절하거

어 협약상 고충처리절차를 4단계까지 추진하였지만 다른 의사의 진단도 Owens의 입장을 지지하지 않았기 때문에 고충을 중재에 회부하지 않을 것을 결정하였다. Owens는 노동조합의 중재개시 거부를 공정대표의무 위반으로 주장하고 손해배상을 청구하였다. 원심(미주리 주대법원)은 손해배상을 인정하였지만, 연방대법원은 이를 파기하였다. 이 사건은 법원의 관할권 유무, 노동조합의 공정대표의무의 범위 및 손해배상의 주체와 범위와 관련하여 매우 중요한 법리를 발전시킨 판결이다(Douglas L. Leslie(2000), pp.782-788 참고).

53) Hines v. Anchor Motor Freight, Inc. (424 U.S. 554(1976). Hines라는 트럭 운전수는 숙박비 부당 청구 이유로 해고되어 지역합동중재위원회에 고충을 제출하였지만 동 위원회는 해고를 지지하는 결정을 내렸다. 이후 Hines의 비위가 사실이 아니라고 판명되자 Hines는 회사를 상대로 단체협약 위반을 이유로, 노동조합을 상대로 공정대표의무 위반을 이유로 소송을 제기하였다. 원심은 조합에 대한 청구를 인용하였지만 회사에 대한 청구에 대해서는 위원회의 재정이 종국적이라는 점을 들어 기각하였다. 그러나 연방대법원은 종업원의 고충에 대해 종국적 효력을 가지는 중재재정이 내려진 후라 하더라도 고충처리 과정에서의 공정대표의무 위반이 인정되면 종업원은 법원에 구제를 신청할 수 있다고 판단한 사건이다.

나 형식적인 태도로 임하는 것은 공정대표의무에 반한다고 판시한 사례[54]가 있다. 노동조합은 고충절차의 진행 여부 및 방법의 결정에 있어 상당한 재량권을 가지지만,[55] 결정에 이르는 과정에 불성실이 인정되면 공정대표의무 위반으로 되는 경우가 있다.[56]

이하에서는 법원과 NLRB의 구체적 사례를 중심으로 공정대표의무 위반이 문제시된 행위 유형을 소개하고자 한다.[57]

(1) 인종·성별·출신국에 근거한 차별

steele사건을 시작으로 하는 초기의 연방대법원 판결에서 보듯 공정대표의무의 법리는 처음에는 인종차별의 영역에서 많이 적용되었다. 예를 들면, 디젤기관차 조수의 일자리를 백인 화부에게 우선적으로 할당하는 협약,[58] 작업반장에 백인을 우선하는 종래의 관행을 승인하는 협약[59]등이 공정대표의무에 위반되는 것으로 판단되고 있다. 성에 의한 차별,[60] 출신국을 이유로 하는 차별[61] 등도 공정대표의무 위반으로 판단된다. 다만, 종래의 차별을 철폐하기 위해 단체협약을 체결한 결과 특정 종업원의 선임권의 지위가 저하하여도 차별에 해당하지 않고 공정대표의무 위반은 성립하지 않는다고 판단하였다.[62]

---

54) Sargent Electric Co., 209 NLRB 630(1974); General Motors Corp., Delco Morative Division 237 NLRB 167 (1978).

55) 위 Vaca사건 등. 한편, 조합의 재량권과 관련하여 종업원의 고충이 사용자와의 협상에서 다른 고충 내지 다른 문제들에 대한 타협안으로 '교환(swapped)'되는 경우가 문제될 수 있다. 즉 교섭단위 내의 다른 근로자들의 이익을 위해 그 고충과 거래하는 것이 공정대표의무 위반에 해당하는가라는 문제가 종종 발생한다. 이 경우 연방대법원은 '불성실' 기준보다 그러한 조합의 결정 기준에 보다 더 초점을 맞춰 판단하려는 경향이 있다. Robert A. Gorman(1976), pp.711-713 참고.

56) Smith v. B & O R.R., 485 F.Supp. 1026, 1031 (D. Md. 1980).

57) 이하의 내용은 中窪裕也(1995)의 분류방식 및 내용을 참고하였다.

58) Mitchill v. gulf, M. & O.R.R., 91 F. Supp. 175.(N. D. Ala, 1950).

59) Richardson v. Texas & N.O.R.R., 242 F. 2d 230 (5th Cir, 1957).

60) Chrapliwy v. Uniroyal, Inc. 458 F. Supp, 252 (N.D. Ind. 1977); Hartley v. Brother of RY. &S.S. Clerks, 283 Mich. 201, 277 N. W. 885(1938).

61) Retana v. Apartment, Motel, Hotel & Elevator Operators Local 14, 453 F. 2d 1018 (9th Cir. 1972); NLRB v. ILA Local 1581, 489 F. 2d 635(5th Cir. 1974).

62) Pellicer v. Brotherhood of RY. & S.S. Clerks, 217 F. 2d 205(5th Cir. 1954), Whitfield v. Steelworkers Local 2708, 263 F. 2d 546 (5th Cir. 1959)

주지하는 바와 같이 1964년에 공민권법 제7편(Title Ⅶ of Rights Act)이 제정
되어 인종·피부색·종교·성·출신국에 의한 고용차별이 금지되지만, 그 이전에
는 고용상의 인종차별에 관한 제정법상의 금지규정이 없었기 때문에, 공정대표
의무는 일정 부분 차별을 완화하는 기능을 수행하였다. 1972년 고용기회균등법
(Equal Employment Opportunity Act)이 제정됨에 따라 현재는 인종 등의 차별을 받
은 종업원은 고용기회균등위원회(Equal Employment Opportunity Committee)에 신
청을 하는 것이 통상적이다. 다만, 동 위원회에서 사건이 해결되지 않아 법원에서
다툴 경우에는, 공민권법 제7편 위반과 함께 공정대표 의무 위반이 주장되는 일도
있다.

(2) 연령에 근거한 차별

연령에 근거하는 차별로서 문제가 된 것으로 정년제 조항(compulsory retire-
ment provision)인데 이에 대해 연방대법원은 교섭대표조합의 재량을 인정하고 정
년이 누구에게도 도래한다는 사정을 들어 차별이 아니라고 판단하는 것이 일반적
이었다.[63] 그러나 1967년에 연령차별(금지)법(Age Discrimination in Employment
Act)[64]이 제정됨으로써 입법적으로 해결되었다. 또한 영업양도가 행해진 경우 종업
원의 선임권을 연령을 기준으로 판단한다는 단체협약에 대하여 제반사정에 비추
어 합리성이 인정되고 공정대표의무 위반은 되지 않는다고 판단한 사례[65]도 있다.

---

63) Goodin v. Clinchfield R.R., 125 F. Supp. 441 (E.D. Tenn. 1954).
64) 동법은 1967년에 제정된 것으로, 40세 이상의 근로자 및 구직자에 대하여 연령을 이유로
   한 모든 형태의 차별을 금지하고 있다. 동법에서 금지하고 있는 내용을 구체적으로 보면,
   근로자 20인 이상을 고용하고 있는 사용자는 채용·해고는 물론 임금·근로기간·근로조건
   등 고용의 모든 단계에서 40세 이상의 근로자에 대해 차별적 조치를 할 수 없고, 채용광고
   등에서 연령에 대한 선호도를 표시할 수 없으며 연령차별에 관련한 소송을 제기하거나 다
   른 사람의 소송에 참가한 근로자에게 보복조치를 취할 수 없다. 또 노조와 직업소개소에
   대하여도 차별금지규정을 두고 있으며, 연방정부의 보장의무도 규정하고 있다. 한편 차별
   금지의 예외로서 연령제한이 본질적으로 직무상 필요한 경우, 연령 이외의 다른 합리적 요
   소들에 의한 결정에 근거한 경우, 동법의 목적에 위배되지 않는 범위 내에서의 연공서열제
   를 갖고 있는 경우 등을 규정하고 있다(이정원(2004), "고용상연령차별에 관한 연구", 이화
   여자대학교 석사학위논문, p.27).
65) Harper v. Randolph, 56 LRRM, 2130 (SDNY. 1964).

(3) 조합원 지위에 근거한 차별

조합원인지의 여부에 따라 부당하게 차별하는 것은 전형적인 공정대표의무
위반이다.[66] 조합이 비조합원이나 타조합원을 포함한 단위 내의 모든 종업원의 교
섭대표가 된 이상, 조합원만을 유리하게 취급하는 것은 인정되지 않고, 이 점이
배타적 교섭대표제도를 기본으로 하는 미국 단체교섭법의 현저한 특징이 되고
있다.

예를 들면, 조합 탈퇴자에게 불리한 특별협약의 체결,[67] 비조합원의 입사일
을 실제보다 늦게 한 연공서열 리스트의 작성,[68] 직무분류의 변경을 계기로 비조합
원의 기존 연공서열을 박탈하는 취지의 합의[69] 등은 공정대표의무 위반이 된다.

이에 반해 조합의 직장위원에게 근무기간과 관계없이 최고의 선임권을 인정
해 주는 단체협약을 체결한 경우, 직장위원의 역할과 권위에 비추어 볼 때 자의적
이고 차별적이라고 보기 힘들다고 판단한 사례[70]가 있다.

(4) 새로운 선임권(seniority[71]) 제도의 설정

각각의 선임권 제도를 적용받던 종업원이 합병 등으로 인해 하나의 선임권

---

66) 인종·성·국적 등에 따른 차별과 달리 이러한 차별은 NLRA 제8조(b)(2)로 명백하게 금지
되어 있기 때문에 만약 사용자와 조합이 고용 또는 선임권에 있어 조합원에게 일방적으
로 유리하도록 협약을 체결하는 경우 사용자는 법 제8조(a)(3)에, 조합은 법 제8조(b)(2)
에 위반된다. 따라서 이러한 경우에는 공정대표의무 위반으로 법원에 구제를 신청하기보
다는 NLRB에 부당노동행위를 제기하는 경우가 대다수이다. Robert A. Gorman(1976)
pp.709~710.

67) System Federation No. 91 v. Reed, 180 F. 2d 991 (6th Cir. 1950).

68) Tischler v. Airline Pilots Ass'n, Int'l, 67 L. R.R.M, 2579 (S.D. Fla, 1968.)

69) Jones v. Trans World Airlines, 495 F. 2d 790 (2d Cir. 1974).

70) Aeronautical Indus. Dist, Lodge 727 v. Campbell, 337 U.S. 521 (1949).

71) 선임권은 기업이 근로자의 배치전환·해고·재고용·승진·수당·유급휴가·연금 등을 정할
때 근무연한의 우선권을 인정하는 제도로 이에 관한 부분은 단체협약에서 절대적 부분을
차지한다. 내무국(the Bureau of National Affairs)에 따르면 단체협약의 90%가 선임권에
대해 규정되어 있다. 선임권은 감독자의 정실이나 작업장의 역학관계에 의하지 않고 객관
적 수치로 나타나기 때문에 노동조합들은 이를 선호한다. 또한 기술과 능력이 기술 변화에
따르지 못하여 다른 직장을 얻지 못하는 고령 근로자를 보호한다.
　거의 대다수 협약에서 선임권은 대개 입사일부터 기산되고 사직, 퇴직, 해고된 자는 선
임권을 상실한다. 어떤 협약은 일정 기간 내 재고용되는 경우 이전 선임권을 인정하도록
규정하기도 한다. 단체협약은 대개 군복무, 조합 탈퇴, 요양으로 인해 선임권에 불이익이

제도로 통합되는 사례가 미국에서 자주 발생한다. 회사간 합병이나 영업양도 이외에도 동일한 공장 내에서 작업공정이 통합되거나 업무 폐지로 인해 다른 부서로 배치되는 경우 등 그 규모와 태양은 다양하다. 이 경우 새로운 선임권의 기준[72]은 대부분 대표조합과 사용자의 단체협약을 통해 설정되는데, 이로 인해 피해를 본 종업원이 공정대표의무 위반으로 구제를 신청하는 경우가 자주 발생한다.

이와 관련 Humphrey사건[73]이 선도적 판결이라 할 수 있는데 연방대법원은, 노동조합이 적대적 차별 없이 진지하고 성실하게 입장을 결정한 경우에는 종업원 간의 이익조정을 위해 광범위한 재량권을 행사할 수 있다고 판단하였다. 이후 대부분의 사건에서 공정대표의무 위반이 성립되지 않는 것으로 보고 있다.[74]

다만, 결정에 이르는 과정이 부당한 경우 예컨대, 통합 후 10년 남짓 실시되고 있는 방법을 뒤집고 새롭게 일방에 유리한 협약을 체결한 경우[75] 및 중재재정을 명확히 곡해하여 일방의 종업원의 선임권을 부정하는 협약을 체결한 때[76] 또

가지 않도록 규정한다. 같은 회사 내에서 파트타임에서 정규직으로 전환한 자에 대해 어떤 협약은 계속근로로 보아 선임권을 인정하기도 한다. 한편 합병 또는 공장 폐쇄 등의 경우 합병 회사(흡수 합병이든 신설 합병이든)는 기존 노동조합과 교섭할 의무가 있고, Fall River Dyeing & Finishing Corp. 사건에서 대법원은 "교섭 관계의 계속성"을 언급하면서 이를 확인하였다.

인종 또는 성차별적 선임권 설정에 대해서는 1964년 민권법 제7장에서 고용상 차별의 형태로 인종, 성, 종교, 출신을 들면서 그에 따른 차별을 금지하고 있다(보다 자세한 내용은 Teny L. Leap(1994), pp.549-555 참고).

72) 새로운 선임권 설정방식으로 기존의 선임권을 존중하고 이를 새로운 질서에 연계시키는 방식(이른바 dovetailing system)과 보다 불리한 형태로 선임권을 인정하는 방식(이른바 entailing system)으로 대별할 수 있다. Getmann/Pogrebin(1988), p.191.

73) Humphrey v. Moore, 375 U.S. 335 (1964). 2개의 회사의 영업합병에 따른 종업원의 선임권처리가 문제된 사건이다. 단체협약에서는 합병 전후의 근속연수를 단순 비교하여 선임권을 결정한다고 규정하였는데, 그 결과 회사 설립일이 늦은 양수인 회사의 종업원이 불이익을 당했다고 구제를 신청한 사건이다.

74) 다만 영업양도 후 양도인 소속 종업원들에게 해고 및 재고용에 있어 낮은 선임권을 부여하는 제도(일종의 entailing system)를 채택한 Barton Brands, Ltd. v NLRB 사건(529 F.2d 793(7th Cir,1976)에서 연방대법원은 "조합원 합리성의 범위 내에서 광범위하게 선임권을 결정할 수 있지만, …… 단지 정치적으로 보다 선호하는 강력한 집단의 이익을 위하여 이러한 결정을 행할 수는 없다"고 설시하며 예외적으로 공정대표의무 위반으로 판단하였다. 이에 관한 비판은, Getman/Pogrebin(1988), pp.109-112 참고.

75) Belanger v. Local 1128, Amalgamated Ass'n of street, Elec. Co. & Motor Coach Employers, 254 Wis. 344, 36 N.W. 2d 414 (1949).

는 불이익을 받는 일방의 종업원에게 비밀로 협약을 체결하는 경우[77] 등에서 예외적으로 의무위반으로 된다.

(5) 퇴직연금제도의 변경

일정한 근속연수에 이르러 퇴직한 종업원에 대해 연금을 지급할 것을 많은 협약에서 규정하고 있다. 이러한 퇴직연금제도의 수급자격요건 등을 변경하는 협약을 새로이 체결한 경우 불이익을 받은 종업원이 공정대표의무 위반으로 다툰 사례가 많다.

종전에는 기여금을 중간정산하고 퇴직연금으로부터 자유롭게 탈퇴할 수 있었는데 새로운 협약에서는 퇴직 전에는 탈퇴가 허용되지 않는다고 변경한 경우,[78] 공장 폐쇄가 임박하여 현재 수급자격이 충족된 자만 연금이 지급되고 그렇지 못한 자에 대해서는 연금이 지급되지 않는다고 약정한 경우,[79] 공장폐쇄가 임박하여 회사가 16만 달러를 내고 이후의 부담금 납부의무를 면하는 것을 약정한 경우[80] 등의 사례가 있지만, 모두 중립의무 위반을 인정하지 않았다. 현재 수급자격이 있는 자를 제외하면 연금제도상의 권리가 확정된 것이 아니라는 (일종의 기대권에 불과) 사정을 감안한 것이라 볼 수 있다.

그러나 회사가 운영하던 연금제도를 조합에 위탁관리하면서 수급자격요건의 조정이 불충분하게 이루어져 일부 종업원이 퇴직 후 급부를 받는 것이 불가능하게 된 사안에 대해서는 이러한 사태를 조합이 당연히 예상하여야 했음에도 불구하고 합리적 고려를 하지 못하였다는 이유를 들어 공정대표의무 위반을 인정한 사례도 있다.[81]

---

76) Local 4076 v. United Steelworkers, 338 F. Supp. 1154 (W.D. Pa. 1972).

77) Bolt v. Joint Council Dining Car Employees Local 495, 50 L.R.R.M. 2190 (S.D.Fla. 1961).

78) Jackson v. Trans World Airlines, 457 F. 2d 202 (2d Cir. 1972).

79) Craig v. Bemis Co., 374 F. Supp. 1251 (S.D. Ala, 1974).

80) Dwyer v. Climatrol Indus., 544 F. 2d 307 (7th Cir. 1976).

81) Hayes v. Kroger Co., 92 L.R.R.M. 3503 (S.D. Ohio 1976).

3) 공정대표의무 위반의 효과[82]

(1) 법원에서의 효과

법원이 들고 있는 공정대표의무 위반의 효과는 다음과 같다.

첫째, 근로자는 노동조합과의 관계에서 공정대표의무 위반행위의 금지를 명하는 가처분(injection order) 및 손해배상을 명하는 판결을 구할 수 있다. 다만, 사용자의 협약 위반과 노동조합의 고충처리에 관한 공정 대표의무위반이 존재하는 경우에는 노동조합으로부터 구할 수 있는 손해배상의 범위는 공정대표의무 위반의 결과 손해가 증가한 부분에 한정되고, 사용자의 협약 위반만으로 발생한 부분은 포함되지 않는다.[83] 또 징벌적 손해배상은 거의 인정되지 않는다.[84]

둘째, 공정대표의무에 위반하여 노동조합이 체결한 협약조항은 효력을 갖지 않는다.[85]

셋째, 노동조합이 동 의무에 위반하여 행한 고충처리는 근로자를 구속하지 않는다. 노동조합이 공정대표의무에 위반하여 고충처리·중재처리를 거부한 경우에는 사용자에 대해서도 단체협약 위반의 소를 제기할 수 있다.[86] 이 경우 사용자는 근로자에게 협약상의 고충처리절차를 이용할 것을 항변할 수 있다.[87]

(2) NLRB에서의 효과

가. 부당노동행위 절차

NLRB는 공정대표의무 위반은 제8조(b)(1)(A)[88] 위반의 노동조합의 부당노동행위에 해당되고, 사용자가 관여하는 경우에는 제8조(a)(1) 위반의 부당노동행위가 성립하는 것으로 판단한다.[89]

---

82) 中窪裕也(1995), 101(1·57) 참고.
83) 위 Vaca 사건; Czosek v. O'Mara 397 U.S. 25(1970) 사건.
84) '협약 위반뿐 아니라 신의칙을 중대하게 위반한 경우'에 예외적으로 사용자에게 징벌적 배상책임을 부과한 사례(Holodnak v. Avco-Lycoming Div., Avco Corp.. 381 F,Supp. 191(D.Conn. 1974))도 있지만 극히 드문 사례이다. Robert A. Gorman(1976), p.723.
85) 위 Steel 사건.
86) 각주 82의 Hines 사건 참고.
87) Republic Steel Corp. v. Maddox 379 U.S. 650(1965) 사건 참고.
88) 조합원 자격의 취득 또는 유지의 권리를 침해하지 않도록 규정한 section7에서 보장하고 있는 종업원의 권리를 억제하는 것을 조합의 부당노동행위로 규정하고 있다.
89) 위 Miranda Fuel Co.사건.

제8조(b)(2)[90] 및 제8조(a)(3)[91] 위반이 되는 경우도 있으며, 나아가 제8조(b)(3)[92]의 노동조합의 성실교섭의무 위반이 인정되는 사례도 있다.[93]

위와 같이 부당노동행위에 해당되면 NLRB는 중지·금지명령 및 기타 적절한 구제명령을 발할 수 있다.[94]

나. 대표 절차

노동조합이 공정대표의무를 위반한 경우에 당해 조합에 대해 NLRB가 대표인증을 취소한 사례가 있다.[95]

또한 공정대표의무에 위반하여 체결한 단체협약은 대표선거 신청에 대한 장벽으로서의 효력(contract bar)이 인정되지 않는다.[96]

이러한 조치들은 교섭대표로서의 지위 박탈이라는 위협을 통해 간접적으로 대표조합이 성실하고 공정하게 종업원을 이익을 대변해 줄 것을 유도하기 위한 것이다. 그러나 현재에는 그 실효성이 그다지 높지 않다. 즉 강력한 조합의 경우 또 다른 선거가 행해진다 하더라도 대표자격을 취득할 가능성이 높기 때문이다.

이로 인해 중립유지의무를 상습적으로 위반하는 조합에 대해 인증 자체를 처음부터 제한하자는 논의가 있었으나 별다른 성과가 없는 실정이다. 아울러 종업원 대다수의 지지를 얻고 있는 강력한 노조라 하더라도 인종에 근거하여 차별을 하는 조합에 대해 사용자가 교섭을 거부할 수 있다고 판시한 사례가 있긴 하나[97] 조합의 차별을 증명하기가 용이하지 않아 역시 실효성이 별로 없다고 할 수 있다.[98]

---

90) 차별적으로 조합원 자격을 부인하거나 박탈하는 것을 조합의 부당노동행위로 규정하고 있다.
91) 노동조합의 가입을 장려 또는 억제하기 위해 취업 또는 계약기간, 근로조건 등에 있어 차별적 대우를 하는 사용자의 행위를 부당노동행위로 규정하고 있다.
92) 사용자와 교섭을 거부하거나 해태하는 것을 노동조합의 부당노동행위로 규정하고 있다.
93) Independent Metal Workers Local 1 (Hughes Tool Co.), 147 N.L.R.B 1573 (1964); International Longshoremen's Association Local 1367, 148 N.L.R.B 897 (1964).
94) 자세한 내용은 Robert A. Gorman(1976), pp.725-726 참고.
95) Larus &Brother Co. 62 N.L.R.B 1075(1945) 사건.
96) Pioneer Bus Co. 140 N.L.R.B 54(1962) 사건.
97) NLRB v. Mansion House Center Mgt. Corp., 473 F.2d 471(8th Cir. 1973).
98) Robert A. Gorman(1976) p.728 참고.

Ⅲ. 우리나라 창구단일화제도의 법제도적 쟁점

창구단일화에 관한 논의가 10여 년간 진행되어 왔지만, 창구단일화제도의 도입 여부 및 창구단일화의 방법에 관한 규범적이고 총론적인 논의만 있었을 뿐, 창구단일화의 구체적 방안에 대해서는 논의가 활발하지 않은 실정이다.

정부에서도 아직 입법안을 마련하고 있지 않고 있기 때문에 앞에서 살펴본 바의 미국 제도가 우리나라에서 어떠한 제도적 시사점을 줄 수 있을지를 모색하기 위해서는, 제도화에 필요한 쟁점들을 정리하는 작업이 선행되어야 할 것이다.

이하에서는 창구단일화의 방법을 노조간의 자율적 합의 ―과반수 대표― 노동위원회의 선거 방식을 채택할 경우에 예상되는 법·제도적 쟁점들을 구체적으로 분석하고자 한다.

1. 총론적 논의의 점검

1) 창구단일화의 위헌성

1995년 노사관계 개혁위원회 논의 당시부터 노동계는 줄곧 창구단일화가 위헌이며 국제노동기준에 위배된다는 이유로 반대해 왔다. 위헌의 논거로 소수 노조에 단체교섭권을 인정하지 않는 것은 헌법 제11조 제1항의 평등권을 침해한다는 점, 헌법 제37조 제2항을 위배한 기본권의 과잉침해라는 점을 들고 있다. 아울러 창구단일화는 ILO 제87호 및 제98호 협약을 위배하여 노조의 자율권을 침해한다고 주장한다.[99]

이에 반해 경영계에서는 창구단일화제도는 미국·영국·캐나다 등에서 널리 활용되고 있는 제도라는 점, 창구단일화 제도를 도입하지 않으면 단체교섭상 혼란이 초래되고 교섭 비용이 증가한다는 점 등의 현실론을 들어 그 합리성을 주장하고 있다. 학자들 중에도 헌법 위반이 아니라는 주장이 제기되기도 한다. 최근 이승욱 교수는 창구단일화는 근로자의 교섭력을 강화하는 측면이 있어 반드시 과잉침해에 해당되지 않는다는 점, 제도적 설계 여하에 따라 수단의 상당성이나 법익 비례성을 확보할 수 있다는 점 등을 들어 반드시 위헌은 아니라는 입장을 제시하

---

99) 자세한 내용은 김태연(2005), "노사관계로드맵의 문제점과 노사관계 민주화 방안", 민주노총 정책워크숍 발제문 참고.

고 있다.[100] 그리고 국제노동기구의 결사의 자유위원회가 객관적이고 합리적인 기준[101]에 따라 교섭대표가 결정되면 제87호 협약에 합치될 수 있다고 판단한 사실을 강조하고 있다.

생각건대, 우리나라의 노동삼권은 다른 나라에 비하여 헌법상 고도로 보장되어 있기 때문에 제외국의 입법례를 평면적으로 비교할 수는 없을 것이다. 미국 등의 나라에서는 단체 교섭권이 법률적 차원에서 보장되기 때문에 입법자의 광범한 법형성권이 허용될 수 있으나, 우리의 경우 단체교섭권이 헌법상 구체적으로 명시되고 있고 구체적 기본권성을 인정 받기 때문에[102] 소수 노동조합의 단체교섭권을 인정하지 않는 것은 기본권의 본질적 침해에 해당될 소지가 상대적으로 높다. 더구나 노동삼권의 법적 성질론과 관련하여 종래의 생존권설을 변경하여 자유권적 요소가 있다고 판시한 점,[103] 단체교섭권을 노동삼권 중 중핵적 권리로 보고 있다는 점[104] 등을 감안하면 합헌론은 법논리상 궁색하지 않을 수 없다. 그러나 노동조합및노동관계조정법 부칙 제5조에서 사업장 차원의 창구단일화를 예정하여 복수노조를 허용할 것을 예정하고 있는 점, 우리 판례가 노동조합간 단체교섭상의 충돌이 예상되지 않으면(창구단일화의 필요성이 없으면) 현재에도 사업장 차원의 복수노조가 존재할 수 있다고 판시하고 있어 창구단일화를 합헌적인 제도로 볼 가능성이 많다는 점 등을 고려하면, 일반적 법감정과 법적 안정성을 도외시하고 순수 규범논리적인 판단만으로 동 제도의 타당성 여부를 논단하기는 난점이 따른다. 유니언숍과 같이 위헌성이 심각하게 논란됨에도 불구하고 법제화되어 있는 경우와 마찬가지로, 창구단일화 제도는 한국 노사관계의 특성상 위헌성과 '불편한 동

---

100) 위 워크숍, 이승욱 교수 발제문 참고.
101) 구체적으로 ① 독립한 기구에 의한 인준이 있을 것, ② 관련 교섭단위 내 근로자에 의한 과반수투표로 선출된 대표조직일 것, ③ 이전의 노동조합 선거에서 대표권을 획득하지 못하였던 노동조합이 소정의 기간이 경과한 이후 새로운 선거를 요청할 수 있는 권리를 인정할 것, ④ 인준된 단체 이외의 새로운 단체가 합리적인 기간이 경과한 이후에 새로운 선거를 요구할 수 있을 것의 요건이다. ILO(1994), "Freedom of association and collective bargaining," General Survey, para.240; ILO(1996), "Freedom of association, Digest of decisions and principles of the Freedom of Association", Committee of the Governing Body of the ILO, para.834.
102) 권영성(1999), 「헌법학원론」, 법문사, p.588.
103) 헌법재판소 1998. 2. 27. 94헌바13·26, 95헌바44(병합) 결정 참조.
104) 대법원 1990. 5. 15. 선고 90도357 판결.

거'를 해야 하는 딜레마에 처해 있다고 할 수 있다. 따라서 창구단일화를 제도화 할 때에는 소수 노조 및 조합원의 보호에 만전을 기함으로써 위헌의 소지를 줄여 나가는 것이 필요하다.

2) 창구단일화의 방법

그간 복수노조 병존 시 교섭방안과 관련하여 자율교섭대표제, 다수대표제, 비례대표제, 단순다수대표제, 공동교섭제[105] 등이 거론되었으나 현재에는 다수대표제와 비례대표제가 가장 유력한 방안으로 논의되고 있다.

다수대표제의 장점으로 교섭대표권의 안정화, 교섭의 효율성 확보, 현행 제도와의 정합성 및 혼란 감소 등이 주장된다. 그리고 대부분 국가에서 다수대표제를 취하고 있다는 점을 강조한다. 단점으로 대표선출 기간 과다, 공적기관 관여 및 비용부담, 선거관련 분쟁 가능성 증대, 부당노동행위 빈발, 소수 노조의 교섭권 침해 가능성 등이 지적되고 있다.

따라서 다수대표제를 취할 경우 다수노조의 대표권 남용을 방지하고 소수 노조를 보호하고 대표선출 과정에서 발생하는 새로운 유형의 분쟁을 합리적으로 설계하는 것이 요구된다고 할 수 있다.

비례대표제의 장점으로 무엇보다도 소수 노조에게 교섭기회를 부여하기 때문에 위헌 논란을 축소시킬 수 있다는 점이 강조된다. 그러나 교섭위원단 규모 및 배분기준 설정의 어려움, 교섭위원단 내부의 의견조율의 어려움, 사용자의 상시적 개입 가능성, 복수노조의 병존현상의 영속화 및 교섭타결의 지연 가능성 등의 단점이 지적된다. 따라서 교섭위원 선정 기준뿐만 아니라 교섭의 진행 및 단체협약의 체결에 이르기까지 절차적 기준을 명확히 할 것이 요구된다. 아울러 조합원수의 확인 및 관련 분쟁을 효율적으로 해결할 수 있는 방안이 요구된다.

다수대표제와 비례대표제의 장단점을 일률적으로 논할 수는 없을 것이다. 복수노조간의 조직률의 차이, 근로조건의 통일성의 정도, 교섭에 임하는 당사자의 태도 등에 따라 각 방안의 제도적 기능은 차이가 날 수밖에 없을 것이다. 그리고

---

105) 사업장 차원의 공동교섭은 조합원수에 관계없이 동수의 교섭위원으로 교섭을 진행하는 방식을 말한다. 2003년 2월 10일 현재 52개 사업장에 114개의 노동조합이 복수노조의 경험을 하고 있는데, 이 중 공동교섭을 행하는 경우는 7개이다(노사정위원회, "복수노조의 교섭창구 단일화 논의자료"(제17차 노사관계소위원회), 2003년 7월 25일 참고.

단체교섭의 당사자가 어느 방안을 선호하는지도 각기 노사관계의 성숙도나 이해
관계에 따라 다르게 나타날 것이다. 최근의 한 연구에 따르면 이러한 사실을 확인
할 수 있다.[106] 생각컨대 제외국의 예에 비추어 다수대표제를 채택하는 것이 무난
할 것으로 보인다. 비례대표제의 경우 무엇보다도 교섭위원단의 실체가 불분명하
기 때문이다. 따라서 교섭과정 이후의 단체협약의 체결이나 쟁의행위의 결정 등에
있어 그 주체를 설정하기가 용이하지 않고 이는 결국 노사관계를 불안하게 만들
가능성이 높다. 또한 교원노조의 경험을 통해서 확인할 수 있듯이, 조합원수의 확
인이 여의치 않을 경우 소수 노조의 방해로 교섭위원단의 구성이 어려울 뿐만 아
니라 위원간의 의견대립으로 인해 원만한 교섭진행을 기대하기 힘든 경우가 많을
것이다. 비례대표제가 민주적 원리에 친하고 위헌의 소지를 줄인다는 장점이 있지
만, 창구단일화는 태생적으로 위헌 시비로부터 자유로울 수 없기 때문에 그 구체
적 방안은 단체교섭의 현장성과 역동성에 비추어 볼 때 효율성과 합리성의 관점
을 우선시하여 설계되어야 할 것이다. 다만, 다수대표제를 취할 경우 소수 노조
및 조합원 보호를 위해 특별한 배려를 행할 필요가 있을 것이다.

2. 창구단일화제도의 법·제도적 쟁점[107]

1) 창구단일화의 기본 단위(창구단일화 대상의 수평적 범위)

이는 사업(장) 내에 조직된 모든 노조(조직대상 무관)를 단일화의 대상으로 삼
을 것인지 아니면 조직대상이 중복되는 노조들만 단일화의 대상으로 삼을 것인지
의 문제이다.

조직대상이 중복되는 노조들만을 대상으로 단일화하는 방안은, 그간의 판례
법리에 따라 조직대상의 이동 여부에 관한 판단 기준이 형성되어 왔기 때문에 현
재의 교섭형태와 친숙한 제도라 할 수 있다. 이런 점에서 1995년 노사관계개혁위
원회의 논의를 제외하고는 모든 논의가 조직대상이 중복되는 경우를 단일화 대상
으로 삼는 것을 전제로 전개되어 왔다.

그러나 조직대상에 관해 판례법리는 제2노조의 출현을 방지하기 위한 기준을

---

106) 이병훈(2004), "최근 노동현안에 대한 평가와 과제", 한국노사관계학회 2004 동계학술대회
자료집 참고.
107) 이하의 내용은 이철수(2005), "교섭창구단일화와 관련한 법률적 쟁점", 노동법연구 제18호
에 기초한 것이다. 창구단일화제도를 모색하는 데 필요한 예상 쟁점을 소개한다.

설정하는 기능을 수행하였지만 향후 복수노조가 다수 설립되어 있는 경우에는 유효적절한 기준이 될 수 없을 것이다. 무엇보다도 조직대상의 이동 여부를 판단함에 있어 규약의 내용을 가장 중시하기 때문에 노동조합의 주관적 의지가 일차적 판단 기준이 되는바, 이미 설립된 노조들이 자의적으로 규약을 변경하여 조직대상을 달리하고자 할 경우에는 창구단일화의 취지가 몰각될 가능성이 있다. 조직 단위를 좁게 설정한 노동조합일수록 오히려 교섭대표로 선정될 가능성이 높고 이는 노동조합의 파편화를 촉진시키고 결국 노사 양측에 교섭비용을 증가시킬 가능성이 높다.

따라서 교섭대상은 원칙적으로 조직대상과 무관하게 하나의 사업 또는 사업장 단위로 묶어야 할 것이다. 이 점에서 과거 노사관계개혁위원회의 제안이 보다 건설적이다.[108] 하나의 사업에 원칙적으로 하나의 단체협약이 적용됨으로써 노무관리가 간편해지고 교섭비용을 줄일 수 있으며, 교섭단위를 둘러싼 노조간의 분쟁을 극소화할 수 있을 것이다.

다만, 동일 사업장 내에서도 단체교섭의 경험과 관행, 관련 당사자 및 노동조합의 요구, 노동조합의 조직대상, 직종별·고용형태별 특수성, 지리적 근접성 등을 반영하여야 하는 경우도 전혀 배제할 수 없기 때문에, 이를 대비하여 예외적으로 단일화의 대상을 결정하는 사유와 절차를 보완하여야 할 것이다. 이러한 예외적인 상황에 대한 판단은 미국과 유사하게[109] 노동위원회가 관장하면 될 것이다.

---

108) 노사관계개혁위원회와 이를 반영한 1999년 법률안에서는 사업을 교섭의 기본 단위로 설정하였지만 2000년 노사정위 공익위원안에서 뚜렷한 이유 없이 이를 변경하여 조직대상을 교섭의 기본 단위로 파악하고 있다.

109) 미국의 교섭단위의 결정과 관련한 자세한 내용은, 이철수(1992), p.100 이하 참고. 캐나다와 영국에서도 공적기관에 의해 교섭단위가 결정된다. 캐나다의 경우 '이익의 공통성'이라는 일반적 결정 기준에 따라 교섭의 역사, 당사자의 희망 사업자 조직의 성질 등을 고려하여 노동위원회 가가 개별 사안별로 판단한다(자세한 내용은 이승욱, "캐나다에서의 단체교섭대표의 결정", 노사정위원회 노사관계소위원회 발표문, 2005. 8. 19, 25면 이하 참고). 영국은 직종별 노조의 전통이 강하여 하나의 사업장 내에서 다수의 교섭단위가 설정되는 것이 일반적인바, 이에 관해 효율적 경영, 노사의 입장, 기존의 교섭 관행, 근무장소 등을 고려하여(TULRCA 1992 부칙 제19조 제2항) 중앙중재위원회(CAC)가 폭넓은 재량권을 가지고 결정한다. 자세한 내용은 강성태, "영국의 노동조합 승인제도", 서울대학교 노동법연구회 정기세미나 발표문, 2005. 9. 10, p.16 이하 참고.

2) 초기업별 노조의 창구단일화 참여 여부(창구단일화 대상의 수직적 범위)

노동조합의 조직체계는 노동조합이 자주적으로 결정할 사항이기 때문에 향후 복수노조 시대에 하나의 사업장에 기업별 단위노조와 초기업별 노조의 지부가 병존할 가능성이 많다. 경우에 따라 하나의 사업장 내에 지부가 없이 바로 산별·직종별 노조에 직접 가입하는 사례도 적지 않을 것이다.

현행법상 대각선교섭 또는 공동교섭 등 단체교섭의 방식에 관하여 아무런 법적 제약이 없기 때문에 사용자는 초기업적 산별·직종별 노조뿐만 아니라 경우에 따라서는 그 지부 또는 분회와의 교섭이 의무화된다. 왜냐하면 우리 판례에 따르면 단위노조의 지부 또는 분회도 규약을 정비하고 독자적 집행기관을 가지거나 설립신고증을 교부받는 등 객관적인 조직실태가 인정되면 단위노조의 위임 여부와 상관없이 독자적인 교섭능력을 가지기 때문이다.[110] 이 경우 사용자는 어느 범위까지 창구 단일화를 요구할 수 있는지가 문제된다. 이는 역으로 초기업별 노조가 창구단일화 과정에 참여하여야 하는가의 문제이다.

당해 사업장에 존재하는 단위노조나 '교섭능력 있는'(교섭의 당사자성이 인정되는) 지부에 대해서 사용자는 교섭응락의무를 부담하기 때문에 이들이 창구단일화에 참여하여야 하는 점은 당연하다. 문제는 현행법상 초기업별 노조의 대각선교섭을 제한하는 어떠한 규정도 존재하지 않기 때문에 사용자는 대각선교섭에 대해서도 교섭응락의무를 부담하는 바, 초기업별 노조도 사업장 노조나 지부와 같이 창구단일화 과정에 참여시키는지가 논의의 초점이 된다. 이에 관해서는 ① 초기업적 단위노조[111]를 참여시키지 않는 방안, ② 교섭능력 있는 지부가 존재하는 경우에는 초기업적 단위노조를 참여시키지 않는 방안, ③ 지부의 존재 여부와 상관없이 초기업적 단위노조도 참여시키는 방안[112]을 생각해 볼 수 있다.

생각컨대 창구단일화의 취지를 살리기 위해서는 원칙적으로 ③의 방안과 같이 초기업 단위노조도 모두 단일화 과정에 참여하여야 할 것이다. 왜냐하면, 개별 사용자는 초기업노조의 대각선교섭 요구에 응할 의무가 있는데, 이러한 교섭에 대

---

110) 이에 관한 자세한 내용은 이철수(2000), "하부조직과 상부연합단체의 단체교섭 당사자성", 「노동법의 쟁점과 과제(김유성교수 화갑기념논문집)」, 법문사.

111) 연합단체도 독자적인 교섭능력을 가지나 연합단체의 구성원은 노동조합이기 때문에 조합원의 참여를 통해 교섭대표를 선출하는 창구단일화의 과정에서 제외된다.

112) 몇몇 근로자가 초기업별 노조에 직접 가입한 경우가 여기에 해당될 것이다.

해 창구단일화 절차를 적용 시키지 않게 되면 중복교섭의 회피 및 교섭비용의 최소화를 목적으로 하는 창구단일화의 기본 취지를 살리기 곤란하기 때문이다.

아울러 교섭능력 있는 지부가 있는 경우에도 초기업별 노조는 여전히 단체교섭을 요구할 권리와 이익을 가지기 때문에 창구단일화를 계기로 이를 제한하기는 이론상 어려움이 따르고, 현실적으로 볼 때에도 초기업적 단위노조가 참여한다는 것은 조합원수의 확인 및 대표 선정에의 절차적 참여를 의미하기 때문에, 지부의 존재 여부 및 지부의 교섭능력의 유무를 이유로 구별할 실익이 없을 것이다. 향후 산별노조화가 진행되어 지부의 교섭능력에 관한 판례의 입장이 바뀔 가능성도 배제할 수 없다는 점을 고려하면 법적 안정성의 견지에서 간명하게 처리하는 것이 보다 바람직할 것이다.

3) 창구단일화 관련 노사합의의 효력과 한계

창구단일화제도가 구체적으로 법정화되더라도 노사가 이와 별도의 합의를 하는 경우를 상정할 수 있을 것이다. 예를 들어 창구단일화를 하지 않고 자율적 교섭을 합의한 경우, 창구단일화의 수평적·수직적 대상에 관해 별도로 합의한 경우, 사업장 단위 이외의 교섭 단위를 독자적으로 합의한 경우를 생각해 볼 수 있다. 이 경우 노사자치와 법적 안정성 간에 긴장관계가 존재할 여지가 있다.

자율적 교섭에 관한 합의의 경우, 비공식적 논의 과정에서 그 효력을 인정하자는 긍정설이 제기되기도 하였다. 원래 교섭권은 헌법상 개별 노조에게 인정되는 것이고, 창구단일화는 사업장 내 교섭의 혼란 단체협약 적용의 어려움, 노노분쟁을 방지하기 위한 입법정책에 불과하기 때문에 그 우려가 없는 경우에는 굳이 법에 의해 창구단일화를 강제할 필요가 없다는 것이다. 특정 노조나 사용자가 이에 반대하고 창구단일화를 요구하면 그때 창구단일화 의무를 부과하면 족하다는 입장이다. 그러나 긍정설은 노사자치의 원칙에는 부합하나, 예컨대 개별 교섭하고 있는 도중에 신설 노조가 설립되어 창구단일화를 주장하는 경우 또는 단체협약의 유효기간이 서로 달라 차기 교섭의 개시 시기가 일치하지 않는 경우 등 운영상의 혼선이 발생할 가능성도 없지 않다. 또한 현실적으로 창구단일화의 적용을 회피하기 위한 전략의 일환으로 이용될 가능성도 크기 때문에, 이를 부정적으로 해석하여야 할 것이다.

4) 교섭대표의 법률상 지위

이는 교섭대표가 창구단일화를 계기로 별도의 교섭당사자가 되는지 아니면 교섭담당자에 불과한지에 관한 것이다.

교섭당사자로 보면 창구가 단일화됨으로써 다수의 노조는 교섭대표에 교섭권을 이양한 것이 되고 교섭대표는 별도의 법적 실체를 가지고 독립적인 지위를 부여받게 된다. 마치 하나의 교섭대표 내에 여러 분파가 존재하는 것과 유사하다. 단체협약의 서명날인 주체, 부당노동행위 구제신청권자, 쟁의행위 찬반투표의 주체 등은 모두 교섭대표를 매개로 해서 결정된다.

반면 교섭담당자로 보면 창구가 단일화되더라도 기존 노조는 교섭권을 가지고 있고 다만 교섭권한을 교섭대표에게 위임한 것에 불과하고 교섭대표는 교섭을 위한 일시적 집합체에 불과하다. 따라서 단체협약의 서명날인 주체, 부당노동행위 구제신청권자, 쟁의행위 찬반투표의 주체 등은 개별 조합으로 환원된다.

교섭대표에게 독자적 당사자성을 부여하지 않으면 창구단일화의 실효성이 떨어질 뿐만 아니라 단체교섭 이후 조합별로 단체협약 체결 거부, 독자적인 쟁의행위 돌입 등 창구단일 화로 인해 오히려 혼란만 가중될 위험이 있다. 외국의 입법례를 보더라도 당사자 지위를 부여하는 것이 보편적이다. 1999년 노동부 법안도 제31조의 문언형식, 제41조의 쟁의행위의 찬반투표의 내용을 보면 교섭대표의 당사자성을 염두에 두고 있다고 볼 수 있다.

5) 교섭대표의 기간 및 지위의 변동

교섭 대표로 인정되었지만 일정한 기간이 도과하였거나 사정 변경으로 조합원 다수로부터 지지를 상실한 경우 교섭대표의 지위를 그대로 인정할 것인지가 문제된다.

교섭대표 기간과 관련하여 미국에서는 법 또는 판례를 통해 몇 가지 원칙을 확립하여 왔음을 살펴보았다.[113] 이에 비추어 볼 때 우선 교섭대표 기간을 법에 명시할 필요가 있다. 다만, 현행법에서 단체협약의 최장 유효기간을 2년으로 하고 있기 때문에 이에 맞추어 2년으로 대표기간을 법정화하는 것이 바람직할 것으로 보인다. 임금협약이 1년마다 체결되는 것이 관행이나 일반 단체협약과 달리 소수

---

113) 앞서 소개한 Ⅱ-(1)-1)-(다) 신청 시기의 제한 참고.

노조의 보호문제가 심각하지 않아 2년까지 교섭대표기간을 인정하더라도 무방하다고 생각된다. 대표기간을 1년으로 하고 미국식의 협약장벽을 인정하는 방안도 생각해 볼 수 있으나, 그렇게 되면 임금협약의 당사자와 일반 단체협약의 당사자가 엇갈린 경우가 발생할 소지가 있어 혼선을 초래할 가능성이 높다.

대표선정 과정에 사용자의 부당노동행위가 있었거나, 대표선출 후 단체교섭을 행하지 않는 등 중대한 배신행위를 하는 경우에 대비하여 대표권한을 제한하거나 박탈하는 제도를 강구해 볼 필요가 있다. 참고로 앞서 살펴본 대로 미국에서 대표노조가 공정대표의무를 위반하였을 경우 NLRB는 인증의 취소 또는 협약장벽 배제의 조치를 취할 수 있도록 하고 있고, 영국이나 캐나다에서는 교섭대표 선출에 부정이 있는 경우에는 대표권한을 박탈하는 절차가 마련되어 있다.

6) 공정대표의무의 실효성 담보

단체교섭의 창구가 단일화되어 대표노조가 교섭을 행할 경우 소수 노조를 자의적으로 차별하지 않는 것은 제도의 성패를 가름하는 관건이기 때문에 이와 관련한 법규정을 마련하는 것이 필수적이다.

미국에서는 비조합원도 교섭단위에 포함되기 때문에 인종, 성별, 조합원 지위를 이유로 한 차별이 주로 문제시되나, 우리의 경우는 주로 소수 노조 및 그 조합원의 보호와 관계될 것이다. 또한 미국에서는 단체협약의 체결 과정뿐만 아니라 이행과정(고충처리, 권리중재)에서도 공정대표의무가 유지되나, 법제를 달리하는 우리의 경우에도 이러한 방식을 원용 할지에 관한 검토가 필요하다. 무엇보다도 미국과 같이 노동조합의 부당노동행위 관념이 인정되지 않는 우리의 경우에 소수노조의 보호를 위해 공정대표의무의 실효성을 담보할 방안을 강구하여야 할 것이다.

7) 조합원수 신분확인 방법

조합원수를 확인하는 과정은 반드시 필요한 바, 체크오프(check-off)에 의한 확인, 관할 행정관청에 의한 확인, 노동위원회에 의한 확인 등의 방법을 생각해 볼 수 있다.

체크오프에 의한 확인은 비교적 객관적이고 간편한 방법이나 동 협약이 체결되어 있지 않거나 노조가 신설된 경우에는 한계가 있다. 체크오프 조항은 채무적 부분에 불과하기 때문에 향후 복수노조 시대에도 사용자가 동 조항을 합의해 줄지 불분명하다. 캐나다와 같이 체크오프를 법·제도화하는 방안도 생각해 볼 수 있을 것이나, 이 경우에도 노동조합 간에 조합원수를 둘러싸고 다툼이 존재할 가능성을 배제할 수 없다. 따라서 별도의 공적 확인절차를 마련할 필요가 있다. 조합원수는 매년 관할 행정관청에 대한 변경신고의 대상이 되므로 신고된 조합원수를 기준으로 확정하는 방법도 생각해 볼 수 있다. 그러나 신고 숫자의 진정성에 의문이 가는 경우도 많을 뿐만 아니라 특히 초기업노조의 경우에는 사업장별 조합원수를 확인하는 것이 용이하지 않다. 기업별노조의 경우에도 변경신고 후 조합원의 증감이 있는 경우 이를 제대로 확인하기 곤란하다는 문제점이 있다. 결국 노동위원회가 조합원수를 확인하는 절차가 반드시 필요할 것으로 보인다. 과반수대표를 선출할 때 모든 노조에게 조합원수를 입증할 수 있는 자료(조합원명부 및 조합비수령 증빙자료 등)를 제출케 하여 노동위원회가 조합원수를 확인하도록 하여야 할 것이다. 요컨대 체크오프 협정이 있는 경우에는 일차적으로 이에 따라 조합원수를 확인하되, 이러한 방법으로 조합원 수 확인이 곤란하거나 노동조합간 다툼이 존재할 경우에는 노조에게 관련 자료를 제출케하여 노동위원회가 이를 확정하는 것으로 한다.

이때 조합원수 확정의 시기를 언제로 두느냐가 중요한데 조합원수는 항시 변동할 수 있고, 특히 교섭개시 전후에는 특히 그러할 것으로 예상되기 때문이다. 따라서 적어도 복수 노조간 자율적인 교섭창구단일화를 위한 노력이 실패하고 창구단일화 절차가 개시되어야 하는 시점을 기준으로 할 수 있을 것이다.

3. 결론 — 법·제도화를 위한 제언

1) 사업장 내의 복수노조가 존재할 것에 대비하여 창구단일화 의무를 노동조합에 부담시키고자 하는 방안은, 지금까지 그러하여 왔듯이 향후 제도화 과정에서도 위헌성의 시비로부터 완전히 자유로울 수 없을 것이다. 사용자의 교섭비용을 노동조합에 전가시킨다는 비판도 경청할 만하다. 창구단일화로 인해 우리가 경험하지 못한 새로운 유형의 분쟁(예컨대 노노분쟁 또는 사용자의 지배개입)이 발생함으로써 노사관계가 악화되고 사회적 비용이 증가할 가능성도 배제할 수 없다. 이런

점에서 한시적으로나마 자율교섭을 허용하고 그 기간 동안의 학습경험을 토대로 창구단일화 방안을 모색하자는 박수근 교수의 제안은 매우 흥미롭다.[114]

그러나 다른 한편으로 복수노조가 존재함으로써 사업장에 미칠 부정적 파급 효과에 대해 정책적 견지에서 진지하게 검토하고 대비책을 강구하는 일은 매우 긴요하다. 지금까지의 창구단일화 논의는 이러한 시대상황을 암묵적으로 반영해 온 것이라 할 수 있다. 외국의 예에 비추어, 방법과 강도에 있어 차이는 있지만, 사업장 내에서 근로자의 집단적 목소리(collective voice)를 단일화하고자 하는 경 향이 대체적으로 감지된다. 독일과 미국은 오래 전부터 이를 제도적으로 정착해 왔고 영국과 캐나다 및 이탈리아에서의 경험은 우리에게 시사하는 바가 크다. 프 랑스에서도 최근의 법 개정을 통하여 산별협약에서 동의한 경우에는 사업장 차원 의 과반수대표제를 도입[115]하고 있다. 향후 창구단일화 논의가 당위론적·규범적 공방에만 머물지 말고 사회공학적 관점에서 단체교섭상의 난맥상을 방지하고 노 사의 교섭비용을 줄이는 방안을 진지하게 모색하여야 할 것이다.[116]

2) 향후 교섭대표의 선출을 노조간 자율적 결정 —과반수 노조의 존재— 교 섭대표 선출을 위한 선거의 방식대로 행한다면, 이를 관장하기 위해 노동위원회의 업무가 대폭적으로 늘어날 것이다. 제Ⅱ장 제1절에서 소개한 미국의 대표선출절 차를 참조한다면, 대체로 다음과 같은 업무가 추가될 것이다.

우선 판정적 기능이 강화될 수밖에 없다. 새로운 유형의 지배·개입이 발생할 소지가 높기 때문에 부당노동행위 사건 수가 많이 늘어날 것이다. 교섭단위의 결 정·공정대표의무의 이행 여부 등 노노간의 분쟁에 대한 판정 업무는 필수적이다. 선거신청의 적격성 여부(예를 들어 대표기간의 문제, 부당노동행위 개재 시 또는 파업기 간 중의 특칙, 단체교섭 거부의 부당노동행위의 선결문제로 처리할지의 여부 등) 및 선거 결과에 대한 이의제기 및 대표권한의 박탈·정지 등에 대한 판정 업무도 필요하 다. 노동위원회의 판정이 종국적인지 아니면 법원에 제소할 수 있는지에 관해서도

---

114) 박수근(2005), "사업(장)단위의 복수노조와 노사자율교섭주의", 노사정위원회 노사관계소 위원회 발표자료 참고.
115) 박제성(2005), "사회적 대화에 관한 2004년 5월 4일 법과 프랑스 단체교섭법제의 변화", 국제노동브리프 Vol.3, No.2 참고.
116) 이철수(2005), pp.24-25.

입법정책적 선택이 요구된다.

아울러 최소한의 확인적 기능이 요구된다. 자율적으로 교섭대표를 선출한 경우 또는 과반수 노조가 존재하는 경우에 노동위원회의 확인 또는 인증이 필요한지가 검토되어야 할 것이다. 조합원수에 관해 의견 불일치가 있는 경우 이를 최종적으로 확인하여야 할 것이다. 이러한 확인적 업무는 노동위원회의 판단이 종국적인 것이고 법원에의 제소 가능성을 열어 놓을 필요는 없을 것이다.

2000년 노사정위원회 공익안처럼 과반수 노조가 존재하는 경우에 별도의 선거절차가 필요한지는 입법 내용을 기다려 보아야 하겠지만, 다수 노조가 존재할 경우를 상정하면 노동위원회가 선거에 참여하여 이를 관리할 필요성이 높다. 미국의 경험을 통해 보면 선거 신청권자의 결정, 선거신청 기간의 도과 여부, 미국식의 약정선거의 도입 여부, 증거수집 등 청문절차의 진행, 투표자격자의 명단작성과 이를 위한 사용자에의 요구 및 제재, 옵저버 선출, 투표 당일 선거운동의 방지 등 현장에서의 선거관리 및 감독, 선거 결과의 이의에 대한 행정적 처리 등의 업무가 필요할 것이다.

이상의 판정적·확인적·선거관리적 기능을 수행하기 위해 지노위와 중노위의 역할 분담을 어떻게 설계할지도 궁금하다.

2005년도 노동위원회 전체 예산이 156억 원 전체 직원이 214명에 불과한 현실을 감안하면, 이러한 기능을 제대로 수행할지 난감하기만 하다. 창구단일화가 노사 문제를 넘어 우리의 미래가 달려 있는 중차대한 문제라는 상황인식에 동의한다면, 노동위원회의 환골탈태는 시대적 과제이다.

3) 대표조합의 공정대표의무의 성실한 이행은 창구단일화제도의 성패를 가름하는 관건이라 할 수 있다. 앞에서 살펴본 바와 같이 미국에서는 단체교섭과 협약체결 과정뿐만 아니라 고충처리 과정에서도 공정대표의무가 요구된다는 점과 노동조합의 부당노동행위 제도가 설정되어 있기 때문에 공정대표의무 위반행위에 대하여 교섭단위 내의 종업원(조합원이건 비조합원이건 불문)이 노동조합의 책임을 물을 수 있다는 점이 특징이다.

그러나 우리나라의 경우 교섭대표는 교섭단위 내의 모든 종업원이 아니라 조합원만의 이익을 대표한다는 점, 노동조합의 부당노동행위 제도가 설정되어 있지 않다는 점, 다수 노동조합에 대하여 노사협의회 근로자위원 선출 권한을 부여하고 근로기준법 등에서 서면 협정을 체결하는 주체로서의 지위를 인정하고 있다는 점 등에서 미국과 많은 차이를 보이고 있어, 향후 공정대표의무 법리의 적용범위를 획정하고 실효성 확보 방안을 마련함에 있어 보다 구체적이고 실질적인 검증 작업이 필요하다.

우선 공정대표의무와 관련하여 전형적인 문제 상황은 체결된 단체협약의 내용이 소수 노조 또는 그 조합원을 차별하는 경우이다. 이 경우는 사용자의 부당노동행위가 성립될 가능성이 높다. 이 외에 특정 집단의 조합원이 차별을 받았다고 주장하는 경우를 상정해 볼 수 있다. 근로기준법 제5조상의 국적·신앙·성별·사회적 신분을 이유로 하는 불합리한 차별뿐만 아니라 부서별·직종별·조직형태상의 차별 등이 여기에 해당될 것이다. 이 경우는 강행법규 위반의 문제가 발생한다. 어느 경우든 공정대표의무 위반으로 판단되면 당해 단체협약을 무효로 하여야 할 것이다.

실무적인 차원에서 불합리한 차별인지의 여부를 어느 기관에서 판단할 것인지, 공정대표의무 위반의 경우 노동조합에게 별도로 어떠한 책임을 물을 것인지 등이 검토되어야 할 것이다. 미국과 같이 노동조합의 부당노동행위 제도가 설정되어 있지 않기 때문에 노동위원회를 통한 구제가 가능하려면 별도의 입법이 필요할 것이다. 이 경우, 법원에의 구제신청과의 관계에 있어 미국식의 선점의 법리(배타적 관할권)을 인정할 것인지에 대해서도 검토해 봄직하다. 노동조합의 책임을 묻기 위해 교섭대표의 인증을 철회하거나 교섭대표 기간을 제한하는 방안 등을 검토해 보아야 할 것이다. 노동조합의 책임과 관련하여 명시적 근거규정이 마련되어 있지 않으면 노동조합을 상대로 민사책임을 물을 수밖에 없는데, 그럴 경우 공정대표의무 제도의 실효성을 기대하기는 힘들기 때문이다.

아울러 창구단일화 제도가 단체교섭상의 난맥상을 방지하고 합리적 노사관계를 지향하기 위해 고안된 제도라는 점을 상기해 볼 때, 우리 법제상 직접적으로는 단체교섭 과정에 해당되지 않지만 합리적이고 건전한 노사관계의 진작을 위해 공정대표의무의 법리를 원용해 봄직한 영역도 존재한다. 우선 고충처리 과정에서의 공정대표의무의 인정 문제이다. 주지하다시피 우리나라에서의 교섭당사자의 역할은 집단적 이익분쟁 사항에 대해 단체교섭을 행하는 데 있기 때문에, 미국과 달리

고충처리를 단체교섭의 과정으로 보고 있지 않다. 따라서 현행법상 개별적 고충에 대해서 노동조합이 관여할 권한과 책임은 존재하지 않는다. 그러나 고충처리를 담당하는 고충처리위원의 선임에 다수 노동조합이 관여하고 있기 때문에 (근로자참여및협력증진에관한법률 제26조 제1항 및 제6조 제2항 참조), 자의적·차별적 고충처리로 인해 소수 노조의 조합원이 불이익을 당할 개연성을 배제할 수 없다. 이러한 상황은 단체협약에 약정된 고충처리 또는 중재절차를 적용하는 경우에도 마찬가지이다. 이 경우 미국과 같이 공정대표의무의 문제로 접근할 수는 없는지에 관해 입법정책적 검토가 필요할 것이다. 이외에도 협약 체결 이후에 권리분쟁에 해당되지만 창구단일화를 계기로 증대될 가능성이 높은 차별 유형, 예컨대 단체협약의 해석 적용이나 이행과정,[117] 쟁의행위 결정과정[118] 또는 근로기준법상의 제도화된 종업원대표 기능[119]을 수행하는 과정에서 특정 조합원 또는 특정 직무나 조직형태를 차별하는 경우에도 동 의무를 원용하는 것이 바람직할 경우도 있을 것이다.

---

117) 단체협약상 인사협의 또는 합의조항을 이행함에 있어 특정 근로자에게 불성실한 태도를 보이는 경우.
118) 쟁의행위 결정시 특정 부서를 파업 세력으로 결정하는 경우.
119) 취업규칙의 불이익변경, 탄력적 근로시간제 도입으로 인해 특정 집단이 불이익을 받는 경우.

제11장

새로운 종업원대표시스템의 정립[*]

I. 문제의식

　　현행법상 종업원의 집단목소리(collective voice)를 반영하는 제도로 근로기준법상의 근로자대표, 노동조합, 노사협의회를 상정하고 있다. 이들 제도 간의 규범적 위상과 기능이 불분명하고 때로는 착종되어 있어서 법 운용상 혼선을 빚고 있다. 더구나 기능적인 측면에서 노동조합의 대표성에 관해 의문이 제기되는 등 특히 사업장 차원의 노사관계에서 많은 변화가 일어나고 있다. 더구나 복수 노조 시대를 맞이하여 소수노조의 발언권 보장도 중요한 이슈로 부각되고 있다.

　　본고는 종업원대표제도에 대한 새로운 시스템이 왜 필요한지를 실증적으로 검토하고, 비교법적 관점에서 사업장 차원의 의사결정시스템이 어떻게 재형성되어 왔는지를 분석하고자 한다. 나아가 이를 토대로 우리의 법규범과 노동현실에 적합한 발전적 대안을 모색해 보고자 한다. 본고에서는 기존 필자의 입장을 수정하여 노사공동의 회의체 방식인 노사협의회 대신 종업원들만으로 구성되는 종업원위원회 방식을 제안하고자 한다.

---

　* 본고는 이철수(2011), "통일적인 종업원대표시스템 정립을 위한 소고", 산업관계연구 제21권 제1호 및 이철수(2013), "새로운 종업원대표시스템의 정립",「노동조합의 경제적 효과와 근로자대표권 연구」, 한국개발연구원을 수정 보완하여 발표한 이철수(2018), "새로운 종업원대표시스템의 정립"(비정규논문), 노동법연구 제45호를 그대로 수록한 것이다.

— 309 —

Ⅱ. 왜 새로운 시스템이 필요한가?

1. 현행 종업원대표제도의 문제점

현재 사업장 차원에서 종업원의 집단적 목소리를 반영하는 기제로는 노동조합, 노사협의회, 근로기준법(이하 근기법)상의 근로자대표[1])가 있다.

이 중 근기법상의 '근로자대표'는 1990년대 후반 이후 새롭게 등장한 개념이다. 이는 근로기준법에 처음 도입되었지만, 현재는 근로자퇴직급여보장법, 파견근로자 보호 등에 관한 법률, 산업안전보건법, 고용정책기본법, 고용상 연령차별금지 및 고령자 고용촉진에 관한 법률 등 여러 법률에서 이용되고 있다. 그러나 근로자대표는 법제도적 측면에서 보면 과반수노조가 존재하지 않는 경우 대표성의 취약이라는 치명적인 약점을 안고 있을 뿐만 아니라, 개념의 모호성으로 인해 해석론상 다툼이 많아 법적 안정성을 훼손시키고 있다. 예를 들어 근로자대표를 구성하는 근로자의 범위를 어떻게 설정해야 하는지, 서면협정이 단체협약 내지 근로계약과 관련하여 어떠한 규범적 위상을 가지는지,[2]) 서면합의를 위반했을 경우 어떤 법적 효과가 발생하는지 등에 대하여 법은 침묵한다.

한편, '근로자의 참여 및 협력 증진에 관한 법률'(이하 근참법)에서는 상시근로자 30인 이상 사업장에서 의무적으로 노사협의회제도를 설치할 것을 법적으로 강제하고 있다. 노사협의회는 근로조건 결정기구로서보다는 노사 간의 참여와 협력을 증진하여 노사 공동이익과 산업평화를 도모할 목적으로 설계되었지만, 경영상 해고 시의 협의 기능이나 단체교섭의 보완적 역할을 통해 간접적으로 근로조건의 형성에도 영향을 미친다. 그러나 이는 어디까지나 과반수노조가 존재하는 경우이고 규모가 작고 노조 설립의 가능성이 낮은 사업장에서는 사용자들이 노사협의회 설치를 꺼리거나 그 운영이 다분히 형식에 치우치고 있는 실정이다.[3]) 노사협의회가 종업원 전체의 이익을 대변해야 함에도 불구하고 정규직 또는 노동조합 중심

---

1) 이외의 사항은 임무송(2012), "집단적 근로조건 결정시스템 개편에 관한 연구 — 노사위원회 제도 도입과 관련하여", 서강대학교 박사학위논문, p.156 참조.

2) 이철수(2010), 「복수노조체제하에서의 근로자대표제도 개선방안연구」, 노동부 용역보고서 참조.

3) 이에 관한 자세한 내용은 이철수(2010), p.152 이하 참조.

으로 운영되어 사업장 내 취약 근로자를 대변하지 못하고 있다.[4] 근로자위원 선출 절차 이행의 주체가 불명확하고 근로자 참여를 위한 절차규정이 미비함으로써 무노조 사업장의 경우 직접선거를 행하는 사업장은 50%에 미치지 못하고, 회사가 지명하거나 추천하는 경우(22.8%) 또는 일부 선거 일부 추천을 행하는 사업장(17.3%)도 다수이다. 단체법제도론적인 관점에서 노사협의회의 구성이나 이익대표자 선출 과정에서 민주성을 제고시킬 방안이 없는지, 과반수노조가 위원 선출을 독점하는 것이 타당한지, 노사협의회 의결사항의 실효성을 담보하기 위한 방안은 없는지 등의 문제에 관해 재검토가 시급한 상황이다.

2. 노동조합, 과반수근로자대표, 노사협의회 간의 불명확한 관계

이영면(2011)의 실태조사에 따르면 노사협의회에서 가장 큰 비중을 차지하는 안건으로는 '임금인상, 임금체계, 성과배분 등'이 가장 높았고, 노동조합이 없는 사업장에서는 임금을 포함한 보상 관련 사항이 노동조합이 있는 사업장보다 상대적으로 더 높은 비중을 차지하였다.[5] 또한 2006년 조사에서는 무노조 사업장에서 노사협의회가 ① 사실상 임금교섭을 하는 경우가 16.8%, ② 임금인상 및 근로조건에 관한 노사협의를 하는 경우가 52.0%에 이른다.[6]

고용노동부의 2016년 '노사협의회 운영상황 실태조사' 연구용역을 보면, 노사협의회 설치 의무 대상기업인 30인 사업장 586곳 가운데 42.8%가 노사협의회를 운영하지 않는 것으로 나타났다. 근참법은 3개월마다 한 번씩 정기적으로 회의를 열지 않을 경우 200만원 이하의 벌금을 부과하지만 절반에 가까운 곳에서 운영하지 않고 있는 것이다. 운영하지 않는 곳 가운데 77.7%가 "설치·운영의 필요성을 못 느껴서"라고 답했고, 8%는 아예 "노사협의회를 해야 하는지 몰랐다"고 응답했다. 12%는 "노사협의회와 유사한 기능을 하는 다른 조직이 있어서"라고 답했다.

---

4) 실태조사에 따르면 비정규직 대표 근로자위원이 있는 사업장은 3.5%(29개소/802개소)에 불과하다. 이하의 통계는 이영면(2011), 「노사협의회 운영실태 조사 및 개선방안 연구」, 고용노동부 학술연구용역보고서 참조.
5) 이영면(2011), 494-495면 참조.
6) 배규식 외(2007), 「무노조 기업의 고용관계 — 노사협의회와 대안적 근로자대표기구를 중심으로」, 한국노동연구원, 225면.

노사협의회의 변칙 운영도 눈에 띈다. 근참법은 노사협의회 근로자위원을 노동자의 과반수로 조직된 노조가 있는 경우 그 노조에서 위촉하도록 하고 과반수 노조가 없을 땐, 시행령에 따라 노동자의 직접·비밀·무기명투표로 선출하도록 하고 있다. 그러나 회사가 근로자위원을 지명·추천하는 기업이 13.4%에 달했고, 직접선거가 아닌 간접선거로 뽑는 경우도 11.0%로 나타났다. 법령에 맞게 직접선거로 뽑는 경우(47.5%), 과반수노조가 전원을 위촉하는 경우(11.9%)를 제외하면 노사협의회를 운영한다고 해도 40.6%가 변칙적으로 운영하는 셈이다.

노사협의회의 논의내용에서도 문제점이 드러난다. 근참법상 '의결'사항을 실제 의결하고 있는 곳은 24.4%에 그치고, 의결사항을 보고·협의로 처리하거나 아예 다루지 않는 경우도 많았다. 노사협의회가 실질적으로 운영되지 못하는 이유로 "노사양쪽이 무관심해서"가 50%, "운영기법 부족"이 20.8%, "활성화 의지 부족"이 10.4% 순으로 나타났다.

노사협의회와 노동조합의 단체교섭 기능이 중복되는 기본적 원인으로 기업별 교섭관행이 형성되어 있다는 점을 들 수 있지만, 이 외에도 현행 근참법이 과반수 노동조합의 대표자가 당연직 근로자위원으로 되고, 과반수노동조합이 근로자위원을 위촉하도록 하고 있는 점(근참법 제6조 제2항), 협의사항, 의결사항이 근로자의 채용·배치 및 교육훈련, 각종 노사공동위원회 설치 등 근로조건과 관련된 사항을 광범위하게 포함하고 있어 노동조합의 단체교섭 사항과 일부 겹친다는 점 등의 요인이 작용한 것으로 볼 수 있다.

노사협의회가 본래의 자기 영역을 넘어 단체교섭 기능을 대행하거나 근기법상의 대표 기능을 수행하는 것이 바람직하지 않음은 물론이다. 왜냐하면 노동조합을 약화시키거나 단체교섭 기능을 저해할 위험성이 있고, 현행근기법상 근로자대표의 노동조합과의 연관성은 상정하고 있으나 노사협의회와는 아무런 관련이 없는 것으로 설계되었기 때문이다. 따라서 노사협의회의 근로조건 결정 기능에 대해서는 항시 규범적 평가가 수반되지 않을 수 없는바, 우리의 현 실태와 규범과의 조화를 위한 해석론적 고민이 따를 수밖에 없다. 소송으로 제기되는 사건 유형은 주로 노사협의회가 과반수대표의 또는 노동조합의 역할을 대행했을 경우 그 효력에 관한 것이다. 판례의 경우를 살펴보면, 이와 같은 노사협의회의 실제적인 운용 실태를 감안하여 과반수노동조합이 노사협의회 형식을 통해 사용자와 체결한 협약(약정)에 대해 단체협약으로서의 법적 효력을 부여하기도 하고,[7] 정리해고의 협의방식으로 노사협의회를 거친 경우 정당성을 부여하기도 하였다.[8] 그러나 취업규칙의 불이익변경과 관련하여서는, 노사협의회와 노동조합의 제도적 취지가 다르다는 점을 들어 노사협의회의 동의권한을 부정한 바 있다.[9]

과반수근로자대표나 노사협의회제도는 각각에 대하여 부여된 목적에 따라 별개로 운영되는 제도이지만, 이들 두 제도가 또 하나의 기업 내 의사결정시스템인 노동조합과 혼재되면서 여러 가지 해석상 논란을 부르고 있는 실정이다. 세 가지의 의사결정시스템이 현행대로 유지되는 한 이러한 혼란은 계속될 것이다.

3. 근로자대표로서 노동조합의 현주소[10]

오늘날 노동조합의 근로자대표로서의 기능에 대해 의문을 제기하는 많은 사실들이 나타나고 있는바, 그러한 모습들에 대한 검토도 필요하다.

첫째는 노동조합의 추정 조직률이 꾸준히 저하되고 있다는 것이다. 조합원 수의 경우는 최근 몇 년간 공공부문(공무원, 교원 등) 노조의 조직으로 인해 그 감소가 크지 않으나,[11] 조직률의 경우 조직률 집계가 이루어진 1977년 25.4% 이후 지속적으로 감소하여 현재는 10%선에 머물고 있다. 조직률을 기업규모별로 볼 때, 근로자 수 기준으로 300인 이상 기업의 경우 42.7%인 반면, 100~299인 기업의 경우 12.7%, 30~99인 기업의 경우 2.4%, 30인 미만 기업의 경우 0.1%까지 떨어진다. 특히 50인 미만의 노조 수는 2,627개소로 전체의 51.3%를 차지하지만 조합원 수의 비중은 2.5%에 불과하다.[12] 이를 통해 보면 조직률의 기업규모 간 격차가 명확히 존재하고, 중소기업에서 노동조합의 존재가 지극히 미미하다는 실태

7) 노사협의회를 통한 퇴직금 관련 부속협정의 효력과 관련하여 대법원 2005. 3. 11. 선고 2003다27429 판결 참조; 신권철(2013), "노사협의회의 법적지위와 역할", 노동법연구 제35호, 285-288면 참조.
8) 대법원 2005. 6. 9. 선고 2004도7218 판결.
9) 대법원 1994. 6. 24. 선고 92다28556 판결 참조.
10) 이철수(2011), 4면.
11) 전체 조합원 수는 1989년에 190만명을 넘어섰다가 꾸준히 감소하여 1998년 140여 만명에 이르면서 최저점에 이른 후 공무원 및 교원노조의 가세로 현재는 대략 170여 만명선에서 움직이고 있다. 노동부(2012), 「2011년 전국 노동조합 조직현황」.
12) 노동부(2012), 「2011년 전국 노동조합 조직현황」.

가 엿보인다. 게다가 2011년 말 기준으로 조직형태별 노동조합 수를 보면 기업별 노조 90.7%(4,646개소), 초기업 노조 9.3%(474개소, 산별노조, 지역업종 노조, 총 연맹 수 포함) 등의 순으로 기업별 노조가 압도적이다.

둘째는 기간제·단시간 근로자 등 소위 비정규직 종업원이 증가하고 있다는 점이다. 노동조합은 종래 정규직(풀타임으로 기간을 정하지 않은 근로자)의 대표를 그 임무로 해왔기 때문에, 비정규직의 대표시스템이 충분하지 않다는 문제가 생겨났다. 최근의 조사에서는 비정규직 근로자의 추정 조직률은 2% 안팎으로 알려져 있고,[13] 비정규직 근로자 수는 점점 늘어나고 있지만 여전히 다수의 비정규직 근로자들은 노조로 조직되지 않은 상황이다.

셋째, 근로조건 결정시스템이 변화하고 있다는 점이다. 최근에는 종래 연공서열적 인사처우로부터 개인의 능력과 성과에 기초한 성과주의형 인사처우로 이행하는 경향이 강해졌다. 특히 사무직 근로자를 중심으로 하여 근로조건을 개별적으로 결정하는 움직임이 급격하게 드러나고 있다. 이러한 상황은 조합원을 집단적으로 파악하여 평등주의적인 근로조건 결정을 주안점으로 해 온 노동조합의 역할에 수정을 요구하게 된다.

넷째, 법적인 관점에서 보아도 노동조합의 근로조건 규제력에 있어서 약화 경향이 나타나고 있다는 점이다.[14] 저성장 시대로 접어들면서 단체교섭 기능이 임금인상이나 근로시간 단축보다도 고용안정에 더 많은 비중을 두는 관계로 이른바 양보교섭(concession bargaining)이 자주 발생하고 있고 그 합법성이 인정되고 있다. 또한 취업규칙과 단체협약보다 오히려 근로조건 규제를 중심으로 작용하는 현실을 인정하지 않을 수 없다. 취업규칙의 작성·변경에 발언권을 행사할 수 있으려면 당해 노동조합이 종업원 과반수의 지지를 획득하고 있어야 할 뿐만 아니라, 취업규칙의 작성·변경에 있어 주도권을 쥐는 쪽은 사용자이다. 불이익변경의 경우 과반수 동의가 필요하지만 이른바 '합리성설'을 취하고 있는 법원의 판단에 따라 과반수대표의 권한이 다시 한편 위축될 개연성을 안고 있다.

---

13) 김동원(2005), 「비정규·간접고용 근로자의 노동조합 운영실태 및 노사관계 분석」, 노동부 연구용역보고서 참조.

14) 이것은 법·제도적 관점으로부터의 약체화를 의미하는 것이고, 노동조합이 근로조건의 유지를 위해 기능하지 않는다는 것을 의미하는 것은 아니다. 노동조합은 임금의 유지·개선이나 고용보장에 있어서 여전히 그 역할을 하고는 있다.

4. 복수노조 시행에 따른 소수조합의 보호

2011년부터 사업장 내에 복수 노조가 허용되었지만 단체교섭의 난맥상을 방지하기 위해 창구단일화를 기본 전제로 삼고 있고, 창구단일화의 방법과 관련하여 미국과 달리 종업원이 아닌 조합원을 모집단으로 하는 과반수대표제를 도입하였다. 이로 인하여 소수노동조합의 단체교섭권이 사실상 박탈되는 결과가 초래되기 때문에 창구단일화에 대해 위헌성의 시비가 논란되고 있다.[15]

이와 더불어 근로기준법이나 근참법에서는 종업원을 모집단으로 하여 과반수의 지지를 획득한 노동조합에 대해 근로자대표의 자격을 부여하거나 노사협의회 위원 선출을 독점할 수 있는 권한을 부여하고 있다. 이 경우 소수노조는 근로자대표나 근로자위원 선출 과정에서 아무런 발언권을 행사할 수 없게 된다.

그 결과 과반수노동조합은 배타적인 단체교섭권을 가질 뿐만 아니라 근기법 등 근로자대표에 관한 규정을 두고 있는 영역에서의 대표권과 함께, 노사협의회에서의 대표권을 모두 획득하게 된다. 집단적 영역과 개별적 영역을 불문하고 근로자대표권이 과반수노동조합에 전일적으로 귀속되는 반면, 소수노동조합은 어떠한 영역에서도 참여권 내지 발언권을 확보하지 못하게 된다. 유니언숍(union-shop)이나 일반적인 구속력 제도 외에는 소수조합도 과반수노조와 마찬가지로 동일한 헌법적 지위를 향유할 수 있게 설계되어 있다는 점을 감안하면, 동일한 헌법상 단결체이면서도 현실적으로는 부당할 정도로 그 권리의 행사 범위에 있어서 큰 차이가 발생하는 것이다. 이는 소수노동조합의 활동권을 과도하게 제약할 뿐만 아니라 소수노조의 설립을 방해하는 결과를 초래함으로써 헌법상의 단결권 침해 문제가 제기될 수도 있다.

Ⅲ. 노동조합이 유일한 대안인가?

우리나라의 주류적 견해는 헌법 제33조상의 노동3권 향유 주체로 근로자와 노동조합만을 상정하고 있다. 단결권의 경우에는 근로자 개인의 단결권과 노동조

---

15) 자세한 내용은 이철수(2010) 참조.

합의 단결권으로 나누어 양자의 충돌 문제를 조화시키기 위한 해석론이 전개되고
있기는 하지만(대표적으로 조직 강제 논의), 단체교섭권과 단체행동권의 경우 이를
집단적 권리로 이해하면서 노동조합만이 그 주체가 되는 것을 당연한 전제로 삼
으면서 입론을 전개하고 있다(이를 '노동조합중심론'이라 칭하자). 현행법상 인정되고
있는 근기법상의 근로자대표나 근참법상의 노사협의회는 기능적으로 종업원의 이
익을 대표하지만, 이는 입법정책적 산물로 이해할 뿐이지 그 헌법적 기초에 대해
서는 대부분의 학설이 침묵하고 있다. 우리의 오랜 경험상 노동조합 외의 근로자
대표를 헌법 제33조의 향유 주체라고 주장하는 것은 자칫 노동조합의 약체화를
도모하는 불손한 주장으로 비춰질 정도로 금기시되고 있다고 해도 과언이 아니다.
　　이러한 노동조합중심론이 통시대적인 보편적 진실일까? 노동조합이 현실 세
계에서 제대로 기능하지 못할 때 다른 대안은 반헌법적 발상으로 비난받아야만
하는가? 이러한 물음에 대해 본격적으로 논급한 글을 찾기 힘들지만, 사업장 차원
에서는 노동조합 외의 다른 대안을 찾아야 한다는 주장이 종종 제기된다. 다음에
서 이와 관련한 국내외 논의를 간단히 소개하고자 한다.

1. 국내의 논의

1) 김형배의 4층 구조론[16]

　　사업장 차원에서는 별도의 종업원대표 관념이 필요하다는 주장을 김형배가
최초로 주장한 것으로 보인다. 김형배는 "노동법은 노무제공으로 생활을 영위하는
근로자계층의 보호만을 위한 특별법에 그치는 것이 아니라, 국가의 모든 경제분야
에서 활동하고 있는 대부분의 국민을 위한 법"으로 넓게 이해하여야 한다고 전제
하면서 "근로자들의 역할과 기능은 여러 가지 분야에서 상이한 의미를 지니고 있
기 때문"에 "이들에 대한 보호는 다각적인 측면에서 종합적으로 규율"되어야 한다
고 강조한다. 김형배는 근로자의 다양한 지위에 상응하여 노동법의 패러다임을 i)
개인 사용자와의 근로계약관계에서의 지위: 「근로계약(기본)법」, ii) 기업조직의 일
원으로서의 지위: 「경영조직법」(또는 경영자치법), iii) 노동조합의 구성원으로서의
지위: 「노동조합 및 노동관계 조정법」, iv) 국민경제의 활동 주체로서의 지위: 「근
로자정책기본법」 등 4층 구조로 제시하면서, 임금의 유지·개선과 노동의 기회 제

---

16) 이하의 내용은 이철수(2010), 23면 이하를 인용한 것임.

공이 근로자보호의 핵심을 이루는 것이며, 이와 같은 분배의 개선과 노동기회의 제공은 효과적이고 생산적인 기업경영 활동을 통해서 창출된다는 이유로 4층 구조의 노동법 패러다임에서 그 중심은 경영조직법에 두어져야 한다고 주장한다.[17]

'4층 구조론'은 현행 3층 구조(근기법, 노조법, 근참법)의 노동법이 해고제한규정과 단체협약의 직률적 효력규정으로 인한 경직성 때문에 기업의 경쟁력 강화와 효율적 생산운영에 지장을 초래하는 것으로 판단하고, 이를 유연화하면서 동시에 기업경영 활동 조직원리를 바탕으로 노사협력체제 수립과 고용정책의 추진을 통해 근로자를 보호할 기본 구상을 한 것으로 풀이된다. 즉, 이는 현행 기준에서 본다면 근기법 및 노조법의 유연화와 근참법 및 고용정책법의 강화를 지향한다고 평가할 수 있다.[18] 노동법제가 4층 구조로 재편성되는 것을 전제로 하는 김형배의 주장은 그가 일찍이 노사관계의 중층화를 위한 노사관계법의 재편성을 주장해 오고 노동문제가 현대화되고 경제성장에 따라 근로자의 성격도 변화함에 따라 노동관계법에도 경영적 사고의 도입이 필요하다는 점을 역설하면서 구체적인 방법으로 기업자치적 노사관계법을 출발점으로 하여, 노동조합법은 초기업적인 차원에서의 조직과 활동을 규율하는 방향으로 근로기준법은 근로계약기본법이라는 형태로 변모하여야 한다고 주장해 왔다는 점에서, 노사협의회가 주체적으로 참여하여 기업자치적 노사관계 질서를 형성하는 것을 구상하고 있는 것으로 보인다.

김형배의 이러한 주장의 바탕에는 현행의 근로기준법과 노동조합법이 근로자들의 근로조건을 향상·개선하는 보호적 기능을 하고 있지만, 이와 같은 근로조건 개선의 정도와 범위를 경영적 관점에서 생산성 개선과 유기적 관계에서 실현할 것을 제도적으로 규정하고 있지 않다는 생각이 깔려 있는 것으로 보인다.[19] 노동조합은 강력한 교섭력과 단체행동권을 가지고 있으나 생산성 향상에 대한 협력의무 내지 책임을 부담하고 있지 않고, 사업장에 있어서 노동조합과 사용자는 상호 일방통행적인 대립관계를 유지하고 있을 뿐이기 때문에 기업의 경쟁력 강화와 합

---

17) 김형배(2008), 『노동법』, 박영사, 47–48면 참조.
18) 이흥재(2005), "21세기의 노동법적 과제와 새로운 패러다임의 모색", 외법논집 제19집, 157면 참조. 그러나 이흥재는 이러한 4층 구조론에 대해 노동법의 기본목표 및 그 성격 그리고 노동법의 해석 관점 및 입법정책의 방향을 기업조직을 기초로 하여 경제질서와의 관계에서 노동법 유연화를 제고하는 데 초점을 맞추고 있는 점은 많은 의문을 갖게 한다고 지적한다.
19) 김형배(1994), "한국노동법의 개정방향과 재구성", 법학논집 제30호, 14면 참조.

리적인 노사관계의 정립을 위해서 노사의 조직은 협력과 투쟁을 합리적이고 효율적으로 활용하는 것이 바람직하다는 것이다.[20]

김형배는 노동조합의 조직형태는 앞으로 초기업적 조직으로 바뀌는 것이 바람직스럽다고 전제한 후 근로자의 이해관계를 사회적·정치적으로 대변할 수 있게끔 노동조합 상급단체의 기능과 위상이 강화되어야 한다고 주장한다. 노동조합의 기능이 지역별·직종별 또는 산업별로 확대되면 기업별 경영·인사에 관한 문제는 기업 중심의 경영자치적 노사협의에서 전담하게 될 것이고, 그렇게 되면 기업과 근로자 사이에 제도적으로 존재하는 대립적 노사관계는 협조적·참가적·합리적 노사관계로 변모할 수 있는 계기를 마련할 수 있을 것이라 전망한다. 이 경우에 노동조합과 사업장별 노사협의회 또는 여타의 근로자대표 조직 사이에는 유기적 관련이 유지될 수 있도록 현행의 노사협의회법을 전면적으로 개정하거나 별도의 노사자치법을 제정해야 한다는 것이다.[21]

필자도 김형배의 이러한 접근방식에 대하여 우선 타당성을 인정한다. 그런데 이것이 현행법 체계하에서 어느 정도 가능할 것인가에 관한 규범적 평가와 관련하여 보면 그 해답이 그리 간단하지 않다는 점을 지적할 수 있을 것이다.

단체교섭과 노사협의를 이원화하는 방안은 그것이 사실적으로 실현되면 별문제가 없겠지만, 이를 법제도화할 수 있는가는 좀 더 면밀한 검토가 필요하다. 김형배의 방안은 독일식 모델을 원용하고 있다고 볼 수 있는데, 독일이 단결의 자유를 제도적으로 보장하는 것과는 달리 우리 헌법에서는 노동3권을 구체적 권리로 보장하고 있는 상황에서 앞의 4층 구조를 법률의 규정을 통하여 제도화할 수 있을지가 검토되어야 할 것이다. 좀 더 직접적으로는 사업장 내의 노동조합(이것이 단위노조이건 아니면 산별단위노조의 지부 또는 분회이건 불문하고)을 대체하는 의미에서 노사협의회를 설치하고, 이를 통한 사업장 내의 자치를 도모하는 것이 현재 우리의 헌법 질서상 가능할까라는 물음이다.

독일은 기본법 제9조 제3항에서 "근로조건 및 경제조건의 유지·개선을 위하여 단결체(Vereinigung)를 결성하는 권리는 누구에게나 그리고 어떠한 직업에도

---

20) 김형배(1995), "한국노동법학 50년의 성과와 21세기적 과제", 서울대학교 법학 제36권 제2호, 121면 참조.
21) 김형배(1994), 14–15면.

보장된다"라고 규정하여 일반적 결사의 자유와는 별도로 단결의 자유를 헌법적으로 보장하고 있다. 그런데 우리의 경우와 달리 단체교섭권 또는 단체행동권을 명시적으로 보장하고 있지 않고, 또한 헌법재판소나 연방노동법원의 판결에서는 한결같이 제9조 제3항에서는 단결의 자유의 핵심적 영역만을 보장하고 입법자가 단결체의 권능을 개별적으로 형성하고 보다 구체적으로 규율함으로써 단결의 범위를 결정할 권한을 갖는 것으로 해석하고 있다. 요컨대 헌법상의 단결의 자유는 실정법을 통한 법형성이 필요한데, 이러한 법형성 과정에서 입법자에게 광범한 재량권이 인정된다는 것이다(이른바 제도적 보장설).[22] 현재의 단체교섭제도나 쟁의행위의 내용과 한계도 결국은 입법자 또는 판례법[23]을 통해 형성·발전되어 온 것이라 할 수 있다. 이렇게 단결의 자유를 제도적 보장으로 이해하는 경우에는 초경영적 차원에서 조직된 노동조합에만 협약능력을 인정하고, 이를 통해 협약자치를 실현하는 제도를 창설하는 것은 입법자의 권능(다시 말해 법률의 제정)으로 가능하다.

이에 비해 우리나라는 헌법 제33조 제1항에서 "근로자는 근로조건의 향상을 위하여 자주적인 단결권·단체교섭권 및 단체행동권을 가진다"고 규정하여 노동3권을 개별적·명시적으로 보장하고 있다. 그리고 이러한 노동3권은 헌법의 규정에 따라 바로 구체적 권리성을 인정받는 것으로 이해되고 있다. 이 점에 관해서는 다른 견해를 찾아보기 힘들다. 그 결과 노동조합 및 노동관계조정법의 규정들은 이러한 헌법 규정을 구체적으로 확인하는 의미를 지니는 것으로 해석된다. 결국 노동3권의 내용이나 이를 보장한 취지 등은 입법자의 법형성을 기다릴 필요 없이 또는 이와 무관하게 법률을 지도하고 필요한 경우에는 헌법 수호의 차원에서 규범적인 통제를 가할 수 있다. 이렇게 본다면 단결권의 본질적 내용인 단결 선택의 자유를 제한할 소지가 있는 하위 법률의 제정은 위헌성이 논란될 수밖에 없을 것이다. 일례로 초경영적 차원에서 조직된 근로자단결체만을 노동조합으로 인정하는 독일 판례법상의 태도[24]는 우리나라의 법에서는 위헌의 소지가 많아 받아들여

---

22) 독일연방헌법재판소, 1979. 3. 1-1 BvR 532/77, 419/78 und 21/78(BVerfGE 50,290) 판결.

23) 입법자의 법형성에 흠결이 있을 시 판결을 통해 이를 보충할 수 있다(독일연방헌법재판소 1964. 5. 6-1 BvR 79/62(BVerfGE 18, 18) 판결). 독일법상의 노동조합 요건 또는 협약능력론 및 쟁의행위의 정당성 요건 등은 판례법으로 형성된 것이다.

24) 독일연방노동법원 1977. 3. 15-1 ABR 16/75(AP Nr 24 zu Art.9 GG). 이러한 판례의 입장에 반대하는 입장도 있지만, 다수설은 기업별 노조는 어용화할 우려가 많고 그 임원도

지기 힘들다는 사실은 양 국가의 차이점을 단적으로 드러내 준다고 할 수 있다. 김형배가 주장하는 바와 같이, '기업 내의 노사협의회를 통한 자치질서의 확립'은 제안의 참신성과 미래지향성에도 불구하고 우리의 헌법 구조하에서는 합헌성 여부를 검토받아야 할 것이다.

2) 박제성의 '근로조건 대등결정의 원칙'

박제성은 우리 헌법 제33조 제1항의 기본취지를 근로조건 대등결정 원칙을 보장하기 위한 것으로 이해하고, 이 원칙의 관철을 위해서는 노동조합이 아닌 다른 실체의 존재 가능성을 인정하고 있다.

> "노동조합이 가장 역사적이고 가장 중요하고 가장 대표적인 단체교섭 담당자라는 점은 맞지만, 그렇다고 노동조합만이 단체교섭의 담당자가 되어야 한다는 논리는 성립하지 않는다. 설령 단체교섭의 개념상 개별 근로자는 그 주체가 될 수 없고 근로자의 단체만이 주체가 될 수 있다는 주장을 받아들인다 하더라도, 그 주체가 반드시 노동조합이어야 할 논리의 필연성은 없다. 근로자의 집단은 대표를 통하여 단체가 되어 단체교섭에 임하게 되는데, 노동조합이라는 대표 형식은 역사 속에서 등장한 한 형식일 뿐이지(근로자 집단은 반드시 노동조합이라는 형식으로 대표되어야 하며 언제나 그렇게 될 수밖에 없다는 식으로) 사물의 본성에 속하는 형식은 아니기 때문에, 노동조합이 없는 경우에는 다른 대표 형식을 마련하여 근로조건의 대등결정 원칙이 실현될 수 있는 제도를 모색할 필요가 있다."[25]

박제성은 다음과 같은 요인이 작용해 사업장 차원에서 근로조건 대등결정의 원칙이 형해화되고 있다고 진단하면서 새로운 제도적 보완책이 필요하다고 주장한다.[26]

첫째, 현실적으로 노동조합이 없는 사업장이 많은데, 무노조 사업장에서는 단

사용자의 해고와 불이익 취급에 직면하게 된다는 점, 또는 경영조직법 등의 제정을 볼 때 집단적 노사관계를 이원적으로 처리하려는 입법자의 의도를 읽을 수 있다는 점 등을 들어 판례를 지지한다. 이철수(1992), "단체교섭의 근로자 측 주체에 관한 비교법적 연구", 서울대학교 법학박사학위논문, 38면 이하 참조.

25) 박제성(2008), 「무노조 사업장에서의 집단적 근로조건 결정법리」, 한국노동연구원, 5-6면.
26) 박제성(2008), 3-4면.

체교섭을 통한 근로조건 결정 방식이 봉쇄당하고 있다. 우리 헌법 제33조 제1항
은 "근로자는 단체교섭권을 가진다"라고 하여 단체교섭권을 근로자에게 보장하고
있지만, 판례와 학설은 이를 노동조합에 한정시킴으로써 노동조합이 없는 사업장
에서는 근로자의 단체교섭권이 보장받지 못하는 결과를 초래하고 있기 때문이다.

둘째, 무노조 사업장에서는 따라서 집단적 근로조건이 노사협의회 또는 취업
규칙에 의하여 결정되는 예가 많은데, 노사협의회와 관련해서는 현행법상 노사협
의회가 근로조건을 결정할 권한이 있는지가 분명하지 않으며 또 결정할 수 있다
고 하더라도 그 결정의 효력이 어디까지 미치는지도 명확하지 않다.

셋째, 근로기준법에서는 근로자과반수대표자에 의한 서면합의를 통한 근로조
건의 결정을 규정하고 있는데, 현재의 근로자과반수대표자제도는 근로기준법에서
정하고 있는 몇 가지 특수한 근로조건의 결정에만 관련되어 있고, 그 선출 방식이
나 권한의 범위 등 대표로서의 지위가 명확하지 않으며, 서면합의의 효력도 분명
하지 않다는 등의 문제를 안고 있다.

넷째, 취업규칙과 관련해서는 근로기준법이 취업규칙의 사용자 일방 결정성
을 근로자들의 의견 반영 또는 동의를 통해서 완화하는 규정을 두고 있긴 하지만,
불리한 변경이 아닌 경우에는 근로자들의 의견청취의무만 규정되어 있으며 사용
자가 의견청취의무를 위반하더라도 취업규칙의 효력이 부정되는 것은 아니라는
점, 근로자들의 동의를 얻지 않고 불이익하게 변경된 취업규칙이더라도 신규 입사
자에 대해서는 유효하며 또 사회통념상 합리성이 인정되는 경우에는 동의를 얻지
않아도 유효하다는 점 등에서 볼 때, 취업규칙의 사용자 일방 결정성은 여전히 관
철되고 있다는 점에서 결국 근로조건 대등결정의 원칙에 반한다.

박제성은 프랑스의 입법례를 참조하여 무노조 사업장의 경우 근로조건 대등
결정의 원칙을 실현하기 위해 노사협의회 근로자위원들에게 단체교섭권과 단체협
약 체결권한을 부여하고, 노사협의회마저 없는 사업장의 경우 산별노조 또는 지역
별 노조의 위임을 받은 근로자가 단체교섭을 하고 협약을 체결할 수 있도록 하여
야 한다고 주장한다.[27]

필자의 소견으로는 아마 기존의 노동조합중심론에 최초로 반기를 든 주장이
아닌가 싶다. 대안으로 제시한 집단적 결정방안에 대해 현행법의 해석상 다소 수

---

27) 박제성(2008), 68면 이하 참조.

긍하기 힘든 부분이 있지만, 헌법 제33조를 합목적적으로 해석하여 노동조합이 유일한 대안이 아님을 분명히 한 점은 매우 흥미로운 발상이라 하지 않을 수 없다.

2. 일본의 새로운 접근법[28]

우리나라보다 일찍 근기법상의 과반수대표제를 도입한 일본에서는 상설적인 종업원대표기관을 설치하여야 한다는 주장이 줄곧 제기되어 왔다. 특히 小嶋典明가 과반수대표제가 일본 헌법 제28조(우리나라 헌법 제33조에 해당)의 보장을 받는다는 이례적인 해석론을 전개함[29]으로써 논의가 활발해졌다.

일본의 과반수근로자대표제도의 법제화론의 쟁점은 노동조합과 과반수근로자대표의 관계를 어떻게 설정하느냐에 모아진다. 西谷敏는 노동조합이 근로자대표로서의 기능을 발휘할 것을 기대하기 어렵기 때문에 과반수노동조합이 존재하는 경우라 할지라도 별도의 근로자대표기구가 필요하다고 주장한다.[30] 毛塚勝利는 근로자대표로서의 기능을 1차적으로 담당하는 것은 노동조합이어야 하고 과반수노동조합이 존재하고 있다면 별도의 근로자대표제도는 필요하지 않지만, 그러하지 못할 경우 근로자대표로서의 역할을 담당할 과반수근로자대표 모델을 도입하여야 한다고 주장한다.[31]

이러한 일본 법제화론의 요체는 노동조합과 근로자대표와의 역할을 법적으로 구분·규정함으로써 여러 논란을 해소시켜 나가자는 것이다. 근로자대표제도를 법적으로 강제하는 것이 바람직한 것인지에 대한 논란이 있기는 하지만,[32] 각 법률

---

28) 이하의 내용은 이철수(1992), 22면 이하 참조.

29) 小嶋典明(1989), "わか國に從業員代表法制," 富大經濟論集 第35卷 第1号, p.199 이하(大內伸哉(2007), 『勞働者代表法制に關する硏究』, 有斐閣, p.65에서 재인용).

30) 西谷敏(1989), "過半數代表と勞働者代表委員會," 勞協 第356号, p.2 이하(大內伸哉(2007), pp.65~67에서 재인용).

31) 毛塚勝利(1992), "わか國における從業員代表法制の課題," 學會誌 第79号, p.129 이하(大內伸哉(2007), pp.67~68에서 재인용).

32) 이러한 입법화론에 대하여 소극적인 입장도 있다. 대표적으로 道幸哲也 교수(그의 논문, "21世紀の勞働組合と團結權," 『講座21世紀の勞働法 第8卷 利益代表システム』, 有斐閣, 2000에서 그는 노동조합의 기능을 정비하고 확대시킴으로써 노동조합의 근로자대표 기능을 강화시켜야 할 것임을 주장한다) 및 大內伸哉 교수(그의 저서, 『勞働者代表法制に關する硏究』, 有斐閣, 2007에서 그는 노동조합이 근로자대표로서의 기능이 약화되었다는 점에 대해서는 인정하지만, 과반수근로자대표를 입법적으로 강제한다거나 하는 것은 결국 근로자의 자유로운 의사결정을 방해하는 것이기 때문에, 근로자대표로서 노동조합을 선택할 것

에 혼재되어 있는 대표 제도들을 정비시켜 나갈 필요가 있다는 점에 대해서는 대체로 공감대가 형성되어 있는 듯하다. 2005년 9월 17일에 발표된 「今後の労働契約法制の在り方に関する研究会」 보고서에서 기존의 과반수근로자대표에게는 대표성이 결여되어 있고 임시적인 제도에 불과하다는 문제점을 지적하면서 과반수근로자대표제도를 대신할 상설적 노사위원회제도를 법제화할 것을 요청한 바 있으나 입법화에는 성공하지 못하고 있다.

3. ILO 규범에서 단결권의 향유 주체

ILO(International Labour Office) 규범들을 통해 살펴본 근로자단체 및 근로자대표의 개념상 가장 큰 특징은 개방성이라고 할 수 있다. ILO는 trade union과 labor organization을 구분하고 있고, labor organization을 trade union을 포함하는 개념으로 보고 있다.[33]

그리고 1971년 '제135호 근로자대표협약'에 따르면, ILO는 근로자대표를 노조대표와 노조 이외의 피선출 대표를 포함하는 개념으로 보고 있음을 알 수 있다. 또한 노조대표와 피선출 대표는 그 임무 내지 역할이 서로 다른 것처럼 규정하고 있다.[34]

그러나 1981년 '제154호 단체교섭에 관한 협약'으로 오면, 단체교섭의 '단체'라는 개념이 노조에 한정된 것이 아님을 분명히 하고 있고, 노조 아닌 근로자대표와의 협상도 단체교섭에 포함되는 것으로 규정하고 있으며, "이 협약이 적용되는 활동분야의 모든 노사집단(all employers and all groups of workers)에 있어서 단체교섭이 가능할 수 있어야 한다"고 규정함으로써 심지어 노사협의회까지도 단체교섭의 영역에 포함될 수 있을 만한 여지를 만들어 두고 있다.

또한 결사의 자유위원회가 내린 다수의 결정문에서 노동조합과 근로자단체를 구별하면서 노동조합은 근로자단체의 한 예시로 보고 있고, 근로자들의 자발적인 선택을 통해 하나의 사업장에 하나 이상의 '근로자단체'가 설립될 것을 인정해야

인가 과반수근로자대표를 선택할 것인가는 오로지 근로자의 자유로운 의사결정에 맡겨야 할 것이라고 주장한다).

33) 1948년 제87호 협약에서 'labor organization'이라는 용어를 사용하고 있고, 이후 채택된 협약들에서 비로소 'union'을 한정적인 의미로 사용하고 있다

34) 135호 근로자대표협약 참조.

하며,[35] 단체교섭은 단체협약 그 자체가 목적이 아니라 사용자(단체)와 근로자단체 간의 자발적 협상을 위한 하나의 도구에 불과한 것이라고 판시하고 있는바,[36] 우리의 주류적인 노동조합중심론과는 다르게 접근하고 있음을 알 수 있다.

ILO 협약상의 결사의 자유와 우리 헌법상의 단결권의 규범적 위상이 다르다는 점을 인정한다 하더라도, 근로자 내지 종업원의 이익을 대변하는 단체로 노동조합만을 고집하지 않고 종업원위원회나 노사협의체를 역사적 실체로 인정할 뿐만 아니라 집단적 목소리를 보장하는 방식으로 전통적인 단체교섭 방식 이외에도 다양한 경로를 장려하고 있다는 점은 향후 입법론에 시사하는 바가 크다고 할 것이다. 뒤에서 소개하는 제 외국의 제도를 살펴보더라도 이러한 개방성은 각국의 입법례에서 확인할 수 있다.

4. 소결

노동조합을 헌법 제33조의 근로3권을 향유할 수 있는 유일한 단체로 전제하고 있는 현재의 주류적 해석론에 따르면, 임의단체인 노동조합과 조직상 구별되는 종업원대표제도를 법정화하고 여기에 권한을 강화하고자 하는 방안은, 자칫 노동조합의 약체화 또는 단체교섭의 위축 등을 이유로 위헌론의 시비를 불러일으킬 소지가 없지는 않다. 그러나 노동조합의 조직률 하락으로 인한 대표성 약화, 고용형태의 다양화로 인한 다원적 채널의 필요성, 취약근로자의 조직화 미비 등의 현실적 요인을 고려하면 노동조합 외의 대안을 모색하는 일은 필요하다 할 것이다. 이러한 점에서 박제성의 이색적인 문제제기는 충분히 경청할 만하고 향후 관련 논의가 이어지길 기대한다. 아울러 일본의 학자들이 이 문제에 깊이 고민하고 있다는 사실은 타산지석으로 삼아야 할 것으로 보인다.

노동조합중심주의에 따라 노동조합을 제외한 여타의 종업원대표는 보충적 지위에 불과하다는 점을 시인한다고 하더라도, 노동조합이 없거나 소수노조가 있는 경우 종업원 전체의 의견을 반영할 수 있는 상시적 메커니즘의 필요성이 존재한다는 점을 부정할 수 없을 것이다. 그렇다면 현행 근기법상의 근로자대표나 노사

---

35) ILO(2006), Digest of Decisions of the Freedom of Association(5th revised edition), p.66(315번 요약문) 참조.

36) ILO(2006), pp.211~212(1057번 요약문).

협의회가 그 대안이 될 수 있을까? 앞서 언급한 바대로 현행의 근로자대표나 노사협의회는 문제점을 노정하고 있을 뿐만 아니라 그 대표성이 의심을 받고 있어 집단적 노사자치를 담보하기가 어렵다. 인식의 지평을 넓히고 제도로서의 보편성을 확보하기 위해 다른 나라의 경험을 참고할 필요가 있을 것이다.

IV. 근로자대표법제에 관한 비교법적 분석

1. 미국[37)

미국에서 근로자대표는 노동조합을 의미한다. 노동조합 이외의 근로자대표제도를 규율하는 법규정은 전혀 없다. 현행 미국 노동법을 설계한 뉴딜 시대의 입법자들은 비노조 기구의 필요성뿐만이 아니라, 그 합법성마저도 의심하였다. 다만, 대공황 이전에는 노동조합이 아닌 근로자대표의 원형과 유사한 것이 존재하기는 하였다. 노동조합은 아니지만 근로자 간 협동 강화, 생산성 향상 등을 위해 자발적으로 생성된 소모임들이 존재하였던 것이다. 그러나 루즈벨트 대통령의 뉴딜정책에서는 미국 노동법의 전체적인 나아갈 방향을 NLRA(National Labor Relations Act)로 규정하였고, 이와 함께 노조가 아닌 기구들은 위법으로 취급되며 역사 속으로 일단 사라지게 되었다. 뉴딜입법은 노조를 통한 단체교섭을 적극 장려하였던바, 이러한 상황에서 사용자들의 노조에 대한 반감이 더욱 커지게 된 측면도 있다.

미국의 판례 Electromation Inc. v. NLRB, 35 F.3d 1148(7th Cir. 1994)는 비노조 대표 기구에 대한 중요한 선례로 인식되고 있다. 이 사례는 노동조합이 없는 회사에서 피고용인들이 근무 보너스/수당 정책에 불만을 표하자 회사는 5가지 이슈(① 결근/규칙위반, ② 금연정책, ③ 통근 네트워크, ④ 보직에 대한 수당, ⑤ 출근 보너스)의 해법을 개발하기 위한 피고용인과 매니저로 이루어진 5개의 활동위원회를 구성하였다. 피고용인들은 자발적으로 위원회에 지원하였고, 근무 시간 중에 회의를 진행할 수 있도록 허락되었으며, 상급자들이 회의의 주제를 결정하고, 해당 위

---

37) 이하의 내용은 Orly Lobel & A. M. Lofaso(2012), "System of Employee Representation at the Enterprise — The US Report," Systems of Employee Representation at the Enterprise: A Comparative Study, KLUWER, pp.205-227을 참고함.

원회의 계획서를 승인받기 위해 제출할지 여부를 결정하였다. 법원은 활동위원회는 NLRA를 위반한 위법한 단체에 해당한다고 판단하였다. 이 판단에서 법원은 1) 그 위원회가 NLRA 2(5)의 노동단체("labor organization")에 해당하고, 2) 사용자가 그 단체의 형성에 지배 또는 간섭하였거나 그 운영에 재정적 혹은 기타 지원을 하였다면 NLRA 8(a)(2) 위반이라고 하였다. 즉 "피고용인들이 참여하고, 그 단체가 사용자를 '상대하여(dealing with)' '노동 조건'이나 기타 법적인 협의 사항들, 즉 노동 분쟁, 임금, 시간당 요율 등을 다루는 경우" 노동단체에 해당한다.

그러나 비노조 기구에 대한 이러한 법적 금지에도 불구하고, 전통적 노동법의 약화 경향과 함께 근로자 참여와 사업장의 민주성을 위한 새로운 모델들이 자생적으로 등장해 왔다. 1960~70년대부터 노동법 학자들은 물론, 사용자들이 비노조 기구의 유용성을 '재발견'하게 되었고, 1980년대 중반부터는 비노조 기구들의 등장이 가속화되었다. 이는 노조 조직률의 급격한 하락과 관련이 있는데, 최근 조사에 의하면 전체 사용자의 75% 정도가 노조 아닌 형태의 기구를 이용하고 있으며, 설문대상 사용자 중 사업장 규모 5천명 이상의 사업장에서는 무려 96%가 이에 해당한다.

이렇듯 비노조 대표 기구가 현실에서 점차 확장되자, 사업장 개혁과 관련하여 이 문제가 주요 이슈로 부상하였다. 결국 1990년대 중반 클린턴 임기 때 NLRA를 대대적으로 개정하자는 움직임이 일어났다. 클린턴 행정부는 던롭위원회(Dunlop Commission)를 구성하여 「21세기 미국 사업장의 목표」라는 제목으로 향후 노사관계의 미래에 대한 보고서를 출간하였는데, 이 보고서의 핵심 목적은 사업장에서 근로자 참여와 노사협력 증진방안을 마련하는 것이었다. 동 보고서에서는 근로자대표가 여러 가지 형태로 증가하고 있음을 확인하였고, 그 원인은 시장경쟁 심화, 첨단기술 발전, 조직형태의 변화, 그리고 산업사회구조 자체가 변화하고 있기 때문인 것으로 분석하였다. 또한 많은 근로자들이 어떠한 형태로든 참여하고 싶어 하지만 그럴 기회가 주어지지 않고 있다는 현실을 포착하였다. 따라서 법상의 "company union"[38]의 금지가 근로자대표기구의 성장을 심각하게 막고

---

38) 'company union'이란 1930년대 사용자들이 자생적으로 형성된 노조 탄압을 위해 사업장 차원에서 만든 소위 '어용조합'을 의미한다. 미 연방노동관계법(NLRA) 하에서 company union은 자발적 조직활동을 저해하는 부당노동행위의 범주에 속한다.

있다고 주장하였다. 그러나 동 보고서에서는 여전히 사용자가 시작한 어떠한 형태의 프로그램이 근로자들의 자발적인 노력으로 형성된 노조를 방해해서는 안 될 것이라고 강조하기도 하였다.

따라서 company union을 오랫동안 금지해 왔던 NLRA를 개정하는 내용의 '근로자-사용자 팀워크 법안'(TEAM Act)이 발의되기까지 했다. 기존에 부당노동행위로 금지되어 온 사용자개입, 원조를 부당노동행위에서 면제해주자는 것이 이 법안의 핵심 내용이었고, 발의된 후 하원 및 상원 모두에서 통과되었지만, 마지막에 클린턴 대통령 본인이 거부권을 행사함으로써 좌절되었다. 그 이유로는 여전히 'company union'을 합법화해 주면 사용자들이 이를 악용하고, 근로자들의 자치를 보장해 주지 않게 될 것이라는 우려가 있었기 때문이라고 본다.

그러나 TEAM Act의 좌절에도 불구하고 미국 노동시장에는 새로운 형태의 대표 기구들이 등장하고 있고, 다양한 형태의 기구가 위법성 여부에도 불구하고 계속 성장해 왔다. 그 대표적인 형태로 자가관리팀(Self-managed teams), 품질관리서클(quality circle), 안전위원회(Safety Committee), 이윤배분 프로그램(Profit-Sharing Programs), 정체성 그룹(Identity Group), 비공식적으로 결성된 노사협력협의회(Labor-Management Cooperation Committee) 등이 존재한다. 그 외에도 근로자훈련, 네트워킹 등의 목적으로 초사업장 차원에서 결성되는 단체들이 존재하며, 미국에서 노조 조직률의 급격한 저하는 미국 노동운동에도 파급효과를 끼쳐 기존의 역할 재정립 필요성이 여러 차원에서 논의되고 있다. AFL-CIO에서는 비조합원 근로자들에게도 각종 서비스와 상담 등을 지원하는 등 전향적 모습을 취하고 있는 것이 그 증거이다.

2. 독일[39]

독일 근로자대표제도의 핵심적 특징은 노동조합에 의한 대표와 사업장위원회

---

39) 이하의 내용은 Bernd Waas(2012), "Employee Representation at the Enterprise in Germany," Systems of Employee Representation at the Enterprise: A Comparative Study, KLUWER, pp.71-91을 주로 하면서, Bernd Waas(2006), "Decentralizing Industrial Relations and the Role of Labor Unions and Employee Representatives in Germany," Decentralizing Industrial Relations and the Role of Labour Unions and Employee Representatives, 2006 JILPT Comparative Labor Law Seminar, The Japan Institute for Labour Policy and Training, pp.13-31을 참조함.

(Betriebsrat, works council)에 의한 대표의 이원적 체제(dualism)라는 것이다. 독일에서 사업장위원회는 각각의 단위(사업단위, 공동사업단위, 기업집단단위)에서 근로자를 대표할 역할을 가진 독립적인 법적 기구이다.

역사적으로 근로자대표로서의 독일 노동조합들은 1933년까지 직업별 내지 산업별 단체 체제에 따라 조직되었고, 이 중 특히 산업별 단체 체제는 오늘날의 독일 노동조합과 사용자단체의 산별조직 원칙으로 이어져 자리잡게 된다. 제2차 세계대전 이후 독일의 노동운동계는 과거에 정파별로 분열되었던 노동조합들로 인하여 나치즘을 막지 못하였다는 반성하에 특정 정파를 지향하지 않는 중립적인 산별노조를 조직하게 된다. 특히 연합군 국가들의 영향하에 노동조합들이 새롭게 조직되는 모습을 보였는데, 예컨대 미군 점령 지역에서는 산별 조직시스템에 따른 노조들이 설립되었고, 영국군 점령 지역에서는 산별 조직시스템에 의한 노조들과 더불어 직업별 조직시스템에 따른 사무원노동조합(Angestelltengewerkschaft)이 설립되기도 했다.

규범적 차원에서 보자면, 독일법상 근로자의 단결권 행사는 독일기본법상의 기본권으로서 보장되는 단결의 자유(Koalitionsfreiheit)와 단체협약법(Tarifvertragsgesetz: TVG)에 의하여 보장되고 규율된다. 독일기본법 제9조 제1항에서는 독일 국민의 결사의 자유(Vereinigungsfreiheit)에 대하여 규정하고 있고, 동 조 제3항에서는 국적에 관계없이 모든 사람(jedermann)이 단결의 자유를 가진다는 점을 밝히고 있다. 독일기본법상 단결의 자유는 각 개인이 누구나 향유할 수 있는 자유로 인정되고, 따라서 근로자뿐만 아니라 사용자도 단결의 자유를 가지는 것으로 해석된다는 것이 독일기본법상 단결의 자유의 특징이라고 할 수 있다. 또한 단결권의 기본법적 목적을 실현하기 위한 중심적 매개체가 되는 단결체, 즉 조직 자체도 독일기본법 제9조 제3항의 보호를 받는다. 즉, 독일기본법상 단결의 자유의 내용은 개인적인 단결의 자유와 집단적 단결의 자유에 관한 내용을 포함하는 것으로 해석된다는 점에서 이른바 '이중기본권(Doppelgrundrecht)'이라고 지칭된다. 개인의 단결의 자유에 의해 단결체를 조직할 자유, 기존 조직에 가입할 자유, 조직에 머무를 자유 등의 적극적 단결의 자유가 보장됨은 물론이고 지배적 학설과 판례에 따르면 단결하지 아니할 자유 내지 조직으로부터 탈퇴할 자유, 즉 소극적 단결의 자유도 포함하는 것으로 해석된다. 노동조합과 관련된 규범적 특징을 요약하자면,

독일의 경우 노동조합제도의 법적 기초는 단결의 자유를 규정한 독일기본법 제9조 제3항이며, 노동조합 자체에 대해 규율하는 별도의 법률이 없다는 점이다.[40]

한편, 근로자의 이해관계를 대변하는 대표 제도로서 초기업 단위의 노동조합 이외에 사업장 단위의 종업원대표제도, 즉 사업장위원회가 있다. 사업장위원회는 그 입법적 근거가 사업장조직법이며 동법은 노사가 공동으로 참여하여 사업장 내 주요 문제를 결정하는 기구인 사업장위원회에 관하여 규율한다.

사업장위원회는 제도적으로는 노동조합과 분리되어 있지만, 실무상으로는 매우 긴밀하게 관련되어 있다. 예컨대 노동조합은 사업장협의회의 구성에 큰 영향력을 행사한다. 사업장위원회의 위원이 반드시 조합원이어야 할 필요는 없지만 대개 사업장위원회 구성원 중 약 3분의 2 정도가 노동조합의 조합원이라는 점에서 그러하다.

사업장위원회는 사용자와 사업장협정을 체결할 권리를 가진다. 사업장협정에서는 개별 근로자의 근로환경에 관한 일반적 원칙에 관하여 규정하고, 법령이나 단체협약과 같이 개별 근로관계에 관하여 구속력을 갖는다. 사업장협정은 직접적·강행적으로 적용되며, 사업장협정에는 법령과 단체협약에 의하여 규정되지 않은 사항도 포함될 수 있다.

사업장위원회와 노동조합이 근로자를 대표하는 것은 몇 가지 차원에서 구분된다. 노동조합의 권한은 노동조합에 가입한 근로자들에 의존하기 때문에 노동조합의 권한은 그 근로자가 조합을 탈퇴하면 소멸한다. 반면, 사업장위원회는 그 근로자와 사용자 사이에 고용관계가 있는 한 계속된다. 노동조합에 의한 근로자대표의 기본적 기제는 단체협약의 체결이고, 단체행동의 자유는 그러한 협약의 주요한 도구가 된다. 또한 협약이 체결될 수 없는 곳에서는 강제 중재가 가능하다. 그러나 사업장조직법(Betriebsverfassungsgesetz, BetrVG) 제74조 제2항에 의하면, 사업장위원회는 쟁의행위를 할 수 없다.

이상에서 보는 바와 같이, 독일은 근로자대표가 이원적 체계로 구성되어 있다. 근로자들의 이익은 한편에서는 (초기업별) 노동조합, 다른 한편에서는 사업장위원회로 대변된다. 노동조합은 주로 단체협약을 통해 그 조합원들을 대표한다. 사업장위원회는 선거를 통해 사업장 단위로 설치된다. 그들은 특정 사업장에 속한

---

40) 독일 노동조합의 규범적 의미에 관해서는 이철수(1992) 참조.

모든 근로자들을 대표한다. 이러한 이유로 단체협약과 사업장협정의 충돌 문제가 야기될 수도 있다. 그렇지만 사업장위원회가 단체협약과 같은 효력을 가지는 집단적 협약을 체결할 수 있음에도 불구하고, 입법자들은 사업장협의회가 임금과 근로조건에 관해서는 쉽게 단체교섭을 할 수는 없도록 하였다. 즉, 단체협약과 사업장협정의 관계에 있어서는 단체협약이 우선적으로 적용되고 단체협약이 사업장협정과 충돌할 여지는 없다. 특히 사업장조직법 제77조 제3항에 따르면 단체협약을 통해 규율되고 있는 임금 및 기타 근로조건은 사업장협정의 대상이 될 수 없고, 다만 단체협약에서 보충적인 사업장협정을 명시적으로 허용하고 있는 경우에는 그러하지 아니한 것으로 되어 있다. 다만, 사업장협의회의 공동결정권과 관련해서는 판례가 단체협약 우선의 원칙이 적용되지 않는다는 입장을 취하고 있는바, 이러한 사항으로는 사업장 내 규칙, 사업장 내에서의 근로자 행태에 관한 문제, 근로시간, 휴게시간, 임금지급의 시기와 장소 등이 있다.

　　독일 고용연구소(IAB) 사업장패널의 조사결과[41]에 따르면, 단체협약이 적용되거나 사업장위원회가 존재하는 사업장이 모두 1996년에 비하여 2015년에 감소하는 경향을 보였다. 구체적으로 단체협약이 적용되는 사업장의 비율은 독일 전체를 기준으로 1996년에는 65.4%였으나 2015년에는 36.8%로 절반에 가까이 감소하였다. 특히 지역과 산업 분야, 사업장 규모를 가리지 않고 단체협약 적용률이 상당히 감소하였으며, 단체협약 미적용률은 상당히 증가하였다. 이러한 경향은 제조업 분야나 사업장 규모가 큰 사업장에 비해 서비스산업 분야와 사업장 규모가 작은 사업장에서 더 두드러지게 관찰된다. 구체적으로 근로자 수가 20인 미만인 사업장의 경우 단체협약이 적용되는 사업장의 비율은 1996년에 61.8%에서 2015년에 31.8%로 약 30%가 감소한 반면, 근로자 수가 500인 이상인 사업장의 경우 91.4%에서 87.0%로 약 4.4%가 감소하였다. 또한 지역적으로는 전통적으로 서독에서 단체협약 적용률이 동독보다 높지만, 지난 20년간 감소율은 유사하였다.

　　2017년 총 76,043건의 단체협약이 유효한 것으로 집계되었는데, 그 중 28,981건은 산별 단체협약이었으나 47,062건은 기업별 단체협약으로, 기존에 강력하게 유지되었던 산별 협약의 원칙이 상당히 분권화, 파편화된 모습을 보였다. 산별 단체협약의 적용을 받는 노동자 수는 서독에서는 2000년 63%에서 2017년

---

41) 김강식(2018), "독일 노사관계 모델의 변화", 질서경제저널 제21집 제1호, 7면.

49%로, 동독에서는 2000년에 44%에서 2017년에 34%로 감소하여, 여전히 산업별 단체협약이 상대적으로 주도적인 역할을 차지하고 있으나 기업별 단체협약의 상대적인 중요성이 증가하고 있으며, 단체교섭의 분권화가 양적 측면에서 상당히 증가하였다.[42]

또한 단체협약 적용률 이외에도 사업장위원회나 기타 대표기구를 통한 근로자 이익대표 비율도 소폭이기는 하지만 지속적인 감소추세를 보이고 있다.[43] 사업장조직법에 따르면 사업장위원회는 5인 이상의 근로자를 고용한 모든 기업에서 설치가 강제되지만, 사업장 규모별로(500인 이상 기업에서는 89.5% 설치, 5~19인 기업에서는 5.1% 설치) 사업장 위원회 설치 여부에 큰 차이를 보이고 있으며, 전체 사업장위원회는 지난 20년간 1996년 16.6%에서 2015년 11.9%로[44] 계속하여 감소하였다.

3. 영국[45]

영국의 노사관계는 전통적인 노사자치주의(the principle of laissez-faire)에 기초하고 있으며, 영국의 근로자대표제도 또한 이 원칙 아래 놓여있다. 전통적으로 정부는 영국에서 근로자대표를 규율하는 데 거의 관여하지 않았다. 근로자대표는 근로조건에 대한 단체교섭의 목적을 위해 사용자가 자발적으로 노동조합을 인정하는 것으로부터 발생했다. 근로자대표에 대한 중요한 다른 경쟁적 기능이 없기 때문에 이러한 영국의 시스템은 '단일채널 모델'이라고 불리었다. 이 모델은 두 가

---

42) Torsten Muller& Thorsten schulten(2019), "Chapter 12: Germany: parallel universe of collective bargaining", Collective bargaining in Europe, Hans-Bockler-Stifung, 제247면.

43) 이규영(2011), "독일의 2010년 단체협약 적용률과 사업장 내 근로자 이익대표", 국제노동브리프 Vol. 9. No. 6, 63면.

44) Bellmann L. and Ellguth P.(2018), Zum Ruckgang der betreblichen Mitbestimmung, IAB-Stellungnahme 4/2018, Nurnberg, Institut fur Arbeitsmarkt-und Berufsforschung. http://docu.iab.de/stellungnahme/2018/sn0418.pdf(Torsten Muller, Thorsten schulten (2019). 257면에서 재인용)에 따르면, 이 비율은 1996년 12%에서 2017년 9%로 감소하였다.

45) 이하의 내용은 Ruth Dukes(2012), "Systems of Employee Representation at the Enterprise-UK Report," Systems of Employee Representation at the Enterprise: A Comparative Study, KLUWER, pp.181-203과 이철수 외(2010), 「산업별 노조의 실태에 관한 비교법적 분석」, 대법원 정책연구용역보고서 중 영국 부분을 요약한 것임을 밝힌다.

지의 중요한 특징을 갖는데, 우선 근로자대표는 법에 의해 규정된 대표규정에 따라 조직되지 않고 단지 근로자대표의 사회적 관행이 있었다. 두 번째로 인정된 노동조합이 근로자대표 기능을 독점적으로 행사했다. 영국에는 다른 유럽연합의 국가들과 달리 노동조합과 근로자평의회(work council)와 같이 2개의 분리된 근로자대표 구조가 있는 2중 채널 모델이 발전되지 않았다.

물론 역사적으로 보았을 때 근로자대표제도를 의무화하는 법제의 입법화 노력이 전혀 없었던 것은 아니다. 전통적으로 지역 단위를 기반으로 하는 영국의 노동조합체제에서, 사업장 단위의 의사결정은 노동조합과는 별도의 사업장위원회가 담당하는 측면이 있었고, 2차 세계대전이 종식될 무렵 Clement Attlee가 이끄는 첫 번째 노동당 정부는 직장 내 근로자대표제도를 의무화하는 법제의 입법화를 시도한 바 있다. 그러나 사업장 내의 의사결정은 노사 자율에 의하여 결정할 문제임을 확인하면서 입법을 하지 않았다. 이후 Donovan위원회에서도 사업장 내의 의사결정 문제를 중요시하기는 하였고, 사업장 단위에 대한 노동조합의 역할을 강조하기는 하였지만, 별도의 근로자대표제도에 대한 입법화 노력은 존재하지 않았다.

이러한 단일채널 모델은 1970~80년대 영국이 유럽연합의 관련 지침을 이행해야 했을 때에도 변하지 않았다. 1970년대 후반에 사업이전(transfer of under-takings)이나 경영상 해고와 관련한 유럽연합의 지침이 영국에서 법률로 이행되었을 때에 사용자는 오직 인정된 노동조합과 협의하도록 의무가 부여되었다. 사용자가 노동조합을 인정하지 않는 경우나 혹은 노동조합이 없는 사업장에서는 사업의 이전과 관련해 근로자대표 등과 협의해야 할 의무가 전혀 없었다. 1992년 유럽연합집행위원회는 영국이 사용자가 노동조합의 인정을 거부한 경우에 사업장에서 근로자대표를 설정하는 기제를 전혀 보장하고 있지 않는 것이 관련 유럽연합의 지침에 위반한다며 유럽사법재판소에 소송을 제기했다.[46]

유럽사법재판소는 1994년 유럽연합 집행위원회의 주장을 받아들여 영국이 관련 지침을 올바르게 이행하고 있지 않다고 판시했다. 이에 따라 당시의 영국 보수당 정부는 사업양도나 경영상 해고의 경우에 근로자들에 의해 선출된 근로자대표나, 자주적인 노동조합이 인정된 경우 노동조합의 대표자와 협의하도록 법을 개

---

46) Commission v UK, Case C-383/92 [1994] ECR I-2429.

정했다. 이 이후에 들어선 노동당 정부는 인정된 노동조합이 없는 경우에만 근로
자대표가 선출되도록 해 인정된 노동조합에 근로자대표로서의 우선권을 부여했다.

이러한 단일채널 모델의 역사적 변화에 대해 구체적으로 살펴보자. 1970년대
에 들어서면서, 일정한 문제들과 관련하여 사용자가 사업장 내 대표자들과 협의해
야 할 법적인 의무들에 관한 유럽공동체(현 유럽연합의 전신, EC)의 법이 마련되었
고, 유럽공동체가 영국정부에 대하여 이를 법제화할 것을 요구함에 따라서 개별
법령 안에서 근로자대표와의 협의 의무가 도입되기 시작하였다. 1978년에는 근로
자의 건강 및 안전에 관한 법제와 관련하여, 사용자에게 인정된 노동조합에 의하
여 임명된 직장의 건강 및 안전 대표자들과 협의할 것이 요구되었다. 1975년에는
집단적 정리해고에 대하여 사용자는 노동조합의 사업장 대표자들에 알리고 협의
해야 했고, 1980년부터는 사업의 양도, 합병 등 사업의 이전과 관련하여 사용자에
게 그와 관련된 사항들을 노동조합의 사업장 대표자에게 알리고 협의할 의무를
부여하였다. 여기에서 알 수 있는 바와 같이, 근로자대표로서 정보를 제공받고 협
의의 주체가 되는 것은 인정된 노동조합이었고, 인정된 노동조합이 존재하지 않는
경우 근로자들은 위와 같은 사항에 대한 정보제공 및 협의의 권리가 부여되지 않
았다.

영국이 본격적으로 근로자에 대한 정보제공과 협의에 관한 법제를 마련한 것
은 유럽연합의 '근로자에 대한 정보제공과 협의 지침'(Information and Consultation
of Employees Directive EC Directive 2002/14)의 영향을 받은 것이다. 즉, 2004년에
'근로자들에 대한 정보제공과 협의에 관한 규정'(Information and Consultation of
Employees Regulations 2004, 시행은 2005년 4월 6일)(이하 ICE)을 마련하였다. 그러
나 이것은, 앞서 드러난 바와 같이, 영국의 자발적 의지였다기보다는, 유럽의 확대
를 도모하는 유럽연합체제하에서 유럽연합이 (사실상) 강제하는 지침을 무시하지
못했던 것이다. 그러나 이 규정은, 사업장 수준에서 근로자대표제도를 포괄적으로
도입하는 효과를 거두지는 못한 것으로 평가된다. 이 규정에서는 근로자 50명 이
상의 사업장에 적용되도록 하고 있는 한편, 사용자가 근로자들에게 정보제공 및
협의의 의무를 다하도록 하기 위해서는 사용자 또는 근로자가 먼저 정보제공이나
협의를 요구할 것이 필요하기 때문이다.

ICE는 근로자들이 직접 또는 그들의 대표자를 통하여 사용자로부터 정보제

공을 받을 수 있고 협의할 수 있도록 하고 있다. 선출되거나 임명된 근로자대표자들은 특정한 주제들 또는 특정한 사건의 발생에 관하여 정보가 제공되고 협의할 권리들을 갖는다. 근로자들의 건강과 안전에 관한 법(The Health and Safety at Work etc Act 1974) 아래에서, 사용자들은 근로자들의 건강과 안전에 실질적으로 영향을 미칠 수도 있는 조치들의 도입을 포함한 특정한 문제들에 관하여 대표자들과 협의할 것이 법적으로 요구된다. 「기업들의 사업 이전 시 고용보호에 관한 법」(The Transfer of Undertakings (Protection of Employment) Regulations 2006) 아래에서, 사용자들은 기업이 이전될 때에는 언제든지, 그들이 이전과 연관되기를 의도하는 조치들 중에 영향을 받는 근로자들의 대표자들에게 알리고 그들과 협의해야 한다. 「집단 정리해고에 관한 법」(The Collective Redundancies (Amendment) Regulations 2006) 아래에서, 사용자들은 90일 또는 그보다 적은 기간 안에 한 사업에서 20명 또는 더 많은 근로자들을 한 번에 정리해고하기 위해서는 언제든지 영향을 받는 근로자들의 대표자들에게 알리고 그들과 협의해야 한다. 그러한 경우들에 있어서, 사용자들은 그중에서도 해고를 피하거나 해고의 결과를 완화시키는 가능성이 있는 경우들을 협의해야 한다.

다만, 위와 같은 내용들은 관련법에 따라 정해진 최소한의 내용들일 뿐, 정보 제공이나 협의와 관련하여 포함시킬 수 있는 주제에 대한 제한은 존재하지 않는다.

한편, '정보제공'이나 '협의'라는 용어와 관련하여, 각각의 용어가 의미하는 것이 무엇인가에 대한 논의가 있을 수 있지만, 일반적으로 이것은 사전적으로 이해되고 있다. 즉, 정보제공(information)은 사용자에 의하여 근로자들 또는 근로자대표자들에게 자료의 일방적인 이전을 의미하는 것이고, 협의(consultation)는 쌍방향적인 과정을 의미하는 것이다. 그러므로 정보와 협의는, 단순히 어떤 특정한 정보를 통지하여 그에 대한 답을 듣는 것 이상인 것이다.

전체적으로 살펴보았을 때, 영국에서 근로자대표는 세 가지의 종류로 유형화해 볼 수 있다. 첫째는 이미 존재하고 있는 근로자대표이고, 둘째는 특정한 사안과 관련하여 특별히 선출된 근로자대표이며, 셋째는 단체협약 체결을 위한 단체교섭을 위하여 인정된 노동조합이다. 어느 경우에 어떤 근로자대표이어야 하는지에 대해서는 개별적인 법령의 내용으로 정하는 바에 따르게 될 것이다. 예를 들어 정리해고나 기업의 이전과 관련하여 사용자는 근로자들에게 정보제공 및 협의 의무를 부담하는데, 이때 인정된 노동조합이 있는 경우에는 그 노동조합의 대표자에게, 인정된 노동조합이 없는 경우에는 일반적 근로자대표가 존재하는 경우에는 그 근로자대표에게, 그러한 근로자대표가 없을 경우에는 정리해고나 기업의 양도와 관련하여 정보제공 및 협의 의무를 이행하기 위하여 특별히 근로자대표를 선출하도록 해야 하는 한편, 그 절차에 따라서 선출된 근로자대표에게 그 의무를 부담하게 되는 것이다. 그런데 만약 정해진 절차에 근로자대표가 응하지 않았을 경우에는, 개별 근로자들에게 직접 해당 정보제공을 하도록 하고 있다.

2004년 ICE가 제정된 이후 근로자대표 실정을 보면, 정리해고와 관련하여 정리해고가 발생했던 사업장 가운데 75% 이상의 사업장이 근로자와 직접 또는 근로자대표에 대하여 정보제공 및 협의 의무를 다한 것으로 조사되었는데, 인정 노동조합이 존재하지 않는 사업장에서 이 의무를 위반한 경우가 가장 높았다고 한다. 한편, 별도의 근로자대표보다는 오히려 근로자들과 직접 하는 경우가 일반적이라고 한다.

한편, 사용자의 정보제공 및 협의와 단체협약의 관계를 규율하는 법은 존재하지 않는다. 개별적인 영역에서 각각의 적당한 주제와 관련하여 그 역할이 구분되고, 개별적으로 규율된다. 그러나 현실적으로는 사업장 단위에서 단체교섭에 대하여 인정된 노동조합이 근로자대표로서 역할을 하는 것이 가장 일반적이다.

4. 프랑스[47]

프랑스의 근로자대표제도는 헌법에 기반을 두고 있다. 현재 시행 중인 프랑스 헌법의 일부인 1946년 헌법은 "모든 근로자들은 그들의 대표를 통해서 근로조건에 대한 단체적(집단적) 결정과 기업경영에 참여한다."라고 규정하고 있다. 프랑스 노동법에 있어서 성문법이 극히 중요한 역할을 하고, 근로자대표제도가 노동법

---

47) 이하의 내용은 Sylvaine Laulom(2012), "System of Employee Representation in Enterprises in France," Systems of Employee Representation at the Enterprise: A Comparative Study, KLUWER, pp.51~70을 요약한 것이나, 2017년 말 소위 '마크롱법'(Décret nº 2017-1819 du 29 décembre 2017)이 행정입법을 통해 2018년부터 시행되면서 기업 내 근로자대표기구가 사회·경제위원회(Comité social et économique)로 일원화되는 변화가 있었다. 이 글에서는 최근의 제도변화를 반영하지 못하였기에, 관련된 추가연구를 참조하기 바란다.

전에 기반을 두고 있다는 것이 주목할 만하다.

프랑스 근로자대표제도의 특징은 기업 내 근로자대표의 이중 채널이다. 종전에는 기업위원회(comité d'entreprise)와 고충처리위원(délégué du personnel), 위생안전위원회(comité d'hygiène, de sécurité et des conditions de travail)가 각각의 기구로서 존재하였으나, 2017년 말 소위 '마크롱법'(Décret n° 2017-1819 du 29 décembre 2017)이 행정입법을 통해 2018년부터 시행되면서 기업 내 비노조 근로자대표기구가 사회경제위원회(Comité social et économique)로 일원화되었다. 11인 이상의 근로자를 사용하는 기업에서는 사회경제위원회를 의무적으로 설치하여야 하고, 사회경제위원회는 '기업의 조직, 경영, 일반적인 운영사항'에 대해 정보를 받고 협의를 할 수 있다(L.2312-8조). 50인 이상의 기업에 설치된 사회경제협의회는 이러한 사항에 대한 협의가 강제된다.

비노조 근로자대표제도 외에 기업 내 노동조합의 존재도 인정된다. 각 노동조합은 지부(section syndicale)를 설립할 수 있다. 근로자 50명 이상 기업의 경우 각 대표적 노동조합이 노동조합대표위원을 지명할 수 있다. 프랑스에 복수노조주의가 존재하는 한, 한 기업에 몇 개의 대표적 노동조합이 있을 수 있으므로 여러 명의 노동조합대표위원들이 지명될 수 있다. 노동조합대표위원들은 기업 내에서 노동조합을 대표하고, 법적으로는 근로자의 물질적·비물질적 이익의 보호를 담당한다. 프랑스의 모델에 있어서 노동조합은 그 조합원뿐만 아니라 모든 근로자를 대표하는 것이다. 노동조합대표위원의 주요 기능은 기업별 단체교섭이다. 노동조합대표위원은 사용자와 교섭하고 기업별 협약에 서명할 수 있다.

이 복합적 제도는 노동조합대표위원과 선출된 종업원대표 역할의 정확한 분배에 기반을 두고 있다. 기업위원회는 기업 경영과 경제적·재정적 발전, 노동조직, 직업훈련 및 생산기술과 관련된 결정을 내리는 데 있어서 근로자들의 이익을 고려하도록 그들의 입장을 집단적으로 표현한다. 경제적 발전과 노동조직 분야에 있어서 기업위원회가 주로 자문적 역할을 하고 있다. 노동조합대표위원들은 자기가 속하는 노동조합과 그 노동조합 조합원 및 기업 내 모든 근로자의 이익을 대표한다. 그들의 주된 기능은 사용자와 교섭하는 것이다.

프랑스 법이 단체교섭을 할 노동조합의 역할과, 기업에 대한 정보수집과 사용자와 협의할 기업위원회의 역할을 분명히 분리하고 있으나, 그 두 개의 역할 사이에 중요한 제도적 관련성이 있다. 첫째, 노동조합이 기업위원회 선거 1차 투표에 있어서 후보 추천에 대한 독점권을 가진다. 따라서 기업위원회 위원들이 노동조합에 속한다. 둘째, 대표적 노동조합이 한 근로자를 기업위원회에서 자신의 대표자로 지정할 수 있다. 그러므로 노동조합은 기업위원회가 어떻게 활동하고 있는지를 잘 알고 기업위원회와 똑같은 정보를 받는다. 셋째, 프랑스 노동법은 근로자가 다양한 대표기능을 수행할 권한을 부여한다. 따라서 같은 근로자가 기업위원회의 위원일 수도 있고 동시에 노동조합 대표일 수도 있다.

기업별 단체교섭에서는 원칙적으로 대표적 노동조합이 지명한 노동조합대표위원만이 단체협약을 교섭하고 체결할 수 있다. 그러나 1996년 11월 12일 법은 노동조합대표위원이 없는 기업에서 종업원의 선출직 대표(고충처리위원 및 기업위원회 근로자위원) 및 노동조합으로부터 위임받은 근로자에 의한 단체교섭의 가능성을 승인하였다. 이 법의 합헌성을 인정한 '헌법위원회'(Conseil constitutionnel)에 따르면, "단체교섭은 노동조합의 본래적 기능에 속하는 것이긴 하지만, 노동조합만이 단체교섭에 있어서 근로자의 독점적 대표로서의 지위를 누려야만 하는 것은 아니다."[48] 이러한 새로운 교섭 담당자들에 의하여 체결된 기업별 협약은 산별노사공동위원회의 인준을 받아야만 하였다. 이 인준은 선출직 대표 또는 위임된 근로자가 체결한 협약에 진정한 단체협약으로서의 효력을 부여하는 것이었으며, 특히 법이 이른바 기업별 불이익변경협약의 체결로 실시할 수 있도록 한 노동유연화의 가능성을 실현시킬 수 있도록 허용하는 것이었다. 하지만 다소 복잡한 방식으로 설계된 이 새로운 제도는 그다지 큰 성공을 거두지 못하였던 것으로 평가된다.[49]

2000년 1월 19일 법은 노동조합대표위원이 없는 기업에서의 단체교섭 담당자로 우선 노동조합에 의하여 위임 받은 근로자를 택하였다. 왜냐하면 그것이 선출직 종업원대표에 의한 것보다 간단한 방식이었기 때문이다. 위임받은 근로자에 의하여 체결된 기업별 협약은 해당 기업 종업원 전체의 인준투표에서 과반수의 찬성을 획득해야만 비로소 유효한 것이 될 수 있었다. 한편, 위임받은 근로자가 없는 경우에는 근로자 50인 미만의 기업에서는 고충처리위원이 단체교섭을 하도

---

48) CC, 6 novembre 1996, Droit social, 1997, p.25.
49) Raphaël Hadas-Lebel(2006), Pour un dialogue social efficace et légitime: Représentativité et financement des organisations professionnelles et syndicales- Rapport au Premier ministre, p.52

록 하고, 근로자 11인 미만의 기업에서는 종업원 총투표를 실시하도록 하였다. 1996년 법과 달리 2000년 법은 기업위원회 근로자위원에 의한 단체교섭의 가능성을 인정하지 않았다. 2000년 법의 입법자는 50인 이상의 기업에서는 전국 단위의 노동조합이 적극적으로 근로자를 위임하는 쪽을 기대한 것이라고 생각할 수 있다. 그 결과 이 시스템은 하나의 약점을 안게 되었다. 노동조합대표위원이 없는 50인 이상의 기업에서 어떤 근로자도 위임되지 못한 경우, 법의 틀 속으로 들어갈 수 있는 단체교섭은 교섭할 대표가 없기 때문에 불가능해지고 만다는 약점이다.

2004년 5월 4일의 이른바 피용 법은 노동조합대표위원이 없는 기업에서 선출직 종업원대표 또는 위임 받은 근로자에 의한 단체교섭을 일반적이고 항시적인 제도로 자리매김하면서 개혁을 일단 마무리 지었다. 2004년 법이 이전의 1996년 법이나 2000년 법과 구별되는 점은 다음과 같다.

첫째, 노동조합대표위원이 없는 경우에 교섭 담당자로 나서는 자들의 우선순위를 명확하게 하였다. 1996년 법은 선출직 종업원대표들 사이의 우선순위를 규정하지 않았으며, 2000년 법은 위임 받은 근로자를 1순위로 정했다. 반면에 2004년 법은 기업위원회 근로자위원을 1순위로 하고, 기업위원회가 없는 경우에는 고충처리위원을 2순위로 하며, 고충처리위원도 없는 경우에 마지막으로 위임 받은 근로자가 나서도록 하였다.

둘째, 새로운 교섭 담당자에 의하여 체결된 기업별 협약의 유효 요건에 관한 것이다. 1996년 법은 선출직 종업원대표가 체결한 협약이든 위임 받은 근로자가 체결한 협약이든 모두 산별노사공동위원회의 승인을 얻도록 하였으며, 2000년 법은 산별노사공동위원회의 승인 대신 종업원 인준투표를 통한 승인을 얻도록 하였다. 2004년 법은 선출직 종업원대표가 체결한 협약의 경우에는 산업별 협약으로 정한 다수대표제에 의하여 승인되도록 하였고, 위임 받은 근로자가 체결한 협약은 종업원 인준투표를 통하여 과반수의 승인을 얻도록 하였다.

프랑스의 제도는 기업별 교섭권을 대표적 노동조합(노동조합대표위원)에 부여하고, 그러한 노동조합이 없는 경우에는 기업위원회 또는 고충처리위원 또는 위임 받는 근로자가 협상할 수 있도록 허용하고 있다.

5. 종합적 평가

1) 이상 4개국의 종업원대표시스템을 도식적으로 비교해 보면 미국과 독일을 양극단으로 하고 프랑스와 영국이 그 중간형임을 알 수 있다. 다시 말해 독일의 경우 노동조합은 초경영적 토대 위에서만 설립될 수 있도록 하고, 사업장 차원에서는 아예 노동조합이 들어올 수 없게 하고 있다. 이에 반해 미국은 사업장 차원에서도 노동조합만을 유일한 대표로 제도화하고, 어용화 내지 사용자의 지배 개입 가능성을 염려하여 여타의 노사협의회를 불온시하고 있다. 프랑스는 노동조합과 종업원대표와의 병존 가능성을 열어 놓고 이 양자의 관계를 어떻게 설정하는지를 놓고 입법자가 고심하고 있다. 영국은 노동조합을 중심으로 하면서도 인정된 노동조합이 없는 경우를 대비하여 제한된 영역에서 종업원대표를 실험하고 있다.

2) 유럽의 여러 국가들 사이에서 왜 사업장 내 근로자대표 형태가 다양하게 전개되었을까? 이에 대한 大內伸哉의 분석은 흥미롭다.[50] 大內伸哉는 1960년대까지 사업장 내 의사결정은 노동조합이 아닌 종업원대표를 중심으로 행해졌고, 그 이후 기업 외부에 존재하던 산별노조가 기업 내부로 침투했다는 가설을 제시한다. '내부이동 가설'에 따라 프랑스는 초기업별 노조가 법률의 힘으로 기업 내부로의 진출에 성공한 반면 독일은 실패했다는 것이다. 노동조합의 조직률과 사회적 영향력 또는 기존 법제도의 존재 양식과 규범구조 등의 차이가 서로 다른 모델을 취하게 된 배경이라는 것이다. 독일, 프랑스는 서로 다른 제도를 택하게 되었지만 연혁적인 측면에서 공통점을 발견할 수 있는바, 산별체제의 한계를 극복하기 위해 사업장 차원의 대표에 적극적으로 관심을 가지게 되었고, 제도 형성 과정에서 종업원대표의 민주적 정통성을 확보하는 작업이 입법론의 주요 관심사가 된다고 풀이한다.[51] 미국도 일찍이 사업장 차원의 근로자대표가 존재했지만 기업 외부에 존재하는 산별, 직종별 노조가 기업에 침투함으로써 사업장대표는 사라지게 되었는바, 이 경우 민주적 정통성 또는 대표성이 다수결 원칙에 따른 배타적 교섭대표제를 통해 담보되었다는 점을 상기하면 내부이동 가설은 나름대로의 설득력을 지닌

---

50) 이하의 내용은 大內伸哉(2007), pp.62-63 참조.
51) 大內伸哉(2007), 63면 참조.

다고 볼 수 있다. 영국은 앞에서 살펴본 바와 같이 노사자치주의 내지 임의주의 (voluntarism)의 전통에 따라 법이 침묵하였지만, 최근의 강제적 승인제도의 도입 등에서 보는 바와 같이 사업장 차원에서의 대표성에 관해 실정법이 예민한 관심 을 보이고 있다.

3) 우리나라의 경우 근로자대표가 (ⅰ) 근기법상의 과반수근로자대표, (ⅱ) 근참법상 근로자위원, (ⅲ) 노조법상 교섭대표노동조합의 중층적 구조로 이루어 져 있어 외형상 프랑스의 모델과 유사하다고 볼 수 있다.[52] 그러나 과반수노조(종 업원 전체의 과반수)가 존재하는 경우 과반수노조가 위의 (ⅰ), (ⅱ), (ⅲ)의 지위 를 독점하기 때문에 미국의 모델과 유사한 측면이 있다.

반면, 과반수노조가 존재하지 않는 경우에는 제도적으로 근로자대표나 노사 협의회는 노동조합과 아무런 연관성이 없고 노조의 힘을 이용할 길은 봉쇄되어 있다. 그럼에도 독일과 같이 대표로서의 자주성과 실체성을 담보할 만한 절차규정 이 없어 사용자 주도로 운용될 위험성을 내포하고 있다. 앞서 소개한 노사협의회 의 실태조사를 보면 이 점이 확연히 드러난다. 우리나라의 상황에서는 과반수노조 가 존재하지 않는 경우에 근로자대표제도의 문제점이 특히 부각되며, 이를 어떻게 해결할 것인지가 주요 관심사가 되는 이유이다.

4) 大內伸哉의 '내부이동 가설'은 우리에게 직접적으로 유용하지는 않을 것이 다. 왜냐하면 우리나라의 경우 기업별 노조가 주종을 이루었고 외국과 달리 기업 별 노조가 사업장 내의 근로조건 형성에 주도적인 역할을 해 왔기 때문에, 산별체 제에서의 사업장 내 공동화를 방지하기 위한 입론인 내부이동 가설을 적용하기에 는 노사관계의 지형이 상이하기 때문이다. 그러나 사업장 차원에서의 종업원 내지 근로자대표의 요체가, 역사적 경로와 현재적 법제도가 어떠하든, 민주적 정통성

---

52) 프랑스는 외형상 우리와 유사하지만 조합대표와 종업원대표의 차이점이 그다지 명확하지 않다는 점에 주의를 요한다. 실제 단체교섭과 노사협의의 경계선은 명확하지 않아 조합대 표위원이 없는 기업에서는, 종업원대표와 기업 간에 비전형협약(accords atypiques)이 체 결되는 사례도 적지 않다. 특히 2004. 5. 4.법에서는 한 발 더 나아가 조합대표위원이 존재 하지 않는 경우에는 종업원대표에게도 협약체결 권한을 인정하고 있다. 단체교섭 권한을 대표적 노동조합이 독점하는 원칙은 이제는 프랑스 법에 존재하지 않게 되었다.

내지 대표성의 확보에 있다는 점은 공통적이다. 근로자들의 관심이 전통적인 근로조건인 임금, 근로시간을 넘어 고용안정으로 옮아가고 있다는 사실과 산별체제로 급속히 이행하고 있는 우리의 현실을 감안하면, 우리의 노동운동 관심사는 '외부로의 확산'에 모아져야 하지 않을까 싶다. 이 경우 사업장 차원의 의사결정시스템은 법률에 의해 강한 대표성이 담보되는 방식으로 재설계되어야 할 것으로 보인다. 적어도 사업장 차원에서는 임의적인 단체인 노동조합에 전적으로 의존하기보다는 상설적인 법정기구의 역할을 강화하는 방안을 모색하는 것이 외국의 예에 비추어 보면 오히려 보편적인 현상이라 보아야 할 것이다.

V. 발전적 대안의 모색: 상설적인 종업원위원회 설치의 제안

1. 종업원위원회 모델의 제안

1) 상당수의 연구자들이 상시적인 대표시스템 모델을 제시하고 있다. 눈에 띄는 공통점은 노사동수로 구성되는 협의체(committee) 모델을 선호하고 있다는 점이다.[53] 필자도 종전의 견해는 협의체 모델이었으나 지금은 입장을 바꾸어 종업원들만으로 구성되는 위원회방식(work council)을 제안하고자 한다.

노사협의회는 노사동수의 회의체 기관으로 협의와 의결 기능을 수행하고 있으나, 여기에 참여하는 근로자위원들을 근로자대표기관으로 볼 수 있는지가 불분명하다. 근로자들의 선거 또는 과반수노동조합의 위촉을 통해 선출된다는 점에서 대표기관으로서의 형식적 정당성은 인정될 수 있으나, 대표기관이라 함은 적어도 피대표자의 이익을 위해 그의 의사를 대신 결정하고 반영할 수 있는 절차적 시스템과 독립적 활동을 보장받아야 할 것인데, 노사협의회의 근로자대표는 그러한 독립성을 보장받지 못하고 있고, 의결절차상으로도 근로자 측의 의결을 실현시키거나 사용자 측의 일방적 조치를 저지시킬 법적 권한들(동의권, 거부권, 이의제기권 등)을 가지고 있지 못하다.[54] 그간의 경험을 보면 실제 노사협의회는 어떠한 '주체'로 상정되기보다는 법상의 경영참여 기능을 수행하기 위한 '형식'으로 관념되어

---

53) 임무송(2012)이 제기하는 노사위원회도 명칭과 달리 협의체 모델을 전제하고 있다.
54) 신권철(2013), 282면 참조.

왔다고 볼 수 있다.[55] 그 결과 노사협의회는 근로조건 결정권을 가지는 독립된 실체[56]로 인정되기 어렵다. 협의 및 의결 사항과 관련하여 근참법상 이행의무와 처벌규정을 두고 있으나, 이행의무와 관련하여 노사협의회 또는 근로자대표가 사법상 청구를 행할 수 있는지에 대해서는 의문이 있다. 근참법상의 참여권은 사법상의 권리침해에 대한 손해배상이나 방해배제로 구성하기가 어렵고, 현행 근참법도 이 점을 고려하고 있지 않다.

이에 반해서 근기법상의 근로자대표와 사용자가 체결한 서면합의나 집단협정의 경우에는 직·간접적으로 당해 사업장의 근로조건을 결정 내지 변경하는 효력이 인정된다.[57] 단체협약과의 규범적 위계 또는 개별 근로자의 개별적 동의 내지 취업규칙의 변경이 필요한지의 여부와 관련하여 입장의 대립이 있지만, 적어도 계약 주체로서의 실체성은 전제되어 있다고 할 수 있다.

새로이 구상하고자 하는 대표시스템은 경영참여의 기제로서뿐만 아니라 사업장 차원의 근로조건 결정주체로서의 역할을 부여하고자 하기 때문에 위원회 방식이 더 효과적일 것으로 보인다. 요컨대 독일의 종업원위원회 내지 사업장위원회와 같이 종업원들만으로 구성되는 단체로 관념하여 강한 실체성(entity)을 부여하는 것이 필요할 것이다.

2) 독립된 실체 내지 대표로 인정받기 위한 최소한의 요건은 다음과 같다.[58] 노동조합은 원칙적으로 구성원들의 임의적 가입을 통해 그 대표성을 보장받지만,

---

55) 신권철(2013), 285면 참조.

56) 일부 견해들에 따르면, 근참법 제19조가 근로조건과 관련된 협의사항을 의결할 수 있도록 하고 있고, 제23조 및 제30조가 의결사항의 이행 및 벌칙까지 규정하고 있는 이상 노사협의회가 근로조건에 대한 사항을 의결할 수 있고, 의결된 사항은 개별 근로자의 동의를 매개로 하지 않고 직접 효력을 발생시킨다는 견해(박제성[2008], pp.18-19)도 있으나, 현행 법상의 해석상 무리가 있다. 노동부 행정 해석처럼 원칙적으로 근로조건에 관한 사항은 단체교섭에서 다루어져야 하고, 노사협의회에서 근로조건 변경을 합의(노사 68120-121, 93. 4. 30.(노동부,『근참법 질의회시집』, 2001. 11, p.78))하였더라도 그것이 노사협의회법(현 명칭 근참법)상의 합의사항이라 할 수는 없을 것이다. 다만, 단체교섭의 연장선상에서 노사협의회가 보충 교섭을 행하고 노사대표자가 서명 날인한 경우 그 효력을 인정한 사례(대법원 2005. 3. 11. 선고 2003다27429 판결)가 있으나, 이는 의결사항으로서의 효력이 아니라 단체협약으로서의 효력을 인정한 것에 불과하다.

57) 임무송(2012), 193면.

58) 이하의 내용은 임무송(2012), 216면 이하의 아이디어를 참조하였다.

종업원위원회는 가입의사를 묻지 않고 법에 의하여 강제된 제도이기 때문에 집단 자치의 실현을 위한 제반 요건을 법정할 필요가 있기 때문이다.

- 첫째, 대표로서의 정통성이 확보되어야 한다.
- 둘째, 선출절차 및 운영에 있어 민주성이 확보되어야 한다.
- 셋째, 사용자로부터 독립성이 확보되어야 한다.
- 넷째, 사용자와의 대등성이 확보되어야 한다.
- 다섯째, 조직으로서의 상설성과 지속성이 보장되어야 한다.

이러한 요건을 구체적으로 어떻게 제도화할 것인지는 향후 논의를 기대한다. 이하에서는 위원회의 역할과 기능에 관한 필자의 기본구상을 제시하고자 한다.

2. 종업원위원회의 역할에 대한 기본구상

기존의 근로기준법상 근로자대표와 근참법상 노사협의의 기능을 통합하면, 종업원위원회는 집단협정의 체결 주체로서의 지위를 가지면서 협의 권한과 의결 권한, 고충처리 권한 등을 행사하게 될 것이다. 이를 분설하면 다음과 같다.

첫째, 집단협정의 체결 주체와 관련해서는 근로기준법, 근로자퇴직급여보장법, 파견근로자 보호 등에 관한 법률, 산업안전보건법, 고용상 연령차별 금지 및 고령자 고용촉진에 관한 법률, 고용정책기본법에서 서면합의권, 동의권 관련 조항과 근참법상의 의결사항 조항이 여기에 포함될 수 있을 것이다. 근참법상의 의결사항은 노사 협조적 질서 형성을 염두에 둔 것이어서 서면합의와 성격이 조금 다르기 때문에 그 실효성 확보를 위한 실무적 작업이 필요할 것이다(예컨대 강제중재 제도의 도입 등).

둘째, 협의 기능이 있어야 한다. 근참법상의 협의사항과 근기법상 등에서의 협의사항이 여기에 포함될 것이다. 협의사항을 이행하지 않는 경우에 대비하여 그 실효성을 확보하기 위한 개선책을 강구하여야 할 것이다.

셋째, 보고 기능이 있어야 한다. 근참법상의 보고사항과 산업안전보건법상 등의 보고사항이 여기에 필요할 것이다.

넷째, 사용자의 의견청취의무와 정보제공의무 등이 규정되어야 한다.

3. 단계적 접근의 필요성

필자의 종래 견해는 과반수노조가 없는 사업장부터 별도의 종업원대표시스템을 도입하자고 주장하였다. 과반수노조가 존재하는 경우에는 현행법상으로도 노동조합이 근기법상의 근로자대표, 근참법상의 노사협의회 기능을 수행하기 때문에 운영상의 통일성을 기대할 수 있고, 노조의 힘을 바탕으로 종업원 전체의 이익을 효과적으로 반영할 수 있다는 사정을 주된 논거로 삼았다. 과반수노조가 존재하지 않거나 무노조 사업장의 경우 대표성의 문제가 심각하기 때문에 이를 보완하기 위해 우선 단기적으로는 과반수노조가 존재하지 않는 경우에 대비하여 종업원대표시스템을 설계할 것을 제안하였다. 현실 적합성과 수용성을 고려한 일종의 전략적 선택이었다.

그러나 종업원위원회 방식을 채택하면서 이 입장을 바꾸고자 한다. 무엇보다도 과반수노조라 하여 왜 비조합원의 발언권을 봉쇄해야 하는지에 대해 원리적 정당성을 찾기 힘들기 때문이다. 과반수의 여부는 변동적이고 우연적인 사실이라 제도의 안정적 운영에 방해가 될 뿐만 아니라, 작금의 노사협의회 운영실태를 볼 때 취약노동자의 보호에 중대한 흠결이 발견되기도 한다. 하도급업체 근로자 또는 파견근로자의 참여 확대를 위해서도 노동조합이라는 매개물은 법리적으로도 현실적으로도 도움이 되지 않는다.

VI. 맺으며

1) 사업장 차원에서 상설적인 법정 종업원대표시스템의 도입이 필요한 이유는 다음과 같이 요약할 수 있을 것이다.

첫째, 노동조합은 임의로 가입하는 자에 의해 구성되는 것이므로 조합원만을 대표하는 것이 기본 원리이고, 비조합원을 대표하는 것은 원리적으로 적합하지 않다.

둘째, 노동조합은 임의로 결성되는 단체이므로 기업 내에 상시 존재한다고 할 수 없다. 무노조 사업장이 오히려 다수이고 향후 복수 노조와 산별화가 진행될 경우 사업장 내 대표 노조의 기반은 약화될 것으로 예상된다.

셋째, 기업 내 종업원의 지위와 밀접히 연관되어 통일적인 규제를 필요로 하는 사항이 많은데, 지금까지 사용자가 일방적으로 작성하는 취업규칙에 의존하고 있어 계약당사자의 의사가 적절히 반영되지 못할 뿐만 아니라, 현행법의 해석상 권리분쟁이나 경영사항을 단체교섭의 대상에서 제외시키고자 하는 경향이 강하기 때문에 단체협약의 규제력이 약해지고 있다.

제 외국의 예를 비추어 종업원대표를 제도화하기 위해서는 입법이 개입하는 것이 보편적인데, 그 정당성을 부여받기 위해서는 종업원대표가 종업원 전체를 대표하는 정통성을 가질 수 있어야 한다. 노조의 경우 이러한 정통성은 조합원의 의사에 기초한 수권에서 나온다. 반면, 종업원대표제의 경우 근로자가 종업원집단의 일원이라는 이유만으로 대표 – 피대표 관계가 설정되므로 종업원대표가 대표로서의 정통성을 가지기 위해서는 집단적 수권을 통해서 그 대표성 내지 정통성을 인정받아야 할 것이다. 그리고 그 정통성은 바로 민주적인 선거를 통해서 구현될 수밖에 없고 이 점이 입법에 충분히 반영되어야 할 것이다. 제4절의 비교법적 검토를 통해 분석한 바와 같이 사업장 내 근로자대표시스템의 정비에 있어 역사적 경로와 현재의 법제도가 상이함에도 불구하고 입법자가 대표의 민주적 정통성에 비상한 관심을 가지는 것도 바로 이러한 연유에서이다. 본고에서 기존의 입장을 바꾸어 노사동수의 회의체 방식인 노사협의회보다는 독일식의 종업원위원회 방식을 제안하는 것도 같은 맥락이다.

2) 종업원위원회가 설치될 경우 그 권한을 어느 정도 허용할 것인지는 입법 정책상의 문제이긴 하지만 노동조합의 근로3권을 침해하지 않는 범위에서 설계되어야 할 것이다. 왜냐하면 헌법의 개정 없이 해석론으로 노동조합중심론을 부정하기는 어렵기 때문이다. ILO가 다원적인 의사소통 채널을 권장하고 있으면서도, 종업원대표제가 기존 노동조합을 약화 또는 대체하거나 새로운 노동조합의 결성을 방해하지 말 것을 줄곧 강조해 오고 있다.[59] 이를 위해 종업원대표의 기능을 단체 교섭의 대상 사항에 포함되지 않거나 근로조건의 결정과 관련해 다른 제도로써

---

59) ILO, 제135호 '근로자대표에 관한 협약' 제5조 제154호, '단체교섭에 관한 협약' 제3조 제2항 참조.

일반적으로 다루어지지 않는 상호 관심사로 국한할 것을 권고한다.[60] 이러한 점들을 감안하면 현행의 근참법 제5조에서 명시하고 있듯이 종업원위원회가 노동조합의 단체교섭 기능을 위축시키는 방식으로 설계되어서는 안 될 것이다.

종업원위원회가 상설될 경우 현행의 유니온숍 제도나 사업장 차원의 일반적 구속력 제도는 재검토가 요구되고 취업규칙제도도 근원적인 개선이 필요하다. 유니온숍 제도는 개인의 소극적 단결권 내지 단결선택의 자유를 침해하여 위헌성이 논란되는 점은 물론, 과거 노동조합 외의 다른 대안에 대한 발상이 존재하지 않던 시절에 단결강제의 일환으로 인정되던 것이고, 현재 선진 제국에서 그 합법성을 인정하는 예가 오히려 극소수에 불과하다는 점을 고려하면 전향적인 개선이 필요하다. 사업장 차원에서 상설적인 종업원위원회가 존재하게 되면 종업원의 근로조건 개선을 위해 노조에 가입할 것을 강제하는 방식보다는 종업원위원회의 대표성을 강화하는 방안을 모색하는 것이 보다 합리적이다.

사업장 차원의 일반적 구속력 제도는 그 취지가 불분명할 뿐만 아니라 비조합원의 무임승차를 조장하는 문제점을 안고 있다. 또한 근로조건 통일화를 그 제도적 취지로 이해한다 하더라도 상설적인 종업원위원회에 그 기능을 맡기면 되므로 굳이 이러한 법적 의제를 행할 필요가 없을 것이다. 사용자가 일방적으로 작성하는 취업규칙에 법규범성을 인정하는 것 자체가 원리적으로 문제가 있다. 이 제도는 과거 종업원의 대표시스템이 제대로 작동하지 못할 경우에 대비하여 국가가 후견자적 견지에서 근로조건 유지 개선을 도모하기 위해 안출된 제도라는 점, 그럼에도 불구하고 현실적으로는 사용자의 주도에 의해 당사자의 계약의사가 무시되기 일쑤라는 점 등을 고려하면 종업원위원회가 집단협정을 통해 근로조건을 형성하도록 하는 것이 바람직하고 또한 이러한 접근은 보편적인 현상이다.

근로자들의 목소리를 반영하기 위한 새로운 방안의 모색으로 '근로자위원회'가 주도하여 체결하는 사업장협정의 도입 제안,[61] 최근 서울시에서 추진하고 있는 '근로자이사제도' 등이 활발히 논의되고 있으며 이와 관련된 쟁점들의 후속검토가 필요하다.[62]

---

60) ILO, 1952년 기업단위의 사용자와 근로자 간 협의와 협조에 관한 권고(제94호) 제1조.
61) 김홍영(2017), "취업규칙 관련 법리의 문제점과 대안", 노동법연구 제42호.
62) 송강직(2016), "노동자 경영참가와 노사관계 차원의 경제민주화", 서울대 공익인권법센터 경제민주화 심포지움 자료집.

[부록]

사회적 기본권의 본래적 의미: 안톤 멩거(Anton Menger)의 '노동수익권'

〈요 약〉

본 장은 오스트리아 법학자인 안톤 멩거(Anton Menger, 1841-1906)의 「노동수익권」(Das Recht auf den vollen Arbeitsertrag in geschichtlicher Darstellung; The Right to the Whole Produce of Labour) 제1장(Introduction)을 옮긴 것이다. 본고는 영문판(Macmillan, 1899)을 기준으로 번역하였으므로 독일어로 저술된 원서와는 약간의 차이가 있음을 미리 밝힌다.[1] 안톤 멩거는 오스트리아의 법학자로 비엔나 대학 법학과 학장을 역임하였다. 세간에는 형제지간인 경제학자 칼 멩거(Carl Menger)가 더 잘 알려져 있으나, 안톤 멩거의 노동수익권 및 생존권과 근로권 개념에 대한 정리는 19세기 이후 근대적 사회적 기본권의 정립에 결정적인 영향을 미쳤으며 특히 현대적인 근로권 개념을 법적으로 최초로 정립한 것으로 평가되므로 법학에서는 매우 중대한 의미를 갖는다.

「노동수익권」은 1886년 비엔나에서 제1판이 출간되었으며, 총 14장, 전체 271면으로 구성되어 있다. 멩거는 제1판 서문에서 "이 책의 목적은 사회주의의 다양한 이론에서 복잡다기한 경제적, 철학적 수사학을 모두 벗겨내고 '법적 개념의 골격'만을 정립하는 것이다. 사회주의 이론이 법적으로 정리되어야만 고통받는 대중을 위하여 사회를 개혁할 수 있을 것이다." 라고 명확히 밝히고 있다. 본고에서 번역한 제1장은 3대 사회주의 기본권(노동수익권, 생존권, 노동권)의 법적 개념을 정립하였으며, 이하 제2장~제14장에서는 다양한 사회주의 이론가들(Godwin, Hall, Thompson, Saint-Simon, Proudhon, Robertus, Marx, Blanc, Lassale) 및 독일의 보수적 사회주의와 영국의 토지 국유화 사상 등을 소개 및 분석하며 이들 사상에서 공통적으로 나타나는 노동수익권의 개념을 추출하였다.

후세의 연구자들은 멩거의 사상을 '법조사회주의'로 분류하고 전투적인 방법

---

* 본 장은 이철수·이다혜(2012), "안톤 멩거의 「노동수익권」 — 사회주의 이론의 법적 정립과 19세기 사회적 기본권의 태동", 서울대학교 법학 제53권 제1호에 기초한 것이다.

1) Anton Menge(1899)(Translated by H.S. Foxwell), 『The Right to the Whole Produce of Labour』, Macmillan.

으로 체제를 전복하는 것을 목표하지 않았다는 점에서 온건하다고 평가하는 경우가 많으나, 멩거의 노동수익권 개념은 무노동수익 혹은 불로소득(unearned income)의 존재를 부정하는 것에서 출발하였다는 점에서 오히려 사회주의 사상의 혁명성을 계승하였다고 볼 수 있다. 즉, 사회주의 이론의 법적 정립을 시도한 이유는 급진성을 누그러뜨리기 위함이 아니라 완성하기 위한 것으로 평가하는 편이 더욱 정확할 것이다. 1899년 영문판의 서문을 쓴 동시대인인 영국의 경제학자 H.S. Foxwell은 멩거의 사상을 '혁명적 사회주의(revolutionary socialism)'라고 소개한 점을 볼 때, 법조사회주의를 일률적으로 온건하다고 평가하는 오늘날의 관점은 재검토를 요한다고 하겠다.

멩거는 노동수익권은 하나의 이상적인 모토이며, 사유재산 체계와 실정법으로서의 재산법을 완전히 부정할 수는 없다는 것을 인정한다. 그러나 노동수익권이라는 이상의 실현을 위해 생존권과 노동권 개념을 주창하고 정립한 멩거의 사상은 '노동의 위기'가 회자되는 현 시대에 중요한 시사점을 던져 준다. 신자유주의적 탐욕이 빚은 '오늘의 위기'를 고전을 통해 그 해법을 모색하기 위한 노력의 일환으로 이 글을 번역·소개한다.

I. 재산법의 모순, 사회주의의 목적, 그리고 '무노동수익'

이 시대를 살아가는 모든 이들의 공통된 열망은 인류의 경제생활을 개선하는 것이다. 이러한 바람은 물론 현재의 경제적 여건에 대한 비판으로부터 시작한다. 그러나 이러한 비판은 일종의 법적 상정으로 이어지는데 여기에는 실질적인 재산권(물권법, 채권법, 재산 양도에 관한 법제 등)에 대한 구조적인 재조정이 포함된다. 많은 사회주의 제도들은 이보다 훨씬 더 나아가서 남녀의 성(性)관계에 대한 재조정, 국가의 폐지, 심지어 종교의 폐지마저도 요구하고 있다. 그럼에도 불구하고 발견되는 사회주의의 수많은 학파들의 공통분모는 모두 전통적 재산법에 대한 재조정을 요청하고 있다는 점이다.

지금 우리가 처해 있는 경제상황의 핵심은 모든 사람은 자신의 필요를 충족하기 위해 노동하며, 모든 노동은 그 필요를 만족시킬 수 있는 대가를 요구한다는 것이다. 노동과 노동의 결과물, 개인의 필요와 그 충족은 전 인류의 경제생활을 가능케 하는 원인과 결과를 이룬다. 경제적인 관점에서 이상적이고 완벽한 재산법이란 모든 노동자가 자신의 노동의 결과물에 대한 모든 권리(노동수익권, 勞動收益權)를 가지며, 그 노동이 자신의 필요를 완전히 충족시켜 주는 제도를 통해서만 이룩될 수 있는 것이다.

그러나 전통적으로 정치적 조건에 좌우되는 현재의 실정법으로서의 재산법은 그렇지 못하다. 심지어 이러한 경제적 목적을 달성하려는 시도조차 하지 않고 있다. 대부분의 국가의 기원을 살펴보면 침략과 정복을 통해 형성되었으며 기존의 재산분배는 무력에 의해 손쉽게 변경되곤 했다. 국가가 소유권에 대해 입법을 하기 시작했을 때 실제의 재산관계를 잘 반영하는 일은 드물었다. 그러니 우리 사회의 현행 재산법은 실물경제와는 별로 상관이 없으며, 노동자의 노동수익권을 온전히 보장해 주거나 노동자의 수요를 충족하기 위한 노력과는 거리가 먼 것이다.

우리의 현행 재산법은 사적 소유를 중심으로 하는 것이며 노동자에게 그 노동수익권을 전혀 보장해주지 않는다. 우리의 재산법은 현존하는 부와 생산수단을 각 개인의 처분에 맡기고 있으며, 이를 소유한 개인들에게 지배력을 부여하여 전혀 노동을 하지 않고도 무노동수익을 얻어 자신들의 필요를 충족할 수 있는 것이다. 이러한 실정법 하에서 이득을 얻으면서도 그에 대한 대가는 사회에 전혀 제공하지 않는, 이러한 수익을 생시몽주의자들 및 부셰(Buchez)와 로베르투스(Robertus)의 추종자들은 'Rente'라고 불렀으며, 톰슨과 마르크스는 '잉여가치'(surplus value, Mehrwert)라고 불렀으며, 나는 이를 '무노동수익(無勞動收益, Arbeitsloses Einkommen)'이라 부르겠다. 이러한 무노동수익이 법으로서 인정되고 존재한다는 사실 자체가 현행 재산법은 노동자가 그 노동의 결과물 전체를 얻도록 하는 것에는 무관심하다는 사실을 보여준다.

무노동수익의 성격은 토지와 건물에 대한 임대료 및 대출에서의 이자에서 가장 잘 드러난다. 소유주는 임차인 또는 채무자로부터 임대료와 이자를 챙기는 것 외에 다른 노동을 하지 않기 때문이다. 그런데 스스로의 농장을 경작하는 지주라든지, 혹은 직접 사업을 하는 자본가조차도 각각 임대료 및 이윤이라는 형태로의 무노동수익을 얻게 된다. 그 이익의 양은 간단히 산정할 수 있는 것으로서, 사업으로부터의 전체 수익으로부터, 본인이 노동하지 않고 대리인을 사용하기 위해 지출한 금액을 빼면 된다.

우리의 현행 재산법은 모든 사람의 수요를 충족하기 위한 수단을 제공하는 것을 목표로 하는 것과는 거리가 멀다. 사법(私法)의 법전에는 개인이 생존하기 위해 꼭 필요한 최소한의 물자와 서비스를 개인에게 할당하는 내용이 전혀 등장하지 않는다. 이러한 지금의 상황은 맬서스의 가혹하지만 그 솔직함으로 인해 유명해진 이 글귀에 정확하게 표현되어 있다.

> "사람은 태어날 때부터 그 소유가 이미 정해져 있다. 부모가 그를 부양해 주지 않거나, 사회가 그의 노동을 원하지 않는다면, 그는 아주 약간의 음식조차 세상에 요구할 권리가 전혀 없으며 사실 세상은 그에게 아무런 관심도 기울이지 않는다. 자연의 여신이 벌이는 성대한 잔칫상에 그를 위해 마련된 자리는 없다. 여신은 그에게 없어져 버리라고 명령한 뒤 이를 곧 수행한다."[2]

여기에서 맬서스가 말한 '음식'은 다른 모든 수요에도 해당할 것이다. 물론 현행법은 공공 정책에 의해 어느 정도는 개선되고 있다. 예를 들어 구빈법(Poor law)이 제정된 것은 사실이다. 그러나 이것만으로는 충분치 못하다. 비교적 최근에 독일과 오스트리아는 사회의 모든 구성원이 질병, 사고, 노령 등으로부터 보호받을 수 있도록 하여 가장 긴급한 필요를 충족할 수 있는 법적 권리를 보장하는 입법을 시작한 바 있다.

사회주의가 지향하는 법의 모습은 현행법과는 엄청난 대조를 이루는 것이다. 사회주의의 수많은 학파들 사이에 다양한 이견이 있지만 대부분의 경우는 노동자 계층에게 노동수익권을 보장하거나, 개인의 필요와 그 충족수단의 균형을 어느 정도 맞추는 것을 그 목적으로 하고 있다. 즉, 사회주의자들은 경제적 목적을 실현하기 위한 분배 시스템을 지향하며, 정치적 조건에 좌우되는 분배 시스템은 폐지하는 것을 그 목적으로 한다.

그러나 그 어떠한 사회주의 조직도, 그 이상이 아무리 유토피아적인 것이라 하더라도, 두 가지 근본적인 목적을 동시에 달성하는 것을 꿈꿀 수는 없다. 왜냐하면 노동과 수요는 현실에서 그 어떤 형태의 사회에서도 완전히 일치될 수 없기 때문이다. 만일 노동자의 노동수익권을 있는 그대로 완전히 실현하려는 시도를 한다면, 노동이 불가능하므로 부득이하게 무노동수익에 기대어 살아가야만 하는 사

---

2) [원주] Malthus, 인구론 (제2판), 1803, p.531. 이 유명한 단락은 사회주의자들에게 빈번히 인용되었는데, 1806년의 제3판부터는 삭제되었다.

람들(미성년자, 노인, 장애인 등)의 반대에 부딪힐 것이다.

Ⅱ. 사회주의의 3대 경제적 기본권(노동수익권, 생존권, 노동권)

이 두 가지 목표를 실현하는 것이 바로 사회주의 운동의 목표이며 이는 지난 세기 말부터 많은 문명국으로부터 점차 큰 지지를 받기 시작했다. 17~18세기의 정치적 소요가 결국 "정치적 기본권"이라는 헌법적인 개념으로 정리될 수 있다면, 이와 마찬가지로 사회주의의 궁극적인 목적은 "경제적 기본권"의 보장으로 이해될 수 있다. 나는 정치권의 보장은 현실에서 그다지 큰 실질적 효용을 갖지 못하는데도 불구하고 지나치게 강조되어 왔다는 사실에 주목하고 있다. 물론 정치적 권리의 형성은 각종 정치적 및 사회적 운동의 방향을 제시하여 주는 이정표로 자리를 잡았으므로 완전히 무의미한 것은 아니다.

노동자가 그의 노동으로서 얻은 결과물에 대해 갖는 정당한 권리는 첫 번째 기본적인 경제권으로서, 이를 '노동수익권(right to the whole produce of labor)'이라 한다. 그리고 모든 수요에 대하여 이를 충족할 수단을 마련해 주는 것이 바로 법의 의무임을 전제할 때, 두 번째 경제권인 '생존권(right to subsistence)'이 도출된다. 이 두 종류의 경제적 권리는 모든 논리적인 사회주의 또는 공산주의 제도라면 그 실현을 위해 노력해야 하는 최소한의 기본이다. 마지막으로 세 번째 경제권은 '노동권(right to labor)'으로, 노동권은 생존권이 독특한 모습으로 수정된 것이라고 할 수 있으며 사회주의의 등장에 있어 특히 역사적 중요성을 가진다. 이제부터 사회주의의 이 3대 경제적 기본권에 대하여 살펴본다.

1. 노동수익권(The Right to the Whole Produce of Labour)

수많은 사회주의 제도들은 사회의 모든 구성원이 스스로의 노동으로 생산한 결과물의 전부에 대한 정당한 권리를 갖는다는 의견을 지지한다. 상품은 스스로의 노동으로 이를 생산한 자에게만 귀속되어야 한다. 하지만, 만일 많은 사람들의 동시적 또는 연속적인 협동의 결과로 노동을 분할할 수 있다면 여기에 참여한 개개인의 노동자는 자신이 기여한 만큼의 교환가치(exchange value)를 돌려받을 수 있을 것이다. 이러한 형태의 분배시스템은 노동의 모든 결과를 노동자들 사이에 나누는 것이므로, 이러한 체제에서는 무노동수익(임대료와 이자)과 그 법적 근거인 사유재산의 존재는 불가능할 것이다.

그런데, 이와 같이 많은 노동자들의 협동에 의해 생산된 상품의 교환가치는 과연 어떠한 원칙에 따라 분배할 것인가?

설사 사회주의 질서를 따르고 있는 사회라 할지라도, 노동의 대가는 일차적으로 전통적인 방법에 의해 계산될 수밖에 없음은 충분히 예상 가능한 일이다. 다만 무노동수익의 폐지에 따라 개개인에게 돌아가는 몫이 조금 상승될 것이다. 왜냐하면 전통적인 계산법은 단지 일반적 원칙에서 비롯된 것일 뿐이므로 이를 완전히 무시하는 것은 새로운 사회주의 체제를 세우는 것 이상으로 사회를 매우 혼란스럽게 할 것이다. 그러나 노동수익권의 가장 열렬한 지지자 중 한 명인 로베르투스(Robertus)는 이에 개의치 않고, 금속화폐 대신 노동시간을 화폐로 사용할 것을 주장한 바 있다. 이러한 분배 방식은 평균 수준의 노동을 해낸 한, 모든 노동자들의 단위 근로시간(또는 근로일수)을 동일하게 보는 인식을 전제로 한 것이다.

2. 생존권(The right to subsistence)

많은 사회주의 체제들은 '노동'이 아닌 '수요'를 분배의 기준으로 삼는다. 이 관점을 있는 그대로 적용하면 모든 생필품은 그것을 가장 필요로 하는 자에게 귀속되어야 한다는 결론이 도출되어야 하겠지만, 실제로 그런 생각을 한 사회주의자는 거의 없다. 그리고 개개인의 수요라는 것은 지나치게 불분명하고 주관적이며 가변적이라는 사실을 무시할 수 없으므로, 실정법에서 개인의 수요를 분배 기준으로 삼기는 어렵다. 매우 친밀한 관계를 형성한 소규모의 공동체, 예컨대 가족이 아니고서는 수요를 기준으로 분배한다는 이상은 실행될 수 없는 것이다.

수많은 공산주의자들이 주장하는 소위 '균등한' 부의 재분배라는 것은 개인의 수요와 현존하는 충족수단에 비례하는 분배를 말하는 것이다. 왜냐하면 연령, 성별, 또는 성격에 따른 개인 간의 엄청난 차이를 무시하고 실제로 진지하게 '균등한' 분배를 생각하는 사람은 없을 것이기 때문이다.

개인이 생계를 유지하기 위한 최소한의 수요를 '절대수요(absolute necessities)'라고 일컫는데, 절대수요는 그 현실적인 중요성 때문에 다른 '덜 다급한' 수요와는 확연히 구분되며 비교적 보편적이고 객관적이므로 분배의 기준으로 삼을 수 있겠지만 물론 절대수요조차도 시대와 장소에 따라 변하는 것이다. 절대수요는 생존권의 기본을 이루므로 모든 시대의 사회주의 체제에서 큰 역할을 담당하고 있으며, 모든 사회구성원의 생존을 위한 생필품과 서비스에 대한 개개인의 권리 (claim)로서, 타인의 덜 급한 다른 수요를 충족하는 것보다 더 중요한 것이라고 볼 수 있다.

사회주의 제도, 그리고 지금까지 시도된 공산주의 제도들을 보면, 생존권의 범위는 그 청구인의 연령에 따라 다르다. 미성년자에게는 교육과 생계부양이 필요하지만 성인은 스스로의 노동에 대한 대가 지불로서 최소한의 생필품만이 필요하며, 노령, 질병 기타 질환으로 인해 일할 수 없는 자들에게는 생계부양이 보장되어야 하는 것이다. 논리적인 사회주의적 조직에서라면, 생존권은 공동체에 대한 개인의 권리를 대변하는 것이 될 것이며, 따라서 우리의 실정법 체계에서의 재산권 개념을 대체하게 될 것이다.

만일 노동수익권을 논리적으로 실현한다면 모든 무노동수익과 사유재산은 존립이 불가능할 것이다. 그러나 생존권을 실현하는 것을 목표로 한다면 이 두 가지를 굳이 폐지할 필요가 없다. 이러한 경우에는 모든 시민의 절대수요를 충족할 권리가 국가재정에 대한 일종의 담보로 이해될 수 있으며 이는 타인의 무노동수익에 우선하는 최우선순위의 권리인 것이다. 우리 시대의 사회적 열망이라는 것은 한편으로는 생존권을 보장하면서도 한편으로는 사유재산에 대한 사회구조를 유지하는 것이다. 그러나 이러한 권리를 문자 그대로 실현하는 것은 현재 지주와 자본가들의 재산을 구성하고 있는 무노동수익의 너무나 많은 부분을 흡수해 버리며, 사유재산에서 지나치게 사회적 가치를 빼앗아서 공유재산으로 전환하는 결과를 낳을 것이다.

한편, 생존권과 노동수익권을 공존 또는 결합시키는 방안도 불가능한 것은 아니다. 노동수익권은 사회주의에서 재산권을 대체하는 개념인데 이는 생존권과 공존할 수 있다. 만일 무노동수익을 완전히 폐지한 사회주의 체제라 할지라도 모든 시민에게 본인의 절대수요를 충족하기 위해 매일 일정시간을 노동하도록 의무로 강제하고, 나머지 시간에는 자유로운 노동으로 얻은 수익을 일정한 한계 내에서 스스로 알아서 처리하도록 하는 것은 상당히 실현 가능한 일이다. 그리고 이렇게 생존권과 노동수익권을 결합하여 자기실현과 공익을 동시에 추구하고, 자유와 강제를 결합하는 것은, 사회주의 제도가 개인주의적인 분위기에서 성장하고 교육받은 사람들과 함께 일해 나아가야 하는 지금과 같은 전환기에 권장할 만한 일이다.

3. 노동권(The right to labour)

1) 노동권의 고유성과 그 개념[3]

사유재산에 대한 실제의 소유권과, 사회주의 운동의 궁극적인 목적인 수요 또는 노동량에 따른 부의 분배 사이에는 엄청나게 많은 타협의 여지들이 예상된다. 이러한 타협이 바로 소위 '노동권'이며, 1848년에 발생한 사건들, 그리고 최근 독일 제정의회(German Imperial Parliament)에서 비스마르크의 발언[4]에 의해 상당한 역사적 중요성이 부여된 것이다. 노동권은 생존권의 한 종류로서, 우리의 현존하는 사유재산 체제에 이식된 것이다.

노동권의 근간을 이루는 인식은 많은 국가들에서 거의 동시에 입법되기 시작한 국가 차원의 구빈법(State Poor Law)의 주요 조항들로부터 시작된 것으로 보인다. 영국의 1601년 구빈법, 프랑스의 1791년·1793년 헌법, 그리고 1794년 2월 5일의 프러시아 민법은 모두 공통적으로 정부 또는 지역정부, 당국은 빈민을 보조하거나 혹은 일자리를 제공할 의무가 있음을 규정하고 있다. 그러나 노동권은 구제를 받을 권리(right to relief)와는 분명히 구분되어야 한다. 심지어 그 구제가 일자리의 형태로 주어진다 하더라도 노동권과는 구분되어야 한다. 왜냐하면 사회주의자들이 이해하는 노동권은 다른 모든 재산이 그러하듯 권리의 성질을 가지고 있으며, 국가의 자선에 의해 주어지는 것도 아니며, 청구인이 반드시 빈민일 것을 요구하는 것도 아니므로, 받는 이에게 굴욕감을 느끼게 하는 빈민구제의 형태를 취해서는 안 된다.

---

3) [역주] 소제목 (1), (2), (3)은 역자가 내용의 이해를 돕기 위해 편의상 붙인 것이다.

4) [원주] 1884. 5. 29. 독일 제정의회에서 비스마르크의 발언: "노동자가 건강하다면 그에게 일할 권리를 주시오. 그가 건강하다면 일거리를 주시오. 그가 병에 걸렸다면 필요한 치료를 받을 수 있도록 하고, 늙은 뒤에는 생계부양을 도와주시오..." ("To sum up my position, give the labourer the right to labour as long as he is in health, give him work as long as he is in health, ensure him care when he is ill, and ensure him a provision when he is old...") Report of the Proceedings of the Imperial Parliament, Session 1884, vol. I. p.481.

노동권은 구직권(right to search for labour)과도 구분되어야 한다. 1776년 3월 13일에 루이 16세, 혹은 튀르고(Turgot)재상 치하의 프랑스에 자유산업을 도입한 유명한 칙령에서는 '노동권'이 언급되고 있는데, 여기에서의 노동권은 길드 때문에 일할 권리가 제한되어서는 안 된다는 의미에서의 노동권이었다. 반면에 길드의 옹호자들은 '노동권'을 길드라는 제도 내에서 길드 회원이 해당 분야에서 외부인을 제하고 배타적으로 일할 수 있는 권리로 이해했다. 이러한 해석은 둘 다 틀렸다. 노동권은 모든 시민에게 일자리를 '구할(seek)' 권리가 아니라, 일자리를 '찾아내는(find)' 권리를 부여하는 것이다.

아직 정립되지 않은 수많은 이론과 실무에서 노동권을 무엇이라고 보든, 노동권의 진정한 개념은 이렇게 정리할 수 있다. 일할 능력은 있으나, 사인(私人)의 고용주로부터 일자리를 찾지 못한 모든 시민이 국가나 지방 당국에 통상임금을 받고 일할 수 있도록 청구하는 권리가 바로 노동권이다.

따라서 '노동권'은 '노동수익권'과는 분명히 다르다. 노동권에서는, 노동자는 노동수익의 전부가 아닌 단지 임금을 청구할 수 있을 뿐이며, 그 생산수단은 정부로부터 대여받은 것에 불과하다. 따라서 프랑스 국회에서 노동권에 대한 논의가 이루어질 때 많은 의원들이 노동권에는 자본에 대한 권리(right to capital)도 포함되어 있다고 한 것은 정확하지 못한 견해였다. 오히려 노동권의 본질은 현존하는 재산법을 보충해 주는 것이며, 토지와 자본에 대한 사적 소유를 인정하고 전제하는 권리인 것이다.

노동권의 이 '보충적 성격(subsidiary character)'은 노동권과 생존권을 구분하는 가장 큰 분기점이기도 하다. 생존권은 청구권자가 국가나 지방정부에 대한 즉각적인 권리로서 최소한의 수요 충족을 요구할 수 있다. 그러나 노동권은 청구권자가 사인으로부터 일자리를 얻는 데 실패했음을 보여야만 집행될 수 있다. 또한, 생존권은 미성년자와 노약자처럼 일할 수 없는 자에게도 해당되지만, 노동권은 일할 능력이 있는 시민들에게만 해당되는 것이다.

2) 프랑스에서 노동권의 도입과정

다음에서는 노동권의 연혁과 역사적으로 노동권에 대해 얼마나 정확한 이해가 있었는지를 살펴보겠다.

현재의 모습에 가까운 노동권을 최초로 주장한 것은 푸리에(Fourier)의 추종자들이었다. 푸리에는 피히테(Fichte)와 면식이 있는 사이는 아닌 것 같지만, 많은 면에서 유사한 논리를 전개하고 있다. 푸리에는 그의 가장 종합적인 작품인 "Traite de L'association Domestique – Agricole"에서 자연권을 오직 정치적인 의미에서만 이해하는 이론들을 격렬히 반박한다. 푸리에는 혁명과 전쟁에서 소위 자유, 평등, 박애라는 가치를 위해 수많은 사람들이 피를 흘렸건만 그러한 정치적 권리들은 사실 고통받는 다수의 민중에게는 얼마나 희박한 가치를 지닌 것인지를 보여준다.

푸리에는 여기에서 더 나아가 이러한 정치권에 대비되는 개념으로서의 경제권을 주장한다. 자연상태에서 원시인은 마음껏 사냥하고, 고기를 잡고, 열매를 수확하고, 가축을 방목하여 생존할 권리가 있다. 그러나 천연자원을 이미 사용해버린 지금의 사회에서는 자연상태에서의 이러한 권리를 실현할 통로가 없다. 따라서 자연상태의 권리는 푸리에가 말하는 노동권, 혹은 최소한의 생존권으로 대체되어야 하며, 푸리에는 이 두 가지 권리의 차이점을 구분하지 않는다. 그러나 푸리에는 지금 우리가 사는 사회에서는 이 두 가지 권리조차 얻을 수 없으며 이를 위해서는 그가 생각하는 사회주의 체제가 반드시 필요하다고 주장한다.

푸리에의 추종자들은 이러한 이론을 많은 팜플렛과 글을 통해 계승, 발전시켰다. 이 중 주목할 만한 것은 꽁시데랑(Considérant)의 노동권에 대한 팜플렛[5]으로서 1848년의 사건들에 큰 영향을 미친 것이다.

꽁시데랑이 푸리에와 다른 점은 노동권의 보장을 위해 반드시 사회주의 제도가 성립될 것을 기다리지 않았다는 것이다. 그는 오히려 노동권을 현재의 체제에 없어서는 안 될 보완요소로 보았고, 노동권에 의해서만 사유재산이 온전히 유지된다고 보았다. 꽁시데랑은 천연자원에 대해서는 모든 인간이 직접 참여할 권리가 있다고 보았고(capital primitif, 원시자본), 반면 토지와 자본을 인간의 노동으로 개선한 것(capital créé, 창조자본)은 다툼의 여지없이 그 창조자와 법적 상속인들에게 귀속되는 사유재산이라고 보았다. 꽁시데랑은 푸리에가 제시한 원시상태의 인간에게 주어진 4가지의 권리, 즉 사냥, 낚시, 수확 및 방목 – 에 '참여'할 권리는 지

---

5) [원주] Considérant, Théorie du Droit de Propriété et du Droit au Travail, 3rd ed. Paris, 1848.

금의 우리 사회에서는 '노동권'으로 대체되어야 한다고 주장한다. 꽁시데랑은 또한, 프롤레타리아 한 명이 노동의 대가를 돌려받을 권리는 적어도 그가 자연상태에서 4가지 권리를 행사했을 때 얻을 수 있는 생계수단 정도는 되어야 한다고 주장한다.

꽁시데랑의 팜플렛은 매우 간결하고 명확하게 쓰여진 것으로서 엄청난 성공을 거두었으며, 1840년대의 노동권에 관한 글들 중에는 가장 많이 회자된 것이라고 할 수 있다. 그래서 2월 혁명 직후에 프롤레타리아 계급이 결정적인 요소로 부상했을 때, 그들은 임시정부의 1848년 2월 4일 선언에서 노동권을 인정하도록 압력을 넣었고 이는 나중에 프랑스 법전에도 포함되게 된다. 이 선언은 흥분한 군중의 직접적인 압력의 결과물로서 매우 급히 작성되어 그 수준은 낮은 것이었지만, 프랑스 공화정 임시정부는 노동자들에게 그 노동에 의존하여 생존할 권리, 그리고 모든 시민들에게 일자리를 보장할 것을 약속하게 되었다.[6]

노동권의 실제적인 실현을 위해 1848. 2. 28자 칙령으로 프랑스에 국립 작업장(national workshop)의 설치를 규정하였으며, 동년 4월 27일의 추가령으로 이를 프랑스의 식민지들에게도 설치하도록 규정하였다. 그러나 실제로는 이 국립 작업장은 파리와 그 주변부에만 설치되었다. 당시 작업장의 책임자였던 에밀 토마스(Emile Thomas)의 고백에 의하면 사실 작업장의 설치는 그다지 진지한 것이 아니었으며, 정부는 실제로 작업장 근무자들을 위한 충분한 일자리를 마련하지도 않았으며, 정부의 입장에서는 이 모든 것은 사회주의의 간접증명(reductio ad absurdum) 외에는 별다른 목적이 없었을 뿐이라고 한다.

국립 작업장에 대한 자세한 서술은 미루기로 하고, 여기에서 언급할 만한 사실은 당시 토마스는 이 작업장들을 생시몽주의를 따라 대단히 위계적인 질서로 구성하였으므로 생산을 위한 작업장이라기보다는 마치 '노동 군대'의 모습처럼 보였다는 점이다. 작업장의 노동자들은 각 시(市)의 시장에 의해 아무런 선별작업 없이 받아들여졌으므로, 5월 19일경에는 작업장에 들어온 노동자들의 숫자가 이미 87,942명이나 되었다.

노동권 폐지 직전의 짧은 시간동안 일어났던 가장 중요한 논쟁은 시민들에게 일반적인 노동을 제공하면 족한 것인지, 아니면 각 개인의 능력에 맞는 노동을 제

---

6) [원주] 이 유명한 선언은 프롤레타리아 계급에 최초로 경제권을 인정한 것으로 평가된다.

공해야 하는 것인지가 문제되었다. 국립 작업장에 들어온 노동자들에게는 그 능력과 상관없이 모두 토목공사와 같은 막노동이 맡겨졌다. 그렇지만 토마스는 목수, 재단사, 제화공 같은 사람들을 위해서는 특별 작업장 몇 개를 설치했는데 여기서는 매우 만족스러운 결과를 얻었다. 그럼에도 불구하고 '노동권의 확장' 여부는 프랑스 헌법에 노동권이 인정되는 것을 막으려 했던 사회주의의 반대파들이 들고나온 주요 논쟁 주제였다. 만일 국가가 사인으로부터 일자리를 얻지 못한 모든 노동자들을 위해 그의 능력에 맞는 일자리를 찾아줄 의무가 있다고 한다면, 국가에 너무나 큰 부담이 되어 사회가 지탱될 수 없을 정도라는 것이 그들의 주장이었다.

따라서 여기에서 순수한 사회주의 국가를 지금 현존하는 사회로, 노동권을 생존권으로 대치하지 않는다면, '노동권'이 통상임금을 받고 일반적인 노동을 하는 것 이상의 의미를 가질 수 없게 된다.

노동권의 실질적인 실현을 목표로 하는 것은 사회주의 국가에게 중요한 질문을 던지게 한다. 노동권의 실현을 위해 파생되는 의무를 과연 누가 부담할 것인가? 그 기능을 정부가, 각 지방이, 또는 시 정부가 부담할 것인가? 국립 작업장을 유지하는 비용을 프랑스 정부가 부담했던 것은 사실이지만, 당시 파리의 작업장에는 파리 시민만을 수용했던 것을 보면 이를 시립 기관으로 이해한 것으로 보인다. 작업장 가입을 위해 처음에는 특별한 거주 기간 같은 것을 요구하지 않았으나, 나중에 이미 작업장의 해체가 결정되어 있을 무렵(1848. 6. 21)에는 가입을 위해 파리에 최소 6개월 이상을 거주했을 것이 요건으로 되어 있었다. 그러나 국립작업장에 대한 이러한 관점과는 대조적으로, 6월 21일 칙령에서 정부는 정부 부처에서 파리 노동자들에게 토목공사를 맡길 권한을 명시하였다. 이 조항은 1848. 6. 23~26 사이의 무시무시한 폭동을 야기한 원인이 되었고 이 때 사회주의는 완전히 참패한다.

6월 폭동에서 사회주의 세력의 패배는 노동권의 보장을 주장한 것에 대한 자연스러운 반응이었다. 6월 폭동 직전에 마라(Marrast)는 의회에 노동권 및 구제를 받을 권리를 재산권과 동등한 위치에 놓는 헌법 초안을 제출한 바 있었고, 노동권의 그러한 구체적 실현을 위한 자세한 제안도 포함되어 있었다.

6월 폭동의 결과로 8월 29일에 새로운 헌법초안이 제시되었는데 여기에서는 노동권은 삭제되고, 구제를 받을 권리만이 남아 있었다. 이에 마티외(Mathieu)는 다시 수정안을 제시하여 모든 시민에게 명시적으로 교육을 받을 권리, 노동권, 그리고 구제를 받을 권리를 보장할 것을 주장하였으며 이 수정안은 글레－비주앵 (Glais－Bizoin)이 다시 살짝 손을 보았다. 앞서 언급한 푸리에와 그 추종자들의 글들과 더불어, 이 수정안들을 둘러싼 논의는 노동권의 연혁을 살펴볼 수 있는 주요 역사적 자료이다. 글레－비주앵의 수정안은 596 대 187로 패배하였고, 펠릭스 피아(Felix Pyat)가 11월 2일에 또다시 새로운 수정안을 내놓음으로서 프랑스의 사회주의는 노동권을 포기하였다.

3) 독일에서의 노동권 도입과정

독일에서도 프랑크푸르트 국회(Frankfort National Assembly)의 제헌과정에서 노동권이 언급되었다. 국민의 헌법상 권리에 대한 제2차 논쟁(1848-1849년)에서 노베르크(Nauwerk)와 루드비히 시몬(Ludwig Simon)은 재산권의 불가침성을 주장하며 노동권의 보장을 위한 수정안을 내놓았다. 그러나 이 안은 317대 114로 패배했으며 그 이유는 빈민들에 대한 구제는 헌법이 아니라 각 지방 법률, 그리고 개별 구빈법의 문제라는 것이었다. 노동권에 대해서는 본격적인 논의조차 이루어지지 않았다. 비슷한 시기인 1850년에 말로(Marlo)도 노동권 보장을 지지하였으나, 이 때부터 노동권에 대한 문제는 독일에서도 중단되어 버렸고 비교적 최근의 논객들인 스퇴펠(Stopel), 히체(Hitze), 한(Hahn)등이 시민의 노동권을 인정해야 한다고 주장하기까지 한동안 잠잠했다. 그러나 이들은, 심지어 스퇴펠마저도, 노동권과 사회주의 이론의 관련성 및 그 역사에 대한 이해가 부족한 상태이므로 노동권에 대한 명확한 정의를 내리는 데에는 한계가 있다.

Ⅲ. 3대 사회주의적 기본권의 구분과 그 한계

앞서 세 가지의 사회주의적 기본권의 의미에 대해 자세히 서술하였으므로, 다음에서는 지난 세기 중반부터 사회주의 제도에서 노동수익권의 개념이 어떻게 발전해 왔는지 그 역사를 살펴보도록 하겠다. 지난세기 중반부터의 이론이 현대의 사회주의 운동과 단절되지 않고 그 맥이 이어지고 있으므로, 그 이전의 논의들,

특히 매우 유토피아적인 글들은 굳이 소개하지 않겠다. 동일한 이유에서, 나는 노동수익권을 중점적으로 논하는 글만 소개하고 이후에 생존권에 대해서 더 서술하려는 미래의 저자들을 위해 여백을 남겨두도록 하겠다. 대부분의 사회주의 제도는 이 두 가지 원칙들(노동수익권 실현을 전적으로 추구할 것인가, 아니면 생존권 실현을 목표로 할 것인가) 사이에서 타협점을 찾고 있으므로 이렇게 두 가지로 분류하는 것은 매우 어려운 작업이었다.

따라서 본인이 그은 구분선은 다소 임의적이라는 비판을 받는다 해도 당연한 일이다. 특히 필자가 서술한 독일의 법이론 부분[7]이 특히 비판을 받을 것으로 예상되는데, 독일의 법이론은 조금이라도 사회주의적 색채를 띠는 한 대부분 생존권에 대한 논의로 기울어지고 있기 때문이다. 그럼에도 불구하고 독일에서 논의된 경제적 기본권을 살펴보는 일은 흥미로울 뿐 아니라 꼭 필요한 작업이라는 것이 필자의 생각이다.

이러한 관점에서 서로 다른 사회주의 이론들을 구분하는 것은 어쩌면 별 의미가 없을지도 모른다. 결국은 모두 노동계급의 삶을 향상시키는 것을 목적으로 하고 있기 때문이다. 그러나 공동의 목적을 이루기 위해 사람들은 서로 반대되는 방법을 취한다는 사실도 잊지 말아야 할 것이다. 노동수익권에 기반하는 모든 사회주의 제도는 자기 이익을 추구하는 것이며, 이는 지금의 우리 사회의 현실보다 발전한 모습이다. 노동수익권을 기초로 하는 제도 하에서의 노동자는 자기 자신만을 위해서 일할 수 있지만, 우리의 현실에서 노동자는 본인뿐 아니라 타인의 무노동수익을 위해서도 일하는 것이기 때문이다. 그러나 생존권의 인정을 목표로 하는 사회주의 제도라면 당연히 이웃에 대한 사랑과 박애의 정신에 의지하여야만 한다. 따라서 두 가지 제도 모두가 전통적인 의미에서는 사회주의라고 볼 수 있으나, 그럼에도 불구하고 별도의 취급을 요하는 날카롭고도 본질적인 대립이 있는 것은 사실이다.

---

7) [역주] 본서 제2장(Chapter 2. German Jurisprudence)을 말한다.

참고문헌

제1장
노동법의 현주소, 위기인가 기회인가?

이철수(2006), "근로계약법제의 현대적 과제", 『노동법의 존재와 당위(김유성교수 정년기념 논문집)』, 박영사.

김유성(1997), "개정노동법의 평가와 과제", 노동법연구 제6호.

이철수·이다혜(2017), "한국의 산업구조변화와 노동법의 새로운 역할", 서울대학교 법학 제58권 제1호.

장하성(2015), 『왜 분노해야 하는가: 분배의 실패가 만든 한국의 불평등』, 헤이북스.

전병유(2016), 『한국의 불평등 2016』, 페이퍼로드.

토마 피케티(2014), 『21세기 자본』, 글항아리.

B. Hepple(2005), 『Labour Laws and Global Trade』, Hart Publishing.

Conaghan, Fischl & Klare(2002), 『Labour Law in an Era of Globalization: Transformative Practices & Possibilities』, Oxford University Press.

Commission on the Future of Worker-Management Relations(1994), 「Fact-Finding Report」.

D. Buhr(2017), "노동 4.0과 4차 산업혁명", 한국노동연구원-프리드리히 에베르트재단 공동주최 국제학술대회 발표문.

H. Collins(2004), "Is there a Third Way in Labor Law?", 『Labor Law in an Era of Globalization』(edited by Conaghan), Oxford University Press.

J. Stiglitz(2009), "The Global Crisis, Social Protection and Jobs", International Labour Review Vol. 148.

N. J. Blain & John Gennard(1970), "Industrial Relations Theory", British Journal of Industrial Relations Vol. 8.

제2장
한국 노동법 변천사와 신자유주의 이후의 문제

이철수(2014), "IMF 구제금융 이후의 한국의 노동법제 발전", 서울대학교 법학 제55권 제1호.

강성태(2013), "제정 노동법의 주요내용과 특징", 노동법학 제48호.

김엘림(2013), "여성노동에 관한 노동법 60년사의 성찰", 한국노동법학회 노동법 60년사 학술대회 자료집.

김기덕(2004), "산업별노조의 단체교섭 주체에 관한 법적검토", 노동과 법 제5호.

김형배(1994), "한국노동법의 개정방향과 재구성", 법학논집 제30집.

김형배(2010), 『노동법』, 박영사.

김홍영(2013), "통상임금의 입법적 과제", 노동법학 제48호.

노동부(2003), "노사관계 개혁방안(9.4.)".

노동부(2006), 「공무원 노조법령 주요내용 및 쟁점 해설」.

노동부(2008), 「노동행정사 — 제3편 근로자보호정책」.

노상헌(2014), "통상임금의 개념과 범위의 법제화와 쟁점", 노동법논총 제31호.

이영면 외(2007), 「원하청도급관계에서의 노동법적 쟁점 및 과제」(노동부 용역보고서).

이승욱(2002), "산별노동조합의 노동법상 쟁점과 과제", 노동법연구 제12호.

이철수(2000), "하부조직과 상부연합단체의 단체교섭 당사자성", 노동법의 쟁점과 과제(김유성교수 화갑기념논문집), 법문사.

이철수(2011), "산별체제로의 전환과 법률적 쟁점의 재조명", 노동법연구 제30호.

이흥재(2002), "대법원의 근로관계 인식에 대한 재조명", 서울대학교 법학 제43권 제3호.

임종률(2010), 『노동법』, 박영사.

정인섭(2007), "임금법상 비교대상임금과 통상임금", 노동법연구 제21호.

하갑래(2010), 『집단적 노동관계법』, 중앙경제.

하경효(2000), "노동법의 기능과 법체계적 귀속", 『社會變動과 私法秩序(김형배교수 정년퇴임기념논문집)』.

西谷敏(1999), "勞働法における規制緩和と彈力化", 日本勞働法學會誌 93号.

和田肇(1999), "ドイシ勞働法の變容—標準的勞働關係概念お中心に—", 日本勞働法學會誌 93号.

OECD(2004), 「Employment Outlook」.

Däubler(1988), "Perspektiven des Normalarbeitsverältnisses", AuR, S. 305.

Matthies/Mückenberger/Offe/Peter/Raasch(2000), Arbeit, S. 20ff.

Zöllner(1988), "Flexibilisierung des Arbeitsrechts", ZfA, S. 268.

제3장
노동법의 새로운 패러다임과 방법론적 회의

이철수(2006), "근로계약법제의 현대적 과제", 『노동법의 존재와 당위(김유성교수 정년기념 논문집)』, 박영사.

강희원(1997), "노동법의 역사적 전개", 노동법학 제7호.

강희원(2013), "근로계약법의 이론적 정초", 노동법학 제48호.

김영문(1997), "노동관의 변천과 노동법", 한림법학forum 제6권.

김재훈(2008), "일본에서의 제정 근로계약법의 내용과 분석", 노동법연구 제25호.

김형배(1994), "한국노동법의 개정방향과 재구성", 법학논집 제30집.

박은정(2005), "노동분쟁해결제도연구 — 실태분석 및 입법론적 개선방안을 중심으로—", 이화여자대학교법학과 박사학위논문.

이승길(1998), "근로계약법제에 관한 연구", 성균관대학교 법학과 박사학위논문.

이철수 편역(1990), 『노동법사전』, 법문출판사.

이철수(2008), "독일법상의 변경해약고지제도", 성균관법학 제20권 제3호.

이흥재(2005), "21세기 노동법적 과제와 새로운 패러다임 모색", 『한·중·일 노동시장의 변화와 노동시장법제 패러다임의 전환』, 한국비교노동법학회·한국외국어대학교 법학연구소.

임종률(2006), 『노동법』(제5판), 박영사.

최미나(2012), "근로계약법의 제정에 관한 연구 — 독일과 일본의 논의를 중심으로", 노동법논총 제24집.

하경효(2000), "노동법의 기능과 법체계적 귀속", 『社會變動과 私法秩序』(김형배교수 정년퇴임기념논문집), 박영사.

荒木尚志(2009), "일본 노동계약법의 제정과 노동법상의 함의", 노동법학 제32호.

彭光華(2005), "중국 노동계약법의 성립과 과제", 『한·중·일 노동시장의 변화와 노동시장법제 패러다임의 전환』, 한국비교노동법학회·한국외국어대학교 법학연구소.

片岡昇(1983), 『現代勞働法 展開』, 岩波書店.

橫井芳弘(1989), "勞使關係の變容と勞働法解釋の方法論的課題", 季刊勞働法 150号.

西谷敏(1989), "現代の勞働者像と勞働法學の課題", 季刊勞働法 150号.

西谷敏(1999), "勞働法における規制緩和と彈力化", 日本勞働法學會誌 93号.

水町勇一郎(2000), "勞働契約の成立過程と法", 『講座 21世紀の勞働法 第4券 勞働契約』(日本勞働法學會編), 有斐閣.

野田進(2000), "勞働契約上の權利義務", 『講座 21世紀の勞働法 第4券 勞働契約』(日本勞働法學會編,), 有斐閣.

松本博之・西谷敏 編(1997), 『現代社會の自己決定權』, 信山社.

Caen(1994), "The Evolution of Labor Law", 『Labour Law in Post-Industrial Era』 (edit by Weddburn).

Däubler(1988), "Perspektiven des Normalarbeitsverältnisses", AuR, S. 305.

Matthies/Mückenberger/Offe/Peter/Raasch(2000), Arbeit, S. 20ff.

Preis(1995), "Perspektiven der Arbeitrechtswissenschaft", RdA, S. 337f.

Sinzheimer(1976), 『Arbeitsrecht und Rechtssoziologie』, Europäisch Verlagsanstalt.

Wedderburn(1994), "Labour Law and the Industrial Relations in Post-Industrial Societies", 『Labour Law in Post-Industrial Era』.

Zöllner(1988), "Flexibilisierung des Arbeitsrechts", ZfA, S. 268.

제4장
경영권이라는 신화를 넘어

이철수(2021), "경영권이라는 신화를 넘어", 서울대학교 법학 제62권 제4호.

고용노동부(2016), 「집단적 노사관계 업무매뉴얼」.

김린(2017), "사업부 분할 매각 금지 약정의 효력", 노동리뷰 2017년 6월호.

김성진(2013), "경영권의 단체교섭대상여부 —기본권충돌이론의 적용을 통한 해결—", 노동법학 제45호.

김유성(2001), 『노동법 Ⅱ』, 법문사.

김지형(2017), "노동판례 바로 읽기 — '회고'와 '전망'을 곁들여", 『노동법의 미래담론 — 해밀총서 01』.

김진(2017), "경영사항과 쟁의행위", 노동법실무연구회 2017년 11월 월례세미나 발제문.

김형배(2016), 『새로 쓴 노동법』, 박영사.

전형배(2015), "경영권의 본질과 노동3권에 의한 제한", 강원법학 제44권.

노동법실무연구회(2015), 『노동조합 및 노동관계조정법 주해Ⅰ』(정진경 집필부분).

노정희(2011), "구조조정 반대를 목적으로 한 쟁의행위의 정당성", 『노동법실무연구 제1권-김지형 대법관 퇴임기념』.

도재형(2003), "구조조정에 대항하는 쟁의행위의 정당성", 노동법률 148호.

도재형(2010), "파업과 업무방해죄", 노동법학 제34호.

문준혁(2018), "기업의 영업의 자유와 근로자의 일반적 행동자유권의 충돌", 노동법학 제68호.

박제성(2016), "사내하청의 담론과 해석", 노동법연구 제40호.

박제성(2017), "관할권 또는 법을 말할 수 있는 권한 —경영권의 법적 근거에 대한 비판적 검토와 사회정의의 교의적 가치에 관하여—", 시민과 세계 제30호.

신권철(2017), "노동법에 있어 경영권의 비판적 고찰", 노동법학 제63호.

신인령(1996), "경영권·인사권과 노동기본권의 법리", 『노동인권과 노동법』, 도서출판 녹두.

이다혜(2012), "미국의 노동가처분", 노동법연구 제32호.

이병희(2009), "경영사항의 단체교섭 및 쟁의행위 대상성", 재판자료 제118집.

이상윤(2017), 『노동법』, 법문사.

이용우(2017), 『자유민주주의를 위한 일념으로』, 법률신문사

이철수(1993), "단체교섭의 대상사항과 이른바 '경영전권사항'", 『가산 김치선 박사 고희기념논문집』, 박영사.

임종률(2016), 『노동법』, 박영사.

정인섭(2002), "정리해고와 파업의 정당성", 노동법률 2002년 4월호.

정진경(2004), "경영사항의 단체교섭대상성", 사법논집 제39집.

최기원(1990), 『상법학신론(상)』, 박영사.

최석환(2018), "소위 경영권 논의의 연원과 성쇠", 노동법연구 제45호.

최영호(1992), "단체교섭권 대상사항의 획정원리에 관한 연구", 서울대학교 석사학위논문.

허영(2015), 『한국헌법론』, 박영사.

IMF(2015), Causes and Consequences of Income Inequality: A Global Perspective

Young&Stanley(1963), "The Question of Managerial Prerogatives", 16 Indus. & Lab. Rel. Rev. 240

제5장
산업구조 변화에 따른 노동법의 새로운 과제와 노동 4.0

이철수·이다혜(2017), "한국의 산업구조변화와 노동법의 새로운 역할", 서울대학교
　　법학 제58권 제1호.
이철수 외(2018), 「경제·산업 환경 변화에 대응한 새로운 노동 패러다임 확립에 관한
　　연구: 한국형 노동 4.0」(고용노동부 정책연구보고서).

강성태(2013), "OECD 고용보호지수의 정확성과 적정성", 노동법연구 제34호.
강성태(2018), "4차 산업혁명의 도래와 노동의 미래", 「경제·산업 환경 변화에 대응
　　한 새로운 노동 패러다임 확립에 관한 연구: 한국형 노동 4.0」(고용노동부 정
　　책연구보고서).
김철(2014), 『경제위기와 치유의 법학』, 한국학술정보.
남성일(2016), "디지털 경제가 일자리에 미치는 영향 : 고용관계의 변화를 중심으로",
　　「일의 미래와 노동시장전략 연구」, 한국노동연구원.
독일 연방노동사회부(2016), 『노동 4.0 녹서』(경제사회노사정위원회 역).
박제성(2016), "배달기사의 임금근로자성 — 서울행정법원 2015. 9. 17. 선고 2014구
　　합75629 판결", 노동법학 제58호.
이다혜(2013), "비스마르크와의 기나긴 작별? — 유럽 복지개혁의 정치학, 그리고 한국
　　사회보장의 현주소에 대한 단상", 사회보장법연구 제2호.
이다혜(2015), "이주노조 대법원 판결의 의의와 한계", 노동법학 제56호.
이다혜(2015), "시민권과 이주노동 – 이주노동자 보호를 위한 '노동시민권'의 모색", 서
　　울대학교 법학박사학위논문.
이다혜(2017), "공유경제(sharing economy)의 노동법적 쟁점: 미국에서의 근로자성
　　판단 논의를 중심으로", 노동법연구 제42호.
이다혜(2019), "기본소득에 대한 노동법적 고찰 —근로권의 재구성을 위한 시론적 검
　　토—", 서울대학교 법학 제60권 제1호.
이철수(2018), 새로운 종업원대표시스템의 정립, 노동법연구 제45호.
제레미 리프킨(2014), 『한계비용 제로사회: 사물인터넷과 공유경제의 부상』, 민음사.
클라우스 슈밥(2016), 『클라우스 슈밥의 제4차 산업혁명』, 새로운현재.
C. Frey. & M. Osborne(2017), The future of employment : How susceptible are
　　jobs to computerisation?, Technological Forecasting and Social Change,
　　vol. 114, issue C.
D. Autor & F. Levy & R. Murnane(2003). The Skill Content of Recent

Technological Change: An empirical exploration. Quarterly Journal of Economics 118 (4).

D. Acemoglu & D. Autor(2010), "Skills, Tasks and Technologies: Implications for Employment and Earnings", NBER Working Paper Series 16082.

D. Weil(2014), 『The Fissured Workplace』, Harvard University Press.

F. Wilkinson & S. Deakin(2005), 『The Law of the Labour Market』, Oxford University Press.

ILO(2017), "The Future of Work we want": A Global Dialogue.

ILO(2019), Work for a brighter future － Global Commission on the Future of Work.

J. Fudge(2011), "Labour as a Fictive Commodity: Radically Reconceptualizing Labour Law", 『The Idea of Labour Law』(edited by G. Davidov & B. Langille), Oxford University Press.

J. Gordon (2012), "People are not Bananas: How Immigration Differs from Trade", 104 NW U. L. Rev.

K. Klare(2003), "The Horizons of Transformative Labour and Employment Law", 『Labour Law in the Era of Globalization』.

L. Beneria(2010), "Globalization, Women's Work and Care Needs: The Urgency of Reconciliation Policies", North Carolina Law Review 88.

M. Cichon & W. Scholz(2009), "Social Security, Social Impact and Economic Performance: a Farewell to Three Famous Myths", 『Building Decent Societies』(edited by Townsend).

M. Taylor et al(2017), "Good Work: The Taylor Review of Modern Working Practices".

R. Dukes(2014), 『The Labour Constitution: The Enduring Idea of Labour law』, Oxford University Press.

R. Eisenbrey & L. Mishel(2016), "Uber business model does not justify a new 'independent worker' category", Economic Policy Institute.

R. Sprague(2016), "Worker (Mis)Classification in the Sharing Economy: Square Pegs Trying to Fit in Round Holes", 31 A.B.A. J. Lab. & Emp. L.

S. Harris & A. Krueger(2015), A Proposal for Modernizing Labor Laws for Twenty－First－Century Work: The "Independent Worker", The Hamilton Project DISCUSSION PAPER 2015－10.

V. Stefano(2016), "The Rise of the "Just－in－time workforce: On－demand economy, crowdwork, and labor protection in the "Gig-Economy"", Comp. Labor Law & Pol'y Journal, Vol. 37, Issue 3.

제6장
통상임금 2013년 전원합의체 판결의 의미와 평가

이철수(2014), "통상임금 관련 2013년 전원합의체 판결의 의미와 평가", 노동법학 제
49호.

권순원(2013), "미국 기업의 임금구조 관련제도", 임금제도개선위원회 발표문.
권혁(2014), "2014 한국노동법학회 학술대회 지정토론문", 2014 한국노동법학회 학술
대회 자료집.
김홍영(2014), "통상임금에 관한 대법원 전원합의체 판결의 의의", 한국고용노사관계
학회 2014 동계학술대회 자료집.
김홍영(2014), "통상임금의 의의 및 법·제도 개선방안", 임금체계 개편 대토론회 자
료집.
김홍영(2016), "전합판결 이후 제기되는 통상임금의 해석상의 쟁점", 성균관법학 제28
권 제3호.
도재형(2014), 통상임금 관련 대법원 전원합의체 판결의 의의와 평가(토론문), 2014
한국노동법학회 학술대회 자료집.
박지순(2014), "통상임금에 관한 대법원 판결의 쟁점과 정책과제", 임금체계 개편 대
토론회 자료집.
양창수(2010), "신의칙 총론", 『민법주해 I』, 박영사.
이철수(2004), "통상임금에 관한 판례법리의 변화", 노동법연구 제17호.
이철수(2013), "통상임금에 관한 최근 판결의 동향과 쟁점 — 고정성의 딜레마", 서울
대학교 법학 제54권 제3호.
정인섭(2007), "임금법상 비교대상임금과 통상임금", 노동법연구 제21호.

제7장
2006년 개정 해고법제의 주요 내용과 그 평가

이철수(2007), "개정 해고법제의 주요 내용과 평가", 노동법연구 제22호.

김선수(2004), "한국에서의 노동분쟁 처리기구로서의 법원의 구조 및 운영실태, 노동법원의 도입방향", 「노동법과 법」, 전국금속산업노동조합연맹 법률원.

김소영·조용만·강현주(2003), 「부당해고 구제의 실효성 제고방안」, 한국노동연구원.

김영문(2004), 「노사관계 법·제도 선진화 방안에 대한 비판적 고찰」, 노동경제연구원.

김원주(2000), "집행벌", 『한국행정법학의 어제·오늘·내일(문연 김원주 교수 정년논문집)』.

김홍영(2005), "노동분쟁에 대한 노동위원회의 역할과 개선과제", 노동법학 제21호.

김홍영(2005), "부당노동행위, 부당해고구제제도 개선", 한국노동연구원 노사관계 선진화방안 주요쟁점 및 입법대안 모색 토론회.

김홍영(2006), "부당해고에 대한 금전보상제의 도입에 따른 쟁점사항", 조정과 심판 제28호.

권준현(1991), "이행강제금", 법제 343호.

노동부(2007), 「노사관계 선진화 입법 설명자료」.

노사관계제도선진화연구위원회(2003), 「노사관계법·제도 선진화 방안」.

노사정위원회(2007), 「2006년도 연차보고서」.

도재형(2005), "정리해고의 절차적 제한", 노동법연구 제18호.

문무기(2003), "개별적 근로관계법·제도", 정부의 '노사관계법·제도 선진화방안' 토론회 자료, 서울대학교 노동법연구회.

민주노총(2006), 「노사관계로드맵과 민주적 노사관계 구축의 방향」.

이정(2003), "부당해고 처벌규정의 실효성에 관한 연구", 외법논집 제15집.

이정(역)(2007), 「주요 선진국의 근로계약법제」, 한국경영자총협회.

이철수(2006), "상시적 구조조정에 따른 외국의 법/제도 사례연구 — 금융부문을 중심으로", 노사정위원회.

이흥재(2003), "해고의 절차적 제한", 「절차적 정의와 법의 지배」, 서울대학교 법학연구소.

임종률 외(2006), 「해고보호제도의 유효성과 실효성 제고방안」(노동부 용역 보고서).

조용만(2007), "해고법제의 개정과 평가 토론문", 서울대학교 노동법연구회 2007년 춘계공개학술대회 자료집.

정태욱(1995), "절차적 정의에 관한 연구", 서울대학교 박사학위논문.

최봉석(2002), "행정형벌에 관한 일고", 법조 제51권 제2호.

한국노동연구원(2005), 「제3차 노동시장포럼 — 노동시장 현안과 정책과제」.

小西國友(1995), 『解雇と勞働契約の終了』, 有斐閣.

官野和夫(2005), 「以後の勞働契約法制の在り方に關する硏究會報告書」.

A. Korn & M. Sthi(2005), Employment Tribunal Compensation, Oxford University

Press.

C. Shuck(2002), "That's It, I Quit: Returning to First Principles in Constructive Discharge Doctrine", Berkeley Journal of Employment and Labor Law Vol.23 No.2.

C. J. Muhl(2001), "The employment−at−will doctrine: three major exceptions", Monthly Labor Review.

D. Rowland(2001), "Discrimination and Constructive Dismissal", Industrial Law Journal, Vol. 30, No. 4.

Income Date Service(2000), 『Constructive Dismissal: IDS Employment Law Supplement』.

OECD, 『OECD Employment Outlook 2004』.

R. Upex & N. Humphreys(2006), 『The Law of Termination of Employment(7th ed.)』, Jordans.

제8장
사내하도급의 법적 쟁점에 대한 검토

이철수(2011), "판례를 통해 본 사내하도급의 법적 쟁점", 『노동법실무연구 ─ 김지형 대법관퇴임기념논문집』, 사법발전재단.

강선희(2016), "H자동차 아산공장 모든 공정의 사내하도급근로자는 도급으로 위장된 파견근로자이다 ─대법원 2015. 2. 26. 선고 2010다106436 판결─", 「노동판례리뷰 2015」, 한국노동연구원.

강성태(2010), "사용자의 개념에 대한 최근 판례의 동향", 근로자와 사용자의 개념에 관한 심포지움 자료집.

강성태(2016), "사내하청에 관한 세 가지 판단", 노동법연구 제40호.

권영국(2010), "현대자동차 사내하청에 관한 법원 판결의 의미와 과제", 대기업의 사내하청 고용구조 개선을 위한 긴급토론회 자료집.

김기선(2016), "근로자파견의 판단 ─대법원 2015. 2. 26. 선고 2010다93707 판결─", 「노동판례리뷰 2015」, 한국노동연구원.

김기선(2016), "사용사업주의 안전배려의무 및 산업안전보건법 제29조의 한계", 노동리뷰 2016년 4월호.

김영문(2010), "사내하도급 근로자와 원청기업의 노동력 제공관계", 월간노동법률

2010.

김유성(1999), 「노동법Ⅱ」, 법문사.

김형배(2011), 「노동법」, 박영사.

김홍영(2017), "파견차별시정에 사용사업주의 연대책임과 배액배상", 노동리뷰 2017
년 3월호.

박제성(2010), "미완의 3부작 그 완성을 위하여", 인권법의 이론과 실제 제2호.

박제성(2010), "사내하도급과 묵시적 근로계약 법리"(대법원 2008. 7. 10. 선고 2005
다75088 판결 평석), 『노동판례리뷰 2010』, 한국노동연구원.

박제성(2011), "사내하도급과 근로관계의 병존", 노동법학 제37호.

박재우(2015), "사내하청직원의 근로자성 —현대자동차 제1심 판결을 중심으로—",
BFL 제70호.

박종희(2010), "사내하도급과 파견의 구별기준 및 불법파견의 법률효과", 조정과 심판
2010 가을.

박지순·권혁(2013), 「현대자동차의 사내도급 실태와 법해석」, 무지개문화사.

변양규(2011), "하내하도급 직접고용의 영향 분석", KERI Brief.

양승광(2015), "철도공사는 KTX 여승무원의 사용자가 아닌가?, 노동법연구 제39호.

이병태(2008), 「최신 노동법」, ㈜중앙경제.

임종률(2008), 「노동법」, 박영사.

전형배(2010), "대법원 판례와 위장도급의 유형 판단기준", 근로자파견의 판단기준에
대한 토론회 자료집.

전형배(2014), "근로자 파견에 대한 판례 법리 분석", 인권과 정의 443호.

조경배(2010), "현대자동차 사내협력업체 불법파견(위장도급) 사건 판례평석", 노동법
연구 제29호.

조성혜(2010), "사내하청 근로자에 대한 직접고용간주규정의 적용", 월간노동법률
2010.

조용만·김홍영(2011), 『로스쿨 노동법 해설』, 도서출판 오래.

최은배(2011), "위장도급의 판단 — 파견과 도급의 준별", 노동법연구 제31호.

최홍엽(2001), "파견기간 초과시 고용간주규정의 해석", 노동법연구 제10호.

제9장
산별노조 체제로의 전환과 법률적 쟁점의 재조명

이철수(2011), "산별체제로의 전환과 법률적 쟁점의 재조명", 노동법연구 제30호.

김기덕(2004), "산업별노조의 단체교섭 주체에 관한 법적검토", 「노동과 법」 제5호.

김유성(1999), 『노동법Ⅱ』, 법문사.

김진석(2002), "노동조합의 조직형태 변경", 노동법연구 제13호.

김형배(2010), 『노동법』, 박영사.

김홍영(2016), "직원 아닌 교섭위원의 사업장 출입 거부를 부당노동행위로 인정", 『노동판례리뷰 2016』.

박귀천(2011), "독일 산별노조의 실태와 주요 법적 쟁점에 관한 고찰", 법학논집 제15권 제3호.

박종희(2004), "산별노조 운영과 활동과 관련한 법적 쟁점", 노동과 법 제5호.

유병홍(2009), "산별노조 전환 연구 시론", 노동연구 제17집.

이병태(2008), 『최신 노동법』, 현암사.

이승욱(2002), "산별노동조합의 노동법상 쟁점과 과제", 노동법연구 제12호.

이철수(1992), "단체교섭의 근로자측 주체에 관한 비교법적 분석", 서울대학교 박사학위논문.

이철수(1992), "독일법상의 노동조합", 노동법연구 제2권 제1호.

임종률(2009), 『노동법』, 박영사.

전형배(2005), "초기업별 노동조합의 기업별 지부의 쟁의행위 찬반투표", 『2004 노동판례비평』.

정인섭(2005), "지부 단위의 조직변경 결의", 노동법연구 제18호.

하갑래(2010), 『집단적노동관계법』, ㈜중앙경제.

門田信男(1981), 『下部組織の團體交涉權 : 現代勞働法講座 4 團體交涉』, 總合勞働研究所.

官野和夫(1997), 『勞動法』, 弘文堂.

Kaskel(1926), "Tariffaehigkeit und Tarifberechtigung", 『Neue Zeitschrift fuer Arbeitsrecht』.

제10장
미국의 배타적 교섭대표제와 한국적 함의

이철수(2005), "미국의 배타적 교섭대표제와 한국적 함의", 산업관계연구 제15권 제2호.

김태연(2005), "노사관계로드맵의 문제점과 노사관계 민주화 방안", 민주노총 정책위

크숍 발제문.

권영성(1999), 『헌법학 원론』, 법문사.

노사관계개혁위원회(1998), 「노사관계개혁 백서」.

노사관계제도선진화연구위원회(2003), 「노사관계법·제도 선진화 방안」.

노사정위원회(2003), 「복수노조의 교섭창구 단일화 논의자료」.

이병훈(2004), "최근 노동현안에 대한 평가와 과제", 한국노사관계학회 2004 동계학술
　　대회.

박수근(2005), "사업(장)단위의 복수노조와 노사자율교섭주의", 노사정위원회 노사관
　　계소위원회 발표자료.

박제성(2005), "사회적 대화에 관한 2004년 5월 4일 법과 프랑스 단체교섭법제의 변
　　화", 국제노동브리프 Vol.3, No.2.

이철수(2000), "하부조직과 상부연합단체의 단체교섭 당사자성", 『노동법의 쟁점과 과
　　제』(김유성교수 화갑기념), 법문사.

이철수(2005), "교섭창구단일화와 관련한 법률적 쟁점", 노동법연구 제18호.

D. Leslie(2000), 『Labor Law(4th Ed.)』, West Group.

J. Getmann & Bertrand B. Pogrebin(1988), 『Labor Relations — The basic
　　processes law and practice』, Hie Foundation Press.

M. Adams(1998), 『Labor Law』, Emanuel Publishing Corp.

R. Gorman(1976), 『Basic text on Labor Law — Unionization and Collective
　　Bargaining』, West Publishing Co.

T. Leap(1994), 『Collective Bargaining and Labor Relations』(second edition),
　　Prentice hall.

中窪裕也(1995), 『アメリカ團體交渉法の構造 — 排他的交渉代表制度とそれを支える
　　二つの義務』, 弘文堂.

제11장
새로운 종업원대표시스템의 정립

김동원(2005), 「비정규·간접고용 근로자의 노동조합 운영실태 및 노사관계 분석」(노
　　동부 연구용역보고서).

김형배(2008), 『노동법』, 박영사.

김형배(1994), "한국노동법의 개정방향과 재구성", 법학논집 제30호.

김형배(1995), "한국노동법학 50년의 성과와 21세기적 과제", 서울대학교 법학 제36

권 제2호.

김홍영(2017), "취업규칙 관련 법리의 문제점과 대안: 근로자위원회의 사업장협정 도
　　입 모색", 노동법연구 제42호.

노동부(2012), 「2011년 전국 노동조합 조직현황」.

박제성(2008), 「무노조 사업장에서의 집단적 근로조건 결정법리」, 한국노동연구원.

배규식 외(2007), 「무노조 기업의 고용관계 — 노사협의회와 대안적 근로자대표기구를
　　중심으로」, 한국노동연구원.

송강직(2016), "노동자 경영참가와 노사관계 차원의 경제민주화", 서울대 공익인권법
　　센터 경제민주화 심포지움 자료집.

신권철(2013), "노사협의회의 법적지위와 역할", 노동법연구 제35호.

이영면(2011), 「노사협의회 운영실태 조사 및 개선방안 연구」(고용노동부 학술연구용
　　역보고서).

이철수(1992), "단체교섭의 근로자 측 주체에 관한 비교법적 연구", 서울대학교 법학
　　박사 학위논문.

이철수(2010), 「복수노조체제하에서의 근로자대표제도 개선방안연구」(노동부 용역보
　　고서).

이철수(2011), "통일적인 종업원대표시스템 정립을 위한 소고", 산업관계연구 제21권
　　제1호.

이철수·강성태·조용만·박제성·박귀천·심재진·정영훈(2010), 「산업별 노조의 실
　　태에 관한 비교법적 분석」(대법원 정책연구용역보고서), 국제노동법연구원.

임무송(2012), "집단적 근로조건 결정시스템 개편에 관한 연구 — 노사위원회 제도 도
　　입과 관련하여", 서강대학교 법학과 박사학위논문.

이흥재(2005), "21세기의 노동법적 과제와 새로운 패러다임의 모색", 외법논집 제19집.

大內伸哉(2007), 『勞働者代表法制に關する硏究』, 有斐閣.

小嶋典明(1989), "わか國に從業員代表法制", 富大經濟論集 第35卷 第1号.

西谷敏(1989), "過半數代表と勞働者代表委員會", 勞協 第356号.

毛塚勝利(1992), "わか國における從業員代表法制の課題", 學會誌 第79号.

道幸哲也(2000), "21世紀の勞働組合と團結權", 『講座21世紀の勞働法 第8卷 利益代表
　　システム』, 有斐閣.

ILO(2006), 「Digest of Decisions of the Freedom of Association」(5th revised
　　edition)

O. Lobel & A. M. Lofaso(2012), "System of Employee Representation at the
　　Enterprise — The US Report," Systems of Employee Representation at the
　　Enterprise: A Comparative Study, KLUWER.

B. Waas(2006), "Decentralizing Industrial Relations and the Role of Labor Unions and Employee Representatives in Germany," Decentralizing Industrial Relations and the Role of Labour Unions and Employee Representatives, 2006 JILPT Comparative Labor Law Seminar, The Japan Institute for Labour Policy and Training.

B. Waas(2012), "Employee Representation at the Enterprise in Germany," Systems of Employee Representation at the Enterprise: A Comparative Study, KLUWER.

R. Dukes(2012), "Systems of Employee Representation at the Enterprise — UK Report," Systems of Employee Representation at the Enterprise: A Comparative Study, KLUWER.

S. Laulom(2012), "System of Employee Representation in Enterprises in France," Systems of Employee Representation at the Enterprise: A Comparative Study, KLUWER.

R. Hadas — Lebel(2006), 『Pour un dialogue social efficace et légitime: Représentativité et financement des organisations professionnelles et syndicales — Rapport au Premier ministre』.

부록
사회적 기본권의 본래적 의미: 안톤 멩거(Anton Menger)의 '노동수익권'

이철수·이다혜(2012), "안톤 멩거의 '노동수익권' —사회주의 이론의 법적 정립과 19세기 사회적 기본권의 태동—", 서울대학교 법학 제53호 제1호.

A. Menger(1899), 『The Right to the Whole Produce of Labour』(Translated by H.S. Foxwell), Macmillan.

저자약력

서울대학교와 이화여자대학교에서 약 30년간 노동법 교수로 봉직하였다. 서울대 노동법연구회, 한국노동법학회, 한국고용노사관계학회 회장을 역임하였고, 중앙노동위원회 공익위원, 경제사회노동위원회 공익위원, 서울대학교 평의원회 의장, 기획처장 및 발전기금 상임이사 등으로 우리 사회와 대학 발전에 기여하였다. 저서로는 노동법(2023), 노동의 미래(2020), 영혼 있는 노동(2019) 등이 있다.

서울대학교 법학연구소 Medvlla Iurisprudentiae

"Medvlla Iurisprudentiae"는 '법의 정수精髓·진수眞髓'라는 뜻으로, 서울대학교 법학전문대학원에서 정년퇴임하시는 교수님들의 논문을 모아 간행하는 총서입니다.
법학 교육과 연구를 위해 일생을 보내고 정년퇴임하는 교수님들의 수많은 연구업적들 중 학문적으로 가장 가치있는 논문만을 엄선하여 간행하였습니다.
이 총서가 법학자의 삶을 되돌아보게 하고 후학에게 귀감이 되기를 바랍니다.

전환기의 노사관계와 노동법

초판발행	2023년 11월 9일
지은이	이철수
펴낸이	안종만·안상준
편 집	윤혜경
기획/마케팅	조성호
표지디자인	BEN STORY
제 작	고철민·조영환
펴낸곳	(주) 박영사
	서울특별시 금천구 가산디지털2로 53, 210호(가산동, 한라시그마밸리)
	등록 1959. 3. 11. 제300-1959-1호(倫)
전 화	02)733-6771
f a x	02)736-4818
e-mail	pys@pybook.co.kr
homepage	www.pybook.co.kr
ISBN	979-11-303-4564-2 93360

정가   34,000원